U0514363

经济学的
一元论原理

THE UNICHOR
PRINCIPLES
OF ECONOMICS

邓
宏
著

社会科学文献出版社
SOCIAL SCIENCES ACADEMIC PRESS (CHINA)

科学是简单而美妙的（序言）

爱因斯坦有句名言，"Everything should be made as simple as possible, but not simpler"，意思是科学要尽可能简单。不过，如何把事情搞简单，绝不是一件容易的事。经过了千百年的努力，人类逐渐弄明白了不少科学道理，而更多的问题还在继续探索中。另外，许多人似乎并没有去认真追究，为什么科学一定要简单？随着人类文明的进步，我们的知识难道不是越来越丰富，我们所掌握的生产技术以及所创造的产品难道不是越来越复杂么？

这其实是一个效率问题。人类的生存与发展是一个不断创造与不断追求的过程。每一个人的生命都是有限的，要在有限的生命周期中做尽可能多的事情，就必须把每一件事情都搞得尽可能简单。当每一件事情都搞得很简单，人们才有可能做更多的事情，工作和生活才有效率。人们能做的事情越来越多，从总体上看就复杂了。同时我们还可以看到，在有限的生命周期中做尽可能多的事情，是所有人的追求。而在较高的层次上把每一件事情都弄简单，大多是专业人员的工作——我们通常称之为科学研究工作。

说起效率，许多人大概会想到经济学。不错，现代经济学认为自己研究的是"资源配置"问题，这不可避免地要涉及效率问题。那么，现代经济学的理论体系是否足够简单呢？谈到经济学的发展水平，《信息空间》的作者布瓦索用物理学作对比，认为经济学已经进入了牛顿时代。但是他同时又说经济学越来越像"托勒密体系"——也就是"地心说"体系。那么，到底是地心说简单，还是牛顿体系或日心说简单呢？从形式上看，似乎是地心说更简单：所有天体都围绕地球转，这么简单的理论，相信人人都能够很容易地"学会"。然而，科学理论不是讲出来让人听的，而是让人用的。如果让科学家们用地心说来描述每一个天体围绕地球转动的轨道，可以想象他们给出的模型将会多么复杂。不仅仅是复杂，由于没有选择恰当的参照系，我们会看到随时随地都可能存在的争论、复杂得没有多少人爱看的数学模型、屡屡遭遇的预测失误……这就是托勒密体系的问题，也是现代经济学中普遍存在的问题。众所周知，经济学中的许多理论讲起来很有道理，用起来却非常困难。

显然，科学的"简单"不应该是形式上的简单，而应该是道理上的简单。随着人类文明的发展，我们对世界的认识越来越丰富，要描述这个世界岂不是越来越复杂么？但如果所有科学的东西都遵循某一共同的原理，或者说具有某种同一性，科学就可以非常简单了。这就是"一元论"的意义。设想不同领域的事物运动遵循不同的自然规律，我们的世界就真的越来越复杂了。其实，人类所有的科学实践活动都暗自遵循着一元论的逻辑：我们不是每处理一件事情都要建立一套科学理论，而是尽可能用一个科学原理处理许多不同的事情。一元论认为宇宙万物是同一的，所有的真理是同一的，因而能够把看似复杂的世界描绘得相当简单。

科学真理简单性的一个重要表现是它的相对不变性。关于现代经济学理论的缺陷，有学者认为没有找到"不变规律"是一个重要原因（Gallegati & Keen et al.，2006）。如果一个模型在一个国家可以用，在另一个国家不可以用，在一个时期可以用，在另一个时期不可以用，这样的模型事实上就太复杂了。比如经济学中的"供求理论"，其意义大概人人都能理解，但从来没有人给出过一个大家能够接受的真实世界的供求模型。

那么，经济学到底能不能构建起像牛顿体系那样比较简单而稳定的理论体系？根据一元论的逻辑，这应该是可以做到的，尽管由于经济现象的特殊复杂性，经济学的模型不会像物理学模型那样精确。但是与传统的经济学相比，一元论经济学有可能让我们在简单性和实用性方面实现一个较大的跨越。这本书的主要工作就是运用一元论方法重新构建经济学的理论体系。相信读者们会看到，运用一元论思想构建的经济学模型，比传统的经济学模型要简单得多，实用得多。

有朋友问我，你所说的一元论原理到底是什么，能不能用简单的一两句话来表述？这使我想起了牛顿的书——《自然哲学的数学原理》。显然，"数学原理"是很难用一句话来表述清楚的，它包含了一系列的用数量表达的逻辑规则和逻辑关系。针对不同的科学问题，需要选择不同的规则和方法，还要根据具体情况增加一些约束。一元论思想有着悠久的历史，但哲学家们对它的阐述则是见仁见智，远不如数学逻辑那么容易统一。在莱布尼茨那里，一元论表现为镜像论和整体论——每一存在都与所有其他一切存在相联系。20世纪开始流行的科学一体论（Unity of Science），实际上也是一种强调事物之间联系性的一元论思想体现。在刘绍光那里，一元论表现为一元二分论。本书对相关思想进行了进一步整理，认为完整的一元论应该是决定论、完备论、同一论、辩证论、系统论、整体论、协同论、相对论、二分论等所有科学思想的统一。哲学最终是要用来帮助我们解决实际问题的。具体而言，是要用来指导我们构建实实在在的科学模型的。如果一定要用更简单的语言来表述，那么"一元论原理"可以大致表述为"观察宇宙事物的任何科学模型都需要建立在一个二元素模型的基础之上，这两个元素具有同一性，并且构成被观察事物的整体"。这种表述最接近刘绍光先生的一元论思想，但对其又有所充实。

其实，这本书最令我感觉欣慰的就是在哲学上的发现。正如一代哲学伟人毛泽东所说，"哲学是关于自然知识和社会知识的概括和总结"[①]。一

[①] 《毛泽东选集》合订本，第773~774页。

元论原理是所有领域科学模型的构建原理。当你突然发现所有的科学家都在用这样"同一种方法"来描述世界时，那是一种怎样美妙的感觉?! 这种感觉大概可以用阿基米德的一句话——"给我一个支点，我就能撬动地球"来形容。

这里再解释一下本书的一元论思想与传统一元论思想的差异。传统的"一元论"概念是 monism。从历史渊源看，它试图探索能够作为宇宙本原的某一事物。比如物质一元论，精神一元论，"单子"一元论或上帝一元论等等。刘绍光却把"一元论"译为 unichor，他不是探索某一特定事物，而是探索一种通用的逻辑或方法（比如"二分"数理方法）。我们知道，任何一种事物都不可能是单独存在的，这意味着宇宙不可能通过某一事物一元化。显然，只有真理、道理或逻辑有可能一元化。本书"一元论"与刘绍光先生的思路比较接近，所以更倾向于用 unichor（或 unichors）来表达。

尽管在经济学理论上有不少的突破，但是我并没有很强的满足感。经济学需要解决的问题太多，科学需要解决的问题太多，一个人所能做的只能是其中的很小一部分——当然是自认为比较重要的，并且力所能及的那一部分。匆匆地让这本书面世，一个重要原因是感觉现有的经济学理论体系与现实世界的距离太远，而它对包括决策层在内的社会影响却太大。不科学的决策可能给社会的发展增加许多不必要的成本，我希望这种状况能够尽早改变。抛砖是为了引玉，希望本书的面世能够给社会同仁提供一个观察经济现象的新视角。书中的不足之处也希望读者们不吝指正。

邓 宏

2013 年 7 月

于广州大学榕轩

目 录
CONTENTS

第一章 导论

人们对宇宙万物的认识能力是有限的，这些限制形成了科学的边界，每一门学科都是有自己的边界，科学的基本原理是在科学的边界上建立的。经济学以价值现象与非价值现象的关联之处为边界，并且在边界上构建自己的基本原理。一定社会条件下的价值规律是经济学的基本研究对象，而过去认为的"资源配置问题"并不是经济学的专业问题。

第一节 经济学的研究对象

1. 关于经济学的传统认识

从事任何一门学科研究，首先要弄清楚该学科的研究对象，这样才能正确地选择自己的研究目标，才能探索出一系列比较有效的研究方法，来解决应该由该学科解决的问题以及该学科能够解决的问题。经济学也不例外。

经济学的历史算起来并不短，但是关于经济学的定义迄今仍然有些令人困惑。根据经验可以看出，生活中有太多的事情与经济有关。像日常生活中的衣食住行、做生意、工作等等，都非常明显地要处理经济问题。还有更多的事情，如职业的选择、交友、制定规章制度，甚至搞物理学化学等科学实验、搞艺术表演等等，似乎也都难免涉及经济问题。因此，著名的经济学家马歇尔曾将经济学定义为"一门研究人类一般生活事务的学问"。这样的定义当然太笼统，马歇尔又增加了一些限定："它研究个人和社会活动中与获取和使用物质福利必需品最密切相关的那一部分"（马歇尔，p. 190）。

但是，与财富有关的学问就是经济学吗？比如，人们每天的衣食住行都与财富有关，他们每个人每天都在研究经济学吗？当然，在经济学教科书中，关于经济学的定义还有一些限制性描述。现在最流行的表述是：经济学是"关于稀缺资源配置的学问"。这种表述大概是罗宾斯（Robbins，1932）最早提出的，如今已经得到了大多数经济学家的认可。例如，萨缪尔森（2004）认为"经济学研究社会如何利用稀缺资源用于生产有价值的商品以及在不同群体中进行分配"。

不过，问题似乎还是没有解决。我们知道，人们每天的衣食住行都要进行资源配置，企业生产需要进行资源配置，艺术家做表演需要进行资源配置，化学家做实验需要进行资源配置，国防建设需要进行资源配置。如果说研究资源配置的工作就是经济学的工作，那不是几乎所有人都成了经济学家吗？显然，现代的"资源的配置说"与马歇尔的"一般生活事务说"没有什么本质的区别。它要把一切人类活动中与财富有关的选择问题都视为经济学问题，这样来定义经济学的研究对象显然太"贪婪"了。

关于经济学的任务，萨缪尔森的一种表述也普遍为人们接受：即经济学要解决"生产什么、为谁生产、如何生产"等问题，至少对于微观经济学是如此。但实际上经济学家们大都没有做过这些事情，充其量有些人可能有一点点参与。比如，中国要不要制造航空母舰，要不要建三峡大坝，要搞市场经济还是搞计划经济，中国远洋应该租船还是买船，这些都不是经济学家能够解决的。这些资源配置问题的解决，需要太多的科学知识，包括物理学方面的，化学方面的，生态学方面的，社会学方面的，当然也有经济学方面的。有了经济学知识，对资源配置的相关决策是有益的，但这并不等于说资源配置研究就是经济学的专业性任务。资源配置可能需要经济学，但它不是经济学。换一个角度思考，如果经济学家真的懂得资源配置，那么世界首富一定是经济学家，而不是别人。

关于资源配置说，其实也有经济学家对其提出批评。1986 年诺贝尔奖得主布坎南（Buchanan，1964）认为，交换或市场才是经济学的研究对象。认真观察一下资源配置活动不难看到，经济学家有可能做的只是分析一下这些活动中的价值关系问题。比如，建设三峡大坝的成本是多少，制造航空母舰需要花多少钱，经营一个企业的运营成本如何、收益如何，如此等等。经济学家特别关心有可能计量的价值。生产成本是价值，销售价格是价值，工资是价值。当然，具体的价值是由具体的生产者去观测和记录的，经济学关心的是这些价值现象的一般表现和一般关系，并从中探索出某些具有规律性的东西。价值现象是在市场上表现出来的，因此，布坎南的观点指出了经济学研究对象的核心。经济学家的主要任务应该是研究价值现象的一般规律，经济学的核心应该是价值学。在资源配置活动中，只有涉及市场价值的事物，才是经济学的研究对象。

2. 价值哲学

说起"哲学"，许多人可能会认为那是一门很抽象的与经济学或其他科学没有太多关系的学问。但事实并非如此。其实，人类的所有科学研究都是从哲学开始的。"哲学"一词源自希腊语"philosophia"，意思是"爱智慧"。智慧显然需要各个领域的非常渊博的知识和丰富的经验，而不是仅仅依赖某种专门的"哲学"知识。因此，哲学应该是关于所有知识的科学，或者说是关于所有科学的科学。早期人类知识的积累有限，一些人能够把这些知识整理出来，他们就成了著名的哲学家——其实他们大多也是那个时代的科学家。随着社会的发展，人类的知识不断丰富，一个哲学家要在有限的生命周期中识别和掌握所有知识已经成为不可能，知识探索的社会分工也就成为必然。于是我们就有了物理学家、化学家、医生等在某些领域从事专门研究的智者，他们其实也是哲学家，只是他们的哲学水平被他们专业特长的光芒所掩盖。所有门类的科学知识构成了哲学大家庭。一方面，我们可以认为哲学是所有具体学科的发源地，把具体科学视为哲学的分支；另一方面，哲学又是所有科学的汇集地，视为所有科学的总和。物理学实际上就是物理哲学，化学实际上就是化学哲学，医学实际上就是医学哲学，他们都是人类智慧整体中的组成部分。认为哲学是独立于具体科学的思想显然是错误的，具体学科不过是哲学研究中的分工，因为任何一个人都不可能完成所有的科学研究，人类知识的积累需要大家的合作。如果一门学科还不能从哲学中分离出来，则说明这门学科的研究内容还不够丰富和成熟。

前面已经提到，包括科学家在内的所有人都在处理资源配置的问题，都在为社会创造财富，经济学不应该把所有人的工作都视为自己的工作。那么，经济学应该把这些工作中的哪一部分独立出来作为自己的专业呢？或者说，人们到底希望经济学家能够解决哪方面的专业问题呢？认真观察一下不难发现，仅在涉及价值问题时，人们才会想到经济学或经济学家。比如做化学实验，人们在涉及实验成本和实验成果的市场时就可能想到经济学家。尽管不是每个人在遇到价值问题时都会求助于经济学家，但经济学能够做的和应该做的，就是告诉人们价值运动的一般规律。这里的"价值"，指的是市场价值，不是其他价值。经济学的研究对象，应该就是人类劳动或财富所表现出的价值现象。

其实，古典经济学家大都认为，经济学就是要研究价值运动规律。并且经济学研究的是价值运动的一般规律，不是某一具体价值的表现。经济学家不可能也没有必要计算出每一笔交易的价格，比如华尔街某间办公室的租金应该是多少，北京二环路上某一楼盘价格应该是多少，山东某个乡镇生产的白菜价格应该是多少——这些工作都是生产者当事人的事情。但经济学家应该能够解释纽约写字楼的一般租金水平，北京楼盘的总体价格水平，蔬菜种植的一般收益水平。这些工作才是经济学家的事情。

关于经济学的研究对象，古典经济学家的认识显然更靠谱一些。马克思在《资本论》序言中也有类似的观点："我要在本书研究的，是资本主义生产方式以及和它相适应的生产关系和交换关系"①。"生产关系"概念包含了较多的社会意义，而"交换关系"显然是指价值关系或市场关系。如果考虑生产方式和生产关系在一定时期内是相对稳定的，则马克思对交换关系的研究基本上也就是对价值规律的研究。只是马克思更多地强调了影响价值现象的制度条件，他注意到了所有经济活动都是在一定的社会制度条件下进行的。本书第五章对产权制度的经济学意义做了专门分析，说明了产权制度与价值规律的一般关系。

本书倾向认为经济学的研究对象是市场价值规律，或者说是一定制度条件下的价值规律。科学是由许多领域知识有机联系起来的一个完整体系，任何一门学科的研究都需要有许多其他学科的知识作为依托，这就是哲学的意义。我们把关于价值规律的研究称为"价值哲学"研究，主要是想强调经济学与哲学的同一性。经济学与其他学科一样，要遵从哲学的思维逻辑，要以事实为依据。当然，考虑到人们对经济学的习惯性认识，我们也可以用"经济学"或"经济哲学"来代表广义的"价值哲学"。

3. 科学的边界

人类天生具有求知欲，对于所面对的任何事物和现象，都喜欢问一问为什么，有时甚至是"刨根问底"。但现实当中，由于时间和精力的限制，有许许多多的问题人们并不能很快找到最终答案。尽管如此，总有一些"专业人士"去做这些"刨根问底"的工作。一番努力之后，人们会发现自己对世界的解释能力总是有限的。比如，人们现在知道苹果落地是由于万有引力的创造，但并不知道为什么物质会有万有引力。这就是人类认知的边界，可以称为科学的边界。

科学的发展是渐进的，一些科学边界随着社会的进步是可以突破的。不过，在一个特定的时期，对于任何问题，如果我们刨根问底，终究会到达一个地方，至此我们不能再给出更为深层的解释，这是科学边界的基本

---

① 《马克思恩格斯选集》（第二卷），人民出版社，1995，第100页。

意义。科学边界还有一个意义,即所有其他的科学理论都要在这个边界上立足,因为边界上的问题是科学知识的"底",也就是相关学科的基本原理。任何理论都不可能凭空存在,它们需要以这些边界观察为基础,遵循一定的逻辑推理出来的。哲学也是一样,它以所有科学的边界为边界。如果做到了这一点,哲学就可以用来作为具体科学研究的指导。

在科学的"边界"上,尽管(暂时)人们不能对所观察的事物做出进一步的解释,但有可能找到一些规律性的东西。比如,虽然物理学家不能解释为什么会产生万有引力,但他们发现万有引力遵循牛顿的"平方反比律"这一规律。化学家不知道为什么氢和氧结合起来是水,但他们知道 2 个氢与 1 个氧结合起来一定是水。进化论并不能回答生物为什么要生存,但生物学家观察到了"用进废退"这一规律。人们观察到的这些基本事实就形成了相关学科的所谓"基本原理"。万有引力定律通常被作为物理学的一个基本原理,进化论通常①被作为生命科学的一个基本原理。

对于科学边界以外的东西,由于没有观察依据,人们只能猜测,可以见仁见智,但不能完全确定。比如,人们可以设想是上帝让生物进化,是某种微观粒子让物质具有了引力。但这些猜想在得到证实之前,不能作为科学依据,甚至不能作为科学假设。人们非在所有的科学边界上都能找到规律性的东西,如果找不到规律,科学理论就不能在这里立足。

在人们的知识体系中,存在着许许多多的科学边界。为了研究方便,人们划分出不同的学科,并且在学科之间设定一些边界。这些边界有的是人类知识的边界,有的只是基于科研分工的需要,把该学科一些不常做的工作交给其他学科去做。

4. 经济学的边界

无论是作为一门科学还是作为一门学科,经济学也应该有一个边界。

---

① 这里使用"通常"做定语,是考虑到任何科学理论都是有限真理。

经济学的许多理论在应用水平上并不是很成功，一个重要原因是不清楚自己的研究领域，难免做无用功。

认真观察不难发现，凡是人们能够想到经济学或经济学家的时候，一定是与价值现象打交道的时候。比如，搞物理化学实验时人们不会想到经济学；但是当实验需要一些支出，或者可能带来某种市场价值时，我们就会认为这些实验与经济学有关。工厂生产汽车不需要经济学家，但是在判断市场走势或研究销售策略时，人们会想到经济学。当我们讲经济现象时，一定涉及价值现象。因此，价值学应该是经济学的一个基本内容或核心内容。

物品为什么会有价值？现代经济学的解释是物品具有"效用"，也就是有用性。或者说人们对物品有"需要"。需要或效用显然是属于精神因素，是与人体生理活动有关的因素，这些因素显然处于经济学的边界之外。

影响物品价值的因素当然还有很多，比如政治制度、民族矛盾、科学技术水平、自然环境、个人知识面、心理因素以及各种偶然因素等等。对这些因素的了解，经济学家的知识显然不如这些研究领域的专家。也就是说，对这些因素和现象的研究超出了经济学的范畴。据此，我们不难看出经济学与其他学科的关系。人类各种各样的活动都有可能涉及价值问题，只要涉及价值问题，就与经济学有关。如图1-1所示，价值问题可能涉及许许多多的学科，它在人类知识体系中的触角似乎比其他学科要广泛得多。但经济学家自己则仅在价值观察方面具有专长，其他方面都不如被它触及的那些领域的专家。

比如，经济学家可以观察人们花了多少钱去买汽车、买住房，这两方面的支出存在什么样的关系，但他们无法解释人们为什么要买汽车和住房，需要买多少汽车和住房——不是说经济学家个人不可以研究或解释这些问题，而是说他们的解释不会比买汽车和住房以及销售汽车和住房的当事人更可靠。如果学了一门学科知识的人还不如没有学这门学科的人知道得多，这门科学肯定不是科学，或者不够科学。

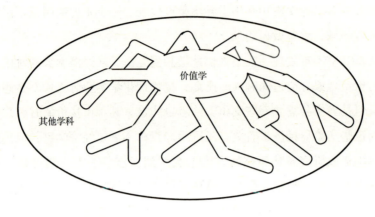

图 1 - 1 价值

类似地，中国应该如何改革开放，人类是否应该登月，美国是否应该攻打伊拉克，政府是否应该给农民补贴，这些资源配置活动当然与价值现象有关，可以让经济学家参与决策，但主要不是依赖经济学知识。如果经济学家自认为资源配置都是经济学问题，那么张五常先生所说的人人都懂经济、非经济学家比经济学家更懂经济的情况就出现了。

表 1 - 1 经济学与非经济学问题举例

非经济学问题	经济学问题
为什么社会分配不均	社会分配状况如何
是否应该采取某项经济政策	某项经济政策对社会各方面利益的影响
为什么 A 产品比 B 产品的产量大	A 产品与 B 产品产出额之间的比例关系
为什么有钱人购买高档商品	不同商品之间的价格关系
为什么对某产品的需求是刚性的	某产品产出的稳定性，变化规律
选择什么职业收入比较高	不同职业的收入分配状况
生产什么，为谁生产，如何生产	不同产品的市场份额，利润状况
是否应该建保障房，建多少	一定规模的保障房建设对不同群体利益的影响
如何进行资源配置	资源配置的价值结构

为了更好地理解经济学边界对经济学研究的意义，我们再来做一些对比。太阳系中的行星之间的运动关系是物理学的研究内容，但太阳系为什

么存在，为什么有 1 个太阳和 8 个（或者 9 个）行星，却不是物理学问题。物质之间的引力如何表现是物理学问题，但物质之间为什么会有引力却不是物理学问题。至少在目前，这些问题都超出了物理学家的认知能力。关于生产的一般成本和一般利润水平是经济学问题，但一个生产者应该为谁生产以及如何生产却不是经济学问题，经济学家在这些方面的解释不会比一个具体的生产者更准确。为了便于理解，表 1-1 给出了更多的例子。所谓"非经济学问题"，也就是经济学边界之外的问题。

清楚了一门学科的研究领域，才能知道哪些任务是自己能够完成的，哪些任务是自己完不成的。本书认为，价值学是经济学的核心，或者说是狭义的经济学。

5. 价值学与经济学

价值现象本身就非常复杂，足够经济学家研究的了。不过，现实情况是，经济学对价值规律的研究并不精深，而对许多社会生活的相关领域却有广泛的涉足。于是我们看到，现代经济学研究的领域非常广泛，除了传统的经济学原理，还有金融经济学、房地产经济学、家庭经济学、信息经济学等等，不一而足。在社会科学领域中大有"帝国主义"的气势。这就是今天人们心目中的经济学，我们可以称之为广义经济学。

这些所谓的经济学，其实是价值学与其他某一学科的交叉之处。如图 1-2（b）所示，在流行的经济学模型中，通常都涉及价值元素和非价值元素。这类情况实际上发生在图 1-1 的边界上。如果模型中只有价值元素，如图 1-2（a）所示，则这类问题就是纯粹的价值学问题，我们可以称为狭义经济学问题。

比如，投资额是价值元素，销售额是价值元素，出口额是价值元素，利率是价值元素，研究这些变量之间的关系，就是价值学——或者说是狭义经济学。人们常常关心的制度因素、心理因素等都可能对经济现象产生影响，这些因素都是非价值元素。这些因素其实处于经济学的边界之外，但现代经济学乐于去研究这些非价值元素与价值元素的关系。比如经济学中的效用论、政策调控理论、制度理论等。研究效用经济学家不如心理学家，研究制度经济学家不如政治家。不难想象，经济学很难处理好这些问题。

相对而言，价值元素是可计量的，对于价值现象我们有可能找到比较确定的答案。对与广义经济学问题，由于非价值元素的量纲与价值元素的量纲无法建立确定的联系，我们不可能找到确定的答案。或者说，同一个问题经济学家会给出不同的答案。虽说是没有确定答案的问题并非我们就不能研究，但我们必须清楚，这些研究充其量只能是经验水平的，理论家永远不可能超过实干家。比如掷骰子，我们知道"1 点"出现的经验概率是 1/6，但不能确定它下一次是否会出现"1 点"。如果一定要做预测，人们更多地要依赖经验。许多经济学家不注意狭义经济学与广义经济学的区别，或者不注意限制经济学能力的边界，结果常常会出现同一个问题有多个答案的现象。

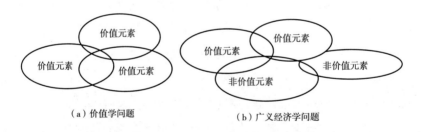

（a）价值学问题　　　　　　（b）广义经济学问题

图 1 - 2　价值学与广义经济学的关系

从逻辑上看，影响价值元素的非价值元素太多，它们的量纲难以与价值元素统一起来，因此，即使我们把一些非价值元素定量化，也难以真正在定量水平上准确地解决价值元素与非价值元素的关系问题。或者说，我们只能在经验水平上处理它们之间的关系。如此，正确的方法是以价值理论为基础，通过技术处理解决一些与非价值元素相关的问题。这样的工作实际上具有价值工程学或工程经济学的性质，它是价值学在一些具体领域的应用。

考虑到人们的表述习惯，本书仍然沿用人们习惯的"经济学"一词。不过我们现在可以看到，经济学的确切意义是价值学及其在相关领域的应用。也可以说经济学的核心是价值哲学，相应地，现在流行的经济学则可以认为是广义经济学。

6. 经济学与管理学

经济学与管理学是两个不同的，但是又密切联系的学科。我们说经济学与日常生活密切相关，其实与生活更为密切相关的是管理学。比如，像生产什么，为谁生产，如何生产等涉及资源配置的问题，包括对经济走势的判断，微观和宏观经济政策的选择，虽然需要许多经济学知识，实际上是一些管理问题。管理学才是关于资源如何有效配置的学问。

首先，我们的日常生产和生活，包括生产、消费、组织、交流，甚至是许多看起来与经济无关的社会活动，都需要进行方方面面的组织、设计和管理。所有这些活动的一个共同特性就是资源配置。显然，管理本身就是要解决相关资源配置问题。其次，管理是人人都要做的事情，无论是企业还是个人，无论其涉及还是不涉及经济问题。再次，完成管理所需要的知识和经验不仅仅是"管理学"教科书中的知识和经验，不同领域的资源配置需要不同的知识和经验。最后，管理决策是可以见仁见智的，对于同一个问题可以有不同的答案。因此许多人倾向把管理视为一门艺术，因为它一般不打算给人们一套固定不变的理论或模式。当然，管理决策也要遵循效率法则，并且我们通常所理解的管理学是具有价值导向的管理学，因此我们认为管理学与经济学的关系非常密切，有时甚至对它们不加区分。

经济学和其他管理学一样，应该以尽可能完备的模型为立足点。面对复杂的现实世界，经济学要整理出自己的信息变量，把基本原理建立在边界上，把看似复杂的问题简单化，简化的原则是构建完备的模型。相对而言，管理学和许多工学一样，大多是处理不完备的模型。管理学可以直接使用在现实当中观察到的信息和变量，虽然也要求把问题简单化，但是对模型完备性的要求比较宽松。在第一章的表 1 – 1 中，那些"非经济学问题"在很大程度上都是管理学问题，由此我们也可以理解经济学与管理学的一些具体区别。

根据一次会议做出判断和决策的问题，显然是一个管理学问题，但许多人都认为这是一个经济学家应该回答的问题。这的确是一种很有趣的现象。

第二节　经济学的几个基本原理

我们已经知道，对事物存在和运动规律"追根求源"，是任何科学研究的基本特征和基本目标。在一个特定的历史时期，人们对事物的认知有一定的界限，人们在这个界限上构建若干最基本的原理。这些基本原理是人们观察到的最基本、最具普遍性，并且具有不变性的事实。所有其他理论都应该依据这些基本原理得出，至少不应该与这些基本原理相矛盾。经济学也不例外，本节我们对经济现象中的一些基本事实进行观察。

1. 劳动的稀缺性原理

现代经济学的一个基本思想或基本假设是资源的稀缺性。相对于人类不懈的追求，物质资源总是稀缺的。这个思想当然是很有道理的，但是把思路再扩展一些就会发现，这种表述是不准确和不全面的。"资源"本身是一个不确切的概念，根据我们的自然科学知识，宇宙是无穷的，自然界中的资源也应该是无穷的，不存在稀缺问题。比如，我们一般认为黄金是稀缺的。然而据科学家的测算，地壳中的黄金资源大约有 60 万亿吨，如果全世界按 60 亿人口计算，人均大约 1 万吨，更不用说还有其他星球。不难看到，黄金并不稀缺，真正稀缺的是人类劳动，因为从地壳中取出这些黄金需要大量的劳动。类似地，飞机不稀缺，是制造飞机的劳动稀缺；手表不稀缺，是制造手表的劳动稀缺；健康不稀缺，是保持健康所需要的劳动稀缺。

我们看到，"资源"概念其实并没有一个严格的定义，没有一个确定的范畴。在非专业领域，我们大家可以相互心领神会地用一下。但是在科学模型的水平上，它并不能作为一个准确表达事物的变量。自然界的资源是资源，劳动（力）也是资源。黄金是自然资源，搜集起来的黄金是劳动资源；铁元素是自然资源，用铁元素做成的手表是劳动资源。劳动者的身体是自然资源，健康智慧的身体是劳动资源。显然，自然界的资源无所谓稀缺与否，我们真正关心的应该是劳动资源。我们可以通过图1－3简明地看出不同资源的关系①。自然资源是无限的，劳动资源是有限的。劳动资源又可以分为两类，已经付出的劳动和未来要付出的劳动。经济学家所关心的财富通常是指已经出现的劳动成果，所关心的生产实际上是未来可能出现的劳动成果。

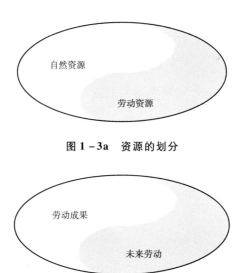

图1－3a　资源的划分

图1－3b　劳动资源的划分

至于劳动为什么是稀缺的，或者人们为什么要劳动，这就超出了经济学的边界。任何人都可以对此进行解释，从哲学的角度、从生命科学的角

---

① 　这里我们已经在使用一元二分模型，这种模型是一种高效模型，第二章有专门的讨论。

度，或者从心理学的角度等。可以认为，劳动的稀缺性是建立在经济学边界上的一个基本原理。人类的生存活动看起来是要解决稀缺资源的配置问题，实质上是要解决稀缺劳动的配置问题。认识到我们面对的真实问题是劳动的稀缺而不是一般资源的稀缺，有助于我们更准确地观察经济规律。

2. 效率原理

我们说劳动资源是有限的和稀缺的，隐含了一个心照不宣的因素——时间。在一定的时间内，人们即使再辛苦、再努力，也只能做有限的事情。换言之，劳动的稀缺是因为劳动时间的稀缺，如果有足够的时间，人类几乎可以做到任何想做的事情。飞机、电视机、电脑等许多科学成果，都是古人不可能想象的东西。我们现在都做到了。但一个关键问题是时间。即使我们赞赏"前人栽树，后人乘凉"，也要考虑哪个时代的后人有望乘凉。明朝的官员等不到今天可以坐飞机巡视黎民百姓，今天的富豪等不到 100 年后去火星旅游。

考虑了时间因素，可以发现我们配置劳动资源的一个"原则"是效率。

人类所有的活动，都是为了使自己得到尽可能多的满足。个人是如此，社会整体也是如此。至于人们的"满足"状况如何，经济学家曾提出了"效用"概念，其基本含义是指一种产品给人带来的满足程度。在"效用"概念出现之前，经济学家曾用"使用价值"概念来描述一种产品对人类活动的有用性。从基本含义上看，可以认为效用与使用价值是相同的。经济学家在这个方面的认识似乎是一致的，即人类活动的目的是使自己最大限度地得到满足。现在我们考虑了时间因素，可以更准确地将这种人类活动的规律观察表述为：在一定时间内使自己得到最大程度的满足。即

$$\max \frac{U}{T}, 0 < T < \infty \qquad (1-1)$$

这里 U 表示效用，T 表示观察的时间长度。max 的数学意义是求函数

的最大值，在这里反映人类的一般精神追求。

式（1-1）可以称为效用最大化原理。这显然是一个效率问题，其基本意义是：人们总是试图在有限的时间内做尽可能多的事情，使自己得到最大满足。所谓做尽可能多的事情，包括生产尽可能多的人类需要的产品或物质财富。不过，经济学家们也注意到，必要的休闲娱乐也能够给人们带来满足。至于多少财富和多少休闲能够使人们最满足，超出了经济学范畴。因此，效用最大化原理也是经济学边界上的一个基本原理。

效用最大化原理其实是效率原理的一个表现形式。读书、劳动、旅游、交谈、游戏、探索、长寿等等，样样事情人们都想做。但人的寿命是有限的，结果只能是在有限的时间内做尽可能多的事情。

不难看出，在一定时间内生产的产品越多，其效率越高。但有些人可能不太注意，节约也是效率。节约的标的是劳动产品，如果劳动产品消耗慢，同样数量的劳动产品就可以使用更长的时间，让人们得到更多的满足。

效率法则的普遍性

不仅经济学讲究效率，可以看到，宇宙中所有的生命和非生命物体的运动都追求效率。

效率有多种多样的表现形式。人和大多数动物为什么大多在白天活动？因为可以利用阳光或其他能量，提高生命活动的效率。光线为什么沿着直线传播而不是曲线？因为这样传播速度最快，并且节约能量，显然符合效率法则。物理学观察到的惯性运动规律，是非生命物体运动对运动效率的要求——因为不做惯性运动就要额外消耗能量；进化论所观察到的"用进废退"规律是生命运动对生存效率的要求——因为维持不使用的器官，就要额外消耗资源。自然界为什么观察不到反物质，因为反物质的结构没有正常物质结构的效率高，自然中的存在物拒绝以反物质的形式或低效率的方式运动。如果科学家强行制造出反物质，它也将是非常短命的。在效率的水平上，世界是"一元"的。宇宙中的一切事物运动都遵循效率法则。显然，这个法则可以作为一个哲学的基本原理。

3．机会成本原理

由于劳动的稀缺性，在有限的时间内，一个人、一个社会不可能做所有的事情。人们当然试图做尽可能多的事情，但到底做哪些事情，就需要进行选择。

选择是必然的和必须的。一个年轻人如果去上大学，就没有足够的时间去做工赚钱；战争期间，一些人要去打仗，这些人就无法再去从事粮食或玩具的生产。由于某些（某种）选择就需要放弃另一些选择，被放弃的选择意味着一些损失，经济学家称之为机会成本。例如，没有去工作赚钱就是上大学的机会成本，粮食或玩具产量的减少就是战争的机会成本，如此等等。

假设一个经济，可以生产 X 和 Y 两种产品。在一定时期内，生产能力有限，要想多生产 X，就只能减少 Y 的生产；反之亦然。这种替换关系可以用图 1－4 中的曲线来表示。曲线上的任意一点，是 X 与 Y 两种产品的数量组合。假设社会原来在 A（x_1，y_1）点生产，现在想增加 x 的产量到 x_2，就必然要减少 y 的产量到 y_2，新的产品组合在 B

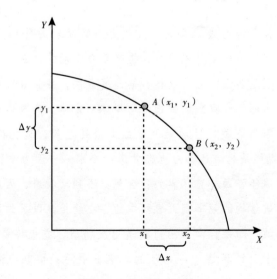

图 1－4　机会成本的意义

（$\mathbf{x}_2$，y_2）点。

　　当然，X 与 Y 的产量存在替换关系是毫无疑问的，但具体存在什么样的替换关系，增加一定数量的 x 需要相应减少多少 y，经济学家对此只能观察，不宜预测，因为他们不可能比生产者知道得更多（或者说这超出了经济学的边界）。换言之，图 1 - 4 只是一个定性水平的示意图，主要用来帮助我们理解机会成本的意义。要真正找到这条曲线，单靠经济学知识是不可能的，还需要大量实践经验。

　　不过，图 1 - 4 有助于我们理解一些相关的原理。首先是机会成本递增原理。每增加一定数量的 x 产品，所必须放弃的 y 产品的产量越来越多[①]。比如，苹果和梨子都是人们爱吃的水果，设想我们不断增加苹果的产量，梨子的生产受到的负面影响就会越来越大。另外，一定数量苹果的增加对我们满足程度的影响越来越小，而一定数量梨子的减少对我们的损失越来越大。我们会感觉劳动的配置越来越不合理，效率越来越低。

　　另外一个原理是机会成本相等原理（推理）。在现实当中，人们必然要做出选择，到底生产多少 x，生产多少 y。最终的选择应该是得到最大的满足。如果增加一定数量 x 产品所增加的满足小于减少相应数量 y 产品所失去的满足，人们就会停止增加 x 的产量；反之亦然。最终的选择应该是，在生产可能性曲线上的某一点，增加 x（或 y）所增加的满足与减少 y（或 x）所减少的满足相等。即

$$MU_{\Delta x} = MU_{\Delta y} \qquad\qquad (1 - 2)$$

　　式中 MU 表示一种产品数量的微小变化所引起的人们的效用变化，Δx 和 Δy 分别表示两种产品在生产可能性曲线上某一点的变分。当然，这里

---

　　① 机会成本递增既然是一个基本原理，就不存在机会成本递减的可能，否则机会成本递增就不是一个基本原理。笔者在《经济学：量子观和系统观》一书中也从理论上证明了机会成本递减的不可能性。有些经济学家在构建某种模型时假设机会成本递减，这样的错误实际上属于明知故犯。

我们只能把式（1-2）视为一个近似表达式，因为影响满足程度的许许多多因素我们还没充分考虑①。

4. 生产与消费的同一性原理

自然界提供了大量的可以直接满足人们需要的物品，如空气、水、可以食用的动植物。但由于人类的欲望和追求是没有止境的，自然界直接提供的物品并不能完全满足人们的需要。对更多物品的需要，必须通过劳动的创造才能满足。猎物不够吃就要饲养家畜，希望得到社会的尊重就要为社会作出贡献。传统的经济学思想把"财富"作为研究对象，不难看到，自然界提供的"财富"是没有经济学意义的，人类在自然材料的基础上创造的"财富"才是经济学真正要研究的财富。

财富的生产或创造是为了让人使用。如果财富直接被用于人身需要，我们通常称之为消费。比如食品、服装、玩具的消耗和使用。如果财富直接被用于生产更多的财富，我们称之为生产。比如机床、计算机、化肥的使用和消耗。

不难看到，生产活动是为了创造更多的消费品满足人们的生存和发展需要。消费的目的显然是"生产人"，而生产的目的最终也是"生产人"。因此，消费与生产的性质是完全相同的，二者处于经济学的同一个边界上。消费是消费，生产也是消费；反之亦然。二者的差异不过是生产/消费方式或生产/消费环节不同。

关于生产与消费的同一性，马克思在《政治经济学批判导言》中早就观察到了："生产直接也是消费。双重的消费，主体的和客体的"，"消费直接也是生产"②。比如，当我们使用生产工具在生产汽车时，我们要

---

① 一个可能产生的疑问是，我们在做选择时通常并不认为可供选择两个策略的机会成本相等，或满足程度相等。比如，是做公务员，还是做教师，满足程度怎么可能一样呢？理解这类问题，需要知道个别现象与一般现象的关系。包括经济学在内的科学所研究的是事物的一般运动规律，而不是个别现象。第三章关于商品篮子和机会成本的进一步分析可能有助于我们理解这种关系。

② 《马克思恩格斯选集》（第二卷），人民出版社，1995，第8页。

消耗钢铁，消耗设备，消耗人力。这些消耗与消费之间没有本质的区别。汽车的生产过程实际上就是钢铁、设备和人力的消耗过程。其中最重要的是人力的消耗（或消费），这就是马克思所指的第二重消费。而人们消费汽车，只是单纯的物质财富的消费。不过，两种消费的目的最终都是生产人。

经济学流行的方法是把生产和消费分开来研究，比如分为生产与消费、供给与需求，或者生产与流通。生产与消费的同一性原理提醒我们，不能轻易地把同一事物视为不同事物，否则我们很可能把简单问题复杂化，不利于观察到经济现象的"不变规律"。

生产者与生产工具的同一性

我们还可以从另一个角度来理解消费与生产的同一性，就是劳动者本身与劳动工具的关系。劳动者是一个有意识的存在，劳动者的肢体实际上是这个存在的活动工具。准确地认识劳动者的特性，应该把劳动者的意识与他的身体分离开来。关于这一点，马克思早有解释："自然物本身就成为他的活动的器官，他把这种器官加到他身体的器官上，不顾圣经的训诫，延长了他的自然的肢体"（《马克思恩格斯选集》第一卷，第179页）。人的大脑、四肢，与长颈鹿的脖子一样，在形式上是身体的一部分，生产中的作用是劳动工具，与机器、电脑等工具一样。健康的身体需要维护，就像一般的机器需要维护一样，看起来是消费，实际上也是投资。身体器官是体内劳动工具，产品是体外劳动工具。理解生产与消费的同一性，我们会发现许多经济现象就变得容易理解了。

5. 分配不均等原理

人类社会是一个整体，在生产或生存过程中，每个社会成员之间既相互竞争，又相互合作。首先，财富的生产是社会性的，是全体社会成员共享的。其次，每一个人最终享受到多少，并不是完全相同的。第二个事实就是分配的不均等现象。

人类的生产活动是社会性的，每个社会成员都能够得到一定数量的财富。纵观历史我们会发现，没有任何一个社会阶段的财富分配是均等的。虽然我们大都相信"人人平等"是一种美好的社会景象，并且不少人也在做这方面的努力，但这样的社会从未真正出现过。我们实际上能做的是追求人们之间发生联系的规则平等，比如法律面前，人人平等。

财富的分配为什么会不平等？人人都可以给出自己的解释，比如个人能力的差异，机会或运气的差异，甚至性别或种族差异。这些因素最终表现为社会分工的差异。生产过程是一个有组织的社会性活动，不可能每个社会成员都做同样的事情，拿同样的报酬。但任何解释都不足以让我们确定分配差距到底是如何决定的，对这个问题的解释超出了经济学的边界。我们只能通过实际观察来认识分配不平等现象的表现规律，并将其作为一个基本原理。

描述分配状况的一种流行方法是使用洛伦茨曲线。如图1-5所示，横坐标是用百分比计算的人口累计数量，纵坐标是用百分比计算的收入累计数额。如果分配是绝对平均的，收入与人口之间的关系应该是一条45度的直线（OF）。如果分配不是完全平均的，则二者之间的关系是一条曲线（OBF），这就是所谓的洛伦茨曲线。

许多人都相信，大约80%的人口分配到了20%的收入，大约20%的人口分配到了80%的收入。这种所谓的"二八律"当然只是一个非常粗略的说法。实际上，不同的国家，不同的制度，不同的历史时期会有一些差异。不过，一个国家在一定的历史时期内，洛伦茨曲线的变化不会很大。

除了描述收入流量的分配情况，洛伦茨曲线还可以用来描述财富存量的分配情况。一般来说，有形财富的分配差距比收入分配差距要大很多。比如，据位于瑞士的联合国大学世界发展经济学研究所（Helsinki-based World Institute for Development Economics Research of the United Nations University）2006年的一项研究报告指出，2%的富人拥有全世界50%的财

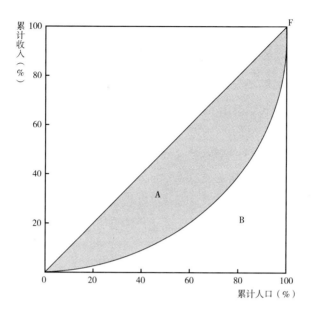

图1-5 收入分配的洛伦茨曲线

富，而占全世界50%的人只拥有1%的财富。这种巨大的分配差距当然让我们感到不公平。不过，我们也不要忽视了财富的社会性。大量的财富在法律的名义上由少数人占有，但这些人显然不可能把财富都用掉。生产的社会性决定了其他人在生产活动中也在使用这些财富。更不用说人的寿命有限，大富翁也不可能把他们的财富放进棺材带走。这些财富名义上或许是由他们的亲戚朋友来继承，实际上也是社会在继承。仅从法律意义上认识财富的私有属性是相当片面的，社会财富的共有性其实也是经济学的一个基本原理。

6. 经济增长原理

在长期的水平上，社会生产力总是在提高的。这一事实可以称为经济增长原理。

至于生产力为什么会提高，经济学家的关注可能比较多，但千万不要以为经济学家关注得多就是经济学问题，任何从事社会生产活动的人都可以有自己的见解。比如，我们一般认为，自然环境、人类的智能发育水平、经济制度、科技进步、民族文化等等因素都会影响经济增长。但是对这些因素的研究显然不是经济学家的"独门绝技"。此外，许多因素只是影响一时的经济增长，具有相当的偶然性。因此，经济学家如果要研究经济增长，只能把它作为一个边界，作为一个基本原理。

提出这个原理并不是要否定经济学家所做的工作，而是提醒人们，经济为什么会增长、如何快速增长，不是经济学的专业问题，而是全体社会成员参与的结果。在做经济决策时，经济学家能够做多少，全体社会成员能够做多少，研究者心里应该清楚。

科学原理的几个基本性质

在许多学科中我们都会看到一些所谓"基本原理"，经济学家也试图建立一些基本原理，但是在谈论"基本原理"时，必须明确了解它的一些基本性质。

首先，作为"原理"，这个学说不是从某个理论推导出来的，只能从实践观察中得到，否则就不是"原理"，而是"推理"。显然，原理一定是建立在学科的边界上，而不是在学科体系之中。

其次，既然不可推导，原理所阐述的一定是事实，或者说我们只能用事实证明它的正确与否，不能用某种其他理论来求证。当然，如果有两个理论出现了矛盾的情况，必然只能有一个理论是正确的，或者两个都是错误的。

再次，原理应该具有固定不变的特性，至少在可应用范围内，它应该是一个不变规律。这意味着科学原理应该在任何时候都是正确的，不存在反例。

最后，根据观察，贫富差距在任何时候任何国家都是存在的，没有例外，可以认为是一个不变规律。贫富差距的原因是不能完全确定的，或者说是没有固定的解释的，显然处于我们知识的边界上。据此，我们可以把贫富差距现象作为一个基本原理。根据一般经验，当一种产品的价格降低时，销售量常常会增加。但有时候也可能减少。因此，我们就不能把产品价格降低与销售量增加的关联性作为一个基本原理。

第三节 经济现象的观察方法

1. 行为视角

观察经济现象，我们首先想到它是人类活动或人类行为在一个特定方面的表现。比如根据经验，我们通常会把经济行为分为生产行为与消费行为，或分为生产环节与流通环节，或分为竞争行为与合作行为，如此等等。这些观察方法都是很直观的，许多人都喜欢信手拈来。但直观的观察常常并不足以让我们认识到其中具有规律性的东西。

比如，我们习惯把经济活动分为生产与流通两个基本环节。生产一般是指产品的制造过程，流通则是指产品从工厂制造出来到最后到达社会成员手中的过程。不难看到，如果没有人把产品从工厂运到市场，运到购买者那里，销售就不能最终完成。因此，流通其实也是生产，从事流通工作的劳动者与从事制造的劳动者一样，也创造价值。即使在观察市场差别时可以把制造业、运输业、零售业分开，但是在进行价值规律研究时不宜把生产与流通分开。生产与流通都是生产行为或价值创造行为。

我们还习惯于把经济活动分为生产与消费。前一节已经指出，生产与消费是同一的。不错，生产有形财富是生产，如种谷物、制造汽车、治疗疾病等等，都是为了满足人们的需要。但休息不是生产吗？没有适当的休息，劳动者就无法正常生存；晨练不是生产吗？没有健康的身体，人类的生存就没有质量；旅游不是生产吗？如果一个人喜欢并且有条件去旅游，不让他旅游，他会满意吗？显然，所有的人类行为都是同一的，都是生产——人的生产。

人的生产或人类社会的生产，显然也是经济学的一个边界。现代经济学家已经注意到休闲的价值，但是没有对休闲与劳动的同一性予以足够的重视。当然，人的生产不是指单纯的人类肉体的生产，而是指具有一定行为能力、一定文明水平的人类社会的生产。这是一切人类活动的最初原因和最终归宿。对于经济学家而言，所要识别的不过是人类生产活动中与价值有关的现象。比如，哪些人类活动表现出市场价值，哪些人类活动没有表现出生产价值。

分工也是基于行为观察视角提出的一个重要概念。现在人们已经知道，分工的一个重要作用是可以提高社会生产效率——同时也可以提高个人生产效率。需要指出的是，分工是一个微观观察视角，在宏观水平上，分工实际上是一种合作。合作表现为为了共同的目的而分工。

在现代经济中，交换是必不可少的环节。毫无疑问，交换行为也是生产，因为没有交换。生产就是不完整的，或者说是不能完成的。

2. 微观视角与宏观视角

分层次研究是一种把复杂问题简单化，提高研究效率的基本方法。经济学一般把研究对象分为微观和宏观两个层次。所谓微观经济学，是指从生产者个人、企业或市场的角度观察和研究经济现象。如市场价格、市场竞争等方面的研究。所谓宏观经济学，是指从整体角度观察和研究经济现象。如国民经济增长、物价水平等方面的研究。

这种划分是有益的，但是还不够准确。微观与宏观划分方法并不是经济学所独有的，它对所有科学都适用。我们常说科学理论是有限真理，许多人并没有注意到，"有限"首先的限制界线就是观察者所选择的系统层次。比如，如果你选择了观察气体分子的运动，所得到的理论仅适用于对分子运动的解释，不适用于解释大气的运动。如果你选择了观察大气运动，所得到的理论不适用于解释气体分子的运动。分子运动是微观的，大气运动是宏观的。宏观与微观的划分是一个观察角度的选择问题，不是几何空间的尺度问题。宏观/微观与空间尺度之间不存在必然联系，当然也不存在有些人所称的"中观"视角——因为是整体就不是局部，是局部就不是整体。

　　由于没有注意到微观与宏观概念对应的是系统的不同层次，一些人在研究过程中很可能不自觉地变换角度，最终导致找不到问题的确定答案。比如，有人喜欢把政府制定的大范围实施的政策称为宏观政策，如房地产市场调控。但房地产市场其实只是许许多多市场中的一个，这个市场虽然遍布全国，但仍然不是全局，属于微观经济学范畴，相关政策当然属于微观经济政策。再如，许多人认为宏观经济理论应该与微观经济理论一致，也是没有道理的。比如，银粉末是黑色的，但我们无法据此得出银制品是银色而不是黑色的；分子的运动是永不停息的，但我们不可能据此认为气流是永不静止的。宏观理论与微观理论之间并不存在必然联系①。

　　类似地，根据对每一个人行为的观察，我们无法得到社会的运动规律。在微观水平可以观察到人们通常是自私的，但假设社会是自私的，对于宏观研究就没有科学意义。在观察一个市场交易时可以把参与者分为买方和卖方，但把一个经济整体分为买方和卖方（或总需求与总供给）就没有什么科学意义了。

　　当然，微观观察与宏观观察是相对的。一般地，对一个国家经济的观察是宏观观察。但如果是研究世界经济，则一个国家的行为就应该视为微观行为。我们一般认为，观察一种产品的价格是微观的，相对于国民经济的观察。但相对于一个具体交易的观察，这种产品的"一般价格"又具有宏观意义。一般而言，微观观察结果仅可能为宏观理论提供部分支持，而宏观观察结果必然应当作为微观理论的约束条件。

3. 价值结构视角

　　正如前面指出的，价值现象是经济学的核心研究内容。无论从哪个视角进行观察，最终观察到的元素必须与价值有关，这样才属于经济学的范

---

①　下一章对"合成谬误"的认识，会使我们有更多的理解。

畴。经济学中有多种价值概念，比如交换价值，使用价值，市场价格，劳动报酬，生产成本，资本利息，贸易额，外汇汇率，等等。

不同的价值概念，当然反映了研究者不同的观察兴趣和观察对象。不过，作为一个科学概念，它必须有一个严格的、不变的定义，这个定义就是市场价值，所有我们观察的价值都必须是在市场交易中观察到的，或者以市场交易为依据。既然都是市场价值，尽管它们的表现形式不同，但都遵从相同的价值规律。经济学的任务就是要研究这些规律。

价值观察基本上可以分为两个方面，一个是价值类型，另一个是价值结构。所谓价值类型，是指与不同观察角度所对应的价值表现。比如从生产经营的角度去观察，常常使用成本、销售收入、利润等价值概念。从流通的角度观察，常常使用进口额、出口额、贸易平衡等价值概念。从资本运营的角度观察，常常使用投资额、利息、利率等价值概念。从产品的用途角度观察，常常使用消费和投资等价值概念。

所谓价值结构，是指在一个特定的观察角度或观察水平上，所观察的价值承载物的构成。价值需要一定的载体，比如劳动、产品、资本、知识产权等等。比如我们观察进口额，会看到不同的产品在进口额中所占的份额不同，它们之间的比例关系就是一种价值结构。观察劳动者收入，会看到不同行业的劳动者有不同的收入，或不同技术水平的劳动者有不同的收入，它们之间的相互关系也是一种价值结构。或者观察一个经济中不同产业对经济总量的相对贡献，也是一种价值结构。

观察"视角"的意义

科学研究是基于对事实的观察，而观察者在描述所观察的事物时，首先存在一个视角问题。人们观察任何事物，处理任何问题，都有一定的目标或目的性，这些目的决定了人们在任何情况下都要选择一定的角度来观察世界，不是泛泛地观察。比如，人们现在都知道日心说是正确的，地心说是错误的。但是在日常计量时间时，我们把地球分为 24 个时区，这实际上采用了"地心"模型，是根据太阳在地球上空的位置来计算时间。

如果一定要采用地球围绕太阳转的模型，我们计算时间就非常麻烦，甚至是不可行的。人们日出而作，日落而息，乘坐飞机旅行，用的都是地心模型。

观察者所处的境况不同，观察的目的不同，会选择不同的观察视角和观察方法，以求最有效地解决问题。科学研究的成效与正确地选择观察视角和观察方法有着密切的关系。观察经济现象也应该注意视角问题，否则，理论之间就很容易出现矛盾，对于特定的问题我们就很难找到确定的答案，或者出现同一个问题有多个答案的窘况。

价值结构是观察经济现象的一个重要视角。其实，价值类型也是一种价值结构，只不过由于不同的观察者对观察视角的选择具有较大的随意性，不同价值类型之间的关系不太确定。

在对价值现象进行观察时，注意价值存量与价值流量之间的差异是非常重要的。流量是在一定时间内的变化量，比如一个人在 1 年内挣到多少收入，交了多少税；一个工厂在 1 个月消耗了多少电力、原材料。存量是在一个时点的表现量。比如一个家庭在 2011 年底有多少存款，一个上市公司在 2012 年 6 月底的市值。

4. 统计观察方法

我没说经济学家的任务是解释市场规律或价值规律，指的是对一般规律的研究，而不是针对某一具体事件。要完成这些任务，需要对每时每刻出现的现象进行观察。将所观察到的事件进行整理归纳的过程，就是统计观察。

比如，广州市不同片区不同时间成交的住房价格可能差别很大，这不是经济学问题。广州市在某一时期住房成交价格的一般水平或统计平均水平是每平方 2 万元左右或 3 万元左右，这才是经济学关心的问题。在观察样本达到一定数量时，把所观察到的现象加以概括和归纳，这是一项统计工作，也是对观察结果的一种宏观（总体）表述。我们所说的"经济规律"当然是指经济总体运行的规律，不是指个别现象。从这个意义上讲，微观经济观察在统计水平上才对宏观经济理论有意义[①]。

现代经济学中统计分析在研究文献中占据的分量越来越大，数据处理方法也越来越复杂，表现出经济学家对统计分析方法的重视。不过，我们也应该认识到统计分析的局限性。对历史的观察当然可以给我们一些启示，但并不一定能够告诉我们未来。一个重要原因是，有太多的其他因素我们没有观察或观察不到。投掷一枚硬币，可能在过去投掷的 1000 年中有 200 年出现正面，800 年出现反面，这是在一定的历史条件下出现的情况。根据这个统计，我们当然会认为在未来的年份投掷出现正面的概率仍然是 20%，出现反面的概率仍然是 80%。仅当我们确切地知道硬币的特性，我们才能知道正确的判断应该是正反面出现的概率都是 50%。不难理解，统计观察总是在有限的时空中进行的，用概率方法表达观察结果并做出判断是"没有办法的办法"。理论分析的科学意义比概率统计分析要高不知多少倍。如果我们有更好的方法观察事物，统计观察方法显然应该排在后面，或者应该作为检验科学理论的一个辅助手段，而不是主要手段。

宏观观察与微观观察的统计关系

观察一个骰子投一千次、一万次的现象，我们认为出现 1~6 之间某一数字的概率是 1/6，这是一种宏观观察；但如果只投几次或几十次，说出现 1 的概率是 1/6 就没有了实际意义，因为在这几十次投掷当中，数字 1 可能一次也没有出现。类似地，假设根据经验统计，从事某项投资的人有 60% 亏损，40% 赢利。这些经验对于一个准备投资的人当然是有意义的。但是在理论水平上，到底有什么意义？宏观观测到的 40% 赢利概率对投资者的微观决策——比如是投还是不投或者只投 40%——并没有决定性意义——更多的更重要的微观因素才有意义。这就是微观研

---

① 个别观察或案例观察可能出现"合成谬误"。第二章将有进一步解释。

究与宏观研究的区别。二者之间不能说没有一点联系，但的确没有什么必然的联系。

5. 模型方法

一说起模型，初学经济学的人会感到非常深奥和复杂。但实际上我们每天都在使用模型——我们在描述对任何事物的观察结果时就已经构建了一个模型，只是我们平时不太注意。人们所提出的任何一种命题或一个学说，都是建立在某个模型之上。经济学模型就是对所观察到的经济现象的一种刻画，它是对全部观察的一个抽象，体现了观察者的观察视角和观察方法。只要你试图把你的观察描述给他人，你就在构建模型。有意识地构建模型，可能对事物观察得比较全面和细致；无意识地构建模型，可能对事物观察得比较粗略，甚至可能忽视一些重要因素。比如，我们说产品提价可能导致销售额的减少，这一判断就是建立在一个简单的模型之上，一个反映价格与销售额之间关系的模型。如果注意到影响销售额的因素还有很多，我们会知道这个模型不是很完善，但缺陷的存在并不完全否定它可能是有用的。

模型有定量的和定性的。一般来说，狭义经济学模型应该都是定量的，因为它只涉及价值元素，而价值元素都是数额计量的。广义经济学模型可能涉及许多非价值元素，这些元素在许多情况下可能难以获取确定的数值，或者与价值量之间的关系很难确定，因此常常只能在定性水平上构建模型。

根据一般的认识，科学模型追求准确，所以定量模型在现代经济学中很受推崇。但许多名义上的或形式上的定量模型，其实不是真正的定量模型，或者只是不可能应用的定量模型。涉及价值元素与非价值元素之间关系的模型，大多数是不可能应用于实际的模型。比如，试图刻画技术进步与经济增长的关系的模型（典型的如索洛余值模型），技术进步目前并没有在价值水平上的统一定义。又如反映产品价格与销售量之间关系的需求模型或供给模型，由于销售量与价值之间并不存在确定的关系，这类所谓的定量模型实际上只能在定性水平上解释问题[①]。

我们可以很轻易地提出一个模型，但这个模型是否正确，或者以这个模型为基础所构建的理论是否正确，只能用实践来检验。这就是所谓"实证分析方法"，它以事实为依据来回答"是怎样"或者"不是怎样"的问题。经济学中还流行一类所谓"规范分析方法"，通常是回答"应该怎样"之类的问题。因为人是具有主观能动性的动物，他们有自己的追求和判断，可以提出世界应该是怎样的。但科学就是科学，如果"应该怎样"的理论与事实不符，就不能被接受为正确的理论。规范分析方法最终应该受到实证分析框架的约束，或者应该统一于实证分析。

构建模型是为了解决实际问题，有时候并不追求十分准确，或者不可能做到十分准确。这些模型通常表现为经验性模型，它们在特定的时空中比较有效。而所谓理论模型则追求在任何情况下都有效。至于选择使用哪种模型，可以根据研究者的研究目标来决定。

第四节　应用案例

1. 经济学的两个"怪现象"

张五常先生在他的博客上提出了两个"怪现象"，很能说明经济学发展中的窘境。

第一个怪现象是：当你对一个外行说自己是学物理的，他会回应：物理学我不懂，一般不会再说下去。化学如是，生物学如是，所有自然科学皆如是。但如果你说自己是个经济学家，门外汉会回应：经济学我不懂，

---

① 产品数量与价格之间的确切关系仅对具体的生产者有意义，而经济学是研究一般关系的。一些经济学模型"假设"产品销售量与价值之间存在某种关系，似乎这样就可以解决定量问题了。不过假设永远是假设，如果在现实当中不存在，这些所谓的定量模型只能起到数学游戏的作用，锻炼一下我们的智商。

然后他会不断地说下去，滔滔不绝地申述他的伟论。这个怪现象其实不难理解：经济学要解释的是人的行为，任何门外汉都是人，认为可以解释自己，也认为自己的喜好是他人的喜好，推而广之，世界就应该是如此这般了。

第二个怪现象是：高楼大厦是由建筑师及工程师建造的。如果一个没有学过建筑的绝顶天才，亲自设计及建造一间五层高的楼宇，你有胆量住进去吗？但经济学不是这样。朱镕基这个人，据说是从清华读工科出身的，连经济本科也没有读过。然而，此君也，在中国经济最困难的90年代把经济搞起来，创造了我说过多次的"中国奇迹"。把所有获经济学的诺贝尔奖得主的贡献加起来也比不上一个邓小平，比不上一个朱镕基……而这些经济改革的大师们是不懂经济"学"的！①

这两个怪现象当然是对当前经济学科学水平的质疑。不过，它更有助于我们理解经济学家对经济学的研究对象并不十分清楚，不知道自己到底应该做什么，能够做什么，做什么事情可以比非经济学家做得好。张五常是一个知名的经济学家，从他的上述疑问可以看出，他本人也认为改革开放或其他经济政策都是经济学问题。其他经济学家的思想就更不用说了，大家都以为经济学要解决资源配置问题，也就是所有与财富的生产和分配有关的决策问题。反过来看，既然人人都在搞资源配置，那么就是人人都懂点经济学。

显然，这两个怪现象说明了同一个问题，经济学家把所有社会成员要做的事情当做了自己的专业。我们在第一节指出，资源配置问题是所有社会成员的事情，不是经济学家的专业。改革开放涉及许多经济政策，但并非"经济"政策就是经济学问题。改革开放其实是民主、民权、民生问题，它恢复了让公民了解外部世界、与外部世界交流的权力，恢复了人们自己决定自己生产什么、消费什么的权力，恢复了人们自由交换的权力（大量的自由交换曾经被视为投机倒把而受到限制）。

---

① 资料来源：《什么是经济学？》，http：//blog.sina.com.cn/s/blog_47841af70100 cuhp.html。

解决这些问题，当然有许多人比经济学家更智慧、更能干，至少仅靠经济学家是做不好的。

我们最容易混淆的是经济学与管理学的界限，因为管理学与经济学的距离似乎最接近。邓小平、朱镕基对中国经济发展的贡献在很大程度上具有管理意义，而不是经济意义。一些经济学的"门外汉"所谈的常常也是管理问题，只是这些问题可能看起来像是经济问题。处理管理问题常常需要运用大量的经济知识，想当然很容易认为涉及的是经济学问题。经济学的"帝国主义"现象之所以比较普遍，一方面显示出人们对经济学知识的普遍需要，另一方面也显示出目前的经济学试图在做许多不该做或做不到的事情。

2. 人们有时候为什么会投币决策

西安事变是一个著名的历史事件。据说张学良在下决心拘捕蒋介石之前，曾经以投币决定采取行动还是不采取行动。现实当中更是不乏这样的案例。投币决策，当然没有什么科学依据。但人们为什么会这样做？

决策本来是一个理性的思维过程，但问题是，任何人都不可能具备完全充分的知识或掌握完全充分的信息。人们每天都要做许多事情，必须要有一套简单实用的决策方法，这是效率的要求。在人们明白自己的知识条件不具备时，就可能考虑借助其他力量。至于借助什么力量，人们可以见仁见智。当感觉亲朋好友的知识也不够可靠时，投币决策也可能成为一种选择——这是效率法则在起作用。

投币意味着决策者默认存在某种更为强大的力量来决定事物的运行。这是人类知识有限的条件下效率法则决定的。这种借助不确定外力的情况其实还有很多。比如，世界上大多数人都信某种宗教，如基督教、天主教、伊斯兰教、佛教等等。科学发展到今天，许多人其实已经知道这些宗教教义中的许多东西是不科学的。但科学的发展最终并不能完全改变人们信教，其中一个重要的原因是效率法则的需要。科学虽然发达，但并不是每个人都能够很好地掌握的。每个人在一生中能够了解的科学知识非常有限，他们处理日常事务，不能每一件事、每一个决策都去做一番调研——这样的生活是没有效率的，是不现实的。大量事物按照同一类规则来处置，这样才有效率。比如，人们相信做好事总是有益的，因此，每次做好事时不用认真去计较做了这些事具体能得到什么。在没有足够的科学知识的情况下，相信上帝的力量或命运的安排并不一定是坏事，至少可以让很多人提高生活效率。牛顿虽然是一个很有成就的科学家，但是在无法解释宇宙运动的原动力时，最后也是求助于上帝。换一个角度看，各种各样的宗教或信仰是对生活效率的另一类探索，至少有助于解决许多人在科学知识不足时的决策问题。

当然，经济学关心的应该是与价值有关的效率问题。《牛奶可乐经济学》中有这样一个例子，高速公路边电话机上的按键都有盲人键，有点让人难以理解，因为上高速公路的司机不可能是盲人。这实际上是经济学中的所谓"规模经济"现象。如果只生产一种规格的按键，生产规模较大，成本就会降低。如果同时生产两种规格的按键，生产成本就可能会高一些，或者说生产效率就会低一些。因此，电话机生产商选择了只生产一种带有盲人键的电话机。

"从众行为"也是人们为了提高效率，在信息不充分条件下，进行决策的一种模式。正确的决策需要充分的知识和信息，但大多数人没有足够时间和精力去了解和分析中心信息，一个简单有效的方法是看别人怎么做。这样决策的依据是认为人们都是理性的，别人的行为应该是有道理的，是有一定的调研依据的，因而可以学习和模仿。不过，从众行为也有失误的时候，因为真正认真研究决策信息和知识的人是少数，当有太多的人模仿时，他们的总体决策可能是错误的。

3. 为什么"乱市"要用重典

近年来，食品安全成了公众关心的一个热门话题。倒卖病死猪，添加有害物质等现象我们随时都有可能遇到。其实大家都清楚，违法现象之所以普遍，一个重要原因是违法成本太低。这是一个机会成本问题，违法者获得的利益显著高于受处罚的成本。有人认为靠巨额罚款或刑事处罚来治理不便操作，在机会成本的意义上，其实是认为食品安全问题还不够严重，不值得对违法者严厉制裁。

当然，中国市场上的问题不只是食品问题，其他问题也很多，比如欺诈、造假等等。

中国有句古话叫"乱世用重典"。在经济意义上，"乱市"就是"乱世"。重典的一个重要意义是可以提高管理效率。在这些方面，国际上一些通行的做法我们是可以借鉴的。比如，许多国家都有法律规定，如果一个人作为股东或老板在经营过程中失败，比如破产，这个人此生永远不能再以老板的身份开办公司。不问你失败的原因是遭遇了意外，还是自身道德错误。社会公众没有那么多时间去辨别你是故意把公司搞坏，欠账不还；还是运气不好，遭受了意外损失。这种做法似乎有"重典"之嫌，但却是效率法则的要求。

当然，我们也有成功的经验。比如酒驾被人们深恶痛绝，但也曾经是许多人认为可以理解的事情，因为饮酒是中国的一个民族习惯。但是当社会公认它的危害是巨大的，采取了比较严厉的惩治措施，酒驾问题立刻得到了显著的改善。

中国人讲究"给人改正错误的机会"。在古代社会，生活节奏很慢，生活圈子也不大，人们花一点时间去了解一个犯错误的人到底是什么原因，是否可以纠正，不会产生太多的成本。但是在现代社会，人们有太多的事情要做，有太多的人要打交道，花时间去了解所有交易对象的信用情况成本太高，甚至是不可能的。一个企业把病猪拿到市场上卖，如果法律规定这个企业的老板从此不能再做老板，则以后他再去做非法事情就变得非常困难。如果他改用亲戚朋友的名义做坏事，至少要受到这些亲戚朋友的约束，并且由于受到这些制约，他也难以做较大的坏事。就他个人而言，不让这个人做老板，并没有限制他以其他方式（比如雇员）参与社会劳动。同时，不让他做老板并不会影响社会效率，因为有很多的人可以做老板。对社会而言，纳税人不用支付太高的成本，让工商管理人员每天去调查有没有商人做违法的事情。同时，人们在市场上也很容易建立信任，因为你所打交道的任何一个老板都不曾犯过严重的市场错误。尽管以前不曾有严重错误不代表以后也不会有，但市场风险显然大大降低，这非常有利于市场效率的提高。

其实，许多发达国家就是这样做的。企业老板只要犯了一次严重错误，导致企业破产，这个老板终生不再有机会做老板。良好的市场秩序就是这样建立起来的。我们常说要学习发达国家的经验，发达国家有许多现成的经验，就看我们能不能认识到这些经验的意义。

4. 经济学为什么不能在实验室做实验

许多自然科学，比如物理学、化学甚至是医学，相关的学说都可以通过实验来检验。这些实验大多可以安排在实验室做。经济学家当然也希望通过实验来检验自己的理论，但是他们从来也没有做到。

一些高校试图设计一些所谓的经济学实验来帮助学生理解经济学的一些理论。比如让学生选择不同的商品，以理解不同商品效用之间的关系；或者让学生模拟讨价还价，以理解价格决定过程。但这些所谓的实验其实不过是游戏，因为"实验"的本质是实验材料和实验环境的真实性，而真实的市场材料和市场环境在实验室中都不具备。比如讨价还价，一种产品的市场价格不是由某两个人讨价还价决定的，而是由大量的生产者讨价还价决定的，这在实验室是不可能做到的。另外，产品的本质不是它的形体，而是它所承载的劳动，而实验室是不可能完成这项劳动过程的。不知道自己在一个产品中付出了多少劳动，就去和别人讨价还价，显然是儿戏。又比如模拟炒股，用的是虚拟货币，赚钱赔钱都不是真实的。而自然科学实验则不同。观测物质的质量，物理学家用的是真实的物质。观测化学反应，化学家用的是真实的化学元素。一个水分子在自然界中是水分子，在实验室中还是水分子。而一个面包，或者一元钱，在市场上是商品，在实验室中就不是商品。

当然，这并不是说人们设计的经济学实验没有任何作用，作为智力游戏，它可以训练人们的思维，可以让人们了解一些相关知识，但千万不要以为这是科学实验，更不要以为人们可以从这些实验中发现和检验科学真理。

不过，一些人认为经济学无法做实验，也是不准确的。经济学只是无法在实验室做实验，在现实当中，我们几乎每天都在做实验。有时候是看别人做，有时候是自己在做。只要运用恰当的方法认真观察，应该能够总结出实验结果。比如，经济政策和经济制度每天都在发挥作用，市场交易每天都在进行。既然不能把它们搬进实验室，我们直接观察就是了。

本章参考文献

[1] 马歇尔：《经济学原理》，朱志泰译，中国计量出版社，2004。

[2] 罗宾斯：《经济科学的性质和意义》（1932），商务印书馆，2000。

[3] 萨缪尔森·P.：《微观经济学》，萧琛译，人民邮电出版社，2004，第2页。

[4] Buchanan, J. M., "What should economists do?" *Southern Economic Journal 30* (3): 213 - 222.

[5] Mauro Gallegati, Steve Keen, Thomas Lux, Paul Ormero, "Worrying trends in econophysics", *Physica A*, 2006: 1 - 6.

第二章　一元论方法

　　一元论的基本思想是把宇宙万物视为一个相互联系的整体，它们具有同一性。一元论方法的基本思路是把所观察的事物视为若干元素构成的一个整体，这些元素具有同一性。最典型的一元论方法是把被观察的事物视为由两个元素构成的模型，这个模型必须具有完备性。宇宙是无穷的，信息是无穷的，一元二分模型提供了一种把复杂问题简单化的有效方法。

第一节　科学理论与科学模型

1. 信息的无穷性

　　现代社会中，人们常常用"信息"一词来表述我们对各种事物的了解。语言、符号、文字等等都是我们创造的表述和传递信息的工具和方法。所有的事物都是客观存在的，是确定的，或者说是"唯一的"，但是人们对这些事物的认识和表述方法并不是确定的和唯一的。对"信息"概念的认识，人们也不统一。比如，我们一般认为，信息就是消息；"信息论"的鼻祖维纳（N. Wiener）认为，信息是人与外界互相作用的过程中互相交换的内容的名称（维纳，1948）；《信息空间》的作者布瓦索（Max H. Boisot）则认为信息是从数据中抽象出来的东西。美国 OMB A-130 号文件把信息定义为"任何传播内容或知识的表示，如以任何媒体或形式存在的事实、数据或见解，包括文本型、数字型、图片式、动画式、记叙型的、声视频形式等"。管理学大师德鲁克（P. E. Drucker）认为，信息是有目的性和关联性的数据，因此，把数据转换为信息需要知识（德鲁克，1999）。显然，大家见仁见智。用《大英百科全书》中的话来说，"信息现象渗透于物质世界和精神世界之中，信息的多样性使得迄今为止所有要为信息下一个统一定义的企图都落空了"。

不过，总结现有经验，我们还是能够看出"信息"的一些基本特性。①信息是反映客观事物特性的工具，它不是所要观察的客观事物本身。②作为一种工具或媒介，信息也需要有一定的存在形式和载体。③信息是事物之间交流的媒介，它因交流而存在。我们一般所说的信息，显然是特指人与人之间或者人与客体之间的交流媒介或载体。比如语言，动作，各种符号，以及它们所表达的知识、消息，等等。地球上的一块石头与月亮之间可能存在某种相互作用，引力的、电磁的或其他的。我们通常所说的信息显然并不包括这些"信息"。我们从这些事物之间的相互作用或相互关系中看到了什么，才能被称为信息。比如，有人关心一块石头是不是陨石，有人关心这块石头是不是铁矿石，有人检测出这块石头已经存在 1 千年了，也可能有人把这块石头用来做一个测量标记。这些表述都是信息，这些表述都离不开主体。

当然，我们这里并不准备探究关于"信息"的准确定义和处理方法，而是关心信息概念对科学研究的一般意义。其中一个最简单的问题是：我们知道的信息多，还是我们不知道的信息多？或者说，是我们所看到的世界内容丰富，还是我们没有看到的世界内容丰富？

这个问题的答案我想应该是确定的、唯一的和不应该有争议的。很显然，宇宙是无穷的，其中所存在的事物、所发生的事件也是无穷的。显然，描述这些客观事物所需要的信息也是无穷的，相比而言，我们所知道的信息当然是少之又少。

说起信息的无穷性，我们自然会想到宇宙其大无边。不过，事物的存在还有另外一个方面，其小也是无限的。分子、原子非常小，但还有更小的微观粒子。被称为"基本粒子"的东西其实也并不是最基本的，只是由于能力所限，人们目前难以探测到比它们更小的存在物。尽管人类的科学研究已经取得了巨大进步，但并不能改变人类认知能力的有限性这一事实。这是人类活动永远要面对的一个矛盾：一方面，人们希望掌握尽可能多的信息和知识；另一方面，人的生命是有限的，了解世间的全部信息是不可能的。

不仅事物的存在具有无穷性，各种存在之间的联系方式也表现出无穷性。在"复杂性"研究领域有这样一个比较著名的比喻，说"巴西的某一个蝴蝶扇动翅膀，有可能引起北美发生一场大风暴"。这个比喻其实只是说明事物之间联系的复杂性和不确定性，并不是说一个蝴蝶扇动翅膀真的会引起一场风暴。它显然回避了从蝴蝶扇动翅膀到大风暴发生的过程描述。引起大风暴有很多更重要的因素，蝴蝶扇动翅膀充其量只是其中一个很小的因素。从这个比喻中我们更容易看到影响事物存在和运动的因素是无穷多的，或者说信息是无穷多的。

把信息描述或表达出来，就构成了所谓信息空间。实际的信息空间是无穷的，描述出来的信息空间是有限的。信息有限，我们才能处理。即使使用功能超强的计算机来拓展我们的大脑，计算能力也是有限的，而我们最终所看到或希望看到的结果则更是有限的。

仁者见仁、智者见智

这是我们习惯用来描述对于同一事物，不同的人会有不同看法的一句俗话，其背后的事实就是信息的无穷性与观察的有限性之间矛盾的结果。每个人都有自己的经验和视角，看到的都是部分与事物有关的信息。不过，总有一些事情，大家的看法最终有可能趋于一致，这是科学形成的基础。一致的看法并不必然是正确的，但正确的概率很大。

2. 真理的唯一性

尽管宇宙是无穷的，尽管信息是无穷的，尽管认知能力有限，人们对宇宙万物运动的探索，或者说对"真理"的探索从来没有停止过。一个问题是，世界如此复杂，我们不了解的事物比我们了解的事物要多得多，我们能够找到"真理"吗？

从逻辑上看，回答这个问题还有一个简单的前提，就是宇宙有没有真理存在。不过，人类为探索真理不断付出努力，这件事本身就说明我们相信真理的存在。什么是真理呢？其实真理就是确定的事实，就是客观存在。宇宙中的事物是确确实实存在的，真理当然也是存在的。不过，现实当中我们常常会发现今天的认识与过去的认识并不完全一致，这是我们的观察手段和观察范围变化所引起的。一般而言，我们后来的认识可能比之前的认识更接近客观事实，我们把最接近事实的认识称为"真理"。相信真理存在与相信事实存在是等价的，事实的确定性表现为真理的唯一性——一个事物是此事物而不是他事物，这是唯一确定的，任何事物都是如此。

比如，水为什么不可以是黄金？张三为什么不可以是李四？如果一个人可以是人又可以是鬼，如果一个水分子同时也可能是一个汽油分子，又可能是一头大象或其他什么东西，这不是我们的世界，或者说这个世界就没有真理可言了，一切事物都不是确定的。

因此，判断一个理论是否科学，也可以从它的唯一性来判断。一个理论不能与另一个理论相矛盾。如果经济学家说人民币升值会导致中国产品出口的减少，又说也可能不会导致中国产品出口的减少，那只能说明经济学家还没有找到科学的真理，相关的理论是不成熟的，而不能说两种观点都正确。在社会科学，特别是经济学中，我们习惯于倾听两种相互矛盾的理论，这其实是不科学的。在自然科学中，人们的态度就要鲜明得多。如果一个科学家说水可以变成汽油，另一个科学家说不可以。从逻辑上讲，如果两个理论相互矛盾，要么其中只能有一个是正确的，要么两个都是错误的。

"存在"是相对的，或相互的。一个存在是相对于其他存在而存在。设想宇宙中只有一个电子，它怎么知道自己是存在还是不存在呢？显然必须有其他存在做参照，我们说这个电子存在才有意义。因此，一个存在是由所有其他存在决定的，或者说任何一个其他存在有可能作为这个存在的参照物。用著名哲学家及数学家莱布尼茨（G. Leibniz）的话来说，任一事物都是所有其他事物的镜像。"镜像"指的是事物之间的联系、影响、参照或其他某种关系。在这么多"其他事物"的影响作用下，一个事物表现出某一确定的存在形式而不是某一其他形式，这暗示着宇宙万物按照某种确定的规律在运动，这个确定的规律就是万物运动的同一规律。这也是一元论的一个重要含义。

每一存在都是确定的存在，这一事实应该是哲学的一个立足点，也是一元论的思想基础。这个存在（包括其表现形式）是所有其他存在决定的，因此，这个存在与所有其他存在是一回事，是同一的。只是由于我们的观察兴趣和观察能力所限，我们才特别注意观察这个存在，而忽视了其他事物也是同时存在。这种"同时存在"的事实也可以从一个侧面说明"同一性"的意义，说明一元论的立足点：有"一个"真理"同时"决定了某个存在以及所有其他存在，决定了我们看到的世界就是这个样子，而不是其他样子。如果有两个以上的"真理"，我们看到的世界就是不确定的，可能是这样也可能是那样。事实不是这样，这说明两个以上的真理是不存在的。承认客观存在的确定性，实际上也就承认了真理的唯一性。这种决定论原理是一元论的一个思想基础。

这里我们所说的"一个"真理当然不是指数量上的一个，而是指逻辑上的一个。真理的具体表现形式可以是无穷多的。我们在任何研究领域都可以发现一些真理，那是局部适用的真理。不同研究领域发现的真理之间不能存在任何矛盾，它们应该是相容的或一致的，这就是"一个真理"的意思，也是"一元"的意思。宏观经济理论与微观经济理论不能有矛盾，经济学理论与其他社会科学理论之间不能有矛盾，与自然科学、哲学理论之间也不能有矛盾。

最终找到终极的"一元"真理当然是非常困难的，甚至是可望而不可即的。不过，人类的所有探索都在自觉不自觉地朝着这个方向努力。即使是一些负面的例子，比如"迷信""宗教"，也是这些努力中的一部分，只不过迷信者太"急于求成"，在尚未得到充分依据的情况下，就把宇宙中一切存在的决定力量归结为某种神灵的力量。科学家们则更多的是在一些具体的、局部的领域不断探索，在这些领域找到局部的决定性力量——在一定范围内有效的真理。每一科学领域都有一些非常简单的基本原理，这些原理不仅在自身学科内不能存在矛盾，与其他学科的原理也不能存在矛盾。在哲学的层面上，我们可以说这些科学成果的真理性是一元的。

"非常名"与有常名

道德经开篇的两句话非常有名，"道可道，非常道；名可名，非常名"。大意是说事物通常都是千变万化的，无论是在名义的层面还是在规律的层面。甚至是对这两句话的理解，也存在一些不确定性，人们可以见仁见智。

不过，在科学的意义上，或者说在相对水平上，我们要认识任何事物，都需要赋予这些事物"常名"。任何科学理论中的概念必须是严格定义的，不能变化的，统一的，不能见仁见智的。否则，科学理论就没有逻辑可言，世界就没有规律可言。比如物理学中的质量、距离、时间等概念，至少几百年都不会变。

真理具有确定性，表述真理的概念当然也要求具有确定性，也就是要求有"常名"。概念的不确定性，必然会导致模型的不确定性，理论的不确定性。不少学者注意到经济学中大量理论没有统一的确定的形式，不能给出"不变"的真理。一个重要原因是经济学家使用的许多概念都不是"常名"。比如，最流行的供求模型，以需求和供给为基本元素。需求被定义为对应于各种可能的价格，消费者愿意并且能够购买的产品数量。但我们知道，无论有没有价格，人们对产品的需求都是存在的，比如在古代，在计划经济时期。这类现象非常普遍，像效用、资本、财富、福利、紧缩政策、价格与价值的关系等等，大都没有统一的、不变的规定。中国有句成语叫"三人成虎"，一个模糊的概念讲一百遍，许多人就以为它清楚了。用一些人的话来说，就是当专家讲不清楚一个问题时，他们通常会再找出一些新的概念，采取把你弄糊涂的方法来表明自己是清楚的。

真理的唯一性在科学研究中表现为对真理表述的确定性，这自然要求所使用的科学概念的确定性。我们无法设想采用不确定的概念如何去表述一个确定的事实。比如我们常说的"投资"，如果说购买设备是投资，可能没有人持反对意见。如果说购买股票是投资，可能有人持反对意见，认为有些人购买股票是投机，不是投资。如果是购买住房，许多人会认为购买第二套住房应该视为投资，购买第一套住房一般是自住，应该视为消费。经济学中这类问题太多，以至于我们很多人都见怪不怪了。但这是从经验观察上升到科学理论过程中的一个必须克服的障碍。经验观察可以仁者见仁、智者见智，但科学理论不能，它要求对于既定的事实，所有的人应该能够得出同一个判断。

3. 科学研究的效率法则

在科学的水平上，必须尽可能全面地把握信息，才有可能准确地认识事物，正确地做出决策。因此，人们不懈地探索，运用各种工具搜集和处理尽可能多的信息。但是在绝对意义上，信息是无穷的，我们永远也不可能掌握"全部"信息。信息的无穷性与生命的有限性是一对矛盾，解决这个矛盾的唯一途径就是提高工作效率。世界是一元的，因此，信息是可以简化的。科学研究是一个发现过程，实际上也是一个信息简化过程。

爱因斯坦有句名言，科学就是简单到不能更简单（as simple as possible, but not simpler）。但是，他没有解释科学为什么要简单。现在我们知道，只有把事情整理得非常简单，人们才能在有限的时间里做更多的事情，做更复杂的事情。科学的任务是要解决信息的无穷性与生命的有限性之间的矛盾。因此，效率也是科学研究要遵循的一个基本法则。必须把了解到的相关信息进行最简洁的抽象，才能处理更多的信息。

从效率的角度来看，我们可以发现"科学"并不是一个非常深奥的东西。科学研究不只是科学家在做，所有的人都在做。每个人每天都在把自己所面对的纷繁复杂的事物做简单化处理。当然，简单是相对的。几个牛顿定律大致上就可以支撑力学这门学科，非常简单。准确地计算卫星轨道看起来要复杂得多，但已经把真实世界大大地简化了。科学家们所做的，不过是在一些领域把复杂事物抽象得比普通人所抽象的更为简单，从而使我们对信息的处理更为有效。

另外，科学原理的简单与科学技术的复杂并不矛盾。人类生来具有不断探索的劳动精神，天生希望做更多的事情。每一个科学原理变得简单了，人们做的事情看起来就显得复杂了。

提高信息处理效率的一个有效途径是发现事物运动的共同规律。所谓"从个别到一般"，就是这样一个认识过程。这个过程也是一元化过程，它首先发生在一些局部研究领域，人们首先观察到某一领域事物运动的共同规律，然后会发现更多领域事物运动的共同规律。掌握了这些共同规律，能够"以不变应万变"，大大提高分析和决策效率。

现实当中，人们一般并不关心宇宙真理是不是唯一的，但科学在不知不觉中沿着这个方向前进。比如，牛顿从所有物体落向地面的现象总结出万有引力；物理学家试图用一个模型来概括所发现的引力、电磁力、强力和弱力4种力，因为他们相信这些力应该具有同一规律。化学家发现不同原子的特性主要由原子最外层电子的数量决定。进化论提出生命的"用进废退"和环境适应法则。所有这些工作的共同特性就是让看似复杂的世界在我们面前显得简单，使我们能在有限的时间内做更多的事情。科学理论的每一个进步，都是在了解更多信息的同时，把原有的理论做了更简单的归纳。每一个进步都是一个局部的或阶段性的一元论成果。人人都知道科学理论是有限的真理，或许人类永远也走不到发现终极真理的那一天，但相信世界是一元的，是科学研究事实上在走的路。明白了这个道理，我们或许能走得更快一些。

从形式上看，信息简化是减少了所要处理的信息量。从逻辑上看，信息简化则是理清了各方面信息之间的关系。这个过程就是将所观察事物模型化的过程。

比如，最简单的数字关系 $1+2=3$，在欧几里得空间中成立，它规定数字之间的间隔是均匀的。这个欧式空间就是一个关于数字之间关系的模型。牛顿的万有引力定律，是关于质量、距离和力等等变量之间关系的模型。其中所使用的变量已经对现实世界做了相当极致的简化，"简单到不能更简单"。经济学家试图用一个函数来描述价格与销售量之间的关系，也是一种模型。当然，关于模型的可应用性则是另外一个问题。

模型是一个抽象的系统，它在建立时，一方面设定了内部元素的空间关系，另一方面也设定了模型的边界。建立在这个模型上的理论，仅在这个模型的边界范围内有效。超出了这个边界，这个理论可能就失效了，这就是科学模型的层次性。比如，牛顿万有引力定律在分子尺度就失效了，在跨星系空间，它其实也不再适用（刘绍光，1984）。一个模型的边界有多大，建立在这个模型之上的理论就具有多大的普适性。这里所说的"模型的边界"，不是指其几何空间界限，而是指这个理论准备解释的现象的范畴，尽管许多模型所涵盖的范畴与几何空间有关。此外，如果一个模型能够涵盖另一个模型，则这个模型给出的就是更为基础的理论，而被涵盖的模型就不是一个独立的理论。我们关于科学的边界认识（前一章）已经包含了这个思想。

无处不在的信息处理

信息的无穷性。决定了人们在描述事物时，不可能把所有相关信息都描述出来，只是描述那些他们认为必要的信息。一方面是归纳"有用"的信息，另一方面是剔除"无用"的信息。

比如，我们知道太阳系由太阳、行星以及其他一些天体组成。往细微处看，这些天体又是由分子或原子等物质组成，原子又是由更小的微观粒子组成。往外看，太阳系的运动还受到宇宙中其他星系的影响。然而，我们在观察太阳系的天体运动时，不会去考虑分子、原子的运动，也不会去考虑其他星系的运动。不是说这些运动对太阳系天体的运动没有影响，而是说这些影响在足够精确的水平上可以忽略。必须经过这样的简化，我们才有可能找到最基本的科学原理。

现实生活中，诸如采用"四舍五入"方法处理数字，用欧氏空间来表达真实空间，分章节来表述某一领域的知识，等等，都是信息处理的方法。在"信息爆炸"时代，如何把相关信息加以梳理和简化，并且剔除无用信息，也是科学研究的一个重要部分。经济学中有许许多多的模型，许许多多的理论，它们之间的关系非常不明确，一个重要原因就是信息处理工作没有做好。

当然，科学需要简单，但简单未必等于科学。用爱因斯坦的话说，科学就是"简单到不能更简单"①。如果简化掉了不该简化掉的信息，所构建的模型就不科学了。比如，经济学家常常使用的供给曲线（或需求曲线），只考虑价格与销售量之间的关系。而他们明明知道，价格只是影响销售量的因素之一，还有许多因素可能比价格更重要。

由于效率法则的要求，科学模型不可能纳入全部事实，为什么采用一些事实，不采用另一些事实，这是建模过程中必须弄清楚的问题。

4. 科学事实与科学假设

人类的任何认识，都是基于对事实的观察，所谓"思维是对现实世界的反映"。但由于效率法则的要求，我们只能局部地和有选择地观察。在现实生活中，我们是一个一个地处理所遇到的问题。即使我们的知识积累越来越多，我们也不会在处理某个问题时动用全部知识体系。我们通常

---

① 这是一种比较流行的说法，英文是"sincence is to make things as simple as possible, but not simpler,"但这句话的原始出处不详。

只运用一部分知识——这些知识可以在足够准确的水平上解决问题了。被运用的知识就形成了一个模型。任何理论的表达都是建立在一个模型之上，无论当时在表述这个理论时我们是否意识到已经构建了一个模型。

比如，我们在讲"日出而作，日落而息"时，我们实际上是运用了地心模型——太阳在围绕地球转动，地球被假设为不动，尽管我们知道是地球在围绕太阳转动。我们在计算人造卫星轨道时，构建了一个地球－卫星模型——尽管我们知道其他天体，甚至是太阳系外的天体也可能会影响卫星的轨道，该模型假设其他因素的影响可以忽略。

不难理解，我们在构建模型时必然要使用一些假设，任何一个科学模型实际上是由一系列的假设构成的，经济学当然也不例外。不过，许多人都注意到经济学的理论或模型的可应用性很差。为什么会这样呢？一个关键问题是经济学家常常没有认真考虑科学模型对假设的要求，他们从来没有给"假设"一个比较专业的明确的定义。

模型本身都不是事实，是由一系列的假设构成的。但我们都知道，这些所谓的"假设"都不是假的，都是有事实依据的。在这个意义上，我们应该清醒地认识到，真正的科学模型是没有假设的。所有的"假设"都不过是对客观事实的抽象，是近似的客观事实。脱离事实的假设不是科学假设。

比如牛顿的万有引力模型，认为两个物体之间的引力仅与这两个物体的质量和二者之间距离有关，这就是一组假设，但这些假设显然是与事实一致的。但经济学家没有考虑这么多，常常是单纯为了简化问题而做假设。比如，经济学常用的"供求模型"试图用供给函数和需求函数来说明销售量与价格之间的关系，我们明明知道收入水平、其他商品的价格等因素会影响一种商品的价格和销售量，却假设这些因素的影响可以忽略，或者"假设其他条件不变"。这些假设显然不是科学假设，因为这些假设不是事实，或者与事实距离太远。

当然，认为"经济现象太复杂了"，也是人们对经济学假设的真实性放松要求的一个重要原因。但事实只有一个，真理只有一个，在理论意义上，符合事实的假设也只能有"一个"（或一组），而不符合事实的假设却可以有很多。于是我们看到，经济学中许多互不相容的理论和观点并存，形成了科学研究中一个比较独特的怪相。如前英国首相丘吉尔所讥讽的，对于同一个问题，两个经济学家会给出两个答案；如果其中一个经济学家是凯恩斯，就可能有三个答案。

我们说模型的假设也是"唯一的"，当然是在相对的意义上，是相对于唯一的事实。人类活动的目的性决定了科学研究的针对性，提出一个模型是为了解决某一类具体问题，在这个水平上，模型的基本形式应该是一定的。比如，在计算地球与太阳之间的运动关系时，我们一般假设地球围绕太阳运动，并且假设其他天体的影响可以忽略。这并不是完全的事实，但其他天体的影响的确很小，在处理一些问题时，这个模型是足够准确的，它充分地反映了事实。如果有更精确的计算要求，也是在这个模型的基础上展开。而我们在处理日常生活时，不能采用"日心"模型，只能采用"地心"模型。可见，事实虽然是唯一的，但是对事实的表述却未必是唯一的，与观察视角有关。而当我们要研究问题的确定时，模型的现实则应该大致是唯一的。事实上我们也看到，在比较成熟的自然科学中，表述客观规律的模型都具有相对固定的形式，这是大家都认同的形式。但是在经济学中，鲜有特定形式的理论模型是大家长期统一使用的。

总之，虽然模型对信息的选择是有限的，但选择的依据是对一切事物进行了全面的观察。我们的有限观察结果，我们的模型正确与否，最终当然是通过实践来检验，但如果掌握了正确的建模方法，我们的研究效率就会大大提高。

理想实验

前一章我们提到，科学实验的一个要点是实验材料和实验环境的真实性，由于实验室中没有真实的经济环境，所以经济学家不能在实验室做实验。但经济学家每天都看到许许多多的人在做实验，他们自己也有许多实验的经历，为什么发现真理那么困难呢？这需要考虑实验的另一个特性，就是把问题简单化。在实验室进行的许多化学、物理学等自然科学实验，就是要构建简化的模型。有些简化的模型并非一定要在实验室实施，或者不方便在实验室实施，而是根据已有经验和已知事实来推理，这就是所谓的"理想实验"。面对纷繁复杂的社会现象，经济学可以考虑用理想实验来把问题简化。当然，理想实验不幻想，是需要有事实依据和严密逻辑的。

5. 科学模型的完备性

在科学的水平上，对事物的观察必须全面，才有可能得到正确的结论。但宇宙是无穷的，它可能提供给我们的信息也是无穷的，效率法则决定了我们在处理事情时不可能追求全部信息。因此，现实当中的科学研究只要求在所研究的空间范围内获得完全信息，这个空间我们通常采用某种模型来描述。如果一个模型可以描述所有需要观察的事物，并且构建了关于这些事物可能存在的所有空间，我们就说这个模型是完备的。

"完备性"概念在一些自然科学领域中已有研究，在不同的学科领域，其表述方式可能不尽相同，迄今并没有统一的定义。不过，这些表述的基本意义是相同的，都是指在所构建的模型中，所有应该描述的变量、这些变量可能存在的空间以及这些变量之间的全部可能的关系都有完全确定的定义。比如，"十进制的自然数"是一个关于自然数的概念模型，它规定了任意两个相邻整数之间的距离——等距离，规定了每增加10个整数进位。根据这个模型，任何我们说得出的自然数的位置都是确定的，是找得到的。

完备的本意是全面，在严格的意义上讲，是要求对所有事物进行全面的观察，涉及一切相关存在的信息。在现实意义上，我们对模型完备性的要求是相对的。由于宇宙信息不可能全部被纳入模型中，并且当我们的空间观察达到一定范围，就足够满足我们处理特定问题的需要。因此，一般的科学模型是在可应用水平上完备，能够完整地反映现实事实。

比如，上述自然数模型，对于自然数问题而言是完备的。但它不考虑小数、负数等其他类型的数。在欧式空间中，对于任意有理数（可比数），我们都可以确定它的位置。因此，对于有理数，欧式空间是完备的。但我们不能确定无理数的位置。实践中，我们通常采用近似的方法解决这个问题。比如 $\sqrt{3}$，我们可以根据需要用 1.73 或 1.732050807 代替，于是，欧式空间模型在可应用水平上就是完备的了。又如，许多高等动物可以视为雌性与雄性组成的。当我们观察任何具体的动物时，我们通常只需要考虑这两种性别。我们当然知道可能存在雌雄同体的情况，但是在一般应用上，雌雄模型是足够完备的。物理学中的二体运动模型，也是非常简单的完备模型：两个具有确定质量的物体，存在确定的引力关系，在稳定情况下，两个物体的运动规律是完全确定的。但是这个模型不考虑二体体系与其他体系之间的关系，也不考虑受到冲击情况下的情况。

整体性、系统性与完备性

这 3 个概念是我们在研究问题时经常强调的方法问题，其实它们的基本意义相同，只是强调了研究方法不同的侧面。"整体"要求把相关元素放在一起来观察，这实际上就是把相关元素构建成为一个系统；如果应该考虑的元素都考虑到了，元素之间的所有客观联系也都考虑到了，这个系统就是完备的。显然，完备性是评价整体性和系统性的一个更高标准。

哲学中的整体论虽然没有提到完备性概念，但实际上追求的是完备。整体论认为世界是一个相互联系的整体，这个模型虽然不是针对某一具体问题或具体事物，但认为每一具体事物的存在都不是孤立的，都会受到所有其他事物的影响。讲的更明确一点，每一事物的存在和表现都是所有其他事物决定的，不是他自己决定的。用著名哲学家莱布尼茨的话说，任一事物都是所有其他事物的"镜像"，或者说任一存在都是通过其他存在来显示自己的存在，同时也可以反映其他存在。任一事物加上所有其他事物，这个模型显然把一切都纳入进来，是一个完备模型。这是完备性的哲学思想基础。当然，在处理具体问题时，我们需要构建具体的完备模型。

"镜像"是一个比喻，但这个比喻有着实际意义。比如，医生可以通过观察一个人的血象，了解这个人的健康状况；一些人可以根据手相，观察一个人的性格；考古学家可以根据古墓中的随葬品，了解当时的社会文化和制度；等等。遵从效率法则，人们通常是把自己所看到的并且认为是最主要的元素拿来构建模型。即使如此，可能观察的空间也是没有限制的。

完备模型的重要特点，我们大概可以整理如下：

一是模型与事实的一致性，这是最基本的要求。"一致"是全面一致，总体一致，不是局部一致。尽管全面一致是相对的，必须达到可应用水平的要求。

二是自身的完备性，在选取模型的变量时，各个变量之间的关系全面确定。在数学水平上，我们要求变量之间是"相互独立的"，所谓"相互独立"，是指变量之间除了模型所规定的关系，不存在其他关系。

这些不是模型的全部特点，但对于初步判断一个模型的有效性很有意义。比如，许多经济学模型没有做到上述要求。像供求模型，明明已经观察到许多重要因素——比如收入水平、生活习惯、经济制度等，都会影响产品的销售量和价格，却不把这些因素纳入模型，只描述销售量与价格之间的关系。结果从来没有人给出一个能够应用的供求模型。经济学家也试图让模型完备，常常采用"假设其他条件不变"的方法，表示他们也考虑到了所有其他因素。但假设这些因素不变，表明还是没有考虑。对比一下，物理学的二体模型实际上也假设了"其他条件不变"，即假设了所有其他因素对模型中的二体没有影响，这个假设与事实是基本一致的。

前面提到信息的无穷性，绝对的全面是不可能的。任何模型都不可能囊括所有观察到的信息或变量。一个在应用水平上"全面"的模型，一定是对研究对象进行充分抽象和简化的模型，包括对描述事物变量的数量简化以及对事物之间关系的简化。不过，简化了的模型虽然在绝对意义上没有考虑全部信息，但是在相对意义上，考虑了全部信息。我们平时所说的"全面"，大致上也是这个意思。

第二节　一元二分模型

1. 一元二分模型的基本理念

科学理论是通过具体的模型来表述的，建模的一个基本原则是，模型要能够全面地反映客观事实。在严格的水平上，整个世界都应该纳入模型中。在现实水平上，与所观察事物相关的全部因素都应该纳入模型。不过，世界虽然是一个整体，但是我们的观察目标，我们要解决的问题并不是这个整体，而是其中的某些事物。模型是由代表特定事物的元素以及反映事物之间关系的函数构成。如何定义和选择这些元素，如何清楚地表达这些元素之间的关系，是建模的关键。一个最简单的方法，就是把观察对象整体一分为二，这就是所谓一元二分法，模型是由两个相互独立的元素构成的整体。

如图 2-1 所示，任何一个事物都可以分为两个部分①，A 与 B，这种划分有下述特性：

首先是一元性。所划分的两个部分必须属于同一事物，并且构成了事物整体。这就是"一元"的基本含义。这种关系我们可以表达为

$$A + B \equiv 1 \qquad\qquad (2-1)$$

式（2-1）右边的"1"指的是事物整体或一切事物，不是数量上的 1 或单个事物。"+"可以理解为"与"，即 A 与 B 代表了事物整体，不是算术上的求和。对于一个具体问题 A 与 B 的关系应该如何表达，并没

---

① 二分模型的具体形状可以根据研究需要而定，图 2-1 所描述的类似阴阳图像的形状只不过是考虑阴阳二分模型的应用在中国非常普及，便于体现一元二分方法的普适性。

有一定之规，要适应与解决问题的目标。尽可能采用数学上的初等变换关系，可以使模型简洁实用。

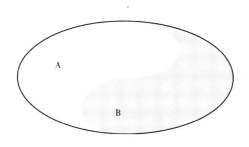

图 2 - 1 一元二分模型

其次是完备性。模型系统中的 A 和 B 代表了与观察对象有关的全部元素，不存在其他元素。如果 A 和 B 是元素集合，则任一子元素在模型空间中的位置都具有确定的定义，要么属于 A，要么属于 B。不存在既属于 A，又属于 B 的情况。也不存在一个子元素在 A 和 B 中都没有位置的情况。

A 与 B 可以直接是两个简单的元素，也可以包含若干元素的集合。比如，所有人类可以分为男性和女性两个集合，这两个集合中可以有大量具体人。任意一个人都不能既属于 A，又属于 B。在可应用水平上，这个模型是足够完备的。又如，二体运动模型，地球围绕太阳运动的模型，只有地球和太阳两个元素。

由于模型中只有两个集合（或两个元素），它们互为参照，二者之间的关系就能够确定。如果模型中有 3 个或更多的集合，则可能要面临参照系的选择问题，一些元素的空间位置，包括这些元素与其他元素之间的关系就可能存在不确定性。而科学理论是决定论，拒绝不确定的事物。因此，只有二分模型才是最基本的科学模型。

2. 二元模型与一元二分模型

科学研究中的二元模型并不少见，哲学上的"两分法"就是人们普遍运用的一种方法。比如，许多人喜欢用"矛盾"来形容一对既相互联系，又相互对立的事物，矛与盾就是一个二元模型；中国人发明的"阴阳"说，把宇宙以及宇宙中的任何事物都视为阴性物和阳性物的组合，这也是一个二元模型；还有数学中的二元函数；等等，都是二元模型。这些模型与我们所称的"一元二分模型"看起来很相似，不同的是它们一般没有考虑模型的完备性，对一元性的考虑也不充分。一元二分特别强调世界（或事物）是一个整体，也就是一元的，同一的。

认识事物的同一性，需要对全部世界进行观察，模型完备性的基础是观察的完全性[①]。这首先表现在模型的提出上。模型本身就是在对世界进行了全面观察的基础上提出的，它必然是宇宙全部事物中的一部分，而不是全部。显然，模型与未纳入模型的部分就构成了一个一元二分模型——我不妨将这个整体称为一个"原始二分模型"。模型的这种特性，可以用图2-2来说明。当我们决定用一些元素来构建模型时，我们既决定了这些元素是模型的元素，同时也决定了所有其他元素都是模型之外的元素或非模型元素。后者在数量上比前者要多得多，或者说是无穷多的。但我们需要做简化处理，大量未知的事物以及大量的我们认为对模型的影响较小的因素不被纳入模型，还有一部分对模型有明显影响的因素，我们通常把它们抽象为模型的约束条件，构成模型的边界。显然，我们在构建模型时其实并不是只观察了模型中的元素，而是观察了整个世界，然后抽象出了这些元素。一元二分方法不仅是一种简单有效的建模方法，更是一种必然的建模方法，是所有科学模型事实上都在运用的方法。从逻辑上讲，图2-2的模型是完备的，因为整个宇宙都被考虑在内了。

不过，平时人们不太注意构建二分模型的哲学意义和一般规则。大多数情况下，人们以为只要把自己通过观察认为比较重要的一些元素纳入模型就可以，如果运气好，那些没有被纳入模型的元素果然对模型没有什么

[①] 在"一元论"概念形成之前，笔者曾用"全因素抽象方法"来说明建模过程中实际上应该对所有相关事物进行全面观察，对所有信息进行处理，模型就是对这些处理结果的抽象。

图 2 - 2　模型本身的二分性

显著的影响，这个模型就成功了。比如，在观察地球围绕太阳的运动时，我们的基本模型中只有太阳和地球，这应该是一个并不完备的模型。但实际上这个模型是有全面观察的基础的，因为事实上其他天体的影响作用的确很小，在近似的水平上可以把这些影响作用视为 0，使得这个模型表现为足够完备的。当然，如果有更高的精确度要求，可以补充考虑其他天体对这个基本模型的干扰作用。

经济学家就没有那么幸运了，他们要面对的变量似乎特别多。在许多情况下，只能用几个他们认为比较重要的变量来构建模型，这样的模型通常都是不完备的。比如，供给曲线或需求曲线模型只观察产品价格与需求量之间的关系，无法处理其他因素的影响作用，比如收入水平的影响，替代品的影响，政策因素的影响。为了让模型更完备些，一种比较流行的处理方式是"假设其他条件不变"。但实际上我们都知道，"其他条件"是不可能不变的，模型的不完备问题并不是回避就能解决的。

完备性的另一个特点是所定义的元素必须能够构成模型的全部变量空间的集合。我们平时所说的"矛盾模型"，除了矛与盾两个元素，并不完全排斥其他元素存在的可能。这样的话，矛与盾就不是构成模型的全部变量空间的集合，因为还有其他可能的元素存在。如果矛与盾代表了所有变量，此外没有其他元素，这个模型就是完备的。

完备性的再一个特性是，模型中每一元素的空间地位是确定的，或者说是有完全确定的定义的。一个负面例子是许多人都知道的阴阳二分模型，虽然认为所有元素要么是阴，要么是阳，囊括了一切事物或一切元素，但每一具体事物到底是阴还是阳，并不是完全确定的，可以见仁见智。如果再作"少阴"、"少阳"等划分，不确定性就更大了。其结果是对于同一个问题存在多个可能的答案。

简言之，人们通常所用的二分模型并不是我们所说的一元二分模型。但如果这些二分模型是完备的，它就成了一元二分模型。

3. 一元二分模型的数学意义

一元二分模型是完备的，我们能不能构建完备的"一元多分"模型呢？因为现实当中我们需要观察的变量太多了，把这些变量都考虑在内，我们对问题的观察岂不是更全面？

其实，"全面"只是人们对研究工作中的一个要求或追求，并不存在一个具体的模式或标准。模型的一元性也是这样。由于信息的无穷性，我们对世界的观察不可能是绝对全面的。但是在处理具体问题的意义上，在建模的水平上，完备就是全面。

我们当然可以同时观察多个元素，构建"一元多分"模型。在数学意义上，就是构建多变量方程组。根据数学知识我们知道，对于一个二元方程，如果有一个约束条件，这个方程就存在确定的解。二元方程组就是一个一元二分模型，模型以外的元素在数学意义上是对方程组没有影响的，所以 2×2 模型满足一元二分模型的完备性要求。对于有 n 个独立变量构成的模型，必须有 n 个相互独立的方程才有确定解。这个 $n \times n$ 方程组模型的一般形式可以写为：

$$f_i(x_1, x_2, \ldots, x_n) = 0, \qquad i = 1, 2, \ldots, n \qquad (2-2)$$

通常的求解方法，是运通一些技术手段逐步消去方程组中的变量元素，最终剩下一个变元，从而得到方程组的解。在得到变元的解之前，是先得到一个二元方程组：

$$\left.\begin{array}{l} f_1(x_1, x_2) = 0 \\ f_2(x_1, x_2) = 0 \end{array}\right\} \qquad (2-3)$$

这当然是一个一元二分模型。任何多变量模型，只要有足够的约束方程，就可以简约为一个 2 变量模型。至于最终选择哪两个变量，当然是根据考虑处理问题的需要而定。

通过观察一步一步消去变量数的过程可以看到，这是一个重复运用一元二分模型的过程。从 n 个方程开始，第一步减少为 $n-1$ 个方程，第二步减少为 $n-2$ 个方程，以此类推，一直减少到 2 个方程。表 2-1 显示，每一步都构建了一个一元二分模型，表中的"1"行和"2"行分别代表二元结构中的两个部分。

表 2-1　求解方程组的一元二分模型

二分构成	原始方程组→	第 1 次消元后→	…→	第 $n-1$ 次消元后
1	$f_1(x_1,x_2,\cdots,x_n)=0$ $f_2(x_1,x_2,\cdots,x_n)=0$ …	$f_1(x_1,x_2,\cdots,x_n)=0$ $f_2(x_1,x_2,\cdots,x_n)=0$ …	…	$f_1(x_1,x_2)=0$
2	$f_n(x_1,x_2,\cdots,x_n)=0$	$f_{n-1}(x_1,x_2,\cdots,x_{n-1})=0$	…	$f_2(x_1,x_2)=0$

不难看出，一个完备的多变量模型可以视为若干个一元二分模型的组合。n 变量方程组是一个"一元多分"模型，但求解时必须构建"一元二分"模型。数学本身并不考虑变量与现实之间的关系，可以任意选择若干变量来构建模型。但是在具体科学研究中，对事物的观察是从"两两"关系开始的。对于任何复杂的事物，都需要以"两两观察"的模式作为基础。

另一点需要说明的是，数学上一般要求方程中的变量是相互独立的。但是在现实当中，在绝对意义上，不存在任何完全"相互独立"的变量。即使在数学方程的意义上，函数本身就表示一个变量与其他变量是有联系的。如果完全没有联系，我们也不会去研究它们。因此，数学上"变量相互独立"的真正意义，是指一个变量与其他变量之间只存在方程中所规定的联系方式，不存在其他联系方式。当然，方程所规定的联系，也就是通常所说的约束方程，不能相互矛盾，也不能重复。比如对于二元方程，如果所给方程的数量多于两个，则必然存在多余的或矛盾的方程；如果方程的数量少于两个，则两个变量的位置关系就不是完全确定的，或者说方程组是无解的。

人们不能求解 n 个独立变量、少于 n 个方程的模型，直观地看是一个数学问题，其背后是一个哲学问题，即决定论问题，是人们如何表达一事物与所有其他事物之间联系方式的问题。方程组不能存在多个解，这显然也是一个一元论问题，即事物的表现不能存在多个规律。如果存在两个以上的规律，这个事物就可能不仅仅表现为这个事物，还可能表现为其他事物，在数学上表现为多个解。

三体运动问题的解

1887 年，为了祝贺 60 岁寿诞，瑞典国王奥斯卡二世赞助了一项有奖竞赛，征求太阳系的稳定性问题的解答。在物理学意义上，这需要解决三体运动问题。我们知道，著名的牛顿万有引力定律可以解决二体运动问题，人们希望它也能解决三体运动问题。在求解过程中，著名的法国数学家庞加莱发现，基本的三体问题是没有确定解的，必须增加一定的约束，把问题变为"限制性三体问题"，才可能有确定的解。这就是历史上著名的三体问题。

三体问题没有解，是因为我们的数学水平不够高吗？当然不是。三体问题不仅是一个数学问题，更是一个哲学问题。任何事物都是相对于其他事物存在的。更确切地说，对任一事物的描述都要有其他事物做参照。比如"上"要有"下"做参照，"左"要有"右"做参照，"善"要有"恶"做参照，这是其一。其二，要准确、统一描述事物，不能有两个以上的参照。比如 5 与 6 比就是小，与 3 比就是大，在讨论 5 的地位时，我们不能同时用 6 和 3 来做参照。杀人罪在一些国家会判死刑，在另一些国家则不会判死刑，在判刑时我们不能同时用两个国家的法律作参照。再直白一点说，仅有两个事物对比时，这种比较才是确定的。这是一元二分法的哲学基础，可以帮助我们理解为什么人们只能解决二体问题，无论我们的数学水平是高还是低。任何三元以上的体系必须化为二元体系，才有确定的解。

三体运动增加一个约束条件，实际上是把两个以上的参照系一为一个参照系。于是，三个物体就不是完全相互独立的，所谓"限制性三体问题"实际上就是把三体问题变成二体问题。

如此看来，我国古人常用3代表多，代表复杂，是有一定哲学道理的。因为没有约束的三体问题可以有无穷多的解，可以"生万物"。

我们知道，数学不过是帮助我们解决问题的一种工具，它可以用来求解方程组，但并不考虑方程组是怎么来的，不关心变量是怎么定义的，只要模型是完备的，它在逻辑上就是有解的。具体的科学研究则要考虑模型是怎么来的，变量是怎么定义的，是否充分反映了客观事实，是否考虑了所有的可能性。如果"所有"问题都考虑到了，模型才可能是完备的，数学工具才可以用。

第三节 一元论模型的普适性

1. 哲学的一元论和二元论

一元论和二元论都是著名的哲学思想。一元论认为，世界的本质是唯一的。至于这个本质是什么，不同学者的观点并不一致。唯心主义者认为精神（mind）是世界的本质，唯物主义者认为物质（substance）是世界的本质。当然，也有折中派，认为精神和物质可以纳入某一第三种东西（比如能量）。当然还有其他一些认识，比如认为上帝（或其他某种神）决定了一切事物。不过，这些观点虽然在形式上似乎也是一元论，但比较缺乏客观事实的支撑，也比较缺乏严谨的哲学逻辑。比如，"上帝说"只回答了世间一切事物是什么力量决定的，却并不回答上帝是由什么力量决定的。

　　二元论认为世界由两种基本元素构成。最具代表性的思想是精神与物质二元论，认为世间一切事物都是由物质和精神两种基本元素构成。至于其他一些二元论，比如光明黑暗二元论，阴阳二元论，善恶二元论，其意义都不如精神 - 物质二元论那么全面和明确。

　　所有这些思想，无论是一元论、二元论或者其他思想，都提出了一个全面描述世界的模型。注意到二元论模型中两种元素是存在于同一个世界的，这样的二元论显然与一元论并不冲突，它甚至就是一元论的一个特例。

　　另外，一元论虽然认为世间一切存在统一于某种事物，或遵从同一运动规律，但并不否认这种东西可以有多种表现形式。例如，唯物主义虽然认为世界统一于物质，但并不否定物质可以表现为精神。或者说，也有类似允许物质和精神两种形式同时存在，一元论与二元论也是相容的。把"一"分为"二"是一种最简单的观察事物差异性的方法。当然，一分为三或者更多，在逻辑上也是可以的。在这个意义上，一元论与二元论并不等同。但是，正如前面所分析的，在决定论的水平上，如果我们希望明确地描述一个事物与其他事物之间的关系，就只能采用二分法，一些看似多分的方法实际上还是二分法。在这个意义上，一元论与二元论应该是同一的。讲得再简单一点，如果我们认为一元论和二元论都是正确的，它们二者之间就不应该存在矛盾，就应该是同一的。因为真理不能有两个，尽管真理的表现形式可以有多种。

　　就二元论而言，其实物质与精神都是存在，如果它们不存在，我们就无从谈起它们。"存在"概念的形成，至少需要两个条件，一是世界上的确"有"某物，二是需要有另一物作为参照，来"认知"或"表达"该物的存在。没有被认知的存在就像一个数学方程有无穷多的解，是不确定的。比如，假设宇宙中只有一个原子，这个原子怎么知道自己是否存在？谁来表述这个原子到底是存在还是不存在？显然，存在是一个相对的概念，不是一个绝对概念。一个事物可以通过某种方式对另一个（一些）事物产生影响作用（比如吸引或排斥、碰撞、电磁感应）才能表明自己的存在，同时也表明对方的存在。事物之间的作用需要有相对运动才能实现，因此，可以认为各种形式的运动就是精神的表现。物质与精神模型是一个很好的一元二分模型，并且是一个完备的模型。

当然，我们并不是在任何时候都要对整个宇宙进行观察，我们更多的是观察与生活相关的一个局部的、相对较小的世界，或者观察一个一个的具体事物。为了尽量保证观察的全面性或完整性，我们通常是把所观察的事物之外的整个宇宙作为约束条件，然后，我们再构建关于这个事物的模型。在构建这个局部模型时，我们仍然需要遵循"一元"的思维逻辑，虽然不是把整个宇宙视为一个整体，但是有必要把观察所及的部分视为一个整体。

2. 一元二分法的自然规律性

从认识论的角度看，描述一个事物，需要有另一个事物作参照。尽管有许多事物可供选择，但确定其中一个作为参照，对事物的描述才能准确。因此，一个可知的世界，必然是一个二元的世界。在不要求特别准确时，我们眼里的世界可以是多元的。

意识或精神不仅人类有，一切存在都有，因为任一事物都必然要与其他事物发生相互作用。因此，我们可以在客观世界中观察到大量的一元二分现象，如电场的存在方式，表现为正电荷和负电荷的相互作用；磁场的存在方式，表现为南磁极和北磁极的相互作用；动物的存在方式，表现为雌性和雄性的互动关系。这些现象都表明，一元二分模型是自然界的一般运动规律。这一规律与效率法则是一致的，因为一个事物要准确地识别其他事物，才能使自己的运动有效率。

人类作为一种特殊的客观存在，我们认识世界的方式也必然遵循这样的规律。不难看到，有效的科学模型必然要运用一元二分方法。如上面提到的正电荷－负电荷模型、南磁极－北磁极模型、雄性－雌性模型等等。中国人熟知的阴阳模型，虽然在确定性方面不够完备，但充分反映了人们认识到一元二分特性在宇宙中的普遍性。

观察比较成功的科学理论，我们会发现它们基本上都有意无意地采用了一元二分法，或者都具有这种方法的特性。比如著名的牛顿运动定律，所有模型都是一元二分的。在描述第三运动定律的模型中，只有作用力与反作用力两个元素；在第二定律模型中，只有质量和力两个元素，或者说所有的元素被简化为这两个元素。如果观察对象中存在多种元素，比如对于多个作用力的系统，模型将设定某种约束关系，如同数学方程组中的约束方程，使得所有作用力可以简化为一个合力。于是看似多元素的模型最终还是被简化为一个一元二分模型。

不成功的模型方法原因可能有很多，成功的模型基本方法只有一个，就是一元二分模型。可以这么认为，在科学研究中，采用一元二分法未必一定能够取得成功，但如果不采用一元二分法，就一定不能成功。

世间万物形式多样，在我们的模型中，世界可以是多元的。但是在决定论的水平上，这个多元模型一定是可以化为一元二分的。否则就会出现同一个问题有多个不同答案的情况。

3. 经济学的一些尝试

由于一元二分方法的必然性和有效性，经济学家也必然会有这方面的尝试。

一个典型的案例是生产－消费模型。经济学家试图用生产与消费两个元素来描述整个经济活动。不过，前一章我们已经指出了生产与消费的同一性。既然生产是消费，消费也是生产，那么消费品应该也是资本品，资本品应该也是消费品。显然，模型中的生产与消费两个元素不是相互独立的变量，之间的界限也不够确定。比如，根据资本品－消费品划分的基本意图，用于个人生活的商品是消费品，用于再生产的商品是资本品。但是像房子这样的商品，是用于生活的，我们却又统计为资本品。如果元素的定义具有不确定性，我们就无法得到一个完备的一元二分模型。这个模型也就无法真正解释许多经济规律，它充其量可以给我们提供一些产品结构方面的信息。

如果要让资本品－消费品模型具有完备性，一个必然的解决方法是，消费品与资本品的区分不应该以直接服务于人或直接服务于生产作为界限，而应以即期使用与持续使用作为界限。所有在一个观察期内用掉的产品就是消费品，更准确地说，是消耗品；所有在观察期内没有消耗掉的产品，可以长期使用的产品，就是资本品，或者财富。

我们以宏观经济学中的消费与储蓄模型为例，它把一个时期中国民经济的全部产出分为消费与储蓄两部分：

$$Y = C + S \qquad (2-4)$$

我们个人习惯上是把没有花掉的钱视为储蓄，但观察经济运动的基础不是观察钱的运动，而是观察商品的运动。在这个意义上，模型中的 C 应该是消费品，S 应该是储蓄品。如果生产了 1000 吨小麦，吃掉了 800 吨，显然，这 800 吨就是消费品，剩下的 200 吨就是储蓄品。由于这 200 吨小麦可以在未来使用，它就成为了资本品。假如我们盖了一所房子，并且已经开始使用。一个房子的平均寿命是 100 年，则这所房子 1 年的折旧就是消费品，剩下的 99 年的使用寿命就是储蓄品，当然也是资本品。这样，我们的模型就是完备的，每一个变量都有确定的空间位置，不用一个一个地去做人为的规定。比如个人购买粮食被认为是消费，企业购买粮食储备被认为是投资。又如购买新建房屋被认为是投资，房屋的修缮被认为是消费。

与式（2-4）相似，宏观经济学中还有一个消费－投资模型，把全部产品分为消费品与资本品两大类：

$$Y = C + I \qquad (2-5)$$

这样我们就更容易理解，为什么应该把所有未消耗掉的产品都视为投资，把所有消耗掉的产品都视为消费品，不论它们是食品还是机器，无论它们是传统意义上消费品还是资本品。

我们在一些经济学教科书中常常可以看到，在式（2-5）的基础上增加一个政府变量，或增加一个进出口变量，就得到了所谓的"三部门模型"或"四部门模型"。比如：

$$Y = C + I + G + NX \qquad\qquad (2-6)$$

对于这样的做法，许多人都不会认为有什么奇怪的。但这是一种非常严重的错误做法，它根本不考虑模型的完备性问题。政府和私人可以构成一个空间划分，消费与投资可以构成一个空间划分，但政府（或私人）与消费（或投资）根本没有被定义确定的空间关系。因此，这样的模型除了具有一定的会计意义，只能成为数学游戏的工具①。

经济学中还常见将整个经济活动分为生产与流通两部分这样的二元模型，这些模型大多也是不完备的。比如，科斯提出"交易成本"的概念，以区别于通常意义上的生产成本。但什么是交易成本，并没有明确的定义，只有一些列举，比如谈判中的讨价还价、市场调研等等。经验可以用案例来表述，但理论是不能用列举的方法来表述的，这是一个基本的科学常识。完整的生产过程，不仅包括制造环节，市场调研、原材料采购、推销、运输、谈判等等，也是必不可少的，我们很难区分哪些是交易成本，哪些是非交易成本。在生产实践中，企业也没有区分交易成本的必要，因为企业要核算的是总成本，它们要求每一项成本都尽可能降到最低。正确的方法是，把全部成本分为需要特别观察的成本与所有其他成本两个部分，明确界定二者之间的界限，才有可能使模型具有完备性。

第一章在说明机会成本概念时，我们采用了二元模型，即观察两者产品产量之间（x 与 y）的权衡关系。如果让这两种产品代表所有产品，则模型就是完备的，我们的模型就是一元二分模型。比如，让 x

---

① 许多人可能不理解这种错误。一匹马加一匹马等于两匹马，这是没有问题的。设想一匹马加一只羊等于什么？每个人都可以有自己的答案，这就是问题所在。

代表一种产品，y 代表所有其他产品，则"所有"产品都被模型考虑到了。

4. 效用目标与利润目标的同一性关系

一元二分法的核心思想是一元，是同一性，二分法不过是体现事物一元性的一种最基本的表达形式。多分法在现实当中也不少见，但需要以二分法为基础。这里我们观察一下描述人们经济行为的效用目标与利润目标之间的关系。

我们在第一章提到了效用最大化的一种表达形式：

$$\text{Max} \frac{U}{T} \tag{2-7}$$

效用最大化假设在一般经济学教科书中都有介绍，这里的不同之处是我们明确标出了时间条件（T），从而使我们能够清楚地看到经济活动的效率法则。人们不仅要追求"最大"满足，更要在一定时间内追求最大满足。

另外，在观察企业行为时，经济学又告诉我们，生产者的行为目标是利润最大化。即：

$$\text{Max} \frac{\psi}{T} \tag{2-8}$$

这里 ψ 表示利润。追求利润最大化，当然是有时间约束的。

不过，现有的教科书并没有告诉我们这两个假设之间有什么关系，尽管在经验水平上我们都知道创造最大利润与获得最大效用是密切相关的。一个基本的问题是，利润最大化与效用最大化是两个相互独立的假说吗？如果不是，我们理应找出它们之间的关系。

在一定的时间内，人们可以工作，也可以休息。不过，对于社会整体而言，休息时间与工作时间的比例关系是相对稳定的。人们通常日出而作，日落而息，每天大约工作 8 小时，每周工作大概 5 天。尽管不同国家的领导者工作时间并不完全一致，尽管不同时代的工作时间也会发生变化，但这些差异和变化并不大。况且根据一元论思想，无论是上班还是不上班，所有的时间都是用于"生产人"。因此，我们有理由暂时忽略作息时间差异对劳动者行为的影响，即只考虑效用（U）。

效用需要用财富来满足，因此劳动者才会去从事生产活动。假设在一定时间内生产的使用价值是 W，式（2-7）可以写为：

$$\text{Max} \frac{W}{T} \cdot \frac{U}{W} \qquad (2-9)$$

在一定时期内，可以近似认为一定数量财富所带来的效用是一定的，或者说是一个常数。于是有 $\text{Max} \frac{W}{T} \cdot \frac{U}{W} = \frac{U}{W} \text{Max} \frac{W}{T}$。于是式（2-7）或式（2-9）变为：

$$\text{Max} \frac{W}{T} \qquad (2-10)$$

对于社会整体而言，一个时期的总利润就是这个时期里人们新创造的财富总量。因此，尽管个体生产者创造的财富有多有少，但总体而言，生产者必然得到了最大利润。即：

$$\text{Max} \frac{W}{T} = \text{Max} \frac{\psi}{T} \qquad (2-11)$$

于是，我们从消费者效用最大化假设式（2-7），可以得到生产者利润最大化的推论式（2-8）。这表明利润最大化的企业活动目标与效用最大化的人类生存目标是同一的。效用最大化是一个基本原理，利润最大化是一个推理，二者不是相互独立的两个假设。尽可能减少作为基本原理的假设，不仅可以使理论体系简单明晰，更有助于避免理论之间的矛盾。

值得一提的是，式（2-9）也是一个一元二分模型。一个元素是所谓的"消费"行为，表现为 $\frac{U}{W}$；另一个元素是所谓"生产"行为，表现为 $\frac{W}{T}$。二者在一起表达了全部生产与生活行为。

第四节　科学理论的几个诠释

1. 科学研究与科学理论

我们有时候会遇到一些学者的质疑，经济学到底是不是科学。大多数经济学家当然不喜欢有人说经济学不是科学，这种说法似乎贬低了经济学家的工作价值。不过，与一些比较成熟的学科相比，尤其是与一些自然科学理论相比，经济学的确不能令人满意。但到底怎样才是科学呢？我们注意到，与自然科学相比，社会科学中的许多学科也不是那么准确可靠，但为什么人们偏偏对经济学不满意？

人类社会的发展过程是一个对世界的探究过程。认知是在不断地探索中前进的。除了我们称为"科学"的东西是这种探索的一部分成果，还有更多的探索我们没有称为"科学"。比如，文学、艺术不需要探索和研究吗？宗教和信仰不需要研究吗？占卜不需要探究吗？还有日常生活中许许多多的事情都需要研究。但极少有人认为这些学问是科学。一个重要原因是相关研究成果所告诉我们的东西缺乏确定性。比如，是这种音乐还是那种音乐更受人们欢迎，是应该相信这个宗教还是应该相信那个宗教，占卜到底能有几成是可以让人相信的，等等。据此我们至少可以看到两个层面的问题，一是科学理论与科学研究的区别。在绝对的意义上，我们一般没有理由说一种研究不是科学研究，另一种研究是科学研究。科学的研究或经验与科学的理论或原理不是一回事，或者说不是同一个层次的问题。当有人质疑经济学是不是科学时，他们质疑的其实不是关于经济学的研究是不是科学研究，而是关于经济学的理论体系是不是存在严重缺陷。二是关于科学的判断标准。虽然并不存在一个统一的判断标准，但科学理论的可靠性是一个必然要考虑的问题。我们当然是"以成败论英雄"，如果一个理论（体系）是稳定的，可靠的，我们通常认为它就是科学的。否则就是不科学或不够科学的。由于经济学的许多理论在实践中都显得不太可靠，所以经济学的科学性遭到质疑是理所当然的。

科学理论的可靠性，主要表现在理论与事实的一致性，理论应该能够较好地应用于实践。在自然科学中，有较多的研究成果相当准确、稳定、可靠地应用于实践。我们称为科学理论的东西，必须在一个较大的范围内具有可应用性。比如，根据经验，万有引力定律至少在 10^{-31} 米到 10^{100} 米的范围内似乎都是有效的；根据观察，进化论与绝大多数生命现象都没有矛盾。如果一个学说仅在某些场合有效，而在其他场合失效，这个学说不能称为理论，充其量可以称为经验，因为它只能反映部分事实。比如经济学中的理性预期理论，认为人们一般会根据物价上涨的趋势做出物价将按照原有趋势继续上涨的判断。但事实上并不是所有人都是这样预期的。一些人也可能怀疑物价已经很高，做出物价掉头向下的预期，我们不能说这种预期毫无道理。显然，理性预期理论不是一个科学理论，它不具有足够的可靠性。

理论的可靠性当然要求理论应该具有一个确定的表达形式。如果一个理论没有确定的表达形式，它所做出的推断当然也就不确定。比如，在经济分析中，人们大量使用各种回归模型来探究一个变量与另一个变量之间的关系，但对于两个变量之间的关系，最终都找不到一个确定的表达形式。

理论的准确性和可靠性

可靠性当然是一个相对的概念。在自然科学中，许多理论的准确度很高，比如人造飞船的太空对接，在浩瀚的宇宙中要精确到几厘米。经济学的要求，至少从目前来看，没有那么高。比如，中国政府在 2010 年前后控制房价，甚至没有具体的房价控制目标，也不知道哪项政策能够起到多大作用，因为没有一个可靠的理论。如果一个理论预期在某种情况下物价会降低 10%，实际上只降低了 5%，这个理论或许还可以考虑。如果理论预期物价会降低，而实际上物价上升了，我们显然不能称这个理论为科学理论。

2. 科学理论的系统属性

宇宙是无穷的，我们对任何事物的观察都只是观察其中的一部分，当然是我们认为最重要的部分。我们把这些部分视为一个密切联系的体系，并常常称之为"系统"。这个系统其实就是一个经过简化的模型。如果进一步观察的话，一个系统的内部其实还有更小的系统，系统的外部还有更大的系统。显然，我们所要观察的系统只是某一个层次上的系统。任何模型都具有这样的特征，以模型为基础的任何科学理论当然也具有这样的特征，即它仅在这一个系统层次上有效。观察苹果落地，只观察苹果与地球之间的关系，不观察月亮、河流的影响作用。观察太阳系运动，我们不考虑分子运动的影响；观察分子运动，我们不考虑地球或太阳运动的影响。经济现象也有许多相似之处。观察个人经济行为，或许可以忽略社会运动的影响；观察社会运动，或许应该忽略个人因素的影响。

宏观经济理论与微观经济理论的关系也是不同层次模型的关系。从逻辑上讲，宏观经济理论与微观经济理论应该关系密切，甚至应该相互对应。但实际上它们没有什么必然的关系，因为两者所在的系统层次不同，非模型元素所构成的模型边界也不同。尽管二者客观上存在着必然的联系，但是在理论水平上，它们是不相通的。比如，氢气是一种空气，氧气是另一种空气，但氢氧结合得到的水却与空气没有理论上的联系性。在对个人行为进行观察时，我们可以假设个人是自私的，利己的。但是对社会整体进行宏观观察，"自私"的概念就毫无意义。个人与社会是两个不同的系统层次，应该运用不同的假设，不同的概念或变量。

"系统"概念的传统意思是指某些客观事物自身构成的体系，其中的元素具有一定的联系，整体具有一定的功能。像人体、分子构成、生物链等等。不过，实际上是我们描述观察对象的体系，是我们认识到的体系。这个体系首先是一个模型。

层次性是系统模型的一个基本特性。由于效率的需要，或者由于观察能力的局限性，一个科学理论所立足的系统模型只观察了事物的某一个层次，而把其他层次简化为某种约束条件，或者简化为"没有影响作用"。比如，在观察物体之间的万有引力时，我们并不观察物体中分子和原子的运动；在观察血液循环的时候，并不观察血细胞在做什么；在观察气象时，并不观察大气中的分子如何相互碰撞。

一般而言，模型处于宇宙的某个中间层次。如图 2 - 3（a）所示，经济社会是由人组成，但经济学不考虑物理人或生物人，人体就是经济系统的一个边界，我们可以称为系统的内部边界。另外，经济活动是在自然环境中进行的，或者说一个地区的经济是在一定的制度环境和国际环境中进行的，这些环境构成了系统的"外边界"，我们一般也不将其作为模型中的变量。经济活动是这样，所有科学的观察都是这样——一个理论只观察众多事物中的某一个层次。一个层次的观察可以得出一个理论（体系），另一个层次的观察可能得到另一个理论（体系）。不同层次的观察虽然在客观上存在联系，但是所采用的假设以及所得出理论的表达形式一般差别都很大。

虽然实际模型如图 2 - 3（a）那样有两个层次的边界（一般事物可能有更多的边界），但为了建模方便，我们一般把这两个层次的边界表达为一套约束条件，也就是形成了"一个"边界，如图 2 - 3（b）那样。比如二元方程组，一个是基本方程，另一个是约束方程。

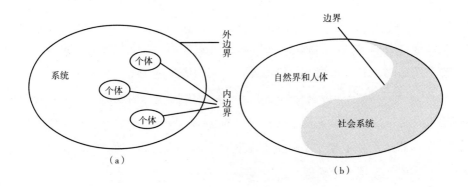

图 2 - 3　系统的双重边界及合并

经济系统当然只能在社会系统中。人的心理现象和自然现象一样，不应该作为经济性问题来研究，尽管心理现象会影响经济行为。

3. 决定论与概率论

前面提到，我们探索真理，是知道了被观察的事物具有确定性或唯一性。一个事物如果是这样就不可能是那样，这一方面是自然规律，另一方面也是真理存在的前提。比如，水就是水，不是汽油，也不是大象。1kg水就是1kg水，不是2kg或10kg水。这也是决定论的逻辑，科学理论的研究需要在决定论逻辑框架下进行。

不过，现实当中，我们可能看到许多事物的表现并不总是十分确定。比如打篮球，每次投篮是否一定会进篮或一定不会进篮，我们并不确定。处理这类问题通常是采用概率观察法。这种不确定的现象不也是事实吗？

物理学史上有一个著名的理想实验，叫做"薛定谔佯谬"：设想在一个小房子里放了一只猫、一瓶毒剂、一个放射性原子，还有盖革计数器和传动装置。放射性原子的半衰期为T，经过时间T后该原子有1/2的概率会衰变。放射性粒子衰变时发出的射线被盖革计数器放大，并触发传动装置，使药瓶中的毒剂释放，把猫毒死。薛定谔的问题是：到了时间T，这只猫是死的还是活的？如果不打开房门看，答案只能是这只猫有50%的概率是死的，50%的概率是活的，没有一个确定的事实与之对应。既死又活的猫在决定论的意义上是荒谬的。

我们这里不去讨论物理学家最终如何解决这个问题。从前面我们对信息无穷性的认识可以发现，当我们采用"概率"来描述某种现象时，实际上我们放弃了对一些信息的观察。原因可能是现有的科学水平和条件不具备，或者获取这些信息的成本太高。换言之，不是事物的存在和发生没有确定性，而是我们的观察做不到详尽。当我们说一个原子在T时间有1/2的概率会衰变时，我们不去研究到底是什么因素决定了这个原子是衰变还是不衰变。既然不去了解这些信息，或者是了解不到这些信息，我们当然得不到确定的判断。当我们没有足够的信息来判断薛定谔猫的死活时，我们可以根据过去的经验给出一个技术性的估计，这个估计的作用和目的本来就不是要告诉人们猫的死活。这就是概率的基本性质。

上一章讲到科学的边界，是一个大致的概念。在每一学科中，或者针对许多具体事物，这些边界很多，很微妙。比如，物理学在某处边界上发现了万有引力定律，这只是一个相对正确的发现，在有些地方并不十分精确。如果要求更高的精确度，基本的万有引力定律就不够了，比如行星在公转为什么会产生进动，为什么轨道不在同一个平面，这需要更多的观察。这些更详细的观察并不十分准确，理论也不十分确定，形成了新的科学边界。这时，可能会用概率统计的方法处理观察结果。如果得到了确定的观察结论，就不需要概率和统计方法了。

数学上，在构建方程或方程组时，要求方程中的变量相互独立，其意义是除了方程所给出的关系，它们之间不能再有其他关系。其哲学原理也是一元论的，或决定论的。即事物之间不能既是这样联系，又是那样联系。不少经济学家往往忽视了这一点，同时承认多种联系的可能性，结果常常导致同一个问题可能有多个相互矛盾的答案。

毫无疑问，概率方法是提高研究工作的效率需要：我们既要做事，又没有条件了解充分的信息，采用概率分析方法常常是一个不错的选择。面对大量复杂的信息，如果我们无法以较低的成本采集到决定论所需要的充分准确的信息，就不得不选择概率方法，这是"没有办法的办法"。因此，凡是决定论方法能够发挥作用的地方，我们都应当尽量避免使用概率论方法。

经济学中较多地采用概率论方法，是因为经济现象特殊的复杂性，使人们很难在诸多因素中识别某一现象的决定性因素。比如，对于一项投资的收益，可能产生影响的因素非常多，我们无法一一准确估计。因此可以用概率的相关指标来衡量和作为参考。根据历史经验，投资某项目获利的概率是50%，亏损的概率是50%，这一经验本身并不能告诉我们一个企业投资某一项目将盈利还是亏损，但是比我们什么都不知道要好很多。

显然，概率论与决定论是一对矛盾。人们真正希望知道的是决定论，是确定的事实，而不是概率论，不是多种可能的结果。在哲学的意义上，决定论是理论性的，或科学性的，而概率论是在知识不充分时采取的一种相对简便的处理方法，是技术性的①，是对决定论的一个补充。承认概率方法的这一特点，才能在经济学研究中清醒地认识到我们到底在做什么，能够做到哪一步。

4. 一元论与可知论

存在的无穷性，信息的无穷性，似乎意味着世界是不可知的，因为人类永远不可能知道宇宙中所有的事物，所有的信息，因而无法到达"终极真理"。哲学的历史上也的确出现过不可知论（Agnosticism），认为人们不能确定神的存在与否，这意味着人们不能确定一个知识或学说是不是真理。这种思想实际上制造了一个新矛盾，"人们不能确定神的存在与否"这种思想本身是不是真理。如果回答"不是"，就意味着不可知论是错误的。如果回答"是"，就承认了人们是可以找到真理的。而在现实当中，人们的一般活动都是有目的性的，人们总是在做自己认为正确的事情。这意味着人们是相信自己的观察的，或者说人们相信世界是可知的，科学的不断发展本身也证明了可知论的正确性。

一个需要解释的矛盾是，人们怎么可能知道无穷多的信息呢？

每一事物都有自己存在的道理，如果各种事物存在的道理不一样，世界就存在无穷多的道理。如果这样，世界就是不可知的，因为人类不可能一个一个地记住每一个事物存在的道理。显然，可能的解释只有一个，那就是关于所有事物的信息都遵循同一性的规律，都具有某种共性，这样的话，我们不需要了解全部信息，只需要把握少量有用的信息，就可以做出相当正确的判断。如果宇宙中所有事物的运动规律是同一的，世界就是可知的。

---

① "技术"的一般意义是生产某种产品的方法，它当然是人类知识在实践中的综合应用。在科学研究中，也有知识的应用，其中一些知识是不太确定的，这时就需要运用一些处理方法，依据是经验。种类研究也可以称为技术性的，或工程性的。

从这一思维逻辑还不能立即得到一元论，我们不能直接说宇宙万物遵循同一个规律。但我们根据科学的发展历程至少可以看到，我们所发现的世间一切事物的运动规律有着"归一"的趋势。反过来推理，如果宇宙存在两个以上相互独立的运动规律，我们如何确定一个具体的事物到底会按照哪个规律运动？如果不能确定，就意味着世界是不可知的；如果能够确定，则意味着宇宙的规律只有一个。由此可以看到，一元论与可知论是等价的。

当然，认识宇宙真理，人们不可能一蹴而就，科学探索是一个漫长而艰苦的过程。具体的科学研究只能从某一局部开始，或者以某一局部为重点，在一定的范围内寻找"一元"的真理，然后再扩大范围，探索更高层次的真理①。

第五节　应用案例

1. 因果关系为什么不能证明

哲学家们早在 19 世纪就讨论过因果关系，许多人认为因果关系是"认为"的，是不能证明的②。但这类说法，无论是肯定的还是否定的，都难以让人信心十足地接受，所以，因果关系能不能被证明，至今仍有争论。诺贝尔经济学奖授予 Granger，肯定了他在运用数学方法观察因果关系方面所作的贡献，至少表明许多经济学家认为因果关系是可以证明的。

根据信息的无穷性或事物之间联系方式的无穷性等事实，我们可以推理出因果关系的不确定性。我们已经知道，任一事物都可能与无穷多的其他事物相联系，人类只是观察并且只能观察到这些联系中的很小一部分。一般情况下，因果关系只观察两个元素：一个被称为原因，另一个被称为

---

① 比如"效率"就是我们能够看到的一个具有更广泛意义的关于宇宙运动的规律。
② 丹皮尔 W. C.：《科学史及其与宗教和哲学的关系》，李衍译，商务印书馆，1975，第 271～278 页。

结果。采用这样的简化模型主要是观察者能力的限制，其次是生活效率的要求。这样观察事物对于人们及时地处理一些局部性问题很方便，但这肯定不是一种全面观察问题的方法。比如，大风之后一棵树倒了，人们很容易认为"大风"与"树倒"之间是因果关系。但稍微多考虑一下，树的品种、生长历程和生态环境、气流的具体状况以及其他许多我们看不到的因素都有可能是树倒的一部分原因。因此，因果关系模型是一个不完备模型，充其量我们可以说在"其他条件不变"的前提下，大风是原因，树倒是结果。而"其他条件"在许多情况下可能是非常重要的因素。正如萨缪尔森在他的《经济学》中所指出的，"假设其他条件不变"也是经济学家常犯的一种错误。

统计分析模型一般很容易都带有"假设其他条件不变"的缺陷。因为统计所使用的数据都是比较方便观察到的数据，或者是人们自认为比较重要的数据，而更多的"数据"并没有被纳入统计分析模型。如果统计分析结果与我们观察到的现象比较一致，很有可能是我们的运气好，是"偶然"现象。但这也是"没有办法的办法"。当然，认识到统计观察和统计分析的局限性，并不是要否定它们的重要性。在现实当中，解决观察能力的局限性与生活效率之间的矛盾，我们常常需要依赖统计方法。

在因果关系分析中我们还经常看到另一种错误，忽视了观察对象的非独立性。比如，年轻人在成长的时候体重会增加，臂长会同时增加。"体重"与"臂长"虽然不是一对一的相关关系，但显然不宜作为两个相互独立的变量放在一个统计模型中。观察二者之间的因果关系或函数关系在许多情况下并没有什么实际意义。类似地，社会总产品本来就是由消费品与资本品组成，一些经济学家喜欢解释生产的增加是消费拉动的还是投资拉动的，如同解释一个人的体重增加是臂长拉动的还是脚长拉动的。如果我们不愿意说这些研究是毫无意义的话，至少可以说是非常低效率的①。

---

① 一个典型的案例是所谓"凯恩斯乘数"理论，许多教科书都有介绍。这种理论认为消费的比重越大，一定数量的投资对经济增长的促进作用越大。依此推理，如果人们把所有的产品都消费掉，投资对经济增长作用最大。

从逻辑上看，要想证明两个事物之间的因果关系，必须证明其他事物与这两个事物没有关系。而其他事物是无穷的，所以这样的证明是不可能实现的。也就是说，因果关系在严格的意义上是不能证明的。所以说，一些哲学家很早就认为因果关系只能"认为"，不能"证明"，是有道理的①。尽管如此，人们还是喜欢用因果关系模型来处理一些实际问题，其中必然有一定的道理，这个道理当然还是效率。在经验水平上，在难以构建完备模型的情况下，人们只选择自认为关系最密切的两个事物来观察，从而可以比较简洁地处理一些实际问题。在不太严谨的情况下，在非专业的情况下，使用因果关系模型是可取的。但即使我们选择了因果关系模型，心里也应该清楚，它只能在经验的水平上而不是理论的水平上应用。

2. 合成谬误与后此谬误

合成谬误的概念大概是著名经济学家萨缪尔森（P. Samuelson，2004）首先提出来的，是指人们常常会认为在局部观察正确的东西，对总体也是正确的，而事实上并非如此。比如，一个农场主的收成好，他的收入会增加；如果所有农场主的收成都很好，他们的收入未必会增加——因为谷物的价格可能会下跌。

合成谬误出现的原因，是我们忽视了所观察到的现象是发生在一个局部，这个局部通常不能够代表全局。从系统科学的角度看，是忽视了系统的层次性，观察者是不可能用一个模型同时描述多个层次的系统特性的。一般而言，一个理论仅在产生这个理论的系统层次中有效。比如，在分子层面，分子总是在运动的，布朗运动观察就是证明。但根据分子不停运动的观察，我们不能断定分子组成的气体也在不停地运动。给一个储户增加利息可以使这个储户受益，如果所有储户的利率都提高，他们是不会受益的——因为决定总体利率的因素不是名义利率。

萨缪尔森同时提到的另一个问题是"后此谬误"，即人们习惯于把先

① 参见丹皮尔 W. C. 《科学史及其与宗教和哲学的关系》，商务印书馆，1975，第274页。

发生的事情视为原因，把后发生的事情视为结果，错误地认为后发生的事情一定是先发生的事情造成的。比如，一个公司今年的业绩不好，而某经理恰好是今年初才上任的，人们很可能把业绩下降的主要原因归咎于这个新任的经理。显然，后此谬误是按照因果关系的思路来观察问题，而因果关系并不是一种必然关系。前面已经提到，因果关系只能"认为"，不能"证明"，它只是人们处理现实问题的一种技术性措施，一种简化问题的分析方法。这种方法是不是可靠，还需要借助其他手段来判断。

尽管萨缪尔森早就指出后此谬误的问题，还是有人为此而拿到了诺贝尔经济学奖。拿奖的成就是 Granger 因果关系判断方法，当然，它不是根据一次观察就断定因果关系，而是通过长期或多次观察得到因果关系。前面一再出现的事件就是原因，后面一再出现的事件就是结果。Granger 因果关系方法经过了比较规范的数学包装，众多在决定论面前止步不前的经济学家都乐于使用。于是，一种数学处理方法就被当做了经济学的重大成就。

3. 为什么同一个问题经济学家会给出不同答案

英国前首相丘吉尔有一句调侃经济学家的话曾经广泛流传，"对于同一个问题，两个经济学家会给出两个不同的答案。如果其中一个经济学家是凯恩斯，就会有三个答案"①。根据我们的常识，如果两个人给出两个判断似乎还可以理解，如果一个凯恩斯就有两个观点，问题就太大了。丘吉尔的话传来传去有些变样，但基本意思变化不大，都是指经济学理论不能给出确定的答案。

许多炒股的人喜欢听分析师分析。如果两个分析师给出两个判断，我们就很难决策了。但细心观察你会发现，几乎每一个分析师都会告诉你两个以上的答案：股价可能上涨，也可能下跌——或许他们会说上涨和下跌

---

① 丘吉尔的调侃后来演变出了许多版本。比如，"对于同一个问题，10 个经济学家会给出 11 个答案"，如此等等。

的概率不同，但投资者最终还要自己做判断。

一题多解，这有违一元论，有违决定论，但是在经济学领域，许多人已经见怪不怪了。经济世界的确很复杂，我们必须接受我们的认知能力有限这一现实。但也应该清晰地认识到现有的成果距离真理还很远，我们应该并且可以再往前走几步。

经济学为什么经常会一题多解呢？客气点说，是经济现象太复杂了，经济学家们很难看透。由于问题的复杂性，大家只能瞎子摸象，根据自己看的那一部分来做分析和判断，见仁见智。准确点说，是经济学缺乏可靠的理论，尤其是在定量水平上。现有的理论基本上都是不可靠的，因为如果有可靠的理论，我们就不会认为经济问题复杂，也不会一题多解。由于缺乏可靠的理论，不管是不是经济学家，大家都可以根据自己的经验发表意见，结果常常是经济学家的判断还不如非经济学家的判断准确。

从建模的角度看，一题多解表明支撑经济学理论的相关模型是不完备的。我们甚至常常会看到，一些变量的定义都不是唯一确定的，这自然无法让模型给出确定的答案。比如前面已经提到过的，人们对住房是消费品还是资本品就存在着争议，尽管在国民经济统计账户中时它被算作资本品。当然，经济学把本不属于自己的"资源配置"工作当做自己的主要任务来做，也是它们做不好事情的一个重要原因。

信息爆炸的挑战

我们已经知道了信息的无穷性，这对于理解科学的方法论具有重要意义。科学的使命是在无穷无尽的信息中挖掘出"有用的"信息。但反过来看，也可以认为是清理大量"不用的"信息。不用的信息显然比有用的信息要多得多，甚至是无穷多。显然，如何清理不用的信息是一项非常繁重的工作。任何一个科学真理的发现过程，也可以认为是大量"信息垃圾"的清理过程。找到了科学的理论和方法，我们才有可能节约大量的劳动，加速科学的发展进程。

许多人都注意到我们处于"信息爆炸"的时代，以赞赏的心情看待我们获取巨量信息的能力和技术手段。但信息爆炸也对科学家的工作提出了更大的挑战，他们在检索和整合有价值信息的同时，也需要剔除更多的无用信息或错误信息。"有所为有所不为"背后隐含的是效率法则，"不用的"信息对于绝大多数人来说也是"无用的"信息。现实当中，我们很想多读一些书，多看一些新闻，但我们最终能读多少书？看多少新闻？我们最终目标是要了解信息还是要做事情？

这些年我们看到经济学文献中越来越多的统计分析文献，在数学或者统计学水平上，这些研究是非常认真的，但是在科学水平上，我们很难看到这些研究有助于我们去除"无用的"信息。数学不是科学，复杂不是科学。信息爆炸本身并不能使我们提高生活效率，处理数据不是我们的目的。如何让这些数据或信息简单化，才是科学的选择。

4. 阴阳模型的不完备性

"完备性"是一个不大好解释的概念，这里我们借助一个不完备模型的例子来理解完备性的意义。

阴阳模型是许多中国人都熟知的一种模型，一些人还能大致说出哪些东西是阴性的、哪些东西是阳性的。但是，一个具体事物是阴性还是阳性，在大多数情况下是由相关研究者规定的，而不是根据一个科学定义确定的。比如，许多人都会同意太阳是阳性、月亮是阴性的说法，但这种说法的依据是前人都这么说，而不是依据某个不变的定义。因此，阴与阳就具有极大的不确定性，它们没有被严格定义。我们无法根据一个明确的定义，说出任一事物的阴性与阳性。比如，织女星是阴性还是阳性，苹果树的叶子是阴性还是阳性，我们都要看看前人是怎么说的，而不是看了定义就知道的。

阴阳说虽然讲了一些道理，但并没有给出具体模型，或者说没有给出一个完备模型。如果一定要应用阴阳模型，首先要确定所观察事物的系统层次，然后要给出具有普适性的关于阴阳的定义。比如，是规定动为阳、静为阴，还是规定明为阳、暗为阴。是规定实为阳、虚为阴，还是规定强为阳、弱为阴。但不能有多重定义，多重定义一般都可能导致矛盾。比如，当我们规定了动为阳、静为阴，同时又规定了明为阳、暗为阴，面对一个既是静的又是明的事物，我们就无法确定它是阴还是阳。通常的解决办法是看古书上是怎么说的，或者听阴阳先生是怎么说的。这就是模型的不完备性，一个确定的事物在模型的空间中没有确定的位置，要由专家来具体规定。如果根据一个定义，我们能够说出任一确定事物的阴阳属性，并且不出现重叠和矛盾，那么阴阳模型在变量空间上就具有了完备性。这显然是不可能的，因为阴阳先生一般都认为阴阳模型应该能够解释宇宙中的所有现象和问题，这是任何一门具体的科学都不可能做到的。如果把阴阳模型局限到某一领域，比如应用于中医对人体观察的某一层次，它的效果可能会好一些。

我们说一个模型不完备，并不是说这个模型完全不能用，而是说它不能给出完全确定的答案。现实生活并不要求一切都是完全确定的，但是科学理论中我们应当要求足够的确定性。不过在某种程度上，阴阳说还是给我们提供了一个比较好的观察事物的思路。

5. 曼昆的经济学原理

经济学家曼昆（G. Mankiw）的《经济学原理》是一本被广泛采用的经济学教科书，其中介绍了 10 个经济学原理[①]。我们从这里来看一下经济学理论的缺陷。这 10 个原理是：

（1）人们面临交替关系；

（2）某种东西的成本是为了得到它而放弃的东西；

（3）理性人考虑边际量；

（4）人们会对激励做出反应；

---

① 曼昆（N. Gregory Mankiw）：《经济学原理》，北京大学出版社，2006。

（5）贸易能使每个人状况更好；

（6）市场通常是组织经济活动的一种好方法；

（7）政府有时可以改善市场结果；

（8）一国的生活水平取决于它生产物品与劳务的能力；

（9）当政府发行了过多货币时，物价上升；

（10）社会面临通货膨胀与失业之间的短期交替关系。

第 1～4 个原理，其实只是一些概念的定义，不是什么原理，因为它们没有陈述出事物的运动特性或规律。比如，第 1 个原理，说人们做事要有选择，有交换，这当然是事实，但不是一个原理，一个原理应该告诉我们人们如何做出选择。第 1 个原理与第 2 个原理大致上讲的是一回事，涉及机会成本原理。但它们仅仅给出了机会成本的定义，即为了得到某种东西而放弃的东西是成本或机会成本，并没有指出这个成本有什么规律或有什么特性。第 3 个原理没有告诉我们理性人如何考虑边际量，也不是一个原理，况且还引入了定义并不明确的"理性人"概念。第 4 个原理，"激励"和"反应"也都是不够确定的概念，很难说明二者之间确定的关系。

第 5 个、第 6 个原理讲的是一回事，因为贸易就是交易，交易与市场是一回事。有交易就有市场，有市场就有交易。更重要的，"好"是一个相对的概念，需要有参照对比。如果与计划经济对比，则讲的就是特定的事情，这样的"原理"就缺乏了一般性，而一般性是科学原理的一个基本要求。

第 7 个和第 10 个原理，都是讲"可能"，而不是必然，当然不能作为科学原理，因为科学原理讲的是必然，不能存在反例或例外。第 8 个原理是同义的反复，因为一国的生活水平与生产力水平是一回事。第 9 个原理其实是推理，不是原理。因为价格的本意是两种产品的交换比例，货币（纸币）只是一个交换媒介，只是我们习惯用它来表示价格。从货币量的变化可以推理出物价的变化。

总体而言，这些所谓原理缺乏不变性，它们所试图概括的事实只是部分事实，不是全部事实，显然不能满足科学原理的基本要求。当然，指出这些经济学原理存在的缺陷当然不是针对提出这些原理的学者，也不是完全否定这些原理的经济意义。现有的经济学理论中类似的问题太多了，我们有必要指出这类理论的共同缺陷，说明它们不能作为科学原理，只能作为一部分科学经验。如果以这些原理为立足点，经济学永远不能解决同一个问题可以有多个答案的问题，永远是这样也有可能，那样也有可能。经济学理论中存在问题的形式多种多样，从一元论方法的角度看，它们具有一个共同特点，就是这些理论所立足的模型缺乏完备性。

本章参考文献

［1］〔美〕维纳（Wienern）：《控制论——动物和机器中的通信与控制问题》（1948），郝季仁译，北京大学出版社，2007。

［2］德鲁克·彼得·F.：《知识管理》，杨开峰译，中国人民大学出版社，1999，第5页。

［3］刘绍光：《一元数理论初探》，展望出版社，1984。

［4］〔美〕萨缪尔森·P.：《微观经济学》（第17版），萧琛主译，人民邮电出版社，2004，第3页。

［5］丹皮尔 W. C.：《科学史及其与宗教和哲学的关系》，李衍译，商务印书馆，1975，第271～278页。

第三章　价值现象的基本观察

所有产品都是自然物与人类劳动的组合体，这实际上是一个简单的一元二分模型。根据这个模型，我们很容易理解到底哪种价值理论是正确的。在整体水平上，全部价值量与全部劳动量相等。在微观水平上，相互交换的两种产品的价值量被市场认为是相等的。

第一节　价值概念的基本认识

"价值"是一个非常普遍使用的概念，但关于价值有许多观察角度和表述方法，如果不关心其中的一些细微差异，就很难准确地认识与价值相关的理论。

1. 使用价值与交换价值

人类活动需要使用或消耗一定的物品，或者说一些物品对人是有用的。比如，粮食和水可以维持人的生命，家电可以使人们生活得更加轻松和有效率。古典经济学家通常用"使用价值"来表达物品的有用性，现代经济学家则喜欢用"效用"一词来表达物品的有用性。当然，并非人们制造的物品才有用，自然界中许多东西都有用，如阳光、空气等，这些物品通常是不需要人们去生产的。当然，现代经济中我们使用的绝大多数产品都是人类生产创造的。

　　一种物品可以与其他物品交换，我们称这种物品具有交换价值或市场价值，这是价值概念产生的现实背景。比如，一只羊可以卖1000元钱，或者换200斤粮食，这就是羊的交换价值或价格。经济学真正关心的价值其实并不是物品的使用价值，而是物品的交换价值。比如，水对生命是有用的，运动对健康是有用的，但这些有用性本身并不能使它们具有交换价值，因而也不是经济学真正应该关心的价值。当水可以在市场上销售，运动可以在市场上销售，也就是它们具有交换价值时，经济学家才予以关心。在经济学意义上，我们所说的价值应当是指物品的交换价值，而具有交换价值的物品就是我们通常所说的商品。

2. 价值流量与价值存量

　　交换价值在交换时表现出来，人们在使用价值时都是为了达到一定的目的，我曾经把某些变量在特定情况下凸显的性质称为"量子性"[①]。比如，看电影我们通常是整场看，而不是只看半场。不过，我们也可以用更普通的概念来解释，也就是价值存量与价值流量的概念。

　　所谓价值流量，就是一定时间内的价值变化量。比如有关企业在一定时期内的产值或销售额，一个城市每个月消耗的食品量，等等。所谓价值存量，是在某一时点观察到的价值量。比如银行在某天的存款数额，有关企业在某一会计期末的资产数额等。

　　社会生产是连续不断进行的，许多存量或流量并不是这么容易直接被人们注意到。比如，交易通常是以存量的方式记录的。交易的商品通常被视为一个整体，或者它本来就是一个不可分割的整体。比如，一辆汽车只能整体买卖，通常没有半台汽车的交易。一般来说，一个交易合同是一个整体，合同金额就是一个价值存量。而在产品的消费和使用过程中，价值

---

　　① 邓宏：《经济学：量子观和系统观》，经济科学出版社，2005。

通常是以浏览的方式被用掉的。比如一辆汽车可能用 10 年甚至更长时间才结束寿命，可以认为它是一年一年地或一个月一个月地被用掉的。

在理论上区分价值存量和价值流量的性质非常简单，然而在现实当中，人们常常会把二者混淆。比如，通常的交易契约是通过一次性付款完成的，而按揭付款则是以流量的方式支付和完成的，其中流量与存量的关系就稍微复杂一些。财产税的支付也是以流量的方式进行的，它对财产的交易价值——也就是价值存量产生的影响就不那么容易看到。著名的"钻石与水的价值悖论"，就是一个典型的混淆价值存量与价值流量的案例，第五节我们会作详细分析。

3. 个别价值与一般价值

从哲学的意义上看，人们认识世界的一般模式是从个别到一般，再从一般到个别，我们对价值的认识也是如此。比如，我们可能看到某人的羊卖了 100 元钱，同样的羊另一个人却卖了 95 元钱，此外，还有人可能把羊卖了 105 元钱。这些价格是羊在不同情况下表现出来的个别价格，它受到各种具体因素的影响。通过这些观察，我们会形成一个抽象的概念：羊的一般价格大约是 100 元。这就是所谓的"从个别到一般"。据此我们会认为，如果自己去养羊，也应该能卖 100 元；如果看到有羊的标价是 90 元，我们就会认为价格比较便宜。这就是所谓的"从一般到个别"。经济学家更多地关心商品的一般价格，生产者更多地关心商品的具体价格或个别价格。比如，广州市不同区域的住房价格差别可能很大，具体住房的品质和结构也会影响其价格，这是每一个买房人和开发商都关心的。但经济学家一般只关心广州市住房的一般价格。

当一个人用一只羊在市场上换得一头猪时，他会认为从一头猪得到的（人工）使用价值高于一只羊（反过来，卖猪的人也是如此）的使用价值，这也可以认为是个别价值。但社会并不认为二者的价值不相等，社会认为它们是等价交换。

当一个人漫步在南非的一个海边，弯腰可能捡起一块钻石，而在其他地方，弯腰只能捡起一块石头。这些弯腰代表的劳动是个别劳动，每一个个别劳动的收获都不代表劳动的市场价值，或者说不代表价值。价值本来就是一个一般概念、抽象概念，经济学关心的是价值一般或劳动一般，个别价值是每一个具体的生产者关心的。

类似的，除了从"个别价值与一般价值"的角度进行观察，还可以从"偶然价值与一般价值"的角度去观察。马克思在《资本论》中就通过指出它们二者之间的关系来说明价值的意义。每一笔交易的达成都具有自己的偶然性，而经济学所关心的价值是指一般价值。

4. 价值与价格

在早期的生产活动中，没有特别的货币，人们用自己的产品直接换取他人的产品。一种产品能够与其他产品交换，就表现出了价值。比如，一个种粮人用 200 斤粮食换得一只羊，一只羊就是这 200 斤粮食的价值。反过来，200 斤粮食就是这一只羊的价值。当然，200 斤粮食还有可能换一头猪，那么一头猪也是这 200 斤粮食的价值。显然，每一种产品都可以作为其他产品的价值尺度，也可以反过来用其他产品作为自己的价值尺度。显然，"价值"是指一种产品可以兑换其他产品的特性。

在众多的商品中，人们选择了黄金或白银这些商品来表达其他产品的交换能力，计量起来就更加准确、方便，价格的概念就逐渐形成了。显然，价值与价格概念的基本差异是一般与个别的关系。一种商品的价值是指这种商品与其他商品交换的一般能力，价格是指这种商品与其他商品交换的具体表现。现代经济普遍使用纸币，货币的使用使交换变得非常有效率。种粮人可以在市场上把 200 斤粮食换成 1000 元钱，然后再用这 1000元钱去买羊。我们习惯认为这 1000 元钱就是 200 斤粮食的价格，一般不再关心它是否值一只羊或一头猪。实际上，1000 元钱既可以代表一只羊，也可以代表一头猪或 200 斤粮食，或代表其他某些产品。把货币作为价值尺度非常方便，因此，当我们说某种产品的价格时，我们"默认"以货币作为价值尺度，而不是以某种产品作为价值尺度。一种产品的"价格"

就是这种产品可以兑换的货币数量。一只羊的价值可以表现为一头猪、200斤粮食或其他什么，也可以表现为1000元钱。显然，价格就是一种产品用其他产品（包括货币）表达的数量。

人们观察事物的习惯是从个别到一般，再从一般到个别。在计量的水平上，没有对个别的观察就没有一般概念的形成，即没有对价格的观察，价值概念就失去了基础，而我们许多人习惯说"一种商品的价值决定了它的价格"，强调的是从一般到个别的过程。即当我们观察到了一种商品的一般价格，也就是价值，就可以判断这种商品的具体价格表现。市场上许多人销售苹果的价格是5元/公斤，如果有人要卖2元/公斤或10元/公斤，我们就会认为不正常。不过无论怎样，价值与价格其实只是同一事物的不同观察视角。

第二节　劳动价值论

1. 使用价值二源论

在谈论使用价值或效用时，人们极少注意它们最原始的构成。不过，还是有人注意到了这个在理论上非常重要的基本问题。早在劳动价值论还比较流行的时代，伟大的思想家马克思在《哥达纲领批判》以及其他一些文献中多次指出，劳动不是创造使用价值的唯一源泉，"自然界和劳动一样也是使用价值的源泉"[①]，"种种商品体，是自然物质和劳动这两种要素的结合"。把自然界提供的使用价值与劳动创造的使用价值分开，这种认识方法可以称为"使用价值二源论"。如图3-1所示，这是一个一元二分模型，它对我们正确地认识价值规律具有重要意义。

比如，雨水和自来水都具有使用价值。对于通常的用途，二者是没有区别的。从化学结构上看，两种水所共有的内容是H_2O。它对生命有用，

---

① 《马克思恩格斯选集》，1995，第297页。

可以溶解一些物质，可以用来洗涤。但不同的是，雨水没有市场价值，自来水具有市场价值。差别在哪里？前面提到的雨水的所有用途都是由自然界提供的，这就是 H_2O 的天然使用价值。而自来水却不同，它包含了人类劳动，劳动的主要目或结果是人们取水更方便，H_2O 只不过是相关劳动的一个载体。

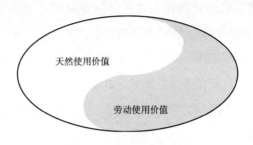

图 3 – 1　使用价值的构成

认识了使用价值的二源性就不难看出，物品的市场价值与自然界创造的那部分使用价值无关，只与劳动所创造的那部分使用价值有关。或许是因为劳动创造的使用价值通常都需要自然界提供的物品来承载，人们不大容易将两种使用价值区分开来。马克思早就指出，把一般劳动从具体的物品中抽象出来，就得到市场价值，但很多人难以理解，或没有真正理解。现在的方法是把自然界的贡献从物品中剥离出去，得到劳动的使用价值，相信读者们会更容易理解一些。人们喝水得到的是天然使用价值；人们买水，在形式上得到的是劳动创造的使用价值与自然界创造的使用价值两者。而天然使用价值是不用支付劳动或支付价格的，因此，交换中所支付的价值实际上只是劳动创造的使用价值。

2. 价值第一定律

我们通常把市场上出现的物品称为产品，显然，所有产品的使用价值都具有上述二源特性，都是自然界创造的使用价值与劳动创造的使用价值的结合体。打猎得到的猎物是自然界提供的，猎人所付出的是打猎这种劳动。家电的物质材料是自然界提供的，生产者所做的是让这些材料具有某种人们所希望的功能。不难理解，把自然界提供的那部分使用价值排除之后，我们会发现，人们付出多少劳动，就会得到多少劳动成果。一点不多，也一点不少。

一般的，这种关系可以用下面的恒等式表示：

$$L = U_h \qquad\qquad (3-1)$$

即劳动创造的使用价值与劳动的付出量两者是恒等的，式（3－1）中 L 是劳动量，U_h 是劳动创造的使用价值量。式（3－1）可以简单陈述为使用价值量与劳动价值量相等。这个等式与牛顿力学中的第三定律（作用力等于反作用力）在形式上相同，我们不妨称其为价值第三定律。

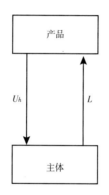

图 3－2　劳动与使用价值的关系

如果把社会作为一个整体，就更容易理解式（3－1）的正确性。如图 3－2 所示，作为劳动主体，无论人类社会生产了什么产品，生产了多少，它最终就得到了这些产品的使用价值。人们挖了一条运河，社会就得到一条运河；人们打了一场战争，社会就得到战争的破坏。人们在制造电池的同时，也制造了废旧电池对生存环境可能带来的污染（或许有人愿意将这种破坏性使用价值称为负的使用价值，这里我们暂不深入讨论）。显然，劳动成果不仅包括创造性的劳动成果，也包括破坏性劳动成果。

在确定了劳动量与劳动创造的使用价值量相等后，为了方便，本书此后所称的"使用价值"就完全是指劳动创造的使用价值,不包括自然界提供的使用价值。这不是因为自然界的贡献没有用,而是因为自然界创造的使用价值超出了经济学的研究范畴,并且在经济学意义上是不可测量的。

3. 劳动的交换价值

人们不大容易理解式(3-1),不大容易理解劳动价值论,一个重要原因可能是微观观察的局限性。当一个人付出了一定数量的某种劳动,我们根本无法直接确定他是否能够得到相等的使用价值量。我们需要补充这些观察。

人类社会是一个整体,经济系统也是如此。为了生存,每一个人都在为自己劳动。但为了提高劳动效率,每个人都要与其他人合作。人们通常把这种合作关系称为分工,即一个生产者生产某些产品,其他生产者生产另一些产品,然后通过交换,每个人可能会得到自己想要的产品,也就是得到自己想要的使用价值。

劳动者生产的"产品"很多,属于"分工"的产品是其中的一部分,这种关系可以用图3-3来描述。这是一个"双重"二分模型。首先,每个劳动者(A和B)的产品被分为两部分,像自己为家人做饭吃、在家做健身活动、与亲戚朋友聊天等等都属于自产自用产品;像打工挣工资以及各种用于销售的产品的生产等等都是用于交换的产品。图中画出了A与B两个劳动者,考虑模型的完备性,我们可以把其中一个劳动者(A)作为要观察的劳动者,另一个劳动者(B)代表所有其他劳动者,因为每一个劳动者都不只是与另一个特定的劳动者打交道,而是与所有其他劳动者打交道。

用 L_A 表示承载于劳动者 A 所支付的产品中的劳动量。劳动者 B 得到的是承载于这些产品中的使用价值,我们用 U_B 表示。显然有:

$$L_A = U_B \tag{3-2}$$

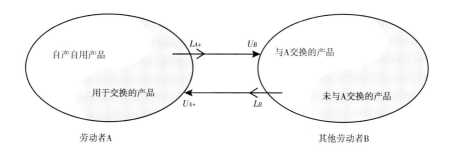

图 3 - 3　劳动产品的交换

类似的，用 L_B 表示劳动者 B 支付给 A 的产品中的劳动量，劳动者 A 得到的是这些产品中的使用价值 U_A。二者也是相等的：

$$L_B = U_A \qquad\qquad (3-3)$$

交易的达成表示交换的双方相互认可了对方劳动成果的使用价值量（不包括自然界创造的使用价值）。即：

$$L_A = L_B = V_m \qquad\qquad (3-4)$$

式中 V_m 代表市场上表现出来的交换价值，它是交换的双方认可的两种劳动（L_A 与 L_B）的交换价值，我们直接看到的是两种产品的交换比例。

当然，在交换特定的产品时，两个生产者讨价还价的结果会受到许多因素的影响。比如在沙漠地区买一瓶水，在柠檬市场卖给外行一辆旧汽车，很可能与正常情况下的价格差别很大。这种价格或交换价值就是所谓的"偶然"交换价值。显然，每个人都会关心自己的劳动成果每次交换得到的他人的劳动成果，即关心偶然价值。但经济学不可能观察每一个偶然价值，它要关心的是劳动成果的一般价值，即在所有交换过程中表现出来的平均价值。我们所说的"等价交换"，意思是说交换的双方付出的价值与得到的价值在总体水平上是相等的，并不是说每一笔交换中两种产品的价值都是完全相等的。在现实当中，人们有时候觉得自己买卖某种产品时的价格划算，有时候觉得不划算，主要参照的就是相关产品交换价值的总体水平或平均水平。

在买卖自愿的意义上，可以认为式（3－2）、式（3－3）和式（3－4）反映了等价交换，每个人用自己付出的劳动得到了自己需要的使用价值。当然，观察交换，也需要注意个别劳动与总体劳动或一般劳动的问题。每个人愿意从事什么样的劳动，一定是因为自己认为"值得"，至少是根据经验认为自己所付出的劳动值得。无论当事人是否认为值得，最终得到的就是自己事实上的劳动成果。当然，人们时常可能会感觉某些交换并不公平，自己的劳动没有获得应有的价值。比如，一些工人会认为自己的工资偏低，一些人会认为某种社会福利的成本太高，等等。但这些都是个别评价，不能作为市场价值的评价标准。对每个人来说，其他人都是"看不见的手"，是自己的劳动价值的"评价标准"，自己的评价标准应该以他人的标准为标准。但这些要对别人的劳动价值进行评价的人，一定要用他们自己的劳动成果来评价，不是用心或用大脑来评价。交换是两种劳动的交换，价值评价是一种劳动对另一种劳动的评价。

总结上面的分析我们可以看出：人们所说的"价值"原本是指物品的有用性，即使用价值。可以用来交换的使用价值实际上是劳动的价值，可以简称为价值。劳动不是创造使用价值的唯一源泉，却是创造价值或交换价值的唯一源泉。市场只计量参与交换的劳动价值，不计量未参与交换的劳动价值。

4. 一般产品的市场价格

交换价值的具体表现就是市场价格，它原本是两种产品的交换比例，代表了两种劳动的交换比例。不过，在现代经济中人们极少用实物来交换，而是使用货币来交换。货币是特定的权力机构发行的价值计量工具，一种产品能够在市场上交换的货币量就是这种产品的价格。显然，货币代表了一般产品，代表了一般劳动的价值。价格概念是在货币出现后才出现的，我们千万不能因此而忘记了劳动的交换价值才是价格的根本依据。马克思说"价格是（劳动）价值的表现形式"，其基本含义应该就在于此。

另外值得一提的是，随着社会经济发展，分工越来越深化。绝大多数产品的生产，不再是由一个生产者完成。不同产品的生产需要分工，同一种产品的不同生产环节也需要分工。因此，"一种产品的价值"这种说法已经很难准确地反映价值的形成机制。在每一个生产环节，那里的生产者都贡献了一定数量的劳动，给予了产品一定的增加值。复杂的社会分工，使得劳动的价值很难用劳动时间来计算，人们更乐意去观察商品的效用。劳动价值论要发展，不应该在"劳动时间"概念上下工夫，但应该承认价值与效用的关系，同时对效用论加以修正。实际上，正是效用激发了劳动，劳动创造了效用。

现代经济中的大量产品，生产过程已经非常复杂。一种产品很可能要经过多次加工，才能成为最终产品。比如一台电脑，里面的部件是在许多厂家生产，然后由某一厂家组装，然后可能经过若干销售渠道，才能到达最终用户。加工过程中的产品，即所谓中间产品，其流通过程也是通过交换来完成的。在每一加工环节，相应的生产者都对自己的报酬有一定的要求，即有一定的劳动价格。最终产品的市场价格就是所有生产环节劳动价格的总和。

如图 3 - 4 所示，横坐标表示产品的数量，纵坐标表示产品的价格。假设一种产品经历了 4 个加工环节，其最终的市场价格（P_4）就是 4 个加工环节的劳动价值之和：

$$P_4 = L_1 + L_2 + L_3 + L_4 \tag{3-5}$$

L_i 是各个加工程序生产者要求的价格。

比如，面包的生产需要种粮、磨粉和烤制 3 个生产过程来完成，加上运输，一共 4 个环节。农民希望自己的劳动收入为 L_1，忽略其他因素的影响，粮食的销售价格就是 $P_1 = L_1$。面粉厂希望的劳动收入是 L_2，面粉的销售价格就是 $P_2 = L_1 + L_2$。面包师希望自己的劳动收入是 L_3，面包的销售价格应该是 $P_3 = L_1 + L_2 + L_3$。假设一个运输公司承担了上述生产者的所

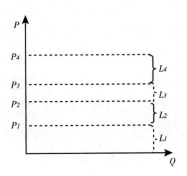

图 3 - 4 产品价格的劳动构成

有运输工作，希望得到的收入是 L_4，则面包的销售价格就应该是 $P_3 = L_1 + L_2 + L_3 + L_4$。

根据以上分析不难看出，我们平时谈论"一种产品的价格"，完全是为了交易上的方便。而在经济学意义上，谈论"一种劳动的价格"才具有实际意义。"一种产品的价格"是这种产品生产和流通过程中各个环节劳动价值的总和。

5. 价值决定与价值波动

我们平时谈到一种商品的价值时，指的是这种商品的一般价格表现。价值的决定因素主要是劳动，但是和宇宙中的所有其他事物一样，价值也受到许多其他因素的影响。不过，在一定时期内，一种产品的价格变化常常局限在一定的范围内，这种情况我们称为商品的价值波动。收入水平提高、科技进步、心理因素、环境变化、市场预期等等都有可能引起价格波动。

为什么猪肉价格在一个范围内波动？比如在 10 元上下波动，而不是在 1 元上下或 100 元上下？为什么房价在 2 万元/平方左右，而不是在 1000 元左右变化？显然，供求模型是不能解释的，它只能解释需求或供给方面的一些因素可能引起价格偏离常态，不能回答这个常态是怎么来的。

严格地说，人们（社会整体）为什么喜欢一种产品多一些，喜欢另一种产品少一些，这不是一个经济问题，或者说这个问题是经济学边界上的问题。我们知道它与生产力水平有关，与心理因素有关，与民族文化传统有关，与制度或者其他许多因素有关。但我们没有确定的答案，我们只能观察其结果是什么。在短期内，这些因素的变化不会很大，而我们直接观察到的变化的因素是劳动。因此我们可以说，在制度、生产力水平等其他因素不变的情况下，商品的价值是由社会总体劳动能力决定的，或者简单地说是由劳动决定的。

第三节　效用论

效用原本是指物品的有用性，为了能够更为准确地衡量这种有用性，现代经济学将效用定义为消费者在消费产品时所得到的满足程度。消费者之所以愿意支付一定的价格来购买这些产品，是因为他们可以从消费产品的过程中得到某种满足。1 个多世纪以来，主流经济学对劳动价值论基本上持批评态度，比较流行的是效用论，人们认为它能够比劳动价值论更好地解释市场价值。

1. 效用的心理学基础

我们在讲经济学的边界时已经指出，人体是经济学的一个边界。人或人类社会的存在首先是一种自然现象，人为什么要生存以及用什么物质材料和精神材料来生存，不是经济学家能够回答的问题。不过，为了更好地认识效用，认识经济行为的一些特点，我们这里简单认识一下效用的物质基础。

维持人类生存需要一定的条件，包括物质条件和精神条件，生产活动创造了一部分这些条件，经济学研究的就是人类创造的这部分条件。著名的心理学家马斯洛（Maslow）将人类的生理需要分为 5 个基本层次（见图 3 - 5）。

这个需要层次可以说明，随着社会物质财富生产能力的提高，人们对

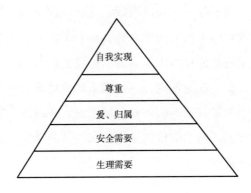

图3－5　人类的生理需要

于精神财富的追求就会越来越高，而且对精神财富的追求是没有止境的。

同时也可以说明，消费只是满足某种心理需要的一个方面，不是全部。因此，传统的效用论只观察消费品提供的效用，是不全面的。除了"正常"的生产和消费活动，慈善活动、和平运动、政治活动、宗教活动，甚至战争，都是使人们得到某种满足的方式，它们处于心理需要的较高层次。不过，这些活动的效用是无法计算的，人们只能在事后进行评价。

人为什么要劳动？是因为人的心理需要永远高于自然界能够提供的条件。不满足催生了劳动，劳动创造了新的效用，这部分效用的计量与劳动的计量是同一的。

劳动的价值与劳动的效用不能通过对劳动或效用本身来计量，只能交给市场去"计量"。经济学家能做的只是观察其结果。这并不是贬低经济学家的作用，而是要说明经济学家到底能够做什么和应该做什么。不要以为自己能够做好经济学边界以外的事情。

无论如何，需要不是经济学家能够观察到的，就是心理学家也不可能准确地观察到。不过，将心理需要做出这种分类，有助于人们理解人类行为的某些大致规律。比如，效用论至少可以回答人为什么要劳动。因为人们有各种各样的需要，而自然界不能完全满足这些需要，人们就需要自己动手来满足自己的需要。在经济发达国家，精神生活水平也比较高，相关支出比重会增加，而用于食品的支出比重就会低于不发达国家。但人们的这些需要的变化不可能通过观察人们的心理变化而预知，只能通过观察支出结构，在事后知道。从逻辑上看，是先有需要的变化，后有劳动配置的变化。但是在计量水平上，必须先知道劳动配置的状况，才能知道需要的状况。

一个很容易被忽视的问题是效用的流量特性。产品可以满足人们的需要，可以带来效用，仅在人们使用这些产品的时候，而不是在人们占有这些产品的时候。比如，一个农场主有 1 万吨大米，放在仓库。显然，在食用的意义上，这些大米并没有对农场主产生效用。假设他每年吃掉 1 吨大米，这 1 吨大米才产生效用。这就是马克思说的"使用价值只是在使用或消费中得到实现"①。"每年吃掉 1 吨大米"是一个流量，有产品的消耗，才有效用的出现。我们通常认为占有大米越多，效用越大，是因为这些大米"有可能"带来很大的效用。把"可能性"与现实性混为一谈，是我们易犯的错误。至于这些大米是否真的带来了效用，还要看它的使用情况。

2. 效用论的基本意义和缺陷

根据经验性观察，人们在使用某种物品时，对这种物品有一定的需要量。当这种物品数量较少时，一般需求的欲望会比较强。而当这种物品的数量较多时，需求的欲望就会降低。比如，在炎热的夏天，如果有一个冰激凌吃，就会非常满足；如果冰激凌吃得很多，再增加一个冰激凌，其满足程度就会降低。这种现象被称为"边际效用递减规律"。它可以解释为什么在产品的数量较少时，人们愿意支付较高的价格，而当产品的数量较多时，人们只愿意支付较低的价格。经济学家们由此得出结论，一种产品的价值是由其边际效用决定的。

---

① 中共中央马克思恩格斯列宁斯大林著作编译局：《马克思恩格斯选集》（第一卷），人民出版社，1995，第 115 页。

我们用 U 来表示一种产品给消费者带来的效用，这种商品的边际效用就是增加一单位该商品给消费者带来的效用的增加量。

$$MU_x = \frac{\Delta U}{\Delta x} \qquad\qquad (3-6)$$

MU_x 是边际效用，x 为所考察的商品 x 的使用数量。

$$P_x = MU_x \qquad\qquad (3-7)$$

要对效用或边际效用进行计量，至少还必须知道一个人对不同产品的满足程度。比如你是更喜欢吃梨子，还是更喜欢吃苹果，或者是喜欢吃香蕉，应当能够排出一个确定的顺序。否则就无法知道哪种产品具有更大的边际效用。如果我们观察到香蕉比苹果的边际效用大，就可以得出香蕉比苹果的价格高的判断。

不过，这些看似有道理的设想其实没有稳定的立足点，边际效用论对事实的观察非常不完备。

首先，效用论没有区分自然界提供的效用和劳动提供的效用。但根据前面的分析我们已经能够看到，自然界提供的效用是不具有交换价值的。效用论认为是物品的边际效用决定了物品的价值。我们每天都在享受阳光，阳光每天给我们带来的用处并不比前一天少，但阳光并没有交换价值。

其次，从消费的角度定义价值不具有一般性。消费品与资本品都具有价值，价值的定义应该同时地、直接地包括资本品和消费品。如果说由于生产消费品需要使用资本，因而资本也有了价值，这是对于消费品与资本品之间价值关系的解释，不是关于价值决定的解释，或者说这样就给予了价值决定机制两个定义。一个定义是消费者的满足程度，另一个定义是生产消费品的能力。

再次，个别效用与一般效用的关系问题，或者物品对某人的效用与对他人的效用之间的关系问题。人作为一个动物，关心的可能是特定产品对自己的有用性，但经济学要观察的是交换现象，不是使用现象。既然是交换，生产者关心的应该是产品对他人的效用，而不是对自己的效用。生产豪华轿车的工人自己并不关心轿车的效用，他们关心的是哪些富人会买这样的轿车。显然，富人消费豪华轿车过程中所得到的满足程度，工人们是不知道的，他们只能根据销售情况的好坏进行猜测。换言之，如果要观察效用与价格之间的关系，观察者是根据市场价格判断效用大小，而不是根据效用大小判断市场价格。从信息获取的顺序看，人们是先知道一种产品的价格，后知道这种产品对他人的效用。

最后，观察的片面性，时空局限。许多经济学家认为消费者可以确定自己对不同商品效用的偏好，存在 $u_1 > u_2 > \ldots$，这种观察方法一不考虑商品数量的影响，包括商品存量和商品流量的作用；二不考虑效用的易变性，面对大量的商品和不断变化的环境，消费者事实上无法准确地判断自己到底更偏好哪种商品；三不考虑商品的供给和需求是市场群体共同参与的，即我们在市场上看到的商品偏好不是个人偏好，是市场所有参与者的总体偏好。

上面的几个问题，基本上可以否定现有效用论的科学性。当然，如果考虑到效用一词的确能够在某种程度上解释人们的经济行为，我们对"效用"进行重新的定义也是可以的。首先，必须排除自然界对效用的贡献，即应该将效用定义为劳动创造的效用，因为只有这部分效用是有可能计量的。其次，必须将消费品与资本品视为一个同一体，二者的共同属性是人类劳动。效用应该是在使用或消耗这些劳动成果时对所实现目标的满足程度。再次，效用不应该定义为个人的感觉，应该是社会整体的感觉。一个社会选择每年生产 1 亿吨粮食，2000 吨钢铁，是因为这个社会每年需要使用 1 亿吨粮食，2000 吨钢铁，并且有能力生产这些产品。效用论的分析规则也应该是先整体，后个体。

另外，以可直接观察的事物为基础，推测不能直接观察的事物，这是科学的逻辑，我们不能反过来做。比如，当我们看到有人愿意花很多的钱生产和购买一种产品时，我们可以推测这种产品的效用（人工效用）相当大，这样的推测一般是比较可靠的。如果反过来，比如通过问卷调查，发现很多人认为房价应该大幅度降低，据此推测房价水平应该较低，这种推测是不科学的，是靠不住的。一般而言，如果我们一定要使用"效用"概念来解释经济现象，我们只能以价格观察为基础来判断效用，而不是以效用观察为基础来判断价格。

比如，社会要生产多少第一产业、第二产业和第三产业的产品，我们是不可能依据每个人的偏好推算出来的，那是经济学边界之外的事情。经济学家只能依据产业结构或商品结构的事实表现，判断人们的心理是怎样的。

3. 个别效用、一般效用与一价定律

我们根据经验不难看出，在同一个市场上，同一种商品的价格通常是完全相同的。这种现象就是所谓"一价定律"。当然，如果要把市场范围扩大一些，我们或许需要增加"信息通畅""忽略运输费用"等条件。实际上，我们使用价值或价格的概念，就是认为一种商品应该有一个价格，已经隐含了一价定律的意义。这里我们再分析一下一价定律与效用论的关系。

对于不同的商品，每个人可能有不同的喜好。比如 A 喜欢苹果胜于喜欢梨子，喜欢梨子又胜于喜欢香蕉。这种情况可以用下面关系式来表达：

$$u_{1x} > u_{1y} > u_{1z} \tag{3-8}$$

其中，u 表示效用（也可以表示边际效用），$>$ 表示胜于或优于，脚注中的 x、y、z 分别表示苹果、梨子和香蕉，1 代表主体 A。

另一些人，比如 B 和 C 的喜好可能分别是

$$u_{2x} > u_{2z} > u_{2y} \tag{3-9}$$

$$u_{1y} > u_{1x} > u_{1z} \tag{3-10}$$

当然，每个人偏好的顺序还有其他可能性。现实当中商品的品种非常

多，市场主体也非常多，上述可能性几乎是无穷多的。退一万步说，即使我们知道每一个人对每一种商品的偏好，我们能够计算出他们愿意为某一种商品支付多少的价格吗？显然是不可能的。

对于同一种商品，市场上只有一个价格。如果市场上苹果比梨子的价格高，即使一个消费者喜欢梨子胜于苹果，他也要为苹果支付较高的价格，不可能为梨子支付较高的价格。另外，如果以较高的价格把梨子卖给他，他只会感到不满，绝不会认为梨子给他带来了更多的满足或效用。

显然，如果一价定律是成立的，微观水平的效用论就失去了意义。每个人对不同商品的潜在偏好是个别效用问题，市场并不关心个别效用。价格本身不是一个个别概念，而是一个整体观念，是所有人相互影响的结果。一个人不与其他人交流时，可能有自己的偏好。一个人处于社会中，必然要更多地以他人的偏好为偏好，个人偏好处于非常次要的地位。你不喜欢吃梨子可以不去种梨树。但如果看到很多人喜欢吃梨子，你就可能会去种梨树，至少是因为你可以赚钱。

如果一定要用效用论来解释价值，首先，要区分自然界提供的效用与劳动创造的效用，其道理与使用价值二源论相同。其次，我们只能直接观察商品对社会群体的效用，不能通过观察个人的偏好来得知一种产品中劳动创造的效用，因为人是社会性的。某一商品对某人的效用是没有意义的，因为劳动创造的效用是由社会成员共同评价的，或者说是由市场决定的。

4.商品篮子与商品结构

我们在讨论使用价值的二源性时已经看到，人们之所以要从事生产劳动，是因为有需要，并且大自然不能提供这些需要。显然，人们愿意多生产一些产品，少生产另一些产品，是因为对不同产品的需要程度不同。一方面，需要是相对的，人们通过对比才知道需要哪些产品，需要多少。另一方面，由于人类生存的社会性，需要也是社会性的，是由大家共同决定的。

从生产能力上看，人们能够生产的产品的种类在理论上是无穷多的。比如，我们可以做大量的儿童玩具，也可以在太平洋海底建一个宫殿——这个例子虽然看起来好笑，但它可以说明产品选择的多样性。不过，现实当中人们并不可能生产所有可能生产的产品，而是按照自己的需要或社会的需要来生产。如果人们喜欢大米、猪肉、电视机和武器，社会就会生产大米、猪肉、电视机和武器等。如果大米能够给人们带来更多的满足，人们就会生产更多的大米。如果人们不太喜欢武器，社会就会生产较少的武器。其结果是各种产品给人们带来了同样的满足。试想如果武器给人们带来的满足程度低于大米给人们带来的满足程度，人们会安于现状吗？显然他们会进一步减少武器的生产而增加大米的生产，直到他们感到满意为止。

社会整体是这样，个人也是这样。当我们观察社会实际上生产的各种商品之间的比例关系时，我们称之为"商品结构"或"产品结构"；当我们观察个人（或某一群体）所购买的商品结构时，我们称之为"商品篮子"。显然，商品结构实际上就是总体意义上的商品篮子；商品篮子就是局部的商品结构。同时，商品篮子中的商品不仅包括消费品，还包括资本品。

商品篮子中没有的商品并不完全是因为我们不能生产，主要是因为我们不那么喜欢。与没有进入篮子的产品相比，进入商品篮子的产品实际上是少数。其原因我们已经知道，是因为劳动稀缺，我们没有能力生产所有的产品。

商品篮子内的商品之间有什么关系呢？从理性的角度出发，对于任意两种商品 x 和 y，如果付出同样的劳动量，生产每一单位 x 带来的效用应该不低于生产一单位 y 所带来的效用，否则我们就应该减少 x 的生产；反之亦然。由此可知产品结构的均衡条件应当是：

$$\frac{U_x}{L_x} = \frac{U_y}{L_y} \tag{3-11}$$

这里 U_x、U_y 表示商品 x、y 带来的效用，L_x、L_y 表示在商品 x、y 上

付出的劳动。

由此我们看到，劳动价值论与效用价值论应该结合在一起，才能更完整地解释价值现象。不过，效用的概念需要重新定义，它不仅应当包括消费某种产品带来的满足，还应当包括使用资本品带来的满足。

人们平时习惯于观察产品，或观察财富，也就是劳动的载体。如果我们用 W_i 代表交换的产品价值，则参照式（3－11）的推理过程，可以得到：

$$\frac{U_1}{W_1} = \frac{U_2}{W_2} = \ldots = \frac{U_n}{W_n} \tag{3－12}$$

每种产品可以产生的效用量与这种产品价值量的比值是相同的。

在现代经济里，劳动者都是用货币来购买产品，而不是直接用劳动或用一种产品来购买另一种产品。同样道理，支付一定数量货币所购买到的 x 的效用与支付一定数量货币所购买到的 y 的效用应当相等，系统才能达到均衡：

$$\frac{U_x}{P_x} = \frac{U_y}{P_y} \tag{3－13}$$

这里 P_x、P_y 分别是产品 x、y 的价格。该式的意思是商品篮子内所有产品的效用与对应的支出的比值是固定的。

在一般教科书中，关于商品篮子的均衡状态是用"等边际效用"法则得出的，形式上与式（3－11）～（3－13）相似。不过，现在我们已经知道，在市场上表现出的效用是全体社会成员的效用，它是总体水平的效用或平均水平的效用，"边际"效用概念根本不适用。同时，一种产品的效用不是单独存在的，与其他产品的效用对比才有意义，"边际"效用概念显然没有稳定的立足点。因此，"边际"概念是不适用的，我们只能用平均效用或总体效用概念。

另外，"均衡"其实也是一个总体概念。市场上存在大量的消费者，他们是在频繁的交流过程和讨价还价过程中形成的效用偏好和价格标准，这些过程是一刻都不能停止的。显然，只有"不均衡"才能推动这种互动，真正的"均衡"是不存在的。大家在交流过程中相对地协调一致，使每种产品的效用和价格大致限制在一个相对稳定的水平，我们称之为"均衡"水平，每个生产者都会以这个所谓的"均衡"值作为参照。比如，一个消费者可能喜欢苹果超过喜欢梨子 10 倍，但如果市场上大多数消费者喜欢梨子与喜欢苹果的偏好几乎一样，苹果的价格与梨子的价格必然会很接近。那么，这个消费者绝不会用多出 10 倍的价格去买苹果，他在行为的最终表现上应该与大家基本一致。无论每个人内心如何评价产品和价格，个人最终支付的是市场认同的价格，得到的是社会认同的效用。式（3 - 13）是消费者在一定的社会环境条件下，对各种产品支出的协调结果。价值论与效用论最终必然表现为平均价值论与平均效用论，或总体价值论与总体效用论。不过，考虑到人们的表达习惯，我们仍然可以把式（3 - 13）称为消费者均衡条件。

如果消费者的收入是一定的，假设为 y，则所有产品上的支出之和受到这个收入水平的限制。即：

$$y = \sum_{j=1}^{n} W_j \qquad (3-14)$$

第四节　价值参照系

1. 价值参照物的选择

描述任何事物的运动和变化，都需要有一个参照物或参照系，对价值现象的观察和描述也不例外。不过，人们观察产品价值的习惯并不适合直接构建价值参照系。

构建一个参照系，需要有统一的量纲。比如，我们在观察任何物体的运动时，都统一用距离（位置）做量纲。无论是观察飞机的运动、月球的运动，还是观察蚂蚁的运动，都是如此。当我们把价格定义为"两种产品的交换比例"时，显然没有定义统一的参照物。比如，一头牛与两只羊的交换比例是 1:2，意味着一头牛的价格是两只羊，一只羊的价格是 0.5 头牛。但一只羊的价格还可能是 1 吨大米，或 1 部品牌手机。人们在实践中为了提高工作效率，一直在尝试相对统一的价值计量尺度，比如使用黄金、白银，或者使用纸币。这样做虽然在实用水平上解决了很大问题，但并没有从理论上解决问题。黄金、白银、纸币等不是一个统一的价值标准。缺乏统一的价值参照系，是经济问题显得复杂的一个重要原因。在现实当中，我们选择黄金也可以，选择纸币也可以，甚至选择大米或选择某种外币也可以。但是在理论水平上，我们不能这样随意选择。如果观察每一个经济现象都需要单独建立一个价值参照系，经济学理论就不成体系。

产品价值的最直接的参照物，是人们在交换商品时选择的。在两种或两种以上的商品相互交换时，价值概念才出现。但具体的交换情况与产品的属性、外部市场环境、生产者的知识背景、性格和偏好等有很大关系。因此，最终显示出来的价值或价格体系具有很大的不稳定性。

另外，价值参照物本身也可能随着时间而发生变化。人们会选择一种货币作为价值的参照物，而货币是可能贬值的。即使我们采用价格指数等工具进行调整，但调整方法的多样性还是会影响价值参照系的稳定性。比如，我们经过价格指数调整得出经济的"实际增长率"是 10%，这并不能代表人们的真实生活水平提高了 10%。

我们已经知道，产品价值的决定性因素是劳动。交换的本质是以自己的劳动（成果）换取他人的劳动（成果）。尽管个体劳动者的劳动效率差别很大，但产品的价值并不是根据个体劳动者的劳动付出计算的，每一种产品的价值表现都是全体劳动者生产活动的总体结果。因此，用劳动或劳动时间作为价值的统一参照系是理所当然的选择。实际上我们也是这么做的。比如，我们平时所说的国内生产总值，实际上就是一个经济体在一定时间内创造的价值。只是我们忽视了这个时间其实就是社会整体的劳动时间。根据"生产与消费同一性原理"，生产人的劳动是每时每刻都在进行的。因此，所有经济学模型中的时间坐标，基本上都是劳动时间坐标。当然，这是总体水平的观察逻辑。至于每一个生产者个体，不同劳动者提供的劳动具有很大的差异性。然而他们在评价自己的劳动效果时必然要以总体劳动时间为参照。在交换时，购买产品的人通常不会考虑对方是谁，对方花费了多少时间生产出了准备交换的产品。他只考虑自己要付出多少劳动才能得到这种产品。比如，我们通常会以这种方式思考问题：我需要工作多长时间才能赚到买一辆汽车的钱？或者我需要做什么工作才能填饱肚子？或者我需要办一个什么样的企业才能在 10 年内成为一个亿万富翁？

显然，劳动时间是一个最适合作为统一参照物的价值尺度，老百姓们通常就是以此为参照的。不过，由于经济生活的时间天然就是劳动时间[①]，经济学家们反而熟视无睹，常常忽视了这个参照物的意义。他们更多地关心那些易变的或结构性的因素，如效用、需求、技术等等。现在是时候理顺它们之间的关系了。劳动是最基本的价值参照物，其他因素可以作为调整因素。

就近参照原理

基于效率的考虑，人们在现实当中都会就近选择参照物。比如在销售产品时，生产者会观察附近市场上同类产品的销售价格。找工作时，求职者会以本地区的工资水平为参照。这种就近参照的规律是效率原理的一个体现。在距离比较近的条件下，"参照系"才比较有意义，或者说才能作为比较准确的价值尺度。如果空间跨度太大，价值参照物或参照系的准确性就会受到影响。

比如，一个广东工人与一个广西工人的工资都是 2000 元人民币，我们说他们的收入水平相同应该没什么争议。一个美国工人与一个中国工人的工资如果都是 1 盎司黄金，我们很难说他们的收入水平或生活水平相

---

① 需要记住劳动与休闲的同一性原理。无论是工作还是休闲，人们每天 24 小时，每年 365 天都在"生产人"，从来不会"休息"。工作与休闲的差异只是生产方式的差异。

同。随着空间跨度增加，黄金作为价值参照物未必比美元更稳定。当然，时间跨度增加也会影响价值参照系或价值尺度的准确性。比如 2010 年的工资比 2000 年增加了 1 倍，即使扣除通货膨胀，我们也很难说生活水平提高了 1 倍。

其实，不仅在社会活动或社会科学中人们是就近选择参照系，在自然科学中人们也是就近选择参照系。这是效率法则决定的，不以某些专家学者的意志为转移。

2. 个人机会成本与市场机会成本

为了获得尽可能多的利益，一个劳动者面临多种生产选择，一个国家或一个经济整体也同样面临多种选择。这两个层次的选择之间存在着什么关系呢？

我们从微观角度进行观察。姚明打 NBA 与打国内比赛相比，刘翔从事跨栏与从事其他田径项目相比，他们个人可能获得的"机会收益"明显大于可能损失的"机会成本"。换一个角度来观察，如果 NBA 的某个球队请姚明加入，就可能要放弃其他某个技术也差不多的球员。如果刘翔拿了跨栏冠军，必然有其他人拿不到冠军。也就是说，市场如果选择了姚明和刘翔，就意味着放弃其他某些运动员。打不打 NBA，对于姚明的差别是很大的，但对于 NBA 各个球队整体而言差别是很小的。从长期来看，无论具体雇用哪些球员，NBA 都会一直运转下去。再换一个角度，是奥巴马当总统还是希拉里当总统，对他们个人的差异可能很大，但对于美国经济整体而言，不会带来多大差异。美国人民还是做自己本来要做的事情，无论是选择奥巴马还是选择希拉里，其结果都是美国有了一个总统。微观水平的差异在总体水平上是可以忽略的。这就是个人机会成本与市场机会成本的不同，前者是非常不确定的，后者是相对稳定的。

重要的是，经济学应该研究的恰恰是市场整体的机会成本，而不是姚明或刘翔的个人的机会成本。提出机会成本概念是经济学的一个重要进展，但停留在微观水平观察机会成本则是一大缺憾。经济学观察的是市场价值，不是个人价值，在一般情况下，有必要忽略微观水平的不确定的机会成本[1]。

由以上分析可以看出，一种产品的市场价格其实就是市场生产这种产品的机会成本。比如，NBA市场付给姚明多少钱，是因为付给其他球员也需要差不多这么多的钱；姚明生产针能够卖多少钱，是因为其他人生产针也需要卖这么多的钱。最终，市场决定了付给一个明星球员1000万美元的年薪，付给一个品牌手机生产商每部手机1000元的价格，付给一个农民每吨大米2000元的价格，如此等等。

一款手机的市场价格是1000元，从消费者的角度看，这意味着任何一个消费者要得到这款手机就必须支付1000元的劳动成果，意味着得到这款手机的机会成本对任何一个消费者都是1000元。这就是市场价格与机会成本的基本关系。

同工同酬

同工同酬是我们认为公平的市场规则。这里的"工"指的是工种和劳动时间。不过，由于个体差异的存在，我们通常很难准确判断两个从事相同工种的工人是不是真的做出了完全相同的成绩。加上其他一些因素，比如长期评价与短期评价的因素、制度因素，当事人的主观差异，等等，同工不同酬现象普遍存在。在实践意义上，"工"已经不是简单的工种，而是包含了制度环境、个体差异乃至市场机遇等多方面的因素。不过，在

---

[1] 在管理学的水平上，人们当然应该关心不同选择的差异。但是在经济学水平上，我们有必要忽略这种差异。每一个生产者要努力做得比别人好，才能获得更多的收益。这推动了生产技术和社会文明的进步。在一定时期内，我们可以近似地忽略社会的技术进步，这样才便于观察市场的一般运动规律。比如，在一定时期内，一个国家生产多少工业品，多少农产品，这个比例是相当稳定的。增加0.1%的工业品，减少0.1%的农产品是否能够获得更多的收益，人们是很难直接做出判断的。如何选择才能使社会进步更快，可以是经济学家关心的对象，却不能作为经济学的研究对象——它是全体人民的事情。

一般意义上，或者说在大多数情况下，市场是"公平"的，是根据每个人的劳动成果回馈报酬。同工同酬与按劳分配的思想是一致的，其实践依据显然是劳动价值论，并且遵循就近参照法则。

3. 产品的机会成本与劳动的机会成本

我们在引入机会成本概念时，是按照人们的习惯，从一定数量的产品能够满足人们一定需要的角度去观察，或者说是从生产的目的去观察。但机会成本概念产生的原理是人们对劳动的选择，如果从生产或劳动的角度去观察，应该把劳动作为观察对象或观察变量。也就是说，机会成本更为恰当的参照物应该是劳动或劳动的种类。

比如，姚明可以选择去 NBA 打篮球，也可以选择办一个生产针的工厂，或者选择办一个为其他制针厂拉丝的工厂。这些选择的差异是劳动类型的差异，如果我们以产品差异来表达姚明的机会成本，事情显然会变得更为复杂。因为姚明一个人打篮球并不是一个完整的产品，拉丝也不是一个完整的产品。因此，用两种产品产量的替代关系表达机会成本是不利于解决实际问题的，或者说是不科学的。

在第一章图 1-4 的机会成本模型中，x 和 y 代表两种产品，两种产品产量的替代关系 $\dfrac{\Delta x}{\Delta y}$ 或 $\dfrac{\Delta y}{\Delta x}$ 在很大程度上是由当时的技术水平决定的，通常称为边际技术替代率。比如，一个农民种 1 亩地的西瓜与种 1 亩地的大豆之间的产品替代率，可能是 2000 公斤西瓜/200 公斤大豆。这个比值基本上由品种、土壤、气候、化肥以及田间管理技术等条件决定。于是，我们对技术替代率的研究就成了一个生产技术问题。虽然说在技术水平一定时，产品的数量与劳动的数量之间存在着比较稳定的关系，用产量代表劳动量也是可以的。但这样做的经济学意义就少得可怜了。

种瓜得瓜、种豆得豆，这显然不是经济学的问题。在经济学水平上，我们应该观察两种劳动价值的替代关系，而不是两种产品数量的替代关系。如

图3-6所示，我们用脚标 x 和 y 暗示两种产品，y_x 和 y_y 分别代表两种劳动付出的时间量，或者两种劳动创造的价值量。这样，两个坐标的参照物就统一起来了。

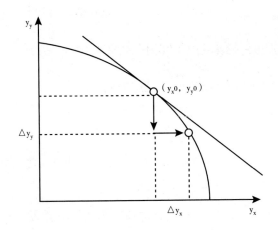

图 3-6　劳动的机会成本

根据劳动稀缺原理，经济运行的一个重要任务就是选择不同产品的生产时间的配置比例。市场的选择是基于生产者的选择。从理性的角度考虑，如果一个生产者（或一个市场）既可以选择从事 y_x 劳动，又可以选择从事 y_y 劳动生产，他们将如何配置这两种劳动呢？如果增加 x 的劳动时间所增加的价值多于减少 y 劳动时间所损失的价值，人们就会增加 y_x 的劳动时间；反之亦然。只有当增加 x 的劳动时间所增加的价值与减少 y 的劳动时间所失去的价值相等时，生产者就会停止调整。我们习惯于把这种状态称为均衡状态，这时的生产效率一定是最高的。因此，同样的劳动时间用于生产不同的产品，应该创造同样的市场价值。这就是生产者均衡条件，可以表达为

$$C_{yx} = \frac{\Delta y_y / T}{\Delta y_x / T} = 1 \qquad\qquad (3-15)$$

C_{yx} 是两种劳动的机会成本，T 是观察期的劳动时间总量。式(3-15)的意义是机会成本在总体水平上总是等于1。选择增加 Δy_x 就是机会利益，

同时选择减少 Δy_x 就是机会成本。对于个体生产者而言，他一定是认为利益大于损失才这么做。对于市场而言，两种选择的得失应该是相等的。如果机会成本偏离了 1，机会成本递增，市场效率就会降低。

如果我们把整个经济活动只划分出两种劳动，显然有

$$y_x + y_y = T \tag{3 - 16}$$

所谓劳动时间总量，就是一个经济生产所有产品所花费的时间。比如，在一个农业经济中，假设全部农民只种植西瓜和大豆两种产品，种植西瓜的劳动总量（比如 y_x）与种植大豆的劳动总量（比如 y_y）之和就是全部劳动量，也是劳动时间总量。理论上可以用年或季度来衡量。如果产品的种类或劳动的种类很多，式（3 - 16）和式（3 - 15）也可以相应地扩展。比如，如果有 n 种劳动（或 n 种产品）可供选择，均衡条件可以表达为

$$\frac{\Delta y_2}{\Delta y_1} = \frac{\Delta y_3}{\Delta y_1} = \ldots = \frac{\Delta y_n}{\Delta y_1} = 1 \tag{3 - 17}$$

上式也可以称为关于劳动的一价定律。在总体水平上，相同数量的劳动应该得到相同的报酬。比如，在一个经济水平一定的区域，一个普通工人的报酬在不同行业的差别不是很大。当然，老板与普通工人之间，不同工种之间的收入差距还是相当大的。但我们不能因此否认劳动时间是最基本的价值因素。每个劳动者之间的收入差异更多的是属于管理学问题。

4. 成本与机会成本

任何产品的生产都需要支付劳动，包括脑力劳动和体力劳动，还需要使用和消耗一定的物质材料以及各种资本。我们把生产所需要的这些投入称为生产成本。不过，在会计水平上，我们习惯于把使用的他人的劳动成果称为成本，比如购买原材料，支付雇员工资等。生产者自己付出的劳动（时间）虽然也是成本，但是在会计水平上，我们通常不把它称为成本。这些付出是应该得到回报的，我们通常把这些报酬称为利润或收入。在一些经济学教科书中，也称为生产者的机会成本，或称为生产者的正常利

润。获得正常利润的机会成本显然是生产者放弃的其他劳动。

从上一节的分析我们知道，经济学观察的成本或机会成本都是市场层面的变量，不是生产者个体水平上的变量。显然，我们有时侯使用"成本"概念，有时侯使用"机会成本"概念，这其实不过是观察角度的差异，二者的本质是一样的——它们都是劳动的价值。从生产决策或选择的角度去观察，成本表现为机会成本；从价值计量的角度去观察，机会成本表现为成本。对于一个具体的生产者，不同的选择有不同的收益，被放弃的收益则称为机会成本。但是任何一个生产者要判断或评价自己的机会收益或机会成本，都要以其他人的收益或其他人的成本作为依据，而不是以自己的主观意志为依据。在市场水平上，机会成本就表现为市场一般成本或平均成本；机会收益就是市场的一般收益或平均收益。

换一个角度来观察，在生产过程中，有些工作生产者可以选择自己做，也可以选择交给别人去做。在斯密关于针的生产案例中，一个生产者可以自己把拉丝、切断和磨尖三道工序都做下来，也可以把其中某个工序交给别的生产者去做。不难看出，（机会）成本模型的基础是分工。对于做磨尖的生产者，采购钢丝段既是成本，又是自己没有做切断工序的机会成本；对于做切断的生产者，采购拉丝既是成本，又是自己没有做拉丝工序的机会成本。做一道工序还是做多道工序是选择问题。对于一个生产者来说，这些选择是选择；对于市场整体而言，这些选择也是选择。关于选择的均衡条件，我们已经用式（3-16）或式（3-17）作了解释。

需要再次强调的是，各种产品数量或各种劳动数量之间的比例关系，不在经济学边界之内。经济学家可以观察，可以作为立足点来利用，但不应该把别人的专业知识当做自己的专业知识。

5. 机会成本与边际成本

我们已经看到，机会成本、成本、价格等概念，只是由于观察角度的不同而产生的，基本的观察对象都是劳动。在动态观察水平上，经济学还常常使用"边际成本"概念。站在一个企业或一个生产者的角度，如果要增加一定数量的产出，就需要增加一定数量的投入，投入增加量与产出增加量的比值被称为边际成本。

从技术的角度看，生产规模不同，摊到每一件产品上的投入成本也不同。比如，一个汽车厂生产某一型号的汽车，生产 100 辆车与生产 100 万辆车的边际成本差别一般会很大。一般来说，边际成本随着生产规模扩大有递减的趋势。不过，当生产规模达到一定水平后，边际成本也有可能递增。图 3 - 7 是对机会成本这种变化规律的传统认识。显然，生产者会把生产规模控制在这个转折点以下。事实上，对于大多数生产者来说，他们之所以保持现有的生产规模而不是继续扩大，一定是到达了边际成本的转折点附近（图中的阴影部分），否则他们理应进一步扩大生产规模①。

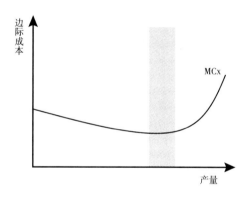

图 3 - 7　对边际成本的传统认识

有必要一再强调的是，微观水平的观察结果必然要受到宏观条件的制约，边际成本分析也不例外。根据一元论思想，当市场处于某一"均衡"水平时，或者说经济运行总体稳定时，一个企业扩大规模，意味着另一个企业将缩小生产规模。现有的边际成本分析显然没有考虑这个矛盾。一个产业整体扩大生产规模，意味着另一个产业将整体缩小生产规模。因此，

---

①　严格地讲，我们应该观察边际收入与边际成本的关系，而不是产出量与边际成本的关系。为了简化分析，这里实际上是用边际产量代表边际收入。主要想说的是，企业实际的生产规模一定是效率最高的规模，否则它们就会扩大或缩小规模。

边际成本的背后还是机会成本：一部分生产者（和生产资料）加入了规模扩大的企业，离开了规模缩小的企业。

另外，运用一元二分模型，把被观察的生产者作为一部分，所有其他生产者作为另一部分，那么这个生产者的投入（成本）就是所有其他生产者的产出。反过来，这个生产者的产出就是所有其他生产者的投入（成本）。如果经济整体是稳定的，则这个生产者的边际成本就是所有其他生产者的边际收入；这个生产者的边际收入就是所有其他生产者的边际成本。我们分别用 MC_1、MC_2 表示两个生产者的边际成本，MR_1 和 MR_2 表示两个生产者的边际收入，上述关系可以写为：

$$\left. \begin{aligned} MC_1 &= MR_2 \\ MC_2 &= MR_1 \end{aligned} \right\} \qquad (3-18)$$

如果两个生产者从事的是技术水平相当的生产，则他们的边际报酬应该是相同的。

$$MR_2 = MR_1 \qquad (3-19)$$

如果不考虑经济整体的均衡条件约束，对于一个生产规模较小的企业，其产量的变化对市场整体机会成本的影响很小，可以近似认为边际成本不变，边际成本曲线的形状近似为一条水平线（见图 3-8 中的水平实线）。对于规模很大的企业，尤其是垄断或寡头企业，其产量的变化对市

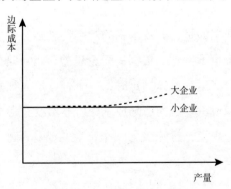

图 3-8　企业的边际成本

场机会成本的影响不能完全忽略，边际成本曲线可能呈现出上升的趋势（见图 3 - 8 中的虚线）。这种观察适用于短期分析或不均衡分析，不适用于长期分析或均衡分析。

第五节 应用案例

1. 钻石与水的价值悖论

经济学中一个典型的关于流量与存量观察的混淆和误解，是关于钻石与水的价值悖论。这是亚当·斯密在他的名著《国富论》中提出的一个问题：水对于我们的生命非常重要，具有很高的使用价值，但是却在市场上的价值非常低；而钻石是可有可无的东西，看起来没有什么使用价值，但是它的市场价值非常高。

在观察一种商品的具体交换时，我们所看到的是一次交易所涉及的商品的总价，涉及的是价值存量。但生产和使用商品都是需要时间的，涉及的是价值流量。不同的商品具有不同的存在形式，不同的使用寿命，不同的消耗量。要对比不同物品的交换价值，还必须考虑其使用流量。在交易中直接实现的是占有权的改变，商品的占有与商品的使用是两码事，占有并不产生使用价值，使用才产生使用价值。混淆了占有的是存量，使用的是流量，这是制造出水与钻石悖论的主要原因。

假如一个人花 1 万元买了一块钻石，用了 30 年后以 9900 元卖掉，则这 30 年使用这块钻石的实际费用为 100 元（均假定为不变价格）。

一个人使用 30 年的自来水要花费多少钱？或许不止 100 元！也就是说，价值悖论问题没有考虑商品的交换价值的使用（或消耗）流量和使用时间。

对比同类商品，也许更容易看清楚观察价值流量的意义。假设一种灯泡的价格为 1 元，使用寿命为 6 个月；同样规格的另一种灯泡的价格是 3

元，忽略到商店购买灯泡的"皮鞋效应"，消费者会期望后者的使用寿命大约为 18 个月。如果使用寿命大于 18 个月，消费者会认为其价值更高；如果使用寿命小于 18 个月，消费者会认为其价值更低。

一块钻石在一次交易中的价格表现很高，但它每天被使用（即消耗）的价值流量极小。假设一块 1 万元的钻石可以使用 1000 年，则它每天支付的价格不到 3 分钱；假如 1 吨自来水的价格是 0.5 元，一个人平均每月用水 2 吨，则每天的使用水的价格就超过了 3 分钱。

显然，"价值悖论"产生的主要原因，一是混淆了不同的价值概念，即把使用价值和交换价值混为一谈；二是忽视了使用时间和使用量。

当人们说"水对人很有用"时，指的是一定量水的使用价值或全部效用；当人们说"水的价格很低"时，指的是这些水交换价值或人工效用。交换价值是使用价值中的一部分，它当然小于使用价值。喝水得到的是水的使用价值，而买水只需要支付它的交换价值。

当人们说"钻石的价格很高"时，指的是钻石在一次交易中的交换价值量，不是在一定时间内的使用价值量。钻石的购买者实际上是占有了钻石，因为钻石是一直存在的。如同一个人一次购买 10 吨粮食，但这些粮食只能慢慢地吃掉，大部分粮食是被他占有了。

当人们说"钻石几乎没有什么用"时，实际上是在和水的天然使用价值对比，不是和水的交换价值对比。前面已经指出，天然价值是不可计量的。当我们说"水有用"，"钻石无用"时，其依据根本与市场无关。

另外，钻石的使用寿命很长，平均算起来每天几乎没有什么消耗。钻石的购买者实际上是占有了钻石而不是使用了钻石。他随时可以把钻石卖掉，购买其他商品。也就是说，使用钻石对劳动价值或交换价值的消耗量非常小。

注意到物品的使用时间或价值流量，可以更深刻地认识到对商品价值的观察离不开对使用的观察。

2. 边际效用递减论

经济学中另一个对流量与存量不加区分的典型案例，是边际效用递减论。

许多人都可能同意一种感觉，在得到一种物品的数量较多时，如果再增加这种物品的数量，给人们带来的满足程度似乎就逐渐减小。据此经济学家得出所谓"边际效用递减原理"。比如，与吃第一个饺子相比，吃第二个、第三个饺子所带来的效用相对较小。不过，这种观察或感觉实际上忽视了很多东西。比如，①时间条件没有定义，考虑一年时间所吃的饺子，吃第一个与吃第十个有什么区别？都是吃不饱，人最后要饿死。假设一个人饭量是每天 5 个饺子，一年 1800 多个，吃第 2000 个与第 2100 个饺子有什么不同？都不再增加效用。②缺乏关于"其他条件"的假设。比如，在吃第一个饺子之前，是否吃了其他东西，或者这个人本来就不喜欢吃饺子。③使用产品的用途或目的。如果一个人一年吃 1800 个饺子最满足，在现实世界，第 1801 个或更多的饺子就不再吃了。多余的饺子可以存放起来或用来交换其他产品。不吃，哪来的边际效用？反过来，如果得不到 1800 个饺子，这个人就没有得到满足，他就会尽可能地寻找其他食品来弥补。说第 1700 个饺子的边际效用比第 1800 个饺子大，只是一种臆想。④交换被忽视了。饺子是如何得到的？花钱买的。钱是什么？是个人的劳动成果。每买一个饺子基本上要花同样数量的钱。如果第 1800 个饺子的边际效用比第 1700 个饺子小，为什么还要花那么多钱呢？其实前面已经指出，凡是实际花钱买的商品，无论是第几个，都是商品篮子里的商品，其边际效用应该是一样的。⑤满足与不满足之间不存在确定的函数关系，或者说不是连续的函数。并且满足与不满足是相对的。增加和减少某一商品的数量是否会影响满足程度，必须有其他商品做对比或参照，仅根据一种产品自身的数量变动来计算效用是没有意义的。设想世界上只有小麦，没有大米、水果、娱乐以及所有其他产品，如何知道吃了小麦能够让人多么满足？

当然，从经验上看，边际效用递减论也不是完全错误的。当我们拥有某种产品太多时，的确就不太希望得到更多的这种产品，我们可能变得更喜欢某些其他产品。边际效用论的主要问题是没有充分考虑"其他产品"以及效用产生的全部环境条件。只观察商品的数量对效用的影响，这样的模型是极其不完备的。用这种极其不完备的模型来解释价值，必然会犯错误。

3．GDP 统计的增加值方法

在观察一个经济整体的生产能力时，我们常用的一个指标是国内生产总值（GDP）。统计 GDP 有一种非常简单的方法叫做"增加值法"或"生产法"，具体做法是把全部生产者在生产活动中创造的增加值相加。

比如，假设一个经济只生产面包，我们把面包的生产过程简化为种植、磨粉、烤制等 3 个环节，分别由生产者完成。假设 3 个生产者的销售额分别是 1000 元、1300 元和 1700 元。直接观察最终产品，我们可以看到 GDP 的价值是 1700 元的面包。实际生产活动可能很复杂，最终产品的价值难以直接看到，我们可以把 3 个生产者创造的增加值相加，同样可以得到 GDP = 1700 元。即

GDP = 种植生产者的增加值 + 磨粉生产者的增加值 + 烤制生产者的增加值
　　= 1000 +（1300 ～ 1000）+（1700 ～ 1300）
　　= 1700

每个生产者创造的增加值，是这个生产者在统计观察期内的销售收入减去生产成本，全部生产者创造的增加值就是整个经济的全部销售收入减去全部生产成本，也就是整个经济创造的新增价值。

每个生产者所创造的增加值就是他们的劳动收入，是他们用自己的劳动与市场交换的结果。显然，增加值统计方法从一个侧面反映了劳动价值决定论的正确性。另一方面，也说明一种具体劳动的价值是由市场决定的，或者说是由买卖"双方"共同决定的。

4. 马太效应

《圣经·新约》中的"马太福音"第二十五章有这么一则寓言，

从前，一个国王要出门远行，临行前叫了仆人来，把他的家业交给他们，依照各人的才干给他们银子。一个给了五千，一个给了二千，一个给了一千，就出发了。那领五千的，把钱拿去做买卖，另外赚了五千。那领二千的，也照样另赚了二千。但那领一千的，去掘开地，把主人的银子埋了。

过了许久，国王远行回来，和他们算账。

那领五千银子的，又带着那另外的五千来，说："主啊，你交给我五千银子，请看，我又赚了五千。"主人说："好，你这又善良又忠心的仆人。你在不多的事上有忠心，我把许多事派你管理。可以进来享受你主人的快乐。"

那领二千的也来说："主啊，你交给我二千银子，请看，我又赚了二千。"主人说："好，你这又良善又忠心的仆人。你在不多的事上有忠心，我把许多事派你管理。可以进来享受你主人的快乐。"

那领一千的，也来说："主啊，我知道你是忍心的人，没有种的地方要收割，没有散的地方要聚敛。我就害怕，去把你的一千银子埋藏在地里。请看，你的原银在这里。"主人回答说："你这又恶又懒的仆人，你既知道我没有种的地方要收割，没有散的地方要聚敛。就当把我的银子放给兑换银钱的人，到我来的时候，可以连本带利收回。"于是夺过他的一千来，给了那有一万的仆人。

这则寓言的意义大致是"凡有的，还要加给他叫他多余；没有的，连他所有的也要夺过来"。社会学家们从现实当中观察到这种社会财富分配的两极分化现象非常普遍，并将这种现象称为"马太效应"。

为什么国王要剥夺没有赚钱的仆人，还要给赚钱的仆人更多？分配上的具体规则与差异，不是经济学的专业问题，是所有社会成员的问题，没有一个确定的标准。从表面上看，寓言中国王的做法的依据似乎有一定的随意性，其实它是有社会基础的，这个基础就是"按劳分配"。把钱埋起来后基本上不再付出劳动，也不承担风险。而赚钱却要付出劳动，要承担风险。虽然从形式上看，放贷不是依赖劳动，而是依赖资本的权力获得收益。然而观察生产活动是不能割断历史的，资本其实是过去的劳动，有按劳分配的历史；放贷要对市场进行调研，也要付出新的劳动。马太效应虽然残酷，但有其存在的合理性。真正值得担心的问题是，如果放贷利息偏高，经过长时间的积累后，财富分配的差异会非常巨大，可能带来一些比较严重的社会问题。这时，经济会做出一定的调整，不可能任由两极分化无限制地发展下去。

5. 成本价值论

在价值学说中，有一种叫"成本价值论"，认为一种产品的价值是由生产这种产品的成本决定的，包括购买原材料、使用资本、支付工资以及税收等等。但这种理论显然没有考虑成本本身就是价值。生产成本是生产者支付给其他生产者的价值，而销售价格（减去成本）是其他生产者支付给自己的价值。显然，成本价值论的意思就是说一种产品的销售价值是由它的生产价值决定的，或者说价值是由价值决定的，这在理论上等于什么也没有说。

显然，销售价格与生产成本之间的差额，才是价值，是这个生产者的劳动所创造的价值。成本价值论必须用劳动价值论来解释才有意义。

这里批评成本价值论意义不仅限于一个理论。从这个案例可以看到，经济现象之所以被认为非常复杂，一个重要原因是许多观察者只关注具体的经济现象本身，忽视了最基本的哲学逻辑。当一个事物换了一个"马甲"，他们马上就认不出来了，以为是一个不同的事物。第四节的分析告诉我们，如果我们要定量观察的话，成本或机会成本与一般价值概念的性质是完全相同的，有着相同的运动规律。

本章参考文献

［1］中共中央马克思恩格斯列宁斯大林著作编译局：《马克思恩格斯选集》，人民出版社，1995。

［2］中共中央马克思恩格斯列宁斯大林著作编译局：《哥达纲领批判》，人民出版社，1971。

［3］邓宏：《经济学：量子观和系统观》，经济科学出版社，2005。

第四章　产权价值论[*]

经济学不能直接把法律意义上的产权拿来解释经济现象，应该重新定义经济意义上的产权。一个简单的观察方法是构建私有产权与公有产权组成的一元二分模型。两种产权具有同一性，都是由社会整体决定的。劳动的付出决定了一般价值，产权的分配决定了具体价值，市场价格的实质是两种私有产权的交换价值。据此来观察经济现象，所有问题的解释都会变得非常简单。

第一节　生产关系与经济制度

1. 生产方式与生产关系

人类是以群体方式存在的，我们把具有一定规模的共同生活的群体称为社会。在生产和生活过程中，每个人都要与其他人发生一定的联系，这就是所谓的社会关系。用马克思的话来说，就是生产关系。包括政治制度、民族关系、国家关系、家庭关系、市场交换关系、代理关系、分工关

---

* 本章的研究得到了广东省哲学社会科学"十二五"规划项目（GD12CLJ01）的资助。

系、分配关系等等，人们之间的一切联系都可以称为生产关系。用马克思的话来说，就是所谓的"生产关系总和"。

我们已经知道，人类的所有活动都是为了"生产人"，而生产是需要追求效率的。亚当·斯密在他的《国富论》中以针的生产为例，说明了如何生产才能提高效率。他把针的生产分为 3 个环节：拉丝、切断和磨尖。如果一个工人把所有的工作都做了下来，他生产针的效率就非常低。如果一个工人只做拉丝，另一个工人只管切断，第三个工人只管磨尖，如图 4 - 1 所示，生产针的效率就大大提高。我们把这种生产方式叫做分工。

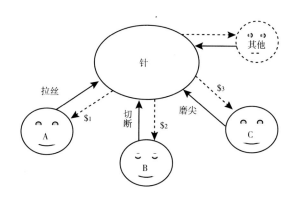

图 4 - 1　针的生产方式

其实，"针"可以代表所有的社会劳动产品；A（拉丝）、B（切断）、C（磨尖）等等，可以代表所有产品的生产和所有的生产环节，比如粮食的生产、汽车的生产、通信、运输、批发、零售、消费等等。显然，分工是现代社会的一种最基本的生产方式。生产必须通过人们之间的各种联系来完成。不难理解，"生产方式"和"生产关系"不过是同一事物的两个方面。当我们关注的重点是社会产品的创造，我们把人们的社会活动称为生产方式；当我们关注的重点是社会性的人，我们把人们的社会活动称为生产关系。

我们当然还可以从其他角度来观察社会性生产活动，表述不同层面的生产关系。比如：

①交换关系

经济学最关心的是生产者之间的交换关系。图 4-1 可以很容易看出，交换的前提是分工的存在，或者说分工与交换是同一事物的两个方面。每一个生产者靠自己的力量为自己生产是非常低效率的。生产他人需要的产品，然后通过交换从他人那里得到自己需要的产品，才是有效率的。产品在交换时表现出价值，这是经济学最基本的研究对象。

②产权关系

前一章已经提到，人们之间能够进行交换的前提是交换的参与者对所交换的产品拥有产权。产权可以是私有的，也可以是公有的，于是我们就有了"私有制"和"公有制"的概念。不过，人们对产权的认识通常是局限于法律水平上。在生产关系水平上，产权的意义并非如此局限，本章我们将会作进一步解释。

③分配关系

从图 4-1 可以看出，"针"是全体社会成员共同生产的。不过，每个生产者最终都将得到其中的一部分产权，这就是社会分配。分配的完成主要也是依赖交换，每一个生产者最终能够得到多少社会产品，或者说分得多少"针"，不是自己能够决定的，而是由社会决定的，或者说是由生产关系总和决定的。现实当中我们看到的各种分配规则和分配结果，是复杂的生产关系的具体表现。

④组织关系

社会是由全部个体劳动者构成，但个体并不是简单地、直接地形成了整体，这两个层次之间还存在一定的空间关系和组织关系。从效率的角度出发，每一个体应该首先与附近的其他个体建立联系，然后再与远处的个体建立联系。社会成员之间的这种关系可以称为空间关系或组织关系。这种由近到远的联系表现为家庭、部落或村镇、企业、城市、民族或国家等多种组织形式。一个人可能直接与他人发生联系，也可能通过某种组织与他人发生联系。在经济学意义上，我们最关心的组织当然是企业。比如，图 4-1 中的生产者 A、B、C 可以代表不同的企业，这些企业内部也可以进行更为专业化的分工。或者 A 与 B 可以组成一个企业，强化一部分生产者之间的联系。至于如何建立生产组织，当然是以效率为基本法则。

当然，对生产关系或社会关系的观察角度可以是多方面的，并不限于以上几种形式。比如，图 4-1 中的生产者 A、B、C 也可以视为不同的国家，而"针"就是全球的一揽子产品。如此，我们观察到的就是国际分工关系和国际贸易关系。

具体的经济活动是千姿百态的和非常复杂的，从生产方式或生产关系的角度出发，事情就可能变得非常简单。同时，也有助于我们避免在对经济现象进行观察的过程中，只看到事物的一部分而忽视了其他部分，犯"盲人摸象"的错误。

对生产关系的错误理解

国内教科书中关于生产关系的定义，大致上采用了斯大林的观点，即生产关系包括"（一）生产资料的所有制形式；（二）由此产生的各种不同社会集团在生产中的地位以及他们的相互关系，或如马克思所说的，'互相交换其活动'；（三）完全以它们为转移的产品分配形式"。但这种认识恰恰是"生产关系"概念之父马克思所批评的："最后，所有制形成蒲鲁东先生的体系中的最后一个范畴。在现实世界中，情形恰恰相反：分工和蒲鲁东先生的所有其他范畴是总合起来构成现在称之为所有制的社会关系；在这些关系之外，资产阶级所有制不过是形而上学的或法学的幻想"[①]。

马克思所说的生产关系是指所有社会关系的"总和"，而所有制形式显然只是其中的一部分，不能代表整个生产关系。况且，所有制形式通常是指法律意义上的所有制，而不是特指实际意义上的所有制形式，马克思批评的正是这种狭隘的认识。另一方面，马克思的观点是生产关系决定了所有制形式，而不是以所有制形式为转移。没有真正理解马克思的生产关系论，或许是中国和前苏联犯计划经济错误的重要原因之一。

---

① 　参见本章参考文献［2］。

2. 劳动者的个人权利

生产关系的基础，或者说人与人之间联系的基础是个人权利。设想如果一个人没有确定的权利（比如被囚禁），他就无法确定应该如何与他人打交道。我们所说的权利当然不限于法律意义上的权利。在经济意义上，每一个社会成员都要付出劳动，才有可能维持自己的生存。因此，每一个社会成员其实都是劳动者，有权付出劳动并获得一定的劳动成果。对于社会整体而言，社会全体成员所付出的全部劳动量等于他们所获得的全部价值量或效用量。而每一个社会成员最终得到社会产品中的哪一部分，这在形式上是一个财富的分配问题，在本质上是一个权力的分配问题。

我们在谈论交换价值或市场价值时，通常把交换当做一个很自然的现象。但进行交换需要一个前提条件，就是参与交换的个人拥有对所交换产品的处置权。我们平时所说的"产权"，指的就是这种权利。不难想象，如果个人对劳动产品没有支配权，交换就无法进行。比如，一个人不能把别人的东西拿到市场去交换。显然，劳动者个人对产品的私有权是市场经济的前提条件。

一个劳动者为什么会拥有对某一产品的权利呢？在我们现代人看来，一个劳动者生产出了一些产品，然后就对这些劳动产品拥有了处置权，这似乎是天经地义的，但事实并非如此简单。在原始社会和奴隶社会，一般的劳动者个人并不拥有对自己生产产品的处置权，处置社会产品的权利主要集中在部落酋长或奴隶主手里；在封建社会，劳动者需要把劳动产品中的一部分交给君主，君主甚至有权决定土地的分配；在现代（资本主义社会），生产者个人可以拥有本人劳动产品处置权的一大部分，但还是必须把一部分产权交给他人（比如政府）。显然，关于劳动产品的产权分配规则不是天然存在的，它与社会文明的发展阶段相联系，是生产关系"总和"决定的。显然，财富的分配状况是权利分配状况的一种表现形式，而权利分配状况是生产关系总和的一种表现形式。每一个劳动者所拥有权利的多少，基本上可以反映他在社会中的相对地位。

3. 制度与生产关系

只要社会存在，人们之间的交往就必然要发生。在长期的实践过程中，人们形成了一定形式的交往规则，比如行为惯例、道德规范、法律制度等等。这些行为规则可以统称为制度。制度可以是心照不宣，没有明文规定的，也可以是有明文规定的。人们平时所称的制度一般是指后者，这当然是不够全面的。

按照一定的规则行事，可以使我们的生产和生活更有效率。我们说一切经济活动都是按照一定的规则进行的，实际上就是说经济活动是在一定的制度条件下进行的。从个人与社会之间的关系的角度观察，每一个人都是社会中的一分子，他（她）如何与别人打交道，可能有自己的意图，但必然又受到别人意志的制约。在这个意义上，每一社会成员的环境是由所有其他社会成员构成的，后者构成了前者的制度环境；每一个社会成员自己又是其他社会成员的约束环境，前者是后者的社会环境的一部分①。

回顾图 4-1 有助于我们进一步理解制度与生产关系之间的联系。在生产和生活过程中，人们之间发生着各种各样的联系，也就是生产关系。这些大量的联系表现出某种规则，这就是制度。在这个意义上，也可以说社会制度是生产关系的某些规律性表现。因此，制度总和可以大体上反映生产关系总和，尽管它不能全部反映生产关系总和。

此外，关于制度的几个特性是值得我们注意的。

首先，任何社会制度都是全体社会成员共同决定的，不是某个人或某些人决定的。或者说社会制度是各种社会力量博弈的结果。比如，安徽小岗村的一个农民为什么不能分得江苏华西村的土地，或者转移一下户口关系？如果愿意的话，一个河南农民可以很容易地跑到广州去打工，但他为

---

① 这部分的分析基础实际上也是一个一元论模型，即个人与所有其他社会成员这两个元素构成了一个社会整体。

什么不能轻易地跑到美国去打工？这些看似具体的问题实际上都反映出复杂的制度关系，这些制度是由社会的整体力量决定的。

当然，我们很容易看到，某些少数人在许多情况下拥有很大的制度决定权。比如，一本宪法可能是由少数几个专家起草的，由议会几百个议员投票决定的。但这些专家，这些议员也是社会成员的一部分，他们的意志实际上受到了其他社会成员的影响。当然，每个人如何对社会其他成员的影响作出反应，每个人对制度决定的影响力可能存在很大的差异。

其次，所有制形式当然是制度的一个重要内容，或者说是生产关系的一个重要方面，但所有制并不能简单地用私有制或公有制来概括。在关于财富的占有和交换的水平上，我们直接看到的所有制形式是私有制。还有一些社会财富，特别是公共产品的处置权，通常是由社会成员共同决定，也就是所谓的公有制。公共处置权的行使者通常是某个国家机关，因此我们通常也认为公有制与国有制是等同的。此外，还有一些社会产品的处置权是由局部少数人决定的，我们称为集体所有制。但这些称呼都是经过我们简化的制度形式，并不是事情的全部。

不同层次制度的作用力当然也存在差异。一般来说，制度在较小的范围内更容易形成，并且有时候对当事人的作用力可能更大。比如，在一个村落内部，在一群朋友之间，或在两个邻国之间，社会成员之间既容易形成合作关系，也容易形成竞争关系，产生矛盾和冲突。

第三，制度的表现形式不是固定的。制度有成文的和不成文的，有法律层面的、道德层面的或习惯层面的，有局部性的和整体性的（比如村规民约与国家法规）。我们通常把明文规定的，由国家或政府管理的制度称为制度，把民间风俗不视为制度，这就忽视了制度的本质和基础。协调人们之间关系的任何规则都应该视为制度，这个概念才具有一般性。

第四，制度是生产关系的一种表现形式。"制度"概念的基本含义是指人们在经济活动中需要遵守的制约关系，这种关系表现为一定的规则，人们之间的联系当然要受到制度的制约。但制度是人们在长期的社会博弈实践中形成的，也就是说，生产关系制约着制度，决定了制度形式。由此来看，用"生产关系"来表达人们之间的相互联系似乎比用"制度"更为全面和真实一些，但生产关系又不如"制度"概念的意义更简洁一些。

社会的局部制度与普遍制度

奥斯特罗姆是 2009 年诺贝尔经济学奖得主，她的主要成绩是研究了用户组织（User Associations）如何成功管理公共财产，这属于制度经济学范畴。其实，用户组织建立的制度，比如村规民约，与国家和政府层面的制度在制度水平上并没有本质的区别，只有作用范围的差异。在法律水平上，国家制度应该具有更强的效力。但是在实践当中，村规民约在局部有可能更具有效力，用户制度是国家制度的形成基础，国家制度协调了更广泛的用户关系。

在改革开放发展历程中，我们曾经争论过集体所有制是不是公有制，股份制是不是公有制，这其实也涉及关于制度定义的空间范围问题。相对于个人而言，集体的、公司的事务当然是公共事务，不是私人事务。但相对于整个国家，这些事务又只是少数人的事务，通常被认为是私事。公与私之间的界限显然还要交给社会去决定。比如，如果一个公司对社会的影响比较大，人们也会把它的存亡当做公事。比如在 2008 年金融危机时期，一些国家的政府就对一些大企业进行了救助。

4. 劳动者的公共权利

社会中存在着众多的劳动者，他们除了拥有属于自己的财富和权利，还有一些与他人共享的权利。前面一节提到，从劳动者个人到社会整体之间存在着由近到远的各种联系方式，比如家庭、朋友、村镇、企业、民族或国家等等。它们的共同权利也与这种空间联系有关。

共同权利或公共权利是一定的群体所共同拥有的，这个群体中每一个人都有权表达自己的诉求，因此，公共权利的基础是私人权利。没有私有权利，就没有公共权利。另一方面，每个人的诉求不可能总是一致的，于是公共权利的最终体现可能与一些个人的诉求并不一致。因此，公有权与私有权又表现为一对矛盾。但这种矛盾并不否定公有权与私有权的同一性。

"公共"显然是一个相对的概念，它所代表的群体劳动者数量可能较多，也可能较少。在不同的观察层面，公有与私有有不同的表现。比如，一个村的事务对于这个村的村民、一个股份公司的事务对于这个公司的股东，都是公事，但对于其他地区的村民和其他公司的股东，是私事。一个国家的事务对于其他国家的公民是私事，对于这个国家的公民是公事。但如果一个国家的政府严重侵害了本国人民的权利，其他国家也会把这个国家的事情当做公事。一般情况下，当群体中劳动者的数量较少时，我们不认为这个群体代表的利益是公共利益。不过，有一点是肯定的，任何时代的社会制度都是公共选择的结果，不是由哪一个人或哪一个群体决定的。

当然，在经济意义上，我们关心的是涉及财富生产与分配的公共选择。比如，社会规定劳动的付出者有权获得一定数量的财富，又规定资本的付出者也有权获得一定数量的财富。这是各种社会力量博弈的结果，也是效率法则的要求。

选举或许是我们最熟悉的一种公共权利的表现形式。这种制度的主要意义不在于选举了谁，而在于给了每一个社会成员权利来表达个人意志。所谓"以人为本"，其关键之处也不是要给人们什么物质利益——因为这些物质利益本来就是他们创造的，而是要给所有劳动者充分的权力，让他们能够充分地、自由地选择劳动方式和表达自己的意愿。现代最能够代表公众权利的是民选政府，前提条件是公众愿意选择这样的选举制度。这当然与社会文明的发展水平有关。比如在封建社会，采取选举的方式决定君主是不实际的，至少容易造成社会的不稳定甚至动乱，社会自然放弃了这种低效率的选择。在一些经济极不发达的国家，我们也可以看到发达国家民主形式的不适应性。

5. 市场准入制度

在生存的意义上，每一个社会成员应当拥有平等的权利，其中最基本

停

的是劳动的权利。但每个劳动者从事劳动的权利是受到制度约束的，比如尊重他人，遵守市场规则，等等。一般情况下，"社会"不会制定歧视性的劳动权制度，比如，规定张三可以做生意，李四不能做生意，除非李四因为某种罪行受到了法律制裁。但在现实当中，出于各种各样的原因，社会对不同的劳动者进入市场是有一定要求的，这就是所谓的市场准入制度。它是有关国家准许公民或法人进入某一市场，从事商品生产经营活动的条件和程序规则的各种制度和规则的总称。

市场准入规则的存在，虽然有各种各样的原因，但结果必然是对劳动者劳动权的歧视，它允许一些人从事某些领域的经营活动，另一些人不能从事这些领域的经营活动。如果准入制度设定的门槛很低，就可以认为所有的人可以相当容易地进入市场，则每个进入市场的劳动者就没有什么明显的特权。如果准入门槛较高，就会造成劳动者权利的不平等。被排斥在市场外的生产者越多，进入市场的生产者的产权就越大。这种情况我们通常称为垄断，其实质是劳动权的不平等，其结果是经济利益分配的不平等。比如，买卖服装不需要太多的技术，大致上人人都可以做。因此，拥有买卖服装的权利就基本上没有什么特别的价值。搞建筑施工，通常对企业的资质有一定的要求，比如技术水平、经验、注册资本等等。并不是所有企业都能够轻易地拥有这些资质，因此，拥有建筑施工的经营权本身就具有价值。

比较合理的准入制度通常是基于技术性考虑。比如办医院需要具备一定的医疗技术，盖高楼需要有一定的建筑施工水平和经验。如果不是基于技术原因而是基于政治原因，则准入制度的合理性就值得怀疑。比如，买卖石油并不需要特别的技术，但假如政府规定只有两三家公司可以获得经营权，则成千上万潜在的劳动者就轻易地失去了劳动的权利。基于政治原因的准入制度一般表现为审批制，具有计划经济的特性。

承包者的产权

承包工程中的转包现象经常为社会所诟病。转包是指工程的承包人将所承建工程中的部分或大部分任务转让给第三人，后者成为工程的实际生产者，而承包人并不真正从事工程建设。在这种交易过程中，承包人仍然可以获得巨大的利润。他是依靠产权，也就是市场准入权来获得报酬，这部分报酬就体现了经济产权。承担转包工程的第三人通常是没有准入权的企业，不得不为准入权支付一定的成本。但问题是，这些二包企业通常是缺乏资质的企业，在法律意义上不具备经营资格。否则，既然他们能够以更低的价格施工，本应在工程竞标中获胜。至于能否保证工程质量，则是另一个问题了。

第二节　经济产权

1. 产权的法律意义和经济意义

在现实当中，我们对产权的认识一般是在法律层面。在一般教科书中或者说在网上查询一下，我们可以看到这样的定义：产权是经济所有制关系的法律表现形式。它包括财产的所有权、占有权、支配权、使用权、收益权和处置权。不过，经济学的观察不应该局限于此。

比如，在法律形式上，许多公园是属于国家的，许多矿山也是属于国家的，尤其是在中国这样的社会主义国家。进一步观察可以看到，大概每个人都可以在自己愿意的时候去公园散步、游玩，享受公园的效用，但却不能随意到矿山去参观，因为"国家的"矿山交给了一个营利性企业去开采和管理。在法律名义上属于国家的公园实际上属于全体公民，人人都有权使用。而在法律名义上属于国家的矿山实际上属于某个企业，其他企业和公民无权在这里开采。又如，一个房主拥有一个豪宅，他在法律意义上拥有这幢豪宅的全部产权。但是，当他要把豪宅赠与他人或留给自己的子孙时，可能需要交纳赠与税或遗产税；平时可能还需要交纳财产税。显然，在经济意义上，这个房主只拥有豪宅中的一部分权利，另一部分属于政府——他们代表了社会公众。一个贫困的失业者，在法律意义上可能并不拥有什么财富，但如果政府保障他基本的衣食住行，或者有慈善组织的帮助，他实际上就有权获得一定数量的社会劳动成果。

从上述例子可以看到，一个人可以在法律名义上拥有某物品的产权，但通常未必拥有该物品的全部经济利益。一个人在法律名义上可能不拥有对某物品的产权，但也可能享有该物品带来的经济利益。我们可以将一个人占有和享受社会劳动成果的权利定义为经济产权。生产是社会性的，生产关系错综复杂，分配方式多种多样，但每个人实际关心的是自己最终分配到了哪些社会产品以及分配到了多少。经济产权在分配的意义上体现了生产关系总和。

一个人打算生产什么，生产多少；最终得到什么，得到多少，或者说他能够得到多少经济产权，当然与他个人是否努力有关。不过，在总体上还是由社会决定的，或者说是由他与其他社会成员之间的生产关系决定的。比如，一个工人能拿到多少工资，除了自己的努力，还要看老板的意志；一个企业能赚取多少利润，除了老板和职工的努力，还要看市场行情。当然，无论生产关系和市场状况如何复杂，社会必须把劳动的付出作为每个人获得经济产权的最基本途径。并非每一个人所获得的产权都与他的付出呈正比，但是在统计水平上，一个人付出的劳动越多，他能够得到的经济产权就可能越多。这是劳动价值论天然的基础。

南极的产权

南极，北极，公海，甚至月球，由于历史的限制，社会没有对它们的产权加以明确。但现在越来越感到这些物质存在可能在未来会给我们带来巨大的经济利益。这些产权应该如何确定呢？这显然是一个影响全人类的事情，应当由全世界人民共同决定。不过，任何一件事情都需要有具体的人来做，大国的意志可能会起到较大的影响作用，它们也有义务负起这方面的责任。"南极条约"的签订虽然不是所有国家都有参与，但已经足以影响南极产权的民主化进程。这也体现出世界范围内产权的公有性。

随着气候变暖，北极地区的主权争端逐渐升温。北极附近的美国、俄罗斯、丹麦、加拿大、挪威等国都主张对北极部分地区拥有主权。相信各国已经不会考虑通过战争来获得自己主张的主权。"北极理事会"目前的主要任务是北极环境保护，但最终它很可能会成为一个以"民主"方式解决北极产权问题的平台。我们也可以用同样的眼光看待其他地区争端，竞争或斗争是获得产权的必要方式，但发展才是最终目的。假以时日，人们最终都会沿着这个路径前进。

2. 产权的形式

产权可以有多种表现形式，这与我们观察问题的角度有关。

（1）法律意义上的产权与经济意义上的产权。

如前所述，人们通常所说的产权是法律意义上的产权，而经济学关心的产权是经济产权。两种产权当然存在着密切的联系，经济产权通常需要有法律基础，但二者在价值意义上的区别很大。从产权的法律形式很难直接观察到某一个产权的经济价值。比如某村的一个集体所有的山岗，外村人或外省人有多少权利上去游玩或者打猎。一个集体所有村庄的土地，国家有多大权利改作他用，这些都直接影响当事人的经济利益，影响社会财富的分配。

（2）资本的产权与劳动的产权。

劳动的付出者获得一定的社会产品作为报酬，似乎是天经地义的。但资本的提供者获得一定的报酬，似乎也是完全正常的。我们已经指出，资本是前期的劳动，有理由获得一定的报酬。但是在观察期内，资本不是劳动。因此，我们看到劳动和资本都有权获得社会产品。

生产的持续性是经济活动的重要特征之一。人类的生存和发展是没有止境的，社会生产要永不停息地进行。为了维持和提高生产力水平，一定数量资本的积累是必要的。为了鼓励资本的积累，社会选择了将劳动成果中的一部分分配给资本①。这在形式上是资本的产权，实际上还是劳动的产权。没有前期劳动的积累，生产就没有效率，因此，社会需要给予资本适当的产权，以激励相关的劳动。没有新的劳动就不能生产出新的产品，因此，社会要保证新增劳动的产权。两种产权到底应该如何分配，当然还是由效率法则决定的。

（3）私有产权与公有产权。

从微观水平看，每一个劳动者都可以得到属于自己的一部分社会产品，这些产品的产权是私有的。同时，每一个人都与其他一些人共处于某个组织中（如村镇、企业、国家等），这些组织中有一些经济利益是所有成员共同占有和享用的，这些利益就是公有产权。

前面一节已经提到，"公有"（或共有）与私有是相对的。我们习惯上把规模较大的社会群体的共有称为"公有"。"公有"产权的表现比私有产权要复杂得多，我们在后面还会有探讨。

（4）有形产权与虚拟产权。

根据现有的社会经济制度，生产者对自己的劳动产品拥有一定的产权。具体的劳动产品一般都是有形的，如房产权、专利权等，可以称为有形产权。还有一些产权并没有实际的载体，也具有获得社会财富的权利，可以称为虚拟产权或非有形产权。如政府债券、公司股票、银行债券等，这些产权通常是依据契约关系确定的，这些契约记录了债权人与债务人之间的产权交换关系。

（5）基本产权与限制性产权。

从自然人的角度看，每个人都有生存权和劳动权，这种最基本的权利不应受到限制。这是一种天然存在的权利，可以称为自然产权。另一方面，人类社会是一个整体，为了某些公共利益的考虑，某些人在某些领域从事经济活动的权利可能会受到一定的限制，这种产权现象可称为限制性

---

① 资本的形式有很多，包括有形资产和无形资产。一些古典经济学家习惯于观察拥有资产的资本家，实际上将资本家的劳动与资本家的资本区分开来，才能够清楚地认识经济现象的规律。

产权或管制性产权。比如规定 A 企业可以从事某领域的生产，B 企业不能从事某领域的生产。如果这些限制对所有社会成员都一视同仁，它对产权的分配状况不会产生明显的影响。否则，就会造成产权分配的不公平。

比如，一般社会都会限制贩毒、赌博等活动，这种限制对全体社会成员一视同仁，具有公平性。但有时候这种限制具有歧视性，剥夺了一些人的产权，同时给予了另一些人额外的产权。比如，给予某些企业从事某行业（比如石油、通信）的经营权，不允许其他企业从事该行业的经营。这样的管制直接造成劳动权利的不公平，必然带来经济利益分配上的不公平。显然，政府的管制范围应当尽可能缩小。

3. 产权的分配

让我们整理一下关于产权的认识：全体社会成员是在共同从事生产劳动，现行经济制度规定了每个劳动者都有权得到社会产品中的一部分，劳动者这种权利就是经济产权。每个人在某一时期能够得到多少产权，这是一个分配问题。显然，劳动的"稀缺性"决定了产权的稀缺性，产权的分配决定了财富的分配。为了提高生产效率，社会就需要决定每个成员应该如何得到以及得到多少经济产权。

我们很容易想到，获得经济产权的第一个途径应该是劳动的付出。比如工人做工得到工资，老板组织生产得到企业利润，等等。也就是说，按劳分配应该是产权分配的第一规则。这个规则是在交换过程中以讨价还价的方式进行的。每个劳动者都认为自己的工作很辛苦，应该得到较多的报酬，于是大家相互讨价还价，最终确定了每个人得到多少经济产权。

通过劳动获得的经济产权，我们可以称为劳动产权。除了直接的劳动付出，社会成员还有许多其他途径获得产权。比如：

（1）通过一些政治手段，包括投票制定政策、选举与自己利益诉求比较一致的代言人等获得产权。比如一些经济政策倾斜、各种社会福利制度、失业救济政策等。

（2）通过一些政治手段获得产权。比如组织游行示威，对政府或其他权利阶层施加影响，进而分配制度；发动战争侵占他人产权；通过组织政党或其他社会团体，或通过议会等方式参与政府决策，影响经济制度。

（3）利用市场垄断地位获得产权。垄断的生产者易于获得超额利润，也就是比竞争性市场生产者更多的产权。

（4）依赖资本的积累获得产权。资本可以提高生产效率，因而可以得到额外的经济回报，包括资本的利息、租金，专利权收益等。

（5）利用制度规则获得产权，如专利、商标等知识产权可以直接带来经济利益，市场准入制度，如一些行业的经营权等，也可以给相关生产者带来有利的市场地位，进而带来超常的经济利益。

获得经济产权当然还有其他方式，这里不能一一列举①。

所有这些产权，都不是直接通过生产性劳动获得的（尽管有时与过去的劳动贡献有关），我们可以称为非劳动产权。社会为什么愿意将劳动成果分配给这些非劳动产权呢？原因当然是多方面的，以下两个可能是相对比较重要的原因。

首先，人类活动是一个永无止境的生产活动，当前的和将来的生产需要以过去的生产为基础，过去生产中的积累有助于提高未来生产的效率。所谓资本，如厂房、设备、知识产权等等，实际上就是过去劳动成果的积累，社会选择给予这些财富的所有者一定的产权，是对过去劳动的肯定，与"按劳分配"的宗旨并不存在真正的矛盾，关键只是一个配置比例问题。

其次，我们知道，所有人类活动的最终目的是"生产人"，财富的生产不过是"生产人"的一种重要手段或方式。生产手段或生产方式不能与生产目的相矛盾。为了人类社会的共同生存，"爱"是必然存在的。在任何时期，社会除了将社会劳动成果中的一部分给予直接参与劳动的成员，还会将一部分给予那些没有直接参与劳动的社会成员，因为后者也是

---

① 买彩票中奖、接受慈善帮助、投机取巧，甚至假公济私，也有可能取得经济产权。不过，这些方式在经济活动中比重很小，对于一般问题的分析，我们可以忽略这些因素的影响。

人类社会的一部分。像对老人、儿童、一些宗教人士和失业者的关照，就是对这些人的产权的认可。

当然，无论如何分配产权，"本期"的劳动必须是获得产权的最基本和最重要的途径。至于人们愿意对劳动成员和非劳动成员支付多大份额的产权，是全体社会成员在长期的实践中摸索出来的，这不是经济学家能够解决的问题。不过，经济学家可以通过观察，了解这一边界上的具有经济意义的规律。

4. 产权的交换

生产是一个连续不断的循环过程，但我们的习惯还是把它分为两个阶段来观察，即生产和消费，生产在先，消费在后。按照这种思维逻辑，当产品生产出来时，我们就需要确定它们的所有者。这时社会实际上进行了第一次产权分配。

产品是产权的载体，拥有一种产品就拥有了一种具体的产权，具体产权在市场上表现出来的交换价值是一般产权或一般经济权利。在现有经济制度条件下，个人拥有的具体产权可以与他人的具体产权进行交换，这个过程实际上已经是第二次产权分配。比如农民用谷物交换衣物，汽车公司用汽车交换各种原材料。当然，现代的市场交换直接表现为用产品交换货币，从具体产权的角度来看，这种交换是不完整的，因为货币不能给人们带来任何实际的使用价值。但货币代表了一般产权的价值，在这个意义上，我们通常认为把产品卖出去换成货币时，交换就完成了。

生产者在交换过程中，除了交换各自希望得到的产权物，可能还要把一部分产权交给社会——通常是以税收的方式。从程序上看，这已经是分配的第三步，但实际上生产者在生产时已经知道自己的劳动产品中有一部分产权是属于社会的或他人的。政府在收税之后，还可能把其中的一部分转移到一些需要帮助的人手里，也就是我们所说的再分配或转移支付。按照上述顺序，这已经是分配的第四步了。

不难看出，经济产权的分配是多层次的。不过，无论是通过哪种途径获得了经济产权，社会都允许它的所有者把属于自己的产权拿出来交换。一般而言，一种产品既有私人的控制，也有社会的控制。相应地，一种商品中的经济产权可以分为私有产权和公有产权两部分，而产品不过是这两种产权的同一载体。这个二分模型可以表达为：

$$P = P_p + P_G \qquad\qquad (4-1)$$

其中，P 是产品承载的全部经济产权；P_p 是私人占有的经济产权，可以简称为私有产权；P_G 是社会公众占有的经济产权，可以简称为公共产权。在现实当中，P_G 通常是由政府控制的，通常表现为税收或税收转移。

虽然商品中同时含有私有产权和公有产权，但是在法律形式上，一般商品的产权比较单纯，要么是公有的，比如国家公园；要么是私有的，比如私人住宅。政府虽然有权对私有商品征税，但是在法律意义上我们并不认为政府对这些商品拥有产权。而实际上，商品同时承载了私人权利和公共权利。

生产者在购买商品时，实际上关心的是经济产权，就是自己能够使用的产权。比如私家车的使用权，假设商家的售价是 10 万元，政府税收是 1 万元，总价就是 11 万元。这 11 万元是买车人的劳动所得，他愿意支付这些劳动，表明他认为这台车的经济产权价值是 11 万元，而不是 10 万元。

公共产权的表现形式是多种多样的，我们不一定直接看到式（4-1）那样的形式。比如，有时候相关税收是在交易之前支付的，有时候是在交易之后支付的。如果所购买的商品已经交了税，就相当于公共产权已经被私人购买了，钱已经付给了政府。这时的市场价就反映了经济产权的价值，比如上述例子中 11 万元的汽车。如果交易前没有收税，市场的交易价格就低于经济产权的价值。比如，一些国家商场商品的价格并不是最终价，而是不含税的价格。顾客拿了这些商品到收银台交钱时，还要加上税收。

此外，还有公民接受转移支付的情况，或者接受配给的情况。比如中

国"文革"时期的"自行车票"。一辆自行车在商店的标价可能是 100
元，但没有自行车票是不能购买的。购买自行车时所支付的 100 元是私有
产权，是自己的劳动报酬，所支付的购车票是公共产权，是政府配给的。
如果没有自行车票又要买自行车，在合法的水平上，就只能自己生产。在
现实当中，可以到黑市购买。在机会成本的水平上，可以多花一些钱购买。
如果黑市中自行车的价格是 150 元，则自行车票的公共产权就价值 50 元。

当然还有更复杂一些的情况。比如，中国规定所有矿藏归国家所有。
但矿产最终必须由一个企业去开采——无论是国有企业还是私有企业。于
是这个"国家"的矿产实际上就归这个企业的股东和职工所有，后者有
权出售矿产品并得到一定的经济利益。当然，企业获得采矿权需要向政府
支付一定的费用，这部分费用使企业最终获得的采矿权的价值相应减少。
企业获得采矿权后，一般还可以在市场上出售，其市场价格就是市场认可
的经济产权的价值，实际上是属于企业的那部分私有产权的价格。

以上我们看出，交换价值实际上是经济产权的交换价值。在没有制度干
预时，或者说没有公共产权时，商品的市场价格就等于它所承载的经济产权。

$$P = P_p \qquad\qquad (4-2)$$

购买产品时，表面上是支付货币，实际上是支付劳动成果，因为货币
是用自己的劳动成果换来的。成交意味着交换的双方都认为自己所支付的
劳动价值等于所获得的他人的劳动价值。

考虑到了经济产权并非完全由生产者自己决定，不难理解，价值虽然
是劳动创造的，但劳动者最终能够得到多少产权，还要看产权制度或生产
关系。劳动者最终得到的和使用的经济产权才是交换的标的，要得到这个
标的，一部分是靠自己的劳动支付，另一部分要靠政府的分配。

显然，一定的产权制度可以决定一种产品中私有产权的份额，从而影
响这种产品的价值表现。但是一般而言，社会不会允许严重不公平的产权
分配制度，因此我们一般不会看到严重扭曲的产品价格。比如，社会一般
不会制定这样的制度，对苹果生产者征收很高的税，而对梨子生产者征收

很低的税，因为根据经验，这两种劳动的性质几乎没有什么差别，不应该运用公共产权加以歧视。即使偶然出现这种情况，影响面也不会很大。因此，在近似的水平上，我们仍然可以认为按劳分配规则是现代经济制度中最基本的法则。即：

$$交换价值 \approx 劳动创造的使用价值 \qquad (4-3)$$

公有产权通常是政府以税收的方式从产权载体上分割出来，这种分割大多是一次性的。比如销售税，收入税。但有时候是持续性的，比如财产税、资源税，每年缴纳一定的费用。这种流量形式的产权分割，使我们对市场价值的观察增加了难度。

5. 资本的产权与劳动的产权

显然，当我们说"劳动报酬"时，不过是指当观察期内对新增劳动支付的新的产权；当我们说"资本报酬"时，不过是指对过去劳动支付的报酬——社会认为它们的报酬还没有支付完。劳动报酬与资本报酬之和是全部社会产品，不多也不少（见图4-2）。当然，新增劳动与过去劳动各自应该获得多少产权，是另外一个问题。如果不分配给过去的劳动成果（资本）一定数量的经济产权，则人们将失去积累劳动成果的积极性；如果不给予新的劳动一定数量的经济产权，人们就缺乏创造新产品的积极性。两种情况都不利于社会的持续发展，于是，社会就在这个矛盾的过程中不断地"试错"，不断地调整。最终的分配比例不是哪些人能够决定的，而是由社会共同决定的。

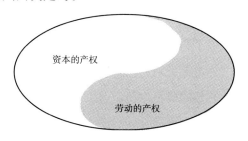

图4-2　全部社会产品的产权

但资本的利息又是怎么回事呢？资本放在那里，是不会分配到新的产权的。比如把钱放在家里的保险柜里，把设备闲置在仓库里。资本只有被使用，才能获得利息，也就是新创造的社会劳动成果。因此，资本获得利息报酬是关于被使用的资本参与社会劳动成果分配的一种产权规则。由于社会生产的连续性，再生产必须在原有生产的基础上进行，利息是社会承认原有劳动对再生产贡献的一种现象。可以认为，社会产品在劳动报酬与资本报酬之间的分配，基本上是在过去劳动与当前劳动之间的分配。这不是哪些人或哪股势力能够决定的，而是由生产关系总和决定的。

资本创造价值吗？

一些人对劳动价值论持有异议，可能是因为他们看到了一些很现实的分配问题。比如，土地是自然界提供的，可以认为不是劳动创造的，为什么土地也有很高的市场价值？与土地类似，机器设备等资本并不是劳动，为什么也得到了报酬？

现在我们可以理解，这其不是价值创造问题，而是价值分配问题。对资本的报酬实际上是对资本所有者的报酬。现代社会中，一般的财富都是有所有权的。这些财富的所有者当然可以通过劳动取得报酬，但他们可能更多地依赖自己所拥有的财富作为资本取得报酬，这给人一种资本可以创造价值的感觉。显然，这种感觉是一种错觉。价值只能是劳动创造的，即使我们不考虑资本是过去的劳动，资本的作用也只是提高劳动创造价值的效率。资本的所有者得到报酬只能表明市场给予他们的权利，并不能表明资本创造了价值。

6. 公民权的经济意义

社会关系或生产关系无处不在，并且有许多表现方式，产权关系是对社会关系的一种简单有效的概括。现实当中有许多现象我们司空见惯，不再去追问为什么。其中许多问题可以用产权关系来解释。

比如，一个美国公民为什么可以随意在美国的各个城市居住和劳动，一个中国公民却不可以？或者反过来，一个美国公民为什么不可以轻易地在中国居住和劳动？这显然是一个权利问题。为什么在中国劳动获得中国水平的劳动报酬，在美国劳动获得美国水平的劳动报酬？我们常常看到许多落后国家的人试图移民或偷渡到发达国家，有一个很简单的道理，"同样的"劳动付出，在发达国家可能会获得高得多的收入。事情的背后就是一个经济产权问题。获得了一个发达国家的公民权，就有权在这个发达国家劳动，并且获得制度给予的利益分配；拥有落后国家的公民权，只能在落后国家劳动，获得相应水平的利益分配。

显然，公民权具有经济意义，涉及一个人参与分配的权力，具有经济产权的意义。在一个国家内部，一个公民的相对于其他公民的权力由这个国家的产权关系决定。在全球层次上看，公民权一般受到明显的空间约束，不平等特性非常明显。

当然，公民权不仅限于被动地参与分配，一个国家的公民对于本国经济制度的制定也有影响力。

第三节　公有产权与私有产权的关系

1. 公有与私有的同一性

人们之所以要付出劳动，是为了得到一定的劳动产品。所有的社会产品最终要由具体的社会成员来使用和享受，这就在事实上把产品私有化了——这是产权私有制度的客观基础。或许有人会说，公务员使用社会产品不是为了自己，而是为了大家，为了社会。但哪一个劳动者所提供的产品只是为了自己，对别人都没有用？显然，在客观意义上，所有产品都具有私有特性，或者说所有社会产品都是私有的。即使是在法律名义上为"公有"的产权，也不可能缺少私有的特性。如前所述，所谓"国有企业""国有财产"，事实上要交给一些具体的个人来经营管理，这些企业领导和职工个人就享有国有企业中的利益或产权。"国家"如果决定在广州建一个公园，广州人，尤其是家住公园附近的广州人，就可以享受这个公园所能够带来的"效用"，而上海人或北京人就很难享受。税收是要交给"国家"的，是公有的。但政府如果决定给张三支付一定的低保补贴，则这一部分产权就归张三所有。

但另一方面，每个社会成员具体能够得到多少、得到什么，并不是产权的所有者个人决定的，其他社会成员的意志、制度规则，都在发生作用。在这个意义上，每个人的私有产权都是由社会决定的，由他人决定的，也就是说，所有产权都是公有的。

比如，个人可以拥有哪些具体的物权，拥有多少，一是要依据法律法规，二是要与社会其他成员协商——比如在销售"自己的"产品时要与他人讨价还价，让他人来决定自己应该得到多少。显然。具体的生产活动虽然是个人决策活动，但分配结果却是公共决策过程。允许某物为某私人所有，这种"私有权"是社会（公众）赋予的。在这个意义上，私有化形式的基础是公有。

再者，每个人都是社会中的一员，个人所有的财富当然也归这个社会所有。比如，乔家大院是属于乔家的，它当然也是属于中国的。又如，一个老板或股东拥有一些房产、工厂设施。由于人的生命是短暂的，这个老板死后，他名下的所有产权都不再属于他。房产可能会留给老板自己的孩子，但是要向国家交税。至于老板名下的工厂，无论是身前身后，都要提供给包括工人在内的其他社会成员来使用。这就是私有财产天然具有的社会属性。如果再扩大一点观察范围，这个老板本人就是属于社会的，是社会人才之一。

上述观察大概能使我们看到，关于私有制度与公有制度的传统认识模式是很不完备的。我们心目中的公有，通常是指物权或产权归国家所有，表现为归较高层次的政府机构所管理。具体表现为政府有权处置这些产权。而私有是物权或产权归个人所有，具体表现为个人有权处置这些产权。显然，事情的关键是产权的处置权，不是法律名义上的所有权。对于任何具体的产权，如果个人有权处置，首先是社会赋予了私人处置权。如果是政府处置，则是社会赋予了政府官员处置权。由此可见，私有不过是公有的一个方面，一种特殊表现；而公有也是私有的一个特殊表现，是私人意志的集中表现。我们的结论只能是，私有与公有是同一的。私有与公有的差异，主要源于我们观察产权时空背景的不同。在劳动产品的分配和使用层面上，所有产权都是私有的；在社会制度的形成和社会整体发展的层面上，所有产权都是公有的。简单地认为共产主义或社会主义就是"公有制"，资本主义就是"私有制"，显然忽视了经济产权的形成机制与表现形式的复杂性。萨缪尔森（P. Samuelson）早就注意到这个问题，提出了"混合所有制"的概念，认为一般的社会制度是公有制与私有制的混合形式。不过，这样还是不足以澄清公有与私有的关系。认识到二者的同一性，才是问题的关键。

集体所有制

关于公有制，人们很有创意，提出了一种特殊情况，即"集体所有制"。一个典型案例是中国农村的土地所有制。在法律名义上，一个村的土地属于全体村民所有；大致上是平均分配。但土地不能买卖——这当然不是村民们的意志，而是政府的意志。如果承认政府代表全体公民的话，这就是全体公民的意志。于是，所谓的村民所有实际上并不是村民所有，村民只有在限定的土地上耕作的权利，也可以租给他人耕作。当城市发展需要这些土地时，村民必须按照政府的要求交出土地，并且基本上不是按照村民的意志支付报酬。

产权的复杂性：政府是公有的，但政府中的一个机构受到其中成员以及相关的社会力量的影响，存在私有利益。公园是公有的，但附近居民的利益相对更大。国防力量是公有的，但对富人的保护效果更大。

2. 公有产权的代理制

产权或财富需要有人来管理。私有产权自然由它的私人所有者来管理，公有产权的所有者是全体社会成员（这里我们暂不考虑小范围的公众），而全体社会成员不可能每天都聚集起来为了一些公事来协商、投票并执行决议。现实当中我们看到的是，公有产权通常是由公众推选出来的代表来管理。最典型的公众代表当然是政府官员。我们习惯上讲政府做什么，实际上是指政府官员做什么。显然，以国有制为代表的公有制事实上是一种政府官员代理制。

实际上，公有制作为一种必然现象，自古就有，并且一直都是代理制。比如部落的酋长在重大事务中代表部落群体行事，城邦的君主代表臣民行事。现代社会的代理人——政府的规模更大，有更为复杂的组织形式和决策机制。

"公有"概念当然具有相对性，在现实当中能够在一定程度上代表公众权利的不仅仅是我们所称的"政府"。比如，村民自治组织可以代表一方群众的利益，股份公司董事会可以代表股东的利益，行业协会可以代表一些企业的利益，还有其他一些"非政府"组织，也能够代表了一部分群体的利益和意志。当然，我们一般所说的公有制，是指政府所有制，因为政府所代表的公众最广泛。另外，"公有"是一个总体概念，从微观水平看，每个社会成员的意志不尽相同，政府要想代表每一个人的利益是不可能的。在实际操作中，我们可能会采用少数服从多数的做法，同时兼顾具有一定规模的少数人的意志。

虽然政府在总体水平上是公众利益的代理人，但政府的运转需要有具体的公务员来实施，而每一个公务员的利益与社会公众的利益也不会完全一致，因此，为了保证政府的"公有"性，一般需要制定严密的法律法规来约束公务员的行为，而依靠公务员的个人道德，只能作为辅助手段。相关的法律法规是通过一定的民主程序制定的，因而具有"公有"的性质。像政府信息公开制度，公务员财产公开制度，大市场小政府的规则——这已经超出了经济学的边界，此处不再赘述。

3. 产权制度与市场价格的一般关系

前一节已经提到，产权制度决定产品中所载有的私人产权的多少，从而决定了产品的价值表现。现在我们进一步观察一下产权分配对产品价值表现的影响。

假设社会上只有两种产品，在一定的生产技术条件下，生产 X_1 和 X_2，存在一定的替代关系，可以用生产可能性曲线来表达。如图 4 - 3 （a）所示，当市场达到均衡时，两种产品的产量分别为 x_1 和 x_2，产值分别为 y_1 和 y_2，给社会带来的效用分别为 U_1 和 U_2，并且有：

$$\frac{U_1}{y_1} = \frac{U_2}{y_2} \tag{4-5}$$

这种均衡关系我们在上一章讨论过，不过没有考虑产权制度，隐含的假设是生产者生产任何一种产品的权力是平等的。这时，两种产品的相对价格，或者说两种产品的交换比例，就图 4 - 3（a）中的虚线 1，它是两个产品产量比值的倒数，即：

$$\frac{p_1}{p_2} = \frac{x_2}{x_1} \tag{4-6}$$

现在假设政府对 X_2 的生产征税，税率为 τ，对 X_1 的生产不征税，则生产同样数量的 X_2，生产者所得到的产权比重就要减少。为了保证获得原有水平的经济产权，生产者就要涨价。根据经验不难判断，X_2 的生产者制定的新的价格应该是在原有的基础上加上税收，即：

$$p'_2 = p_2 + \tau \tag{4-7}$$

如果不考虑相应的税收有可能有一部分转移至 X_1 的生产者，则生产者会保持 X_1 的价格不变。

如果 X_1 与 X_2 是完全不可替代品，则人们对两种产品的偏好是相互独立的，这种偏好当然也独立于经济政策，因此，两种产品的产量 x_1 与 x_2 应该不变，但两种产品的价格比从图 4 - 3（a）中的虚线 1 的斜率变为虚线 2 的斜率，变化量为 τ。在图 4 - 3（a）中，虚线 2 不再与生产可能性曲线相切。如果用产权关系表述两种产品的替代关系，如图 4 - 3（b）所示，则"生产可能性"曲线反映的是"产权可能性"，生产 X_2 可能获得的产权减少，曲线变形，均衡点的切线仍然与曲线相切。

如果 X_1 与 X_2 是完全可替代品产品，由于市场是竞争性的，在理论水平上，X_2 的生产者不能涨价，又由于生产 X_2 将亏损，生产者将停止生产，而 X_1 的产量将增加为 $X_1 + X_2$。

当然，现实当中的任何两种产品之间都不会是完全可替代的或完全不可替代的。同时，同一产品的不同生产者在生产成本上也存在差异性，因此，一般的结果应该是：不能承受税收的一部分 X_2 生产者停止生产，少量成本较低的 X_2 生产者还可以维持生产，并提高销售价格。

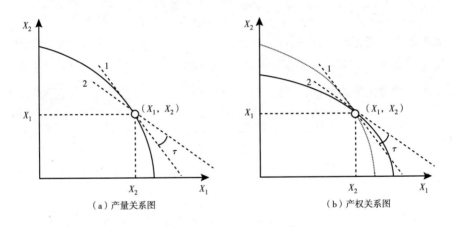

（a）产量关系图　　　　　（b）产权关系图

图 4 - 3　产权变动与价格变动

可替代产品与不可替代产品

替代品是指可以互相代替来满足同一种需要的两种商品，它们具有相同或相似的使用价值。比如，苹果和梨子都是水果，大米和小麦都是粮食，在许多情况下都可以满足人们对水果或粮食的需要。当然，在满足程度上存在差异。如果两种产品的用途不能替代，则是不可替代产品。比如住房和旅游，大米和机器，它们的用途是完全不一样的。

4. 政府的产权

前面已经提到，公有产权与私有产权具有同一性，不过一般而言，我们认为政府能够在最普遍的意义上代表公众。我们通常所理解的公有制，指的就是这个水平上的产权制度。

在现实意义上，无论是否每一个公民都认为现政权能够真正代表社会公众的利益，能够非常有效地为公民服务，政府总是存在的，并且为社会公众提供了服务。政府获得了劳动的权力，当然就有权使用社会产品资源，这些资源来自社会总产品。运用一元二分法，我们可以构建下面模型：

$$Y = B + G \qquad\qquad (4-8)$$

其中，Y 是一定时期内的总产出（GDP），B 是同期私人部门的总支出，G 是同期政府部门的总支出。

在可计量的价值水平上，政府的全部支出代表了政府所做的全部工作，也代表了社会赋予政府的经济产权。在分配的角度上，也可以认为是社会给予政府的报酬。

在公有的意义上，我们不必关心政府使用的资源到底流向了哪里。是用于支付公务员工资，发放失业救济；还是用于国防开支，建设办公大楼。政府的所有活动在现实意义上都是公众认可的，是"公有制"行为，尽管从微观水平看有些公众可能对政府的一些做法持批评态度。同样的，我们也不必关心政府财政的具体来源，是间接税，还是直接税；是各种罚没款，还是土地转让收入；等等。如果这些都不够，还可以向公众借债。总之，政府掌握的产权与私人手中的产权构成了全部社会产权（见图 4-4）。

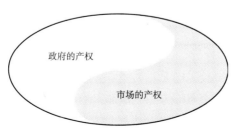

图 4-4　总产出的二分模型

当然，要维持社会整体的正常发展，政府产权占全部社会产品的比重应该有一个恰当的比例。这个比例虽然不是绝对不变的，但是在长期水平上，应该有一个大致的水准，因为社会的稳定发展要求制度具有一定的稳定性。

"正常"情况下，政府是以税收或类似的方式获得产权。如果税收不足，借债就成为一个必要的替代手段。在法律意义上，政府借债与私人借债的性质没有什么区别，都是有借有还。但是在产权意义上，二者有着本质的不同。私人之间的借贷以借款人（债务人）自己的经济产权为信用，最终是要由本人偿还的。政府从市场中借债是以公共产权为信用，最终并不必然要偿还。虽然在微观水平和法律名义上，政府借了某人的钱后应当按期归还这个人，但它是用别处借来的钱还债。对于整个经济而言，政府并没有还债。即使政府在某一时期的债务真的减少了或还清了，它也是用税收还账，是纳税人的钱。这就是政府的权利，是社会必然要赋予政府的权利。

5. 国有企业的产权

所谓国有企业，是指政府占有一定股权的企业。中国有，其他国家也有。由于我们一般认为政府行为代表了全国人民的利益，所以政府所有的企业一般也称为国有企业或公有制企业。

按照政府代表全体社会成员的逻辑，国有企业应该是属于全体社会成员的。然而在现实当中，政府并不代表人民去管理国有企业，国有企业也不是人大代表负责管理。尽管国有企业的高层领导可能是由政府选派的，但是在经济产权的意义上，获得收益的是每一个国企职工。于是，所谓的"国有企业"不过是这些职工的企业。如果职工代表大会对企业管理层没有法定的控制力，则这个国有企业实际上就是管理层的企业。国有企业的高层管理人员与私有企业的老板或股东具有相同的地位。

显然，在现实意义上，国有企业并不是公有企业，因为其产权的使用不是由公众控制的，也不受人民代表大会等代理的约束。国有企业的实际产权属于这个企业的成员，因此它是私有的。当然，与私有企业相比，国有企业的管理者所受到约束并不完全一样。前者是对股东负责，或者是对主管部门领导负责，这种差别会在一定程度上影响企业的效率。因此，国有企业实际上是一种效率较低的私有企业。

从现实情况来看，国有企业与私有企业的不同之处大概有这么几个方面：企业建立时可能是由政府出资，可能得到了政府的信贷支持，或者得到了某种市场准入的特权。比如，把某一块地以低价批给某国有企业，或者允许某国有企业进入某一市场而不允许其他企业进入。国有企业与私有企业的主要区别是政府给予前者较多的经济产权，而给予后者较少的经济产权。把这些特殊的经济产权让予国有企业后，全体社会成员是无法从中获益的。原本属于"公有"的经济权利在投入国有企业后便失去了"公有"的性质。

在一些国家，政府在国有企业的产权是有回报的。如果国有企业把相应的资本收益上缴政府，则这个企业还具有一定的"公有"性质。如果企业的资本收益不上缴，则这个企业基本上就完全私有化了。国有资产直接"流失"到了这个企业的其他股东、管理者和职工手里，尽管国有资产的产权在法律意义上仍然属于国家，但是在经济意义上已经不属于国家了。

政府会"破产"吗？

或许是受到21世纪最严重的金融危机的影响，欧洲一些国家，如希腊等国出现了政府债务危机，即政府没有足够的资金偿还债务。如果没有钱，理论上政府将无法继续运转。如果是一些规模较小的政府，比如一个小镇的政府，人们可能会任其破产。但对于一个国家的政府，人们显然无法任其破产。

政府与市场是一个同一体，或者说政府是市场的一个特殊形式，承担了一定的社会分工，并且它们的工作是不可或缺的。因此，政府是永远要存在的，尤其是一个国家的政府。因此，在总体意义上，政府是不可能真正破产的。能够破产的一般只是某一个政府分支机构。如果一个局部的政府机构难以维持，人们会寻找其他政府机构来替代；如果政府生存的障碍仅仅是资金，市场最终会为它补充资金。因为没有公共权力就没有私人权力，没有政府就没有市场。"政府破产"的压力或债务危机的作用不过是督促市场寻求一些新的解决产权分配机制的办法或规则。

第四节　应用案例

1. 中国的房价问题——基于产权流量的观察

近年来，我国房价的快速上涨成为一个热点问题。虽然也有人认为房价的上涨是正常的，但一般舆论认为，21 世纪头 10 年里房地产价格上涨过快。民众的抱怨，迫使政府领导层采取了多项调控措施，如规范市场管理，限购、限贷，等等，但调控效果似乎并不明显。

要想调控，首先要了解决定房价的因素，才能对症下药。但影响房价的因素似乎很多，如开发商炒作、供求关系变动、可支配收入的增长、中国人偏高的储蓄倾向，如此等等，不一而足。这么多、这么复杂的因素，你如何调控？

要想调控，还应该设定调控目标。中国的房价到底高不高，什么价位才是合理的？关于这个问题，不少人是参照"国际惯例"，认为国际上房价与家庭收入比值的正常水平在 4～6 倍之间，而我国商品房的价格收入比在许多地区已经超过 10 倍，甚至达到 20 倍，显然偏高。但这种观点显然没有注意到不同国家的房价收入比可以差别很大，有的是 2～3 倍，有的是 30 倍，也没有解释为什么中国就应该选择平均值。

其实，我们通常注意到的因素大多是影响房价"波动"的因素，不是房价的决定性因素。决定房价的最基本的因素是产权制度。

比如，税收要求纳税人在一定时期内支付一定数量的财富给政府，这是一个产权流。在许多国家，政府都对房产所有人征收财产税，也就是我们所说的"房产税"。房产税当然是对房屋使用者经济产权的"剥夺"，它不改变房产在法律形式上完全属于它的所有者，但是在经济产权的意义上，房产属于产权人与政府共同拥有。前面关于交换价值的分析已经指出，产权人能够在市场上交换的价值只能是自己所拥有的那部分价值。因此，征收房产税的国家，房产的交换价值就一定会比较低，因为不属于自己的那部分产权已失去交换价值。

一般而言，一种产品的产权包括私有产权和公有产权，二者之和即为产品的实际经济产权：

$$P = P_p + P_G \qquad (4-9)$$

具体而言，交易税、财产税等都是公有产权。财产税的征收不是一次性的，而是持续的，这个产权流量随着时间的推移不断积累。因此，财产税是一笔数额很大的税收。此外，房屋在赠与他人或遗传给后人时，还要缴纳赠与税或遗产税。显然，对于征收财产税和遗产税的国家，住房的"税后价"是非常高的。房屋使用的时间越长，换手越频繁，其"税后价"也就越高。

我们习惯上说的房价是指市场交易价，但人们常常忽视了交易价是否包含了公有产权。在我国，买房时已经交纳了土地出让金，即价格中包含了公有产权。而许多国家是在买房后才开始支付公有产权。假设财产税税率为 T_1，继承税（或受赠税）税率为 T_2，房屋的使用寿命为 N 年，其间的继承次数为 M，忽略通货膨胀的影响，则住房的税后总价为

$$P = P_p(1 + T_1 \cdot N + T_2 M) \qquad (4-10)$$

当然，房屋的使用寿命具有相当的不确定性。比如，国内关于住房使用权的时间规定一般是 70 年，关于建筑物标准寿命的规定一般是 50~60 年。一方面，使用权到期或建筑物出问题并不意味着财产完全损失；但另一方面，购房者又不可能把这么长时间的未来产权计算得十分精确。综合以上考虑，为了简单起见，我们不妨假设房屋的使用寿命为 N = 100 年，

并假设两代人之间的年龄平均相差 30 年，即继承次数为 $M = 100/30 = 3.3$。由式（4 – 10）可得，税后价与税前价的比值可以经验性地表达为

$$k = \frac{P}{P_p} = 1 + 100T_1 + 3.3T_2 \qquad (4 – 11)$$

即税前房价 P_p 与财产税之间存在负相关关系。

中国目前的财产税和遗产税可以粗略地认为是 0，所以税前价与税后价相等。尽管不同机构的调查数据不很一致，但一般认为，我国的房价收入比在许多大城市都超过了 10 倍，一些调查甚至认为接近 20 倍。

美国的财产税税率在 1.5% 左右，遗产税税率在 40% 左右，由式（4 – 11）可以计算出，税后房价是税前房价的大约 2.83 倍。考虑到美国的房价收入比为 4.5 ~ 6.5，其税后的房价收入比为 12.7 ~ 18.4。注意到我国大部分地区的房价收入比接近 20 倍，可见美国的税后房价收入比与中国的房价收入比基本上相当！考虑到对住房寿命周期判断的差异性以及相关政策的易变性，有一些误差是正常的。

由此案例可以看到，价值表现的依据是产权制度。产权即使不能说明全部价值问题，但肯定是最基本的因素。

2. 小产权房的产权问题

小产权房可能是中国的一个特殊现象。在城市发展和改造过程中，失去土地的农民有权建造一些自住的房屋，这些房屋不能在市场上自由交易，被称为小产权房。但这些农民实际上建造的房屋可能远远超过了自住的需要，加之快速增长的城市居民数量对住房以及商业用房有大量的需求，小产权房自然会进入市场。这就产生了一个矛盾，小产权房没有合法的产权，准确地说是没有转让权，许多人又想购买——我们暂不考虑那些非法建造的房屋。

这里我们不准备解决小产权房的合理性问题，主要观察它的价值问题。我们知道，虽然在法律水平上不能交易，还是有人在买卖小产权房，但同样的品质和地理位置，小产权房的价格要比普通商品房的价格低很

多。为什么呢？我们较多考虑的是建造成本和产权风险等问题，但最重要的显然是产权风险问题。因为目前房屋的价格已经远远超过了建造成本，或者说建造成本不是解释房价问题的主要因素。

由于国家未来对小产权房的政策具有不确定性，买房者未来是否有权处置所购买的房屋，他们能够住多久都是不确定的。这意味着小产权房的产权使用流量比普通商品房低很多，因此，小产权房的价格就表现得较低。

商品在交易时计算的是产权存量，在使用时计算的是产权的流量。前一个案例已经做了计算，可供参考，这里不再赘述。

3. 寻租现象

寻租（Rent Seeking）的基本意思是运用非劳动手段获得财富。这里的"租"有点像租金，不同的是获取租金是需要有资本投入的，而寻租则不一定。比如，一个企业通过贿赂官员而获得一项工程承包权，就可能获得远高于正常水平的收益，高出的部分可以视为租金收益或寻租收益。寻租通常是双向的，在这个例子中，当事的官员获得了额外的租金，收益的企业也获得了额外的租金。而产生寻租现象的前提是产权规则的不平等特性。

寻租现象较多地发生在官员身上，一个重要原因是官员所具有的特殊的产权地位。市场赋予了政府一定的处理公共事务的权力，这些权力需要由具体的官员来行使。在经济意义上，公共权力的作用就是对经济产权进行再分配。有些是直接的再分配，比如对哪些人给予资助或救济，对哪些人课以较重的税收，对哪些企业的产品价格进行控制，等等。有些是间接的再分配，比如对市场准入的管理。

对于社会整体而言，大家都是希望公平的，要求每一个劳动者与其他劳动者有平等的劳动机会。但是就个人而言，每一个人都希望自己有优于其他劳动者的劳动权利。在现实的水平上，制度虽然是公众共同制定的，但需要有具体的社会成员来制定和管理。准入制度的存在，使制度的管理者拥有了一定的特权，他们有可能把"公权"私用，作为寻租的工具。当然，社会可以制定配套的制度对相关管理者的行为进行监督，尽可能减少寻租现象的发生。如果把寻租现象与一般经济活动放在一起来观察，就会看到经济产权是解释所有经济现象的一个最基本的元素。

4. 谁的普陀山

2012 年 7 月 9 日，21 世纪网发表了一篇文章，题目是"普陀山上市调查：谁的普陀山"。说的是以普陀山旅游发展股份有限公司为主体的旅游企业准备上市，不包括山上寺院等宗教资产。普陀山管委会黄主任也向 21 世纪网强调："并不是景区上市，而是景区内外的旅游企业上市。"

上市的当然是企业，不可能是景区这块地。然而，对景区这块地的管理权至少是相关旅游企业的一部分重要资产。早些年已经上市的峨眉山，还有其他许许多多没有上市的旅游企业，景区"这块地"的门票收入是一项重要的收入来源。景区是谁的？在中国，它在法律意义上是属于国家的。类似地，许多矿产、历史文物等，也是属于国家的。国家财产的管理人本应是公务员的角色，他们的权力应该是按照政策对参观者收费，自己每个月拿工资。但事实并非如此，景区的产权，包括交易权都归这些企业私有了。景区的门票收入不是归国家，而是给企业。在税收方面，它们也不比一般私有企业多交；在价格控制方面，它们也不比一般私有企业更严格。

这种名为公有，实为私有的产权现象在中国非常普遍。在理论层面，它说明了产权关系的复杂性，说明法律意义上的所有制不足以解释经济现象。在实践层面，它提示我们，产权的理顺和改革还有很多事情没有做好，还有很长的路要走。

5. 里昂惕夫悖论的产权论解释

美国是一个经济发达国家，当然也是一个资本大国。据此我们可以预期，美国的出口产品应该是资本密集型的，进口产品应该是劳动密集型的。俄林等经济学家提出的"要素禀赋论",讲的就是这个道理。但里昂惕夫在两次计算美国进出口产品中资本和劳动的比重时,发现美国的出口产品中的劳动更为密集,进口产品中的资本更为密集。简言之,美国出口的是劳动密集型产品,进口的是资本密集型产品,这与我们的理论预期完全相悖,被经济学家称为里昂惕夫悖论。经济学家从多个方面试图进行解释这个悖论,但没有一种解释是非常令人满意的,或者是解决了根本问题。

其实,从产权的角度进行解释,这个悖论非常简单。不错,美国是一个资本大国,但资本的数量与资本的价值表现是两码事。美国的不动产使用者普遍纳税,也就是说,美国的大量资本中包含公共产权,私有产权的比重大大降低,因而这些产权在市场上的交易价格也大大降低。同样数量的资本,在美国市场上表现出的价值偏低。结果,我们看到的美国产品中资本的价值量就较低,美国的出口产品在会计水平上就可能不是资本密集型,而是劳动密集型。资本的税收越重,这种效果就越明显。

让我们把事情抽象得再简单一些:假设有两个经济发展水平完全相同的国家,它们的产值相同 $Y_1 = Y_2$,资本的数量也相同 $K_1 = K_2$,劳动的数量也相同 $L_1 = L_2$。一个国家对资本征税,另一个国家不对资本征税。则前一个国家的资本价值必然较低,后一个国家的资本价值必然较高,即 $K_1 < K_2$。虽然两个国家的产品使用的资本数量完全相同,但是资本的市场价值不同,后一个国家的产品表现为资本密集型。

许多人想都不想,就认为中国是个人口大国,应该出口的是劳动密集型产品。不过,最近有报道说,北京地产的价值可以买下美国。房地产当然也是资本,不难想象,中国一般产品中所包含的不动产资本含量要比美国多很多,中国的出口产品到底是资本密集型还是劳动密集型,当然会受到影响。

实际上,每个国家出口竞争力较强的产品,都是产权密集型产品。产权的获得一是靠技术,二是靠制度。发达国家的技术密集型产品,是熟练劳动密集型产品,不发达国家的一般劳动密集型产品,主要是前一种产权的体现。一些特定的矿产，大量使用土地和不动产的产品，享有政府补贴的产品，主要是后一种产权的体现。据此不难理解里昂惕夫悖论，一个国家的资本数量密集，不一定表现为资本价值密集。用产权来解释相关现象比用产权的载体来解释这些现象要清楚得多。

本章参考文献

［1］ Samuelson P. A. & Nordhaus，W. D.，*Microeconomics*，华夏出版社，1999：3 - 4.

［2］ 斯大林：《苏联社会主义经济问题》，人民出版社，1964，第 58 页。

［3］ 马克思：《马克思恩格斯选集》（第 4 卷），中央编译局译，人民出版社，1995，第 536 页。

第五章　价值关系的市场观察

市场是关于所有交易的集合，每一个生产者都通过市场与其他生产者联系和沟通。竞争、垄断、合作、分工以及博弈等等，不过是我们对市场关系的不同解读。市场是解释所有经济现象的统一平台，效率是解释市场行为的基本原理。

第一节　市场行为的基本观察

1. 生产、流通与交换

生产和交换是经济活动中两个重要的环节。在市场经济中，交换是完成生产的必要条件。不过，经济学家过去一直是把它们作为两个相对的概念来研究的。或许是由于我们太熟悉，这两个概念在经济学文献中甚至找不到一个完备的定义。

稍有实践经验的人都知道，生产者在安排生产计划之前，必然要到市场上进行调研；在签订购销合同时，必然要与交易对象讨价还价；在销售过程中，必然要把产品运送到目标市场；如此等等。这些活动是不是生产？在传统的经济学文献中，这些活动被视为"流通环节"，在古典经济学家心目中，加工制造才是生产，这些"生产"才创造价值，而交换或流通活动并不创造价值。今天我们虽然承认流通活动也创造价值，但并没有认真地给"生产"一个完整的定义。

流通活动显然是完成生产所必需的活动，离开了这些活动，生产就不可能真正完成。比如，产品在生产出来后就放在车间或仓库里，生产就无法持续。从这个意义上讲，流通实际上是生产的一部分，或者说也是生产。

虽然"生产"没有明确的定义，但"产出"的定义是比较清楚的，至少在会计水平上我们有确定的统计规则。不仅制造过程所创造的产品被统计为"产出"，流通过程中所支付的劳动也被统计为"产出"。由此可以看出，人们在事实上已经把流通活动都视为生产活动。我们在理论上需要做的，就是承认这一事实：制造活动是生产，流通活动也是生产，包括市场调研、谈判、运输、仓储、汇兑以及做广告等等。当然还有服务性活动。

除了生产和流通，"交换"也需要有一个明确的定义。完成交换一般需要谈判、运输、结算等工作。但考虑到这些工作可以纳入流通活动的范畴，我们最好把交换定义为一个单纯的现象，即价值（或经济产权）的所有者发生的变化这一现象，不考虑完成交换所需要付出的劳动。与"交换"相对应的"生产"则只是价值被创造出来这样一种现象，不考虑生产的具体内容是制造加工还是流通。

整理以上分析，在价值创造的意义上，"生产"是指生产活动，包括加工制造、服务、营销、运输等等一切劳动。"流通"应该是属于"生产"之下的一个概念，它不应该作为一个"生产"对等或平级的概念。其实，我们在讨论价值规律时已经指出，所有的人类活动都是生产。因此，如果从生产方式的角度观察生产，我们可以把生产分为加工性生产和流通性生产，或者分为制造性生产和服务性生产，或分为其他什么生产。显然，流通活动与加工制造活动是平级的概念，它们都是生产活动的一种类型。

从价值产生环节的角度看，"生产"与"交换"是一对对等的概念。这时我们不关心二者的具体内容，只关心价值的创造与换手两个环节。这时的"生产"不是指与生产相关的活动，"交换"也不是指与交换相关的活动。

长期以来，人们似乎很难从生产与交换或流通差异性的框框中解脱出来。比如，科斯提出的"交易成本"概念，把市场调研、讨价还价等都视为交易成本，试图说明公司的存在是为了降低交易成本。但既然是"成本"，生产者就会把它与其他成本放在一起统筹考虑，各种成本都是生产者希望降低的。交易成本与其他生产成本相比，并没有什么特殊的意义。

这也是为什么我们要如此认真地重新定义这些人们似乎已经非常熟悉的概念。在任何研究领域，如果我们的观察对象没有定义清楚，研究者没有形成统一的认识，我们的研究就无法继续。你按你的理解去解释，我按我的理解去解释，大家永远说不到一起，达不成一个共同的理论。澄清生产与交换或生产与流通概念，是为了给经济学相关理论一个稳定的立足点，让理论（概念）与实践（概念）统一起来。

2. 理性人、经济人与社会人

人们为什么要劳动，不同的学者可能会给出不同的答案，因为他们的观察角度可能存在很大的差异。但人们在从事生产劳动的过程中会遵循什么样的法则，答案只有一个，那就是效率。根据经济学家的效用观，效率的意义应该是得到尽可能多的满足，或者说效用最大化：

$$\max U/T \tag{5-1}$$

其中 T 是时间。上式可以称为效用最大化定律。效用最大化实际上就是效率最大化的一种表现形式，这种行为规则也就是经济学家们所说的理性行为。

前面在讨论劳动的稀缺性时已经指出，劳动的稀缺是劳动流量的稀缺，其原因是时间的稀缺。另外，生命是有限的，人们总是希望在有生之年获得最大的效用。这种行为也是"理性"行为。理性人必然应该是效率人。

当然，式（5-1）中的时间 T 并不是一个确定的时间，可以理解为观察者能够考虑到的任何时间段。尽管人们观察的时间周期受到知识、能力等多方面因素的制约，但人们做任何事情都必然要考虑时间。有时候人们处理事务喜欢看得长远一些，有时候人们比较急功近利一些。不过从长期来看，从社会整体水平上看，人们总是希望把眼光放得远一些，因此 T 可以理解为是"相当长的时间"。而效用最大化定律也可以理解为长期效用最大化定律。

追求效率当然需要尽可能多的科学知识。进行科学研究是人们追求效率的必然表现，也是"理性"的生产活动。关于理性人的定义，不同的经济学家有不同的观点。不过，以效率为原则，大家对理性人概念的认识就有可能比较统一了。效率就是理性，实现效率就必须研究客观事实，尊重客观规律。因此，理性人应该是"科学人"。当然，由于人们对世界的认识能力总是有限的，随着科学的进步，许多原本以为"理性"的行为可能后来我们会发现其并不"理性"。不过，只要是表现为追求效率的行为，无论事后我们是否认为它有效率，都可以认为是理性的。我们对事物的观察应当有历史观。

在相当长的时间里，许多经济学家比较认同"经济人"假设。即每个人都追求自身利益的最大化。这种思想的立足点是把人看做生产者，或者企业。经济人的假设可以表达为：

$$Max\ \psi/T \qquad\qquad (5-2)$$

显然，这种假设没有从消费者的角度考虑问题。一个完整的人应该既是生产者，又是消费者。从"经济学边界"的角度进行观察，消费者和生产者应该是经济学（价值学）的同一个边界。从微观水平上看，一个人首先要考虑自己的需要，或者说自己的满足。但人是社会性的，不是单独生存的。任何一个人在考虑自身利益的同时，也会考虑他人利益和社会利益。在这个意义上，人是社会人。比如，每个人都是"自私"的，希望自己得到的利益最多，结果是任何一个人得到的都不可能是最多，而是各方面利益达到的某种均衡。比如，大约20%的富人获得了社会劳动产品的80%，大约80%的穷人获得了全部社会产品的20%（所谓"二八定律"）。这种分配结果本身既不能说明每个人的利益是否达到最大，也不能说明没有达到最大。为什么？因为"最大化"没有一个统一的标准。没有统一的标准是因为没有统一的参照系，每个人都是以自己和周围的人为参照系，这些参照系是千差万别的。

根据以上分析，"社会人"和"理性人"的假设看起来更为符合实际。当然，在一定条件下，以利润最大化作为定性的追求目标也可以使一些问题得到简化。

3. 经济行为的目标

第二章已经指出了所有社会活动（包括生产活动与消费活动）法则的同一性，即所有经济活动和社会活动遵循效率法则。我们要做的是如何更好地表述这个法则。

对于社会整体而言，自然界提供的效用是有限的，人们必须创造更多的财富，才能得到更大的效用。据此，我们把式（5-1）分为两项：

$$\text{Max} \frac{U}{W} \cdot \frac{W}{T} \qquad\qquad (5-3)$$

其中 W 是人们所创造的财富的数额。

根据价值第一定律，在社会整体水平上和长期意义上，人们得到的效用量等于人们所创造的财富量，即：

$$U = W \qquad\qquad (5-4)$$

在微观水平上，在长期意义上，我们认为式（5-4）近似成立，于是式（5-3）变为：

$$\text{Max} \frac{W}{T} \qquad\qquad (5-5)$$

上式可以称为财富创造最大化原理。我们看到，它可以由效用最大化原理推导得出。在微观和短期水平上，这是一个近似的推论。

另一方面，式（5-5）中 W 代表新创造的价值，对于一个生产者而言，就是它创造的净利润。因此，推论（5-5）与式（5-2）是一致的。换言之，利润最大化假设也可以根据效用最大化假设推导出来，生产活动的行为法则与消费活动的行为法则是同一的。利润最大化假设是效用最大化假设的一个特例，条件是式（5-4）近似成立。

不过，上述推论难免会引起人们的怀疑。正常情况就不用说了，一些特殊情况可能会让人产生疑问。比如，战争符合效用最大化法则吗？慈善符合利润最大化法则吗？我们知道，发动战争的人必然以为战争可以最快地解决问题，使他们在特定时间内获得最大利益，所以他们才发动战争。无论结果如何，他们做出了这样的判断和决策，当然符合追求效用最大化的法则。做慈善会使生产者的利润减少，但帮助他人是社会人具有的一个本性，只是通常不一定能够表现出来。帮助他人可以使做慈善的人得到某种满足，显然符合效用最大化法则。这时候我们应该把做慈善的人视为消费者而不是生产者，或者说做慈善是他们在完成生产（利润）之后所做的事情，因此，他们的行为并没有违背利润最大化法则。

总之，效用最大化或效率人假设是经济学边界上的基本原理，如果你还没有理解它，是因为你的观察还不够全面。

工作与休闲的同一性

我们一般认为，工作是创造财富的，休息或休闲是消耗财富的，至少不能创造财富。但人们又不能不休闲。两者之间到底是什么关系呢？

其实，没有人不知道，休闲是为了更好的劳动，劳动的目的也是更好的休闲。而无论是工作还是休闲，正如第一章已经提到的，最终的目的是为了生产幸福的人。从时间上看，二者也是很难分开的。所谓工作时间，不过是以工作为主的时间，是高效工作的时间。对于具体的劳动者，在工作时间是不可能避免考虑非工作事务的。在"8小时以外"，许多人会非常自然地考虑工作的事情。这些"脑力劳动"当然也是劳动，我们不能只把体力劳动视为工作。正是由于在"工作之余"仍然常常在工作，一些人才获得了比常人更大的成功。

工作与休闲，消费与生产，谋利与慈善，人们的所有活动都是为了生活得更幸福、更满意。这是效率法则的表现，也是人们所有决策的最终目标。我们之所以常常认为工作与休闲是矛盾的，一个主要原因是观察问题的视角差异。在特定的环境下和特定的时间段，工作与休闲表现为一对矛盾。

当然，我们说工作与休闲是同一的，并不是说二者是一回事。一元论是在承认两个元素差异的前提下揭示它们的同一性联系。

4. 关于决策的两个基本原理

人们的具体行为是决策的结果。经济行为是经济决策的表现。从理性的意义上讲，每个生产者都希望自己的决策是最优决策。一些管理学教科书中也有专门介绍求解最优决策的方法。

不过，要想做出最优决策，必须全面了解决策的环境和条件，包括资金、技术、政策环境、市场条件、个人能力等各个方面的信息。由于信息是无穷多的，并且在不断地变化，我们不可能列出全部约束条件。在数学水平上，我们就不可能构建出一个能够求解最优决策的模型。或者说不存在一个统一的求解最优决策的方法。许多教科书中的所谓最优决策模型，其数学意义远远大于实际意义。因为仁者见仁、智者见智，对于同一个现实问题，不同的人可以列出不同的约束条件。于是我们可能得到许多"最优解"。从逻辑上讲，就是没有最优解。

另外，在一定的生产力水平约束下，如果一个生产者获得了相对较多的经济利益，就意味着其他生产者获得较少的经济利益。一个生产者的最优解，就是其他生产者的最差解。这种关系是生产者之间最基本的博弈关系和约束关系。每个人都要做决策，大家处于同一个市场环境中，在数学水平上，就是约束条件相同。每个人都在求最优解，怎么可能在同一时间做出一个最优决策和一个差决策呢?①

根据以上分析我们不难得出一个推论，即"最优决策方法"不存在。这一判断可以称为"最优方法不存在原理"。这一原理也可以用反证法来证明。假设存在一种决策方法，任何掌握了这种方法的人都可以做出最优决策。由于人们都具有学习能力，可以"照方抓药"，于是大家都可以用这种方法赚钱，结果世界上只有富人，没有穷人，大家都是亿万富翁，贫富差距就不存在了。这显然与事实相矛盾，因此，存在最优决策方法的假设被否定。

数学意义上的最优不存在，并不影响我们对各种知识以及经济规律的不懈探索。人类活动的不变追求是效率，掌握更多的知识和信息可以使我们的经济决策更有效率。更有效率意味着更优，谁掌握了更多的知识，具备更有效的劳动能力，谁就可能比他人取得更多的收获。由此可以看到，经济决策的基本性质是以"更优"为目标，而不是以"最优"为目标。

其实，提出"最优决策"的概念，主要是考虑了决策者的主观意图，即决策者希望做出的决策是最好的决策。决策意图与决策本身是两个不同的概念。如果从决策意图的角度来观察问题，我们还可以得出另一个推论，决策者所选择的任何实际决策都是当时条件下的最优决策。

决策需要充分的信息，决策者要获得、识别和处理全部信息是不可能的。根据效率法则，决策者必须在有限的时间内及时做出决策。如此做出的决策，显然是在有限信息、有限知识和有限时间条件下的决策。我们通

---

① 其实，如果两个人在同一个约束条件下求最优解，这个问题的最优解就是维持现状。富人当然希望变得更富有，穷人当然也希望变得富有。如果富人让穷人变得富有而自己变穷，这显然不是最优决策。反过来，穷人的决策也是一样。事实上，由于大家都选择了"最优"决策，所有贫富差距一直得以维持，这样的解释虽然有些牵强，却与事实并不矛盾。

常看到的决策理论或决策模型，一般只考虑资源约束条件，因而模型是不完备的，很难实际应用。

我们可以用反证法来证明上述原理：假设决策者是理性的，如果他（们）在决策时认为还存在其他更好的决策，就应该选择那个更好的决策。但事实上他们没有选择其他决策，这说明他们并不认为其他决策比所选择的决策更好，或者说他们认为所选择的决策才是最优的。

当然，在决策的当时认为是最优的决策，在事后可能会有不同的看法。但事后评价不能代替历史判断，因为所有的决策都是在特定的历史时空中做出的。我们常说"存在就是合理"，不难看出，其实存在不仅仅是"合理"，而且还是"最优"。这种"最优"当然是在长期的和整体的水平上。人们常常会觉得自己应该或者能够做得更好。如果发现以前的决策有错误，我们会在以后的决策中进行纠正。另外，任何一个社会成员的意志或判断都不可能与其他成员完全一样。我们可能对他人的做法感到满意，但一般不会认为是最优。社会的选择是每个成员的选择的综合结果。一个社会为什么以现有的方式存在而不是以其他方式存在？因为构成社会的所有元素整体上认为现有的方式最好，否则他们就会选择其他存在方式。许多人并不认为自己这样做是"最优"，甚至会认为自己是"不得不"这样做。在决策的水平上，"不得不做"的选择也是最优选择。

"最优"概念的不完备性

我们平时在使用"最优"概念时，所依据的模型大多是不完备的。我们可能只观察一个决策者，忽略了其他决策者，而后者构成了前者决策的约束条件。没有这些约束条件和参照，"最优"就没有了立足点。如果考虑了其他决策者，我们就构建了某种"博弈"模型。了解一点博弈知识的人都知道，处理博弈问题的基本思路是"均衡"，而不是"最优"。因为社会是一个整体，任何一个决策者都不是单独存在的。对于一个决策者，如果真的存在"最优"，这对于其他决策者意味着什么？是不是最差？他们是否会允许这种状况出现？一些学者可能看到了"最优"概念的不实际性，因而提出"次优"概念来替代。但这种方法显然是"换汤不换药"，对于解决模型的完备性问题毫无帮助。处理不完备的事物，只能选择"较优"的逻辑。

第二节　市场性质的基本观察

1. 市场的定义

人们对市场的传统认识是"商品交换的场所"。不过，稍有经验的人都知道，交易的完成未必需要一个特定的场所，人们谈生意的环境和方式，支付和交货的方式都是多种多样，交易过程也可能持续很长时间。比如网上购物，交换的"场所"涉及买方的电脑桌，卖方的电脑桌，邮递公司的办公地，卖方的发货地，买方的收货地，等等。不难看到，市场所要表达的核心内容其实就是交换。当观察两个人之间的关系时，我们说"交换"；当观察所有人之间的关系时，我们说"市场"。因此，我们完全可以将市场定义为交换的集合。在任何地方，没有交换就没有市场，有交换就有市场。

某一类产品交换的集合，就可以定义为一类市场。比如，农产品交换的集合，就是农产品市场；国内产品交换的集合，就是国内市场。在某一时间段的交易集合，就是这一时期的市场。

显然，市场的类型是人们从全部交换中划分出来的，不是天然存在的。经济学家在构建模型时，常常假设市场中有 n 种产品，或假设有 n 个市场，但很少有人注意到模型的完备性。正确的方法是，这 n 种产品（市场）应该构成全部市场，并且相互独立，没有重叠。

划分市场的目的是求解不同市场之间的关系。在这个意义上，一元二分法最为有效。比如我们把整个经济划分为消费品市场与资本品市场。当然，我们也可以根据需要把经济划分为第一产业、第二产业和第三产业 3

个市场，这样的划分也是具有完备性的，不过各个市场之间的关系就具有了不确定性，需要增加约束条件才有可能求得模型的解。

为了全面地进行观察，我们不能只考察市场，还要清楚市场在整个经济中的地位，也就是市场与其他部分的关系。运用一元二分法，整个经济可以认为是由市场与非市场两个部分组成的整体，从而构建一个完备的模型（见图3-3）。

划分市场，除了根据产品的不同属性来识别，还可以根据一种产品与其他产品之间的联系来识别。比如，一些产品生产规模大，另一些产品生产规模小，可以表述为产品结构。一些产品在某个产业链的上游，另一些产品处于某个产业链的下游，可以表述为分工关系或技术联系。

以上关于"市场"的观察可以认为是狭义的。有时候是指除了政府活动以外所有的经济活动，或者说私人活动。

2. 市场的竞争性

在市场中，每一个生产者都要与其他生产者产生联系，对于这些联系，我们可能根据不同研究需要做不同的描述。比如，我们第一眼看到的可能是交换关系，在交换的背后我们看到的可能是分工关系。当然，生产者之间还存在着更为复杂的关系，比如制度关系、合作关系。如果站在市场的角度来观察，我们可能更多地关心生产者之间的竞争性关系。

竞争关系的一个特例就是所谓的"完全竞争市场"（Perfect Competition Market），指生产者在市场中的地位完全平等，从而能够充分竞争的市场。一般认为，完全竞争市场应该具有以下几个方面的特征：

第一，市场上的产品是同质的。比如，产品在质量、性能、结构、包装乃至售后服务方面都是无差别的。由于产品的同质性，买方可以随意选择一个企业的产品购买。

第二，市场上有大量的买者和卖者。之所以如此，一是因为生产者进出市场的成本很低，不需要大量的投资；二是因为市场准入门槛很低，不需要权力机关审批；三是生产不存在规模经济，小企业的生产效率并不比大企业低，甚至可能更高。由于市场参与者数量众多，任何一个卖者或买者的交易量都是很小的，不足以影响市场的价格。

第三，市场信息是畅通的，任何一个市场参与者不需要支付特别的成本就可以及时了解到相关的价格信息。充分的信息是进行有效博弈的重要条件。

完全竞争市场最突出的特点是每个生产者都无法靠自己特殊的力量取得产品的定价权。竞争的结果是大家只能靠自己的劳动取得经济产权，这种报酬一般称为"正常利润"。对于购买者来说，也不能获得额外的低价格。可以认为，一价定律现象也是完全竞争的结果。

由于生产者没有定价权，他们要获得更多的收益，只能依靠付出更多的劳动，即生产更多的产品。谁生产得多谁就销售得多，大家完全"按劳分配"。因此，完全竞争市场的生产效率非常高。

不难看到，现实世界很难满足上述"完全竞争市场"的条件，因为每个生产者的产品或多或少都是存在差异的。如果产品属性存在一定的差异，但差异不大，我们一般称为"垄断竞争市场"。在垄断竞争市场中，生产者之间的竞争关系和分配关系与完全竞争市场非常相似。

描述市场关系的另一个特例就是所谓的"垄断市场"。理论上的垄断市场是指一种产品的市场上只有一个生产者。

市场中为什么会只有一个生产者？主要原因可能有：①产品的生产存在显著的规模经济，大规模生产的成本大大低于小规模生产。于是，小的生产者就不具有竞争力，无法生存。比如，一个城市中的电网（或自来水管网），如果有多家企业供电，每个企业都去架设电网，社会成本会非常高。由一家企业架设和管理电网，成本明显很低。②市场准入制度造成。比如需要政府特别许可，才能从事某种商品的经营。或者取得某种专利权，才能从事生产经营。③需要大量的资本投入，生产者进出市场的成本非常高。当市场中已经存在一个较强的生产者时，其他较小的生产者可能会因为扩大投资的风险太大而逐渐退出市场，或者不愿意进入市场，原有的生产者就获得了垄断地位。

由于缺少了其他生产者的竞争，垄断企业在定价方面具有很大的控制权，可以操纵市场价格，获得超额利润。因此，生产者不必完全依赖扩大产量来增加收益。因此，垄断市场的生产效率是偏低的，它不是完全的"按劳分配"，对社会是不公平的。

现实当中，一些市场中只有少数生产者，但不是只有一个生产者，我们一般也称为垄断性市场。不过，经济学家一般将这类市场称为"寡头市场"。像飞机和汽车的生产，石油或其他矿产资源的开采，等等，就是比较典型的寡头市场。寡头的地位虽然不如完全垄断者的地位，但也有一定的定价权。与竞争性市场相比，生产者也有可能获得一定的超额利润。

垄断市场的生产者可以获得超额利润，完全竞争市场的生产者却不能，这显然不公平，因为同样的劳动付出不同的生产者得到的回报不同。因此，一般政府都会制定反垄断或反不公平竞争的法规，在一定程度上纠正垄断市场的弊端。

不过，垄断市场的存在并不影响市场整体的竞争性。一个市场中的垄断生产者的垄断力量仅在自己的市场范围内有效，这个市场与其他市场之间仍然是竞争的。比如，飞机制造商对飞机的价格有很大的控制力，但是飞机制造商与航空公司、与原材料生产商、与一般消费品生产者之间仍然是竞争的。如果飞机制造商利润过高，其他生产者的利润就会减少。如果其他生产者不肯亏损，飞机制造商就不得不降低自己的超额利润水平。因此，在总体水平上，竞争仍然应该是市场分析的一个基本假设。

定价权的产权意义

在描述市场的垄断状况时，我们常常用"定价权"来描述企业在市场中的地位。拥有"定价权"的企业，意味着同样的劳动付出可能得到较高的利润回报。这种现象反映的是产权关系。垄断企业获得了比一般企业更多的产权，它们可以依靠这种特殊的权利获得高额利润，而不是靠付出更多的劳动。靠权利而不是靠劳动获得产权，当然会导致社会生产的低效率。因此，一般社会都会反对垄断，鼓励竞争。

在国际市场上，情况也是相似的。我们许多人经常抱怨自己缺乏市场定价权，比如中国是世界铁矿石市场的大买主，是钢铁产品的大生产商，为什么在这些市场上没有定价权。其实问题并不复杂，定价是企业的行为，不是国家的行为。即使政府要干预，力量和范围也是有限的，因为计划经济与市场效率是矛盾的。对付垄断的正确方法不是制造新的垄断，而是对垄断采取适当的制裁措施，减少其可能获得的经济产权。在国际经济关系中也是如此，只是处理起来应当更谨慎一些。

3. 私人决策市场与公共决策市场

我们把市场与交换相联系，不过现实当中的交换其实不仅仅是我们习惯上所观察的交换，人们之间的许多联系都会存在交换的影子。比如日常生活中的相互帮助，扶老携幼等等。只是在这些交换中，人们通常不使用特定的价值标准来计量。不过，有一种非常重要的交换，它采用了价值计量，但并没有引起我们的注意。这就是私人与政府之间的交换。

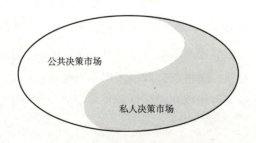

公共决策市场

私人决策市场

图 5-1 市场与非市场的同一性

我们习惯认为，政府是为社会服务的，不能从事营利性活动，也就是不能从事市场意义上的交易。私人社会与政府之间的关系不是市场关系。但是，政府活动显然需要消耗社会资源或财富，付出劳动而得到财富，这毫无疑问是一种交换。只不过这种交换与我们习惯上观察的交换不同，它不是由哪个人决定的，而是由社会公众共同决定的；它不是在每一笔交换发生时都要计量，而是不定期地进行调整。这种市场我们可以称为公共决策市场，而传统意义上的市场可以称为私人决策的市场。

显然，政府的财政来源是私人市场，通常表现为税收，当然不仅仅是税收，还有借款，总之以满足政府活动的需要为准。这些收入就是市场给予政府的报酬，或者说就是政府劳动的市场价格。

图 5－1 表达了两种市场之间的关系。显然，私人决策市场与公共决策市场是同一的，二者统一于交换。差别只是我们能不能看到每一笔交易都经过了讨价还价，并且商定了一个明确的价格。我们平时所称的市场是指私人之间经过讨价还价完成的交换，实际上还有很多"交换"不是私人自主决定的，或者没有直接的产品和货币交换，我们不认为这是市场，或者说把它们视为"非市场"。但生产活动显然必须有这两个市场才能完成，二者缺一不可。

21 世纪最严重的金融危机发生后，许多国家出现了政府债务危机，政府没有能力偿还到期的债务。但没有人会怀疑，政府并不会因此而消亡。因为必须有人为社会提供现在的政府所提供的服务，这些人必须得到相应的报酬。如果正常的税收不够维持这种社会性服务活动，就必须印发更多的钞票，以"铸币税"的方式补充政府应得的报酬。至于采取何种方式，最终是由公众决定的，或者说是由公众与政府"讨价还价"决定的。公共决策的方式多种多样，已超出了本书的研究范围。

由谁来决策，显然是一个市场规则问题，或者说是一个制度问题。

第四章已经指出，私有制是交换发生的基础，这个基础不是哪个人或哪个组织决定的，是社会公众共同决定的。他们可能并没有直接进行选举、投票，但他们用自己的行为表达了对某种制度认同或否定的态度。

反垄断制度也是社会公众的一个选择。政府只是他们的代言人。不仅生产者个人追求效率，社会整体也追求效率。垄断的效率低，公众当然要反对，于是各种反垄断法规就出现了。

4. 有形产权市场与虚拟产权市场

满足人们的各种生理需要，物质产品和劳务的消耗与使用是必然的，它们是实实在在的产品。实在产品的交换，构成了有形的市场或"实物"的市场。我们已经知道，交换的本质是产权交换，这些实在的产品即是具体的产权，也可以反映一般的产权，包括实际产品、劳务、专利、技术等等，这些产权可以称为有形产权。有形产权的交易市场可以称为有形市场。

在交易过程中，为了方便，人们还使用非实在产权作为交易媒介，比如货币、证券等等。这些产权不是具体的产品和劳务，但制度决定了它们也代表了一定的产权。这种产权我们可以称为虚拟产权。虚拟产权的交易市场可以称为虚拟市场。

在古代，人们使用贵金属做货币，这些货币显然也是有形的产品。因此，一般商品市场都是有形产权市场。不过，现代经济中人们广泛使用纸币作为交易媒介，纸币不是真实的产品，其价值是"虚拟的"。因此，现代商品市场不是完整的有形产权市场。不过，由于制度可以保证纸币价值的稳定性，并且纸币不过是交换的媒介，人们最终还是会购买具体的产品，我们仍然可以把一般商品市场称为有形产权市场。

在虚拟产权市场，人们之所以接受虚拟产权的价值，是因为这些虚拟产权有有形产权做支撑。比如，政府债券有政府的税收权利做支撑，企业股权或债券有企业的资产和市场做支撑。只不过对于许多人而言，判断这些虚拟产权的价值有一定的难度。

5. 规模经济与专业化分工

根据经验观察，如果一个企业扩大生产规模，在一定范围内，随着规模的扩大，产品的平均成本会降低。如果销售价格不变，则企业收益就会增加。这种现象我们称为规模经济。

不过，这个企业的规模变化只是市场的一部分，要想正确地分析问题，我们还有必要观察市场的其他部分会发生什么变化。根据一元论思想，如果这个被观察企业的变化不足以引起市场整体生产力水平的变化，则一个生产者扩大生产规模，就意味着另一个（一些）生产者将减小规模。减小生产规模的企业实际上只是放弃了原有产品的生产，选择了其他产品的生产——因为它们不可能选择回家睡大觉。于是，分工的专业化就凸显了：一些企业生产某种产品的数量更大，另一些企业生产其他产品的数量更大，大家都变得更"专业"。

显然，规模经济与分工的专业化是同一事物的两个不同的观察面。从个体的角度观察是规模经济，从市场整体的角度观察是社会分工的专业化。专业化分工就是每个生产者使用相对单一的技术从事相对单一的产品生产，他们从事这种产品生产的规模自然会比较大。

假设经济整体生产力水平不变，一个企业的扩张必然意味着另一个（些）企业的收缩；一个产业的扩张必然意味着另一个产业的收缩。如果考虑到经济总量的增长，"扩张"与"收缩"可以建立在相对的意义上，即用比例关系来表达。就针的生产而言，一个生产者增加了磨尖的工作量，意味着其他生产者减少了磨尖的工作量，同时，后者要增加拉丝和切断的工作量。这种专业化分工一般能够提高生产力水平，所以也是一种技术进步。

对"规模经济"现象的一般认识可以用图 5-2 来描述。随着生产规模的扩大，产品的平均成本会降低。不过，生产规模扩大到一定水平后（比如 Q^* 点），平均成本又可能会出现上升的趋势，生产效率降低。在 Q 点附近的平均成本最低，企业会尽可能在这个位置安排生产。对于多数产业，Q^* 不是特别大，生产者会控制企业规模。这样的生产方式就形成了所谓的竞争性市场。对于某些产业，Q^* 非常大，于是就可能形成垄断市场或寡头市场。

专业化分工、规模经济、市场竞争等理论应该是统一的。统一的理论会使经济学变得简单。如果每一个小的研究领域都要构建一套理论，经济学就会变得非常复杂。

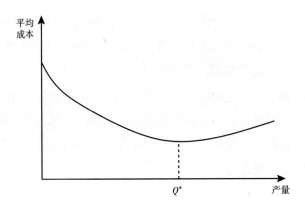

图 5 – 2　平均成本与生产规模的一般关系

第三节　生产者博弈

1. 博弈的效率原理

每个人都直接或间接地与所有其他人打交道，因此，个人的决策实际上都要依据或针对他人的决策而设计和选择。决策的这种性质人们常常称为"博弈"，是指依据他人行为（决策）而做出的一系列决策。或者说给定决策信息和约束条件，当事人如何得到最优的结果。

劳动的稀缺性，表现为市场中劳动产品的稀缺性。对于一定数量的劳动产品，每个人都希望得到尽可能多的份额，也就是尽可能多的产权。每个人都希望自己得到"最多"，我们在"博弈"。但是在整体水平上，我们把这些行为称为竞争。显然，博弈和竞争的差异只是观察范围的差异。

关于博弈的一个典型的例子是所谓"囚徒困境"，说的是两个罪犯面对警方的审问到底应该选择坦白还是选择不坦白。现实当中的信息和其他约束条件是非常复杂的。"囚徒困境"排除了许多种可能性，构建的是一个不完备模型。它对我们的决策虽然有一定的借鉴意义，但并不能拿来解决实际问题。

由于信息的无穷性，博弈策略通常可能存在无穷多的选择。不过我们大致上可以把所有的选择分为两类，一是竞争，二是合作。在观察个体生产者行为时，我们一般需要更多地关注竞争。在观察市场整体行为时，我们一般需要更多地关注合作。

博弈有许多特性，经济学应该关心它的哪些最基本特性呢？有一个管理学寓言可以帮助我们理解：

> 有两个朋友约好了要去深山打猎，他们知道山里是有老虎的。其中一个人就穿上了一双跑鞋，另一个人奇怪地问："难道你穿上跑鞋就比老虎跑得快吗？"前者回答说："我只要跑得比你快就行了。"

这个案例告诉我们两个关于博弈的基本性质或基本原理。

首先，博弈是比较博弈，追求的目标是较优，不是最优。决策者尽可能做到比其他竞争者获得的利益多一些，或者说所选决策的预期值比其他可能的决策预期值相对好一些。因为信息是无穷多的，生产者或决策者没有足够的时间去了解所有的信息，根据效率法则，他们只能而且必须依据自己所获得的那些信息进行决策。毫无疑问，比较博弈原理是效率法则的要求。

比如，你有1000万元可以投资，是搞房地产？还是投资信息设备生产？或者是买债券？选择是无穷多的。最终你只能根据自己所熟悉的情况，选择你认为"最优"的投资取向，实际上这个选择只是相比你所知道的其他选择"较优"一些。因为你心里清楚，还有很多种选择你根本不太了解，其中有些选择可能是更优的。在前面的案例中，穿跑鞋的猎人并非没有其他更多的选择，但穿跑鞋的确是一个成本较低，并且预期结果也比较好的选择。

企业为了争夺人才，一般会承诺给争夺对象较高的报酬（当然是综合性的报酬）。但到底给多少才是最优，并不存在一个确定的标准。最基本的做法，就是要比竞争对手给得多一些。当然，或许还有一些人才比你争夺的对象更有价值，但是由于你不了解相关信息，他们根本就没有进入你的决策模型。

我们可以看到的另一个关于博弈的特性是就近博弈原理。案例中的猎人只需要关心他周围的情况。根据效率法则，他没有必要花费更多的成本去分析远方的环境条件。

深圳的一个渔民当然可以关心国际市场上的鱼价，但对于绝大多数深圳人，他们只需要看看身边人的成交价格，然后以此为依据在市场上讨价还价。竞争是如此，合作也是如此。同乡，同事，同城的人，合作就比较容易；不同国家的企业，合作就困难很多。

"就近"主要是指空间距离比较接近。但"空间"的观念是可以扩展的。除了地理空间，也可以考虑信息空间、技术空间和文化空间等。比如，同行，同一个产业，人们之间的合作就比较容易；不同领域、产业之间的合作就比较困难，或者说只能被动合作。"对牛弹琴"的主要问题就是技术距离太大，无法有效合作。

比较博弈原理，也可以叫做比较决策原理。在效率意义上，它与"理性人"假设显然是相容的。

由比较博弈原理我们还可以得出下面一个推理，就是市场中不同策略选择之间的关系。在一个市场中，如果存在 n 种投资的可能性，则所有投资的收益率应该相等，各种投资取向才能达到均衡。即：

$$\frac{R_1}{K_1} = \frac{R_2}{K_2} = \ldots = \frac{R_i}{K_i} \qquad (5-6)$$

K_i 是第 i 个市场的投资额，R_i 是第 i 个市场投资得到的回报额。

反证法：如果某一市场的资本收益率较高，就会有更多的人减少其他收益率较低的投资，把资本更多地投资到该市场。市场就不会达到稳定状态，直到这一市场与其他市场的资本收益率相等，资本的跨市场转移才可能停止[①]。

需要说明的是，前述"n 种"投资是指市场中人们实际选择的投资，

---

① "停止"是总体意义上的停止，是一种动态均衡。不是说没有投资进出这个市场，有人进，有人出，如果进出量相等，总体上就表现为"停止"。

也就是"投资品篮子"。收益率明显过低的投资是不会被投资者选入"投资品篮子"的。式（5-6）是按资分配法则（按过去的劳动分配法则）在博弈意义上的表现。

现实当中我们会看到，不同领域的投资可能获得的收益率并不相同，这与我们的观察视角有关，也与技术进步有关。前面关于（投资）选择均衡的条件有一个隐含的假设，就是生产力水平一定。现实当中的经济增长并不快，所以式（5-6）在多数情况下是适用的，但是对于技术进步较快的新兴产业就不大适用了。此外，一些人特别关注相关领域投资的成功案例，另一些人则特别关注相关领域投资的失败案例，大家会认为不同领域的投资收益率通常都会存在差异。其实，即使是在同一投资领域，不同投资者获得的收益率也可能不同，盈利者和亏损者甚至有可能并存。在管理学意义上，投资者只关心自己的投资效果如何，而式（5-6）指的是平均水平。

与投资选择的道理相同，对于可供选择的劳动取向，所有劳动与这种劳动所获得收益的比值应该相等，劳动的配置才能达到均衡。

$$\frac{y_1}{L_1} = \frac{y_2}{L_2} = \ldots = \frac{y_i}{L_i} \qquad (5-7)$$

L_i 是第 i 种的付出量，y_i 是第 i 种劳动的报酬额。

劳动是使投资能够获得收益的必要条件。式（5-7）是按劳分配法则在博弈意义上的表现形式。我们当然不要忘记，这种均衡是在一定的产权制度条件下的均衡。

不过，根据就近博弈原理，现实当中由于空间距离的存在，式（5-6）或式（5-7）给出的只能是一个近似结论。因为在比较博弈的过程中，人们只能运用有限的信息并且在有限的范围内进行比较。也就是说，生产者之间的距离越近，式（5-6）和式（5-7）就越有效①。

---

① 现有文献都没有考虑一个经济学模型的有效性与主体的空间距离和时间距离有关，但这个问题对于模型的应用的确具有重要意义。

2. 生产者均衡

博弈是根据环境选择决策的过程，可能的决策是多种多样的，如竞争、合作等等。在现实意义上，环境总是在变化，决策者与环境的互动过程是永无休止的。因此，绝对意义上的均衡是不存在的。不过，在变化当中，总有一些事物是相对不变的或稳定的，在动力学意义上，我们就认为这些变量是存在均衡状态的。

比如，价值第一定律指出，社会整体总的付出量与总的回报量总是相等的，这就是一种均衡状态。不过，整体均衡并不意味着每一个局部都均衡。不仅如此，每一个生产者的劳动付出量与回报量是否相等，还与每个人选择的参照系有关。有那么多种产品和劳动可供选择，每个人要想准确判断从事何种劳动最"划算"或最有效是非常困难的，不过，在一定的制度条件下，我们一般"认为"劳动者的付出与回报是相等的或均衡的。在交换时，生产者是在自己的知识范围内进行两两对比，这是人们在解决多选问题时的一种比较基本的和有效的做法。考虑任意两种劳动配置，如果一种劳动的回报大于另一种劳动的回报，人们就会增加前一种劳动而减少后一种劳动；反之亦然。这种理性的行为机制也可以用机会成本的概念去理解。不难得出，劳动配置的均衡条件是每种劳动的付出量所带来的效用量的比值应该相等：

$$\frac{u_i}{l_i} = \frac{u_j}{l_j} \qquad\qquad (5-8)$$

其中 i、j 分别代表两种不同的产品，u_i、u_j 是两种产品在使用过程中能够带来的效用量，l_i、l_j 是生产产品 i 和产品 j 所付出的劳动量。需要指出的是，这里所说的"量"不是个人心目中的量，而是市场承认的量。所谓等价交换，指的就是按照市场定价进行交换，不是按照个人意志来定价。

市场承认的劳动量表现为劳动的价格，即：

$$y_i = l_i \qquad\qquad (5-9)$$

式中 y_i 是从事第 i 种产品生产的劳动的收入或报酬。该式显然是价值第一定律的微观表达式，其有效的条件是制度环境不变。因此，站在生产者的角度，人们更多关心的是生产的效率或劳动的报酬，式（5-8）可以写为：

$$\frac{y_i}{l_i} = \frac{y_j}{l_j} \qquad\qquad (5-10)$$

即付出多少劳动，就会得到多少效用回报。这是生产者均衡表达式。

站在消费者的角度，人们更多关心的是产品的价格。式（5-8）可以写为：

$$\frac{u_i}{p_i} = \frac{u_j}{p_j} \qquad\qquad (5-11)$$

式中 p_i、p_j 是第 i 和第 j 种产品的价格，该式可以认为是消费者均衡的表达式。

根据上面的分析可以看出，消费者均衡与生产者均衡其实是一回事，或者说生产者与消费者是同时达到均衡。其实，生产者就是消费者，消费者也是生产者。科学的经济学理论体系应该服从一元论原理。

对于多选问题的解，可以根据二选问题推广得到。由式（5-8）～（5-11）的推导过程可知，生产者均衡和消费者均衡的一般可以表达为

$$\frac{y_1}{l_1} = \frac{y_2}{l_2} = \frac{y_3}{l_3} = \ldots \qquad\qquad (5-12)$$

$$\frac{u_1}{p_1} = \frac{u_2}{p_2} = \frac{u_3}{p_3} = \ldots \qquad\qquad (5-13)$$

根据我们的数学知识，上述关系也可以表达为：

$$\frac{y_i}{l_i} = \frac{y_1 + y_2 + \ldots + y_n}{l_1 + l_2 + \ldots + l_n} \qquad\qquad (5-14)$$

$$\frac{u_1}{p_1} = \frac{u_1 + u_2 + \dots + u_n}{p_1 + p_2 + \dots + p_n} \qquad (5-15)$$

如果我们把全部产品分为消费品与资本品两种，则有

$$\frac{u_c}{c} = \frac{u_i}{I} \qquad (5-16)$$

至于到底要生产多少消费品，多少资本品，经济学家不能去猜想，只能去观察。如果观察结果比较稳定，就可以把观察到的事实作为一个基本假设来解决相关问题[①]。

3. 劳动的分工

在生产－消费过程中，消费者非常关心产品的用途、功能、材料等属性。而生产者主要关心的是利润。根据属性的异同，商品可以分为许多种类。根据生产环节的异同，劳动也可以分为不同的种类。

从微观水平进行观察，我们一般会认为每一个生产者自己在生产，比如农民种地，工人炼钢，司机开车，等等，然而从宏观水平进行观察，全体社会成员是在共同生产，每一个生产者都不能自己单独完成生产。比如，一个汽车制造厂，如果没有其他生产者提供发动机、电器、轮胎乃至工人吃的粮食、市场情报等等，汽车就无法按照市场需要制造出来。另一方面，即使汽车被制造出来，如果没有另一些生产者用他们生产的其他产品来交换，汽车也卖不出去。汽车卖不出去，生产就不能继续。

不同生产者各自从事社会生产的一部分，这种现象称为社会分工。生产分了工，就必然要通过交换来完成生产，这显然是一种社会合作。因此可以认为，分工与合作是同一事物的两个不同侧面。

南方农民种稻子，北方农民种小麦，他们可能会相互交换自己的产

---

① 比如第四章关于房价的案例分析，政府制定的税收结构具有一定的稳定性，人们的消费支出比例具有一定的稳定性，可以作为我们建模的立足点。

品。不过，生产大米的农民和生产小麦的农民可能事先并没有分工的意图，他们只是根据自己的生产环境和条件做出了生产某种产品的决策，这是一种无意识的分工。不过，现代经济中大量的分工更多的是有意识的分工。比如，陕西人平时并不喜欢吃苹果酱，但他们生产大量的苹果酱出口到国外；在具有一定规模的企业中，有人搞加工，有人搞营销，有人搞设计，这是典型的有组织、有计划的分工。无论每个生产者自己是否有明确的意识，分工是一个必然现象，是现代社会的一种最基本的生产方式。

分工是追求效率的结果。关于这一点，亚当·斯密在《国富论》中就有介绍：如果一个工人从事拉丝、切断、磨尖等所有工作，针的生产效率就非常低。如果一个工人只做拉丝，一个工人只做切断，一个工人只做磨尖，则针的生产效率就非常高。

前面提到生产与交换的同一性，从分工的角度更容易理解。有人从事生产或制造，有人从事流通或交易，这些不过是一种分工现象。至于人们应该把多少劳动配置到生产环节，多少劳动配置到流通环节，这是经济学关心的问题，却不是经济学应该回答的问题，经济学家只需观察资源配置的结果。在长期意义上，结果总是合理的，它是人们追求"最优选择"的结果。

4. 协同现象

有一个物理学实验，对我们理解个别效用与整体效用的差异可能有所启示。不同的摆锤都有自己固有的摆动频率，是由摆锤的重量、结构等因素决定的。当把几个摆锤安置在一起，形成一个大摆锤时，所有摆锤都不再按照原有的频率摆动，而是以一个相同的频率摆动。

每个摆锤原来都有自己"期望"摆动的频率，但是当大家在一起，每一个摆锤都要按照相同的频率摆动，这就是一种协同。这个共同的频率基本上是由"其他"摆锤的"意志"决定的，因为自己的影响力相对是很小的，尽管较大的摆锤对协同频率的影响作用可能大一些。

协同现象在自然界中普遍存在，在经济意义上，一价定律就是一种典型的协同现象。同一种产品对每个人的效用原本是不同的，但是在市场中，对于所有购买这种产品的人，产品的效用表现就是相同的。比如，一个人同意用一只羊交换一头猪，在一般情况下并不是因为他认为一只羊的效用（或边际效用）与一头猪的效用大致相等，而是因为市场上其他人都是用一只羊换一头猪。如果张三比李四喜欢吃猪肉，吃同样数量猪肉的效用大一倍，但每斤猪肉比李四多付 1 块钱，他绝不会因为吃猪肉而感到较多的满足。因此，一价定律并不是所有生产者销售一种产品的价格真的完全相同，因为他们的意志原本是不相同的。生产者之间每时每刻都在相互揣摩，相互比较；买方与卖方之间也都在不停地讨价还价。我们在整体水平上认为可以用一个数值来反映人们之间的这种互动的结果。

一般而言，对于市场中的任意两个消费者，张三和李四，均衡条件是相同的，都是式（5 - 13）给出的 $\frac{u_1}{p_1} = \frac{u_2}{p_2} = \frac{u_3}{p_3} = \ldots$ 。在市场上，二者面对的产品价格 p_1，p_2，p_3，…是相同的，因此，这些产品给二者带来效用的 u_1，u_2，u_3，…也应该是一样的。即我们观察到的任何一种产品，它对每个人的效用都是相同的。

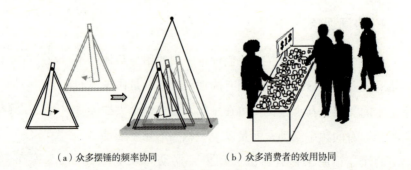

（a）众多摆锤的频率协同　　　　　（b）众多消费者的效用协同

图 5 - 3　协同现象

5. 一价定律

人们早就注意到，在一个特定的时期内，同一种产品在同一个市场上通常表现出只有一个价格。这就是所谓的"一价定律"。

为什么一种商品只能有一个价格？这显然是群体博弈的结果，是人们通过市场交流来表达自己的意志，同时又是调整自己的意志的结果，是一种协同现象。在销售一种产品时，每一个生产者都希望获得尽可能多的收入。如果看到张三能够以某个较高的价格销售，李四也会这样做。而每一个消费者都希望支付尽可能低的价格，如果看到王五能够以某个较低的价格买到商品，赵六也会向王五学。假如一种产品在市场上出现两个价格，以低价买到产品的人就可以把产品卖给愿意出高价购买的人，从而可以"不劳而获"，这违背了价值第一定律，在理论水平上是不可能的。

当然，"同一个市场"其实很难准确定义，在诸多因素中，地理空间上的差异是一个重要因素。即使在"同一个"地方，比如在一个服装批发市场，楼上与楼下，走道边与巷子里，也存在一定的差异，是有些"不同的"市场。更不用说省内与省外，国内与国外。市场的空间距离越近，博弈越激烈，价格越一致。国际贸易的空间距离较大，博弈相对不那么激烈，价格就有可能存在一定的差异。考虑到这些因素，一价定律一般表述为，忽略流通成本和其他障碍，同一种产品在不同地方市场上的价格总是相同的。当然，有一个条件是不能忽略的，就是每一个市场参与者都能够获得充分的价格信息。

我们也可以用效率法则来解释一价定律。不仅生产过程要付出劳动，讨价还价过程也需要付出劳动，识别交易伙伴的差异也需要付出劳动。如果要对不同的交易伙伴要求不同的价格，首先就要对这些交易伙伴进行区分，分别了解他们每个人的支付能力、对这种产品的偏好程度、从其他地方获得同类产品的可能性等等。这些活动将大大增加"交易成本"，因此，最有效的做法就是对所有购买者实行同一个价格。

一价定律常常被用来解释国际贸易。如果忽略运输成本和贸易壁垒，同一种商品在不同国家的市场上应该只有一个价格。因此，一种产品在不同国家如果原来的价格差异较大，通过国际贸易，这种商品的价格最终将趋于相同。

需要注意的是，一价定律是对交易现象的一种"宏观"表述。一种产品在市场上表现出一个价格，并不是说关于这种产品的任意一次交易的价格都是完全相同的，只是说这种产品的价格表现有一个相对稳定的水平。

此外，一价定律不仅适用于一般产品市场，在其他任何地方也都适用，比如在资本市场，在劳务市场，等等。因为一价定律的实质是"同工同酬"，即同样的劳动获得同样的收益。同样的商品在市场上有同样的售价不过是同工同酬的一种特定表现。

第四节　关于市场模型的几个基本问题

经济学家希望用一定的数学模型来描述市场，以求对市场的未来变化做出比较准确的预期，为经济决策提供参考。但许多市场模型并不成功，一个重要原因是忽视了模型的完备性，而忽视完备性的主要原因是对市场现象的观察不够全面，没有把必须考虑的因素纳入模型体系中。

1. 不可逆过程

一般的数学模型，都需要把函数定义为连续的。即使是不连续的事物，我们也要通过一定的技术处理，让它们在模型中连续起来。但许多人在构建经济模型时，常常忽视了我们到底能不能把相关经济变量的变化处理成连续的。

系统从一个状态演变到另一个状态需要经历一个时间和空间过程。如果返回原状态不会引起外部环境的改变，则称这样的过程是可逆过程。如果不能在不改变外部环境的条件下回到原状态，就称为不可逆过程。

不可逆过程的概念首先是在热力学中提出来的，比如摩擦现象、热机的运转等都是不可逆过程。但不可逆过程的意义适用于所有学科中的数学模型构建。我们在构建模型时，在许多情况下不自觉地假定事物的变化过程是连续的，但事实上是不能假设的，在构建模型时，我们首先要考虑所描述的运动过程是可逆的还是不可逆的。

宇宙中一般的过程都是不可逆过程。不过，有些过程可以近似认为是可逆的。比如钟摆从一边摆到另一边，再摆回来，不会改变周围的变化。

根据经验不难看到，绝大多数经济活动实际上都是不可逆过程。商品被生产出来，无法还原为原材料和未劳动时的人。吃了的饭，再吐出来时已经不是原来的饭，许多东西都改变了。

不可逆过程通常无法用一个确定的连续函数来表达。图中从 A 到 B 所经历某一路线，从 B 到 A 时一般不会沿着原路返回。甚至同样是从 A 到 B，在不同的环境条件下系统会走不同的路径（比如快慢不同）。

因此，不连续函数的往返过程通常表现为一个循环。内燃机等热机的动力学特性，就是用循环方法分析的。不过，特定热机有特定的汽缸和传动系统，在汽缸的约束下，活塞和传动系统运动的每次循环都是一样的，即使不能用一个确定的函数，我们也可以找到它的运动规律。经济活动不可能被约束在汽缸里，因此，经济循环是无规则的。

最典型的还是我们熟知的供给函数和需求函数。交易量与价格相关，提出供求模型似乎是有道理的。但两个元素或变量存在某种联系，并不等于存在一个能够描述它们之间确定关系的函数。交易量与价格的运动过程是不可逆的，这决定了描述价格与数量关系的函数是不存在的，准确地说是不确定的，有太多的可能性。

比如，图 5-4 中我们如果用 $f_1(x)$ 描述价格上升过程中某种产品交易量的变化，$f_2(x)$ 描述价格下降过程中交易量的变化，一般情况下，$f_1 \neq f_2$。不仅如此，下一次价格再上升时，$f_1(x)$ 又会发生变化，很可能不是以前的 $f_1(x)$。比如，第一次遇到石油涨价时，市场会做某种反应；第二次遇到石油价格上涨时，市场的反应不会与第一次完全相同。我们看

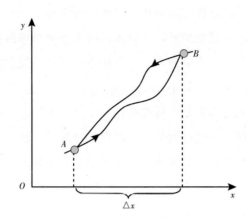

图 5 - 4 不可逆过程的数字意义

到，对于同一个问题，经济学家可以做出多种判断，经济活动过程的不可逆性也是一个重要原因。

经济活动过程不可逆的特点告诉我们一个非常残酷的结论，经济学中绝大多数探求连续函数模型的尝试都是徒劳的，无效的。众所周知，传统的动力学模型对于不可逆过程是不适用的，而经济学的边际分析方法是建立在传统动力学模型的思想基础上的。因此可以说，经济学中所有运用边际分析方法得出的结论都是不可靠的。从目前的情况看，解决不可逆过程相关问题，一元二分法是一个较好的选择。

2. 供求的相对性

供求模型是现代经济学普遍应用的一种基本模型。但从来没有人构建过一个与现实对应的供求模型。上面的分析已经指出，在数学水平上，连续的供给曲线和需求曲线都是不存在的。即使想用粗略的方法来刻画供求模型，也还有几个重要问题需要考虑。

在现代市场中购物，我们一般是用货币来支付，于是我们看到的都是产品与货币交换。然而我们知道，货币只是交换的媒介，并不是人们最终想要的东西。卖方把产品换成货币，这笔交易完成了，但这并不是完整的交换，得到货币并不是卖方的最终目的，最终目的是得到自己想要的产品。完整的交换是两种（或多种）产品的交换，或者是两种（多种）劳动的交换。传统的观察市场的方法，是把销售品的一方视为供给方，把支付货币的一方视为需求方，这样构建的模型是不完备的。完整的交换是两个生产者之间的交换，不是一个生产者与一个消费者的交换。一个消费者首先必须是生产者，才有可能是消费者。

设想市场上只有猪和羊两种产品，买猪的人之所以能够支付货币来买猪，是因为他此前卖了羊，得到了货币。显然，他是羊的生产者，猪的消费者。反过来也是一样，买羊的消费者是卖猪的生产者。这就是供给与需求的相对性：供给的一方仅在观察者所关注的地方是供给方，在观察者没有注意的地方，他实际上也是需求的一方。反之亦然，需求的一方实际上也是供给的一方。而构建模型不能只注意被观察系统的一个局部，忽视了其他更多的部分。

除了供给与需求的相对性，价格也是相对的。猪的价格需要用它能够兑换的羊的数量来表达，羊的价格则需要用它能够兑换的猪的数量来表达。参照供求模型的思维方式，供与求之间的相对性关系可以借助图5－5来解释。

我们用 X 和 Y 分别表示猪和羊的产量。图（a）中的 S_X 是猪的生产者的供给曲线，如果一定数量的猪能够兑换较多的羊，生产者就愿意生产更多的猪，这条曲线的形状与一般教科书中对供给曲线的描述大致一样。我们把羊设想为黄金，就容易理解羊的数量是猪的价格。图（b）中的 S_Y 是羊的生产者的供给曲线，我们把猪设想为黄金，也很容易理解其形状。图（c）是把图（a）和图（b）画在了一起。如果把猪的生产者作为供给方，羊的生产者就是需求方。羊的供给曲线表示羊的生产者能够购买的猪的数量，也就是猪的需求曲线。即：

$$D_X = S_Y \qquad\qquad (5-7)$$

把生产者和消费者分开来观察经济现象，结果很可能把事情搞得更复杂。

一种产品的供给，是另一种产品的需求；一种产品的需求是另一种产品的供给。一个生产者的供给，是另一个生产者的需求；一个生产者的需求，是另一个生产者的供给。

E 点是两个生产者供给曲线的交点，表示两个生产者的意愿一致，交易达成。这时羊与猪的产量和交换比例确定，我们通常说市场达到了"均衡"。

根据经验，在买卖合同的水平上，用于交换的猪和用于交换的羊在价值上总是相等的。不难想象，在总体水平上，供给和需求基本上应该是相等的[①]。即：

$$S \approx D \tag{5-8}$$

因此，古典经济学家萨伊的名言，"供给可以创造它自己的需求"，是有事实依据的，在总体水平上是正确的。供给与需求不相等应该只是偶然的情况。

要构建一元二分模型，把其中一种产品，比如羊，换成"所有产品"，该模型就是完备的。而所有产品的价值可以用货币来代表，因为货币可以与所有的产品进行兑换。

由上可以看出，猪的价值和羊的价值是同时决定的，表现在它们交换的时候。不难理解，供给量和供给价格与需求量和需求价格是同时决定的。因此，传统的分析方法，通过观察猪的需求和猪的供给来解释猪的价格形成，不去看羊的供求，显然是脱离实际的，所构建的模型根本不具有完备性。

如果一定要用供求模型来解释市场价格，就一定要把全部市场视为一个整体，把"一种产品"作为市场的一部分。比如，要观察猪的市场，可以把所有其他产品作为"羊"，构建一个相对供求模型或一元论供求模型，使模型具有一定的完备性。

[①] 这里说"基本相等"，主要是因为在以价值存量为基础统计价值流量的过程中可能出现小的差异，第六章第三节对此有进一步的分析。

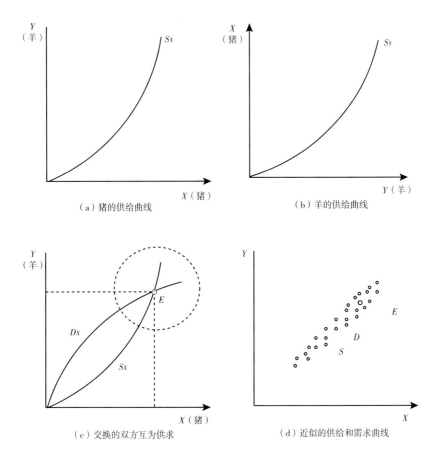

图 5－5　相对供求模型

3. 分工与技术的作用

相对供求模型似乎对现有的供求模型是一个改进或支持，但它的成立其实还有一个隐含的假设——生产者不能自由选择。即猪的生产者不能改行生产羊，羊的生产者不能改行生产猪，前面的猪与羊的交换是在此基础上进行的。在自由市场，或者说在现实当中，生产者是可以自由选择生产猪还是生产羊的。

这里有必要回顾一下古典经济学家关于劳动时间决定产品价值的思

想。在劳动者个人技术水平差距可以忽略的情况下，如果生产一头猪、一只羊所需要的工时相等，那么市场上猪与羊的交换比例（平均值）就一定的1:1。如果出现了一只羊可以交换到多于一头猪的情况，则由生产者的趋利性所决定，一些猪的生产者就会改行生产羊，直到同样时间的劳动付出得到同样价值的产品（在忽略产权制度的条件下），并且不可能得到更多①。这种竞争与分工的机制决定了我们必须把猪和羊的生产者视为一个整体，即猪（羊）的生产者就的猪（羊）的需求者自己。或者说供给者同时又是需求者，需求者同时又是供给者。于是我们会发现，猪与羊的交换比例或市场价格最终是由生产技术决定的，与供求无关。如果有一种技术可以让一个人每天生产出100只羊，而现有技术每天只能生产1头猪，则1头猪的价格应当是100只羊（忽略其他成本因素）。

显然，决定产品交换比例——也就是产品价格的主要因素是生产技术水平，而技术水平的背后是劳动量。技术水平"高"的产业，一定数量产品中所含的劳动量较少，价格就低。技术水平"低"的产业，一定数量产品所含的劳动量较大，价格就高。供求关系的影响作用远远不能与之相比。或者说产品价值在长期水平上是由技术水平决定的，供求关系充其量只能产生短期影响。比如，黄金的价格主要依赖于人们生产黄金的技术能力。据说地球上有60万亿吨黄金，假如有一天我们的采金技术突然大幅提高，则毫无疑问，黄金的价格很快就会大幅下跌。

4. 价值决定与价值波动

虽然技术和劳动量是决定价值的基本因素，但其他因素的作用是不能否定的。尤其是在短期内，它们的作用可能比较明显。此外，虽然技术水平在总体上相对稳定，但是在局部市场可能会相当不稳定。因此，传统的从供求关系变化的角度解释市场价格的变化还是有一定意义的。不过，这

---

① 这也是我们所讲的机会成本就是市场价格的意义。任何一个生产者既可以选择生产猪，也可以选择生产羊。尽管每一个生产者个人选择时需要考虑自己的特长或"禀赋"，但对于市场整体而言，猪的机会成本就是同样的生产时间里所能生产的羊。

时我们所观察的价格变化是短期变化，是在一定条件下的变化，只能认为是价格波动。

从图 5 – 5 可以看到，用传统的供求模型来解释供求关系对价格的影响作用，只是相对供求模型中的一小部分，即图 5 – 5（c）中虚线圆中的那部分。根据一元二分法，我们只需用货币数量来代表"另一种商品"或所有其他产品，模型就在一定程度上具有了完备性。

如图 5 – 6 所示，横坐标是所观察商品的数量，纵坐标是货币的数量，可以代表"所有其他商品"的数量。需求曲线 D 表示商品的需求量随着价格的上升会减少，供给曲线 S 表示商品的供给量会随着价格的上升而增加。买方与卖方达成交易的条件是双方接受了相同的交易价格和交易数量，这个位置就是图中供给曲线与需求曲线的交点（见图 5 – 6）。

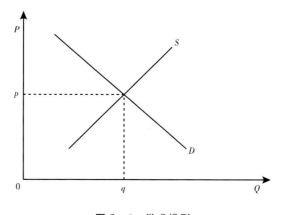

图 5 – 6　供求模型

以猪肉市场为例，当一个时期猪肉的价格较高时，饲养者可能会增加生猪的生产。但是当他们的生猪上市时，可能由于产量太大而遭遇销售困难，结果不得不降价。于是下一个时期他们可能减少生产，而当生猪上市时可能由于产量太少而可以卖出较高的价格。如图 5 – 7 所示，线段 a 表示由于前一个时期价格高而增加供给的过程，b 表示由于供给量过大而降价的过程，c 表示由于价格过低而减少供给量的过程。这些过程不断循环，绘出的图像看起来很像蛛网，因而称为蛛网模型。

可以看到，当市场价格上升时，买方与卖方沿着某一条路径达到交易量的"均衡"；而当市场价格降低时，买方与卖方并不沿着原来的路径达到新的"均衡"。当产量增加时，买方与卖方沿着某一条路径达到价格的"均衡"；而当产量降低时，市场并不沿着原来的路径达到价格的均衡。这就是市场活动不可逆性的表现。不可逆过程的一个重要意义是，市场活动过程不可能用一个确定的函数来刻画。因此，人们常常采用概率的方法来处理相关问题。

蛛网模型的一个宏观表现是所谓的"菲利普斯环"。经济学家菲利普斯（A. Phillips）研究发现，在一个相当长的时期内，英国工资的变化率与失业率之间存在负相关关系。菲利普斯的方法被用来描述一般物价水平与失业率之间的关系，被称为"菲利普斯曲线"。不过，后来经过更为长时间的观察，人们发现物价水平与失业率之间并不是稳定的负相关关系，而是像图 5-7 那样的循环，称为菲利普斯环。工资水平或物价水平可以用图中的纵坐标表示，失业率背后反映的是经济总体的产量水平，可以用图中的横坐标表示。因此，菲利普斯环也可以用供求模型来解释，它实际上也是一个蛛网模型的表现。

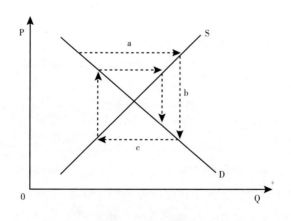

图 5-7　蛛网模型

一般认为，蛛网模型是对供给－需求模型的可应用性的一个支持，但实际上它是对供给－需求模型的一个否定。它在实践水平上揭示了市场活动的不可逆性，揭示了供给曲线和需求曲线的不确定性或不存在性。实际上，从来没有一个经济学家绘出过一条符合实际的供给或需求曲线。供求模型只能对价值波动而不是价值决定做出有限的和定性的解释。

5. 一般均衡与动态均衡

"一般均衡"概念是法国经济学家瓦尔拉斯（L. Walras）在1874年提出的。他认为，每一种商品的价格都应该有一个确定值或均衡值，当所有商品的价格都达到自己的均衡值时，整个经济体系就达到均衡状态，这显然是一种从个体到整体的全面均衡（General Equilibrium）。之后许多经济学家曾经沿着这个思路去探讨商品的价格到底是如何决定的以及一般均衡如何才能实现，比如如何拍卖商品，需要哪些条件等。不过，经济学家的相关研究至今也没有达成一致，因为人们发现实现"一般均衡"所需要的条件太多。比如，人们先是提出了所有市场参与者掌握完全的市场信息，要求经济中不存在不确定因素，人们不会因此而贮藏货币，要求不存在虚假交易，等等。后来又补充了规模报酬不变，没有外部性等更为严格的要求。这些假设显然是完全脱离了实际，既然不符合实际，或者说现实世界不可能具备这些条件，我们应该抛弃这些假设。

我们都是在一定的系统层次背景下，对事物的微观观察与宏观观察本来就不是一回事，或者说不是同一个对象。在微观水平上，对于任何产品，它的任意一次成交价格都是偶然形成的，是个别的现象，不存在一个统一的价格。对于任何一种商品，并非所有人都是按照同一个价格进行交换。即使在商场可以看到同一种产品只有一个标价，那也只是全部市场的一个局部。显然，"均衡"概念在微观水平是不存在的。

首先，我们说某种商品有一个确定的市场价格，从来没有说任何参与者都是严格地按照这个价格达成了交易，而是指大量的交易在总体上是按照这个价格达成的，价格或价值原本就是一个宏观值或平均值。比如，我们说一条河有一个正常水位，并不是说这条河面上每一个地方的水位都完全一样。我们说一个水池中的水是静止的或均衡的，是指每一部分水都不向其他位置流动，并不是说水中所有的水分子都是静止不动的。水体在宏观水平上的均衡与否与水分子运动的均衡根本不是一个层次的问题。要求每一种产品的交易价格完全确定以使经济体系达到均衡，如同要求水分子停止运动而使水体达到均衡一样，显然是"闭门造车"的产物。

一些经济学家设想以拍卖的方式寻找"均衡的"成交价，但拍卖这种博弈方式显然不具有普遍性。并且无论是拍卖还是一般的讨价还价，买卖互动不是局部的，而是总体的，需要所有其他产品的信息；不是一次性的，而是持续性的，不断产生新的信息。假设参与者掌握"完全信息"也是不够的，因为再有能力的参与者也不可能掌握还没有发生的信息。

另一方面，根据基本的价值原理我们知道，商品的交换只是经济活动的表象，真正的交换应该是两种劳动的交换，或两种产权的交换。在市场上，我们可以看到张三和李四同样花2元钱买到一块面包，但我们可能看不到他们为得到这2元钱所付出的劳动是不同的。显然，价值均衡的背后是劳动配置的均衡，生产者只能在日常生活中以比较博弈方式和不断试错的方式寻找"均衡"，每个生产者只能找到局部的、自己的"均衡"。即每个博弈者与邻近的其他博弈者之间相对均衡，同样的劳动付出获得同样的劳动报酬，同样的资本投入获得同样的资本报酬。即使个人的交易价格与"市场价格"有所偏离，他们通常也不会认为自己的交易价格不是"均衡价格"。

如果我们觉得"一般均衡"这个术语比较符合我们观察问题的需要，则只能把它定义为总体均衡。这种均衡是一个协同现象，即外部环境稳定条件下市场上各种产品销售量和销售价格所表现出来的特征值，或者说是一种动态均衡。这种均衡是不可能用供求关系来解释的，因为在协同过程中，每个人都是供给方，同时也是需求方。

其实，"均衡"概念在许多学科都有应用，其真实含义是"总体均衡"，不是个别均衡。比如，每一个水分子都在不停地运动，当整体上一群水分子的运动处于某一范围时，比如在一个水池里，我们说这部分水体处于均衡状态。如果我们观察玉米的价格，不同地点，不同的交易者，不同的时段，价格的表现不可能是完全一样的。但如果这些个别价格处于一定范围，我们就可以说玉米的价格达到了某一均衡位置。而不是说每一个人、每一时间段、每一场合购买或销售的价格是完全一样的。类似地，当我们说产业结构是稳定的，并不是说没有农业生产者改行从事工业生产，也没有工业企业改行从事农业生产，只要在我们所选择的观察期内，退出农业（工业）生产与进入农业（工业）生产的行为不影响农业的总体生产规模，就可以认为产业结构达到了"均衡"。

从这些例子中不难看出，均衡概念的提出一般会涉及两个系统层次。现实当中系统的层次虽然是无穷多的，我们在处理具体问题时，一般只涉及两个系统层次，一个称为微观层次，另一个称为宏观层次。"均衡"是宏观层次或总体水平的概念，它不要求微观水平的均衡。

一个与"动态均衡"类似的概念是所谓"稳态"，在动力学模型中常常使用。稳态也不要求微观元素都是稳定的或不变的，而是要求个别元素的变动不影响它们的总体表现。比如，河水的流动如果可以使水位保持在一定的水平，水的流动就可以认为处于稳态。经济增长速度如果大致处于一个稳定的水平，我们就可以说经济增长是稳定的。我们说一个社会是稳定的，并不是说不存在任何社会矛盾，而是说社会整体上是稳定的。

不过，人们总喜欢刨根问底。当一种产品的市场价格处于"均衡"水平，有人可能会追问：为什么它会处于这一水平。前面提到一价定律，为什么在一个市场中一种产品只有一个价格。根据效用最大化假设，每个人都希望自己得到最大利益。如果人们处于同一个市场，在特定的时期内，一个人的利益最大化必然导致其他人利益非最大化，甚至有人可能出现损失最大化，这与效用最大化原理是矛盾的。避免矛盾的唯一可能性，是大家都没有实现利益最大化，或者大家都实现了利益最大化，没有人有损失，也没有人获得更多的利益——这意味着"最优"概念在宏观水平失去意义。这种状态就是总体均衡状态——我们虽然不能说它与微观均衡没有一点关系，但它与微观均衡没有直接联系，更不能用微观均衡来定义宏观均衡。

第五节 应用案例

1. 供求模型为什么不好用

供求模型是经济学中非常流行的一种分析工具。不过，多少年来，从来没有过一个经济学家绘出过一个真实的供求模型，自然也没有人真正运用供求模型解决实际问题。在许多研究中，人们却常常拿出供求模型来解释问题。我们已经指出，不可逆过程决定了供给和需求曲线实际上并不存在。认真观察还可以发现，供求模型实际上只是反映了我们对市场观察的部分经验，不是全部经验。比如，当一种产品的价格上涨时，销售量常常是下降的，但并不完全排除销售量增加的可能性。供求模型选择性地总结我们的经验，当然是错误的。相比我们已经知道的经验，供求模型不会告诉我们更多。

供求模型的缺陷主要表现在以下几个方面。

第一，供求模型只观察一种产品，不观察其他产品，而价格概念在观察两种以上的产品时才有意义。供求模型通常表现为一种产品的数量与价格的函数，由于没有其他产品作交换，所谓产品的价格就缺少了一个稳定的参照物，"供"与"求"没有确定的立足点。

第二，供求模型是一个循环论证模型。由于价格没有参照依据，供求模型只能用循环论证的方法自己证明自己。首先要假设供给量和需求量分别由价格决定，得到供给曲线和需求曲线存在。然后再让供给曲线和需求曲线来决定价格。结果，循环论证能告诉我们的东西并不能比我们已知的东西更多[①]。

其实，所谓"供给"不过是一种产品的生产，而"需求"必须是另

---

① 比如蛛网模型所描述的价格波动，在构建模型之前，实际上我们已经知道价格波动的原因是生产者的产量计划与市场需求量不一致造成的，模型能够告诉我们的大致上还是我们原来已知的，其真正的作用大概只是把我们的经验用一种比较规范的方式描述出来。

一种产品的生产。当一个牧民在市场上买粮食时，我们说他是消费者，买方，忘记了他是羊的生产者，他卖掉羊之后才能称为消费者或买方。而卖粮食的农民不只是卖粮食，他在收到钱后还要去买羊或其他产品，他也是一个消费者。只观察交换中的一个环节而不是全部，不可能看清楚价值到底是如何决定的。

第三，供求模型没有考虑市场活动的不可逆性。经济活动是一种不可逆过程，我们无法用连续函数描述这种过程。价格上涨与价格下降时，市场的反映不是对称的。像"价格弹性"等一些变量都具有很大的不确定性。蛛网模型、菲利普斯环等一些经验性观察结果都是不可逆过程的典型表现。

第四，供求模型是一个不完备模型。众所周知，影响供给量和需求量的因素很多，除了价格以外，收入水平、收入结构、知识结构、宗教信仰以及需求偏好等都会对供给和需求产生影响。即使我们不能同时考虑所有这些因素，在最简单的水平上进行观察，生产者不是为了价格而供给，而是为了利润而供给。消费者不是为了价格而需求，而是为了效用而需求。

根据实践观察，当一种产品的价格上涨时，其销售量在大多数情况下可能减少，但是在少数情况下也可能上升。于是，供求模型就选择采用前一种经验，而放弃使用后一种经验。在经验水平上，生产者是可以选择的，有人可能选择前者，有人可能选择后者；但是在理论水平上，科学是没得选择的，因为真理是唯一的。

在非常粗略的情况下，比如在极小的时空中，我们可以近似认为"其他条件"是不变的，只有价格的变化会引起交易量的变化。当一种商品的销售价格上升时，人们会减少对这种商品的购买量。如果说供求模型还有一点意义的话，当然，它可以给市场参与者一个非常粗略的指引，名义上可以是定量的，实际上只能达到定性水平。

第五，价值是劳动创造的，不是供求创造的。这是一个根本性的问题，它决定了供求模型充其量只能研究价值波动问题，不能解决价值决定问题。

指出供求模型缺陷的意义，不限于只是批评这一种模型，而是想提示我们，在构建任何经济学模型时，都必须考虑模型的完备性，运动过程的可逆性。另一方面，也不是说要完全拒绝供求模型，至少在经验水平上和定性水平上，供求模型可以给我们提供一定的帮助。

2. "丰收悖论"的产权分析模型

既然供求模型不好用，我们还有什么更有效的模型呢？当然是一元论的价值结构模型。在一定条件下可以假设商品篮子中产品结构是稳定的，这表现为经济产权的稳定性。把需要观察的产品作为"一种"产品，把其他产品作为"另一种"产品。价格与产量的乘积 $P \cdot Q$ 就是这种产品的产权总量。如果它在全部商品篮子中的比重比较稳定，就可以运用产权方法。

以所谓"丰收悖论"为例，谷物增产时为什么价格会下跌，减产时价格上涨，可以用产权模型来解释。忽略农业技术进步的影响，谷物的增产和减产主要是自然界的影响，农民们所付出的劳动量并没有显著的变化。因此，农民们所获得的经济产权也不应该有大的变化。或者说，在"一定时期内"，谷物产权在经济总量的比重相对稳定。

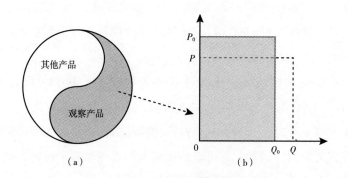

图 5-8　产权模型的意义

如图 5-8（a）所示，"正常"情况下，从事谷物生产的农民的收入在社会总收入中占有一定的比重，我们用"观察产品"来表示。在没有显著的技术变革的情况下，这个比重应该是相对稳定的。如果一个地区正常年景的谷物价格和产量分别是 P_0 和 Q_0，在观察期的价格和产量分别是 P 和 Q，则应该有

$$P \cdot Q = P_0 \cdot Q_0 \qquad\qquad (5-19)$$

或

$$P = \frac{P_0 Q_0}{Q} \qquad\qquad (5-20)$$

即价格与产量成反比。谷物增产时，价格会上涨相应的比例，谷物减产时，价格会下跌相应的比例。

当然，现实当中的影响因素很多，在一定时期内，有些产品的需要是"刚性的"，有些则有较多的可替代产品，国家的储备措施和储备状况、货币政策、经济周期等因素都可能产生影响。因此，现实当中谷物价格的上涨比例与减产比例并不完全相等。

不难看出，产权模型比供求模型更加具体，更加实用。实际也是这样，没有人会用供求模型去估计谷物的价格变化。相比而言，以产权模型为基础，根据其他因素的影响进行适当调整，所得出的判断更为可靠。

需要注意的是，在选择"一种"产品时，必须注意这种产品与其他产品之间的实际关系，应当"物以类聚"，最终还是为了模型的完备性。比如，在投资的水平上，黄金、白银的保值作用非常相似，可以视为"一种"产品（可以用存量计算）；在生活需要的水平上，住房是一类其他产品无法替代的产品，买房与租房可以视为"一种"产品（可以用流量计算）。所有食品可以视为一种产品，如果想更具体地观察，可以把谷物和饮料视为不同产品。不过，这样划分出来的商品篮子，其结构的稳定性就差一些。

3. 拇指法则的理论基础

生产者追求利润最大化的一个关于生产者行为的基本假设。关于利润

最大化的条件，许多教科书都运用了边际分析方法加以解释。其基本思路大致是这样的：假设利润是总收入与总成本之差。

$$\psi = TR - TC \qquad\qquad (5-21)$$

根据数学知识，利润最大化的条件是：

$$\text{Max } \psi = \psi \mid_{MR-MC=0} \qquad\qquad (5-22)$$

其中 TR、TC 分别是总收入和总成本，MR、MC 分别是边际收入和边际成本。与 $MR = MC$ 相对应的生产规模可以获得最大利润。

相关分析看起来非常完美，但现实当中根本没有人用这种看似科学的方法来安排生产计划。萨缪尔森（Samuelson，1999）① 注意到了这个问题，但并不认为是理论有问题。他的解释是，获取关于 TR、TC 等方面的信息所需要支付的调研成本太高，所以企业难以做到。现实当中生产者定价大都是按照成本加成的方法定价，即在生产成本的基础上加上自己应得的报酬即可（Samuelson，1999）。这就是所谓的"拇指法则"。但拇指法则的理论依据是什么，无论是萨缪尔森还是其他经济学家都没有告诉我们。

其实，这种拇指法则不过是一价定律的一个简单应用。一价定律中的"价"在这里是劳动的价值，因为产品价值的实质是劳动的价值。在竞争的市场中，如果某一产业获得的利润较高，其他利润较低产业的生产者就会放弃原来的生产，进入这个利润较高的产业；反之亦然。因此，在长期意义上，所有生产者的利润率——也就是他们的劳动的增加值——应该近似相等。因此，"成本加成"这种定价法则对所有行业的所有生产者都是有效的，在销售产品时，他们只需在投入成本的基础上加上自己的劳动价值。当然，在短期，在一些特殊情况下，生产者的"加成"量并不是固定不变的。比如产品技术和质量水平的差异、生产者市场机遇的差异、营销技巧的差异等因素也会影响产品的定价，但这些只能按特殊情况来看待，并不能改变一价定律的一般正确性。

---

① 当然还有其他一些专家。

另一方面，我们在第四节指出了市场活动过程具有不可逆性，这决定了式（5－21）所描述的函数不是一个连续函数。尽管销售额和成本都是可以观测的，但这个函数的导数是不存在的（确切地说是无穷多的）。在这种情况下运用边际分析方法本身就是不科学的。

4. 市场经济与计划经济

我国在中共十一届三中全会后提出改革开放，一方面是希望与外部世界建立密切的经济联系，另一方面是看到了市场经济相比计划经济的优越性。不过，人们对市场经济与计划经济区别的认识，在许多情况下还是看表面、看形式。这里我们从制度层面再做一些分析。

我们对市场经济的一般理解是，劳动者或企业自由决定自己的经济活动，比如决定生产什么、如何生产以及如何制定销售价格等等。相对而言，对"计划经济"一般理解是指由政府制定指令性的经济活动计划，包括生产、流通和分配。不过，这些认识基本上是形式上的观察，在本质上，市场经济与计划经济的区别在于劳动者产权制度的差异。

认为计划经济是由政府制定生产计划和分配计划，这在事实上并不准确。从操作层面上看，靠几个政府高官是不可能制定宏大的经济计划的。虽然有一些生产项目是由上层管理部门直接给企业下达的，但更一般的情况是，首先由每个企业或基层部门提出自己的生产计划，向本地的行业主管部门报告，经审查后再向更高一级的管理部门报告。如此层层报批，最后形成的生产计划给我们的感觉是政府制定的。而实际上，政府管理部门的主要工作是审批生产计划。显然，计划经济更本质的特点是审批经济，就是生产者想做什么，需要经过政府同意。

不仅生产计划是审批的，分配计划以及企业的经营范围也都是审批的，而经营权的审批常常具有更重要的意义。在公平的意义上，每一个劳动者都有权自由选择自己愿意生产什么产品，消费什么产品，与谁交换，如何交换，等等。如果一个劳动者想从事什么行业的劳动都需要经过审批，他的劳动权就受到了限制。比如，一个企业能不能从事石油的经销，能不能办一家银行，不是由企业自己决定的，而是由政府决定的。这才是计划经济的实质，政府决定生产者能不能从事某种劳动，尽管政府并没有为生产者制定生产计划。

相比之下可以看到，市场经济就是企业自己决定自己生产什么，不需要经过政府同意。想生产服装就生产服装，想制造通信设备就制造通信设备。把劳动的选择权交给公众自己，这才是市场经济的实质。在市场管理方面，它表现为登记制——一个企业想做什么，在管理部门登记即可。只要不危害其他劳动者，任何企业的任何市场活动都不应该受到限制。显然，市场经济就是民主经济或民权经济，而非市场经济就是限制民权经济。

当然，对一些特殊的行业实行比较严格的管制是有必要的，比如一些高技术军工产品、通信、医疗、烟草行业等等。但这些管理虽然在形式上由政府主管，实际上是根据一定的法律法规执行的。法律在一般情况下代表了公众的意志，并且作为公众代理的公务员在主观上一般也是倾向于维护公众利益的。问题的关键是公众的大多数实务应该由自己决定，不应该由他们的代理人决定，所以限制经营权的产业应当控制在尽可能小的范围内。同时，这些限制应该尽可能以法律规则和技术标准为门槛，而不是以官员的主观判断为门槛。我们常常说市场经济是"大市场，小政府"，这里的"大"与"小"主要标准是看政府权力与市场权力的大小，而政府组织的规模大小只是形式上的问题。

5. 中国股市怎样才能成熟

在谈论股市中存在的问题时，人们常说我国的股市还不够成熟。我国股市只有 20 多年的历史，远不能和发达国家的股市历史相比。谈论得比较多的问题有：许多上市公司长期不分红，或分红比例极小，股息收入远低于银行存款利率；上市公司市盈率在较长的时间内偏高，投资的理论回报率很低；股民购买股票的主要动机是投机而不是投资；退市制度不合理以及一些上市公司信息披露不够真实和及时；等等。不过，问题的存在与股市的成长时间并不存在必然的联系，许多专业人士提出的改革建议并没有与时间相联系。

其实，解决所有这些问题，一个最简单有效的办法是股市规模的扩大。当股市的规模足够大时，许多所谓不成熟的现象都会消失，这就是"大股市原理"①。

根据一元论思想，经济中的全部企业可以分为两部分，上市公司和非上市公司。我们的投资也相应地分为两部分，购买上市公司股权和购买非上市公司的产权，从中获得回报。所有这些回报只有一个共同的来源——经济增长。人们愿意购买上市公司的产权，是因为上市公司信息透明，我们可以比较清楚地看到我们的投资风险。但风险还是存在的，这部分投资可以称为高风险投资。不大愿意购买非上市公司的股权，是因为没有足够的时间和精力去把握投资风险。在许多情况下，我们是简单地把钱存入银行，或购买债券等风险比较低的产权，也就是非上市公司的产权。这部分投资也可以称为低风险投资。尽管我们自己没有直接投资于非上市公司，但这些钱还是被人用了，通过银行或其他债务人。这种投资虽然不是买股票，但投资的性质是相同的，它为我们提供了利息来源。一般情况下，高风险投资与低风险投资存在一个相对稳定的比例。当上市公司数量较少时，一定数量的高风险资金会把股价顶得很高。于是，企业根本不用担心不分红股票就卖不出去，股价当然也就很高。当上市公司数量足够多时——一个极端情况是所有企业都是上市公司，我们自己去买上市公司的股票与我们通过银行投资上市公司的收益来源是相同的，都是经济系统中的所有公司。因此，两种投资的收益率应该是相同的，即上市公司分红与银行利率水平在理论上应该是相同的。如此，上市公司"铁公鸡"现象必然会消失，股息率必然会提高，市盈率过高的情况也会消失。用一价定律来解释，就是投资收益率处处相等，无论是投资上市公司还是投资非上市公司，是投资债券还是存银行，平均收益率的差别都不会像现在那么大。

---

① 参见本章参考文献［2］。

什么时候上市公司的数量才是"足够大"呢？经济中的货币流通数量，上市公司的股本数量或资金规模当然可以作为基本的判断依据。可以观察总流通市值与 GDP 的比值。如果这个比值接近发达国家水平，股市自然就成熟了，因为市场有天然的自组织能力，可以"自行"解决绝大多数问题。

不过，成熟的上市制度才是决定股市合理规模的实质性条件。一个企业能不能上市，除了企业自身的意愿，目前还需要经过证监会的审批。虽然名义上是核准，实际上对上市公司的行业性质、上市公司的数量、上市时间等都有一定的主观调控。真正成熟的市场经济，应该实行登记制，许多技术性要求可以由交易所来管理，政府只需要监督上市企业是否严格遵守了信息公开和信息真实等规则。如果真正实行公司上市登记制，上市企业的数量和规模与不上市企业的数量和规模是市场自己决定的，无论实际规模是多大，它就是一个"足够大"的规模，相应的股市就是一个成熟的股市。

本章参考文献

［1］ Samuelson P. A. & Nordhaus，W. D.，*Microeconomics*，华夏出版社，1999.

［2］ 邓宏：《原理与对策——浅议我国股市的未来发展》，《时代经贸》（下旬），2008 年第 19 期，第 162～163 页。

第六章　不同视角的价值观察

观察价值现象的视角可以是多层面的，比如微观视角、宏观视角、国内视角、国际视角、流量视角、存量视角等等。在观察具体问题时，必须清楚自己的立足点，才能在相应的层面构建恰当的一元论模型。

第一节　价值结构

1. 产品结构和产业结构

产品结构和产业结构是两个常用的价值结构概念。产品结构是指主体所生产的不同产品之间的价值比例关系或权重关系。比如一个国家或一个地区所生产的各种产品的构成；一个企业所生产的各类产品的结构关系。产业结构意义也基本相似，是指与某类产品相关的生产部门与其他生产部门之间的相对地位或价值比例关系。

如何划分产品结构或产业结构，研究者可以根据自己的研究目的进行选择。我们这里想强调的是产品结构所构成的空间的完备性。提出一种产品结构或产业结构，实际上是构建了一个描述产品之间关系的模型。现实当中，由于划分产品种类通常是根据产品的用途、材料、技术特性等一些具体属性，可能会出现一种产品既可能属于某一类产品，同时又可能属于另一类产品的情况。如果是构建理论模型，如同我们在第二章讲到的，不允许这种情况出现。

具体而言，假设 y 是总产出，我们把全部产出分为 n 种产品，x_1，x_2，…，x_n，则有

$$\sum_{i=1}^{n} x_i = y \quad , \quad n \geq 2 \qquad (6-1)$$

其中，$x_i \notin x_j$ 当 $i \neq j$。

比如，我们可以把全部社会产品分为消费品与资本品，模型中不存在其他产品，并且资本品与消费品不能有重合的情况。我们也可以把整个经济分为第一产业、第二产业、第三产业，三次产业不能有相互交叉的情况。这样，价值结构模型就具有了完备性。

2. 资本的报酬与劳动的报酬

第三章我们已经提到，资本虽然不能直接创造财富，但由于它可以帮助生产者提高劳动效率，社会也允许它的所有者获得一定的报酬。从历史的角度观察，资本是前期的劳动成果，资本的报酬也可以视为前期劳动的延续报酬或"按揭"报酬。而当我们说"劳动报酬"时，实际上是指对观察期内发生的劳动的报酬。显然，资本的报酬是观察期之前发生的劳动的报酬。无论是劳动报酬还是资本报酬，都来自社会所生产的产品。到底劳动获得多少报酬，资本获得多少报酬，也是一个重要的价值结构指标。

我们的制度决定了劳动的付出者有权获得一定数量的社会产品，另一部分社会产品由资本的所有者获得。前者可以称为劳动产权，后者可以称为非劳动产权。不靠劳动就能分配到一定的报酬，这种权利主要依赖于资本，当然也不完全是资本，比如专利权、继承权、一些特许权、社会救济等等。不过，我们暂时不考虑这些特殊情况，只分析资本报酬与劳动报酬的关系。

权利的多少是在生产性博弈或竞争中形成的。我们用"土地"代表

一般的资本来认识一下这种关系。

假设在一块土地上耕种的产值是 y_1，地主收的租金是 αy_1，佃农得到的报酬是 βy_1，我们有：

$$y_1 = \alpha y_1 + \beta y_1 \quad , \quad \alpha + \beta = 1 \qquad\qquad (6-2)$$

"佃农"在这里代表一般的劳动者，他们当然还有其他选择。比如，假设他们也会生产草鞋，可能的产值是 y_2（假设生产草鞋不需要资本投入），则佃农在租用地主的土地生产粮食与自己生产草鞋两种生产活动中选择。显然，当生产草鞋与租种粮食的报酬相等时，市场达到平衡。即这时有

$$y_2 = \beta y_1 \qquad\qquad (6-3)$$

佃农所获得的报酬是劳动报酬。地主没有付出任何劳动，所获得的报酬是非劳动报酬或资本报酬，其数额为 αy_1。

现实当中，劳动报酬与非劳动报酬不一定这么容易清楚地区分。比如，地主或资本家的全部报酬中同时可能含有他们劳动的报酬和资本报酬。在管理企业的过程中，脑力和体力的付出都是劳动。为了更一般地描述劳动报酬与资本报酬之间的关系，我们提出"纯产权报酬"的概念。任何人最终得到的报酬，都包含了劳动报酬与纯产权报酬两部分。所谓纯产权报酬，是指排除了劳动的贡献的报酬。比如，资本家的全部收入中，有一部分应该算作劳动报酬，此外的一部分才是纯粹依赖资本获得的报酬。相应地，我们平时所说的"劳动报酬"实际上是指"纯"劳动报酬。

在现实当中，劳动量可以忽略的资本报酬可以视为纯产权报酬。比如把钱存入银行，忽略跑腿到银行的劳动，存款利息就是纯产权报酬。一个企业老板，如何计算纯产权报酬难度大一些，我们可以把他的收入中高于一般企业老板收入的部分视为纯产权报酬。一个失业者，得到的失业救济金显然也是纯产权报酬，因为在观察期内他没有付出劳动。

区分纯劳动报酬与纯产权报酬，有助于理解分配的意义。经济总是在把多少社会产品分配给真正的劳动以及把多少社会产品分配给纯产权之间进行权衡，以求达到最高的效率。

出口退税对出口有刺激作用吗？

我们知道，许多国家都制定有出口退税政策，退税可以降低出口商的成本，对相关产品的出口起到促进作用。但是，许多人常常会忽视这种政策的再分配作用。当政府调节某种产品的出口退税水平时，比如把纺织品的退税税率从10%增加到13%，出口企业会立刻把出口产品价格降低3%，他们根本不会因为退税增加而试图提高一点利润率。

为什么是这样？从经验上看，是竞争使然。不愿意降价的企业必然会由于其他企业降价而失去市场。从理论上看，是劳动对价值的决定作用使然。因为出口企业付出的劳动并不会因为政策的调整而发生变化，它们的利润价值也不应该有变化。即使政府想增加它们的报酬，市场也不会允许它们获得更多的报酬。这就是市场经济"按劳分配"的调节原则，也是效率法则的一个表现。

显然，出口退税的真正作用，主要是调节产品的进出口结构。对纺织品产品生产者更多的退税，意味着对其他产品生产者更多的负担。结果，纺织品在市场中的比重可能增加。对"高技术产业"的支持，意味着对其他产业的不支持，有助于增加高技术产品的比重。

3. 价值的分配结构

其实，我们对许多经济现象的观察都是从价值结构的角度入手的。除了前面提到的产品结构、产业结构，还有分配结构、税收结构、消费支出结构等等。可以说价值结构问题是经济学中最普遍和最基本的问题。

关于分配结构，我们在第一章已经提出了一个基本原理，即社会产品分配的不平均原理。每个社会成员相对于其他社会成员的分配状况，是在分配角度观察到的价值结构。描述这种价值结构的一个基本方法是洛伦茨曲线。不过，洛伦茨曲线意义虽然比较明确，但表述起来还是麻烦了点。描述分配状况的一种更为简单的方法是所谓基尼系数，它是在得到洛伦茨曲线的基础上，用图 1 - 5 中扇形 A 的面积除以三角形 A + B 的面积得到。

一般认为，基尼系数在 0.3 上下是比较合理的。如果超过了 0.4，贫富差距问题就比较严重了。

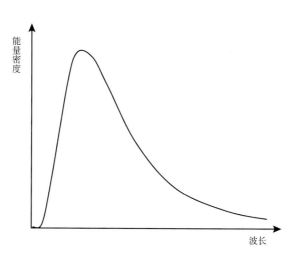

图 6 - 1　黑体辐射的能量分布特征图

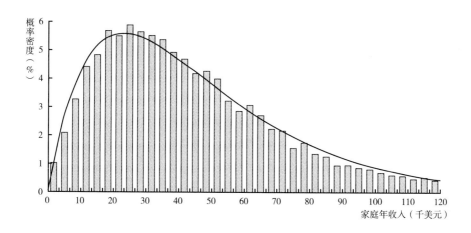

图 6 - 2　美国家庭收入分布状况*

　　资料来源：Yakovenko 的网页，http：//physics. umd. edu/ ~ yakovenk/econophysics/，2012。

　　我们一般都认可一种观点，即社会分配差距不应该太大。但必须接受的是，分配差距不仅是一个社会科学问题，更是一种自然现象。

有学者研究发现，社会收入分配状况与自然界的黑体辐射的能量分布状况是一致的。所谓黑体，是指不反光的物体。对应于一定的温度水平，黑体在不同波长段的辐射能量的分布具有一定规律，大致状况如图 6-1 所示。对于实际物体，通常是观察它们在何种程度上接近黑体辐射。一些经济学家研究发现，收入分配的价值分布与黑体辐射分布状况非常相似（如图 6-2 所示，是美国双人家庭年收入的分布状况）。这又从另一个角度提示我们社会运动规律与自然运动规律的同一性。

品牌的价值分布

许多人都知道，一个企业要想获得较高的利润，品牌是一个重要因素。实际上，没有哪个企业不想树立自己的品牌或知名品牌。但如果每一个企业的品牌果真都树立起了自己的知名品牌，那么这些品牌实际上都不再是知名品牌。为什么？因为知名品牌本身就是指少数优于其他品牌的品牌，它们的数量不可能很多。

事情的背后还是效率法则。人们选择某一知名品牌，虽然可能有"标新立异"的因素，但主要还是追求品质的因素。但由于信息的无穷性，任何一个人都没有足够的时间和精力了解所有牌子产品的真实品质，只能有意无意地了解几个品牌，从中体会和判断哪个品牌比较好，至少在一个时期内，基本上不再关心其他品牌。由于个人不可能把所有的品牌都尝试一遍，一个人获得品牌信息的主要途径就是倾听周围人们的评价。这也是为什么广告能够起到很大的品牌推广作用，因为它可以降低人们获取信息的成本。

但市场规模是有限的，根据一元论原理，一个（一些）品牌的成长意味着另一个（另一些）品牌的衰退。在众多的品牌中必然只能有少数品牌可以成为知名品牌，更多的品牌不可能同时成为知名品牌。结果，不同品牌在市场上的认可度或不同品牌价值的分布状况也是大致服从"黑体辐射定律"的。

第二节　价值的宏观观察

1. 总产出

我们在第二章指出，对于一般经济现象的观察，微观层次与宏观层次的观察不是一回事，解决问题的目标和方法都不同。但是对于价值而言，我们通常在微观和宏观两个层次都要观察，这两个层次之间是什么关系呢？实际上，价格是我们通过观察一笔一笔交易得到的，属于微观观察。在宏观水平上，没有直接可以观察到的价值现象。我们所称的"宏观"水平上的价值，实际上不过是对微观观察的概括，通常会用到统计方法，并不是真正意义上的宏观层次的观察。在被称为宏观经济学之父的凯恩斯那里，所使用的概念是"总体"（aggregate），并不是"宏观"（macro）。或许是因为习惯，后来的经济学家们放弃了意义比较准确的"总体"概念，选择了意义不太清晰的"宏观"概念。当然，词汇的选择问题不是主要问题，重要的是我们要弄清楚它们的确切意义。

计量总产出的一个最常用的指标是所谓"国内生产总值"（Gross Domestic Product）。其定义是在一定时期内，一国国土上所有居民生产的全部最终产品和劳务的市场价值之和。所谓最终产品，是指由最后使用者购买的产品和劳务。我们在计算一个经济的总产出时，是把每个生产者的产出额加总。显然，这是一种把微观变量加总的方法，并不是真正的宏观观察方法，尽管我们把这个总和变量作为了一个基本的宏观变量。

根据定义可知，国内生产总值（GDP）是一个流量，它是在特定观察期内新创造的价值，实际上就是新增劳动价值的生产速度。其完整的表达式是：

$$Y = \frac{\Delta V}{\Delta T} \qquad (6-4)$$

这里 ΔV 是在统计期内新创造的价值，也就是 GDP，ΔT 是统计期的时

间长度，一般我们取 1 个单位，比如 1 年或 1 个季度。也就是说，我们通常都假定

$$\Delta T = 1 \qquad\qquad (6-5)$$

于是式（6-4）就可以简单表达为

$$Y = \Delta V = GDP \qquad\qquad (6-6)$$

这个关于新产品生产的速度，为了简化表述，我们通常在表达式中省略了时间因子。不过，这样的简化也使我们长期忽视了 GDP 的流体特性。

2. 微观储蓄与宏观储蓄

在宏观水平观察经济现象时，我们习惯把全部社会产品分为消费品与投资品两大类，如果对两种产品的定义注意了完备性要求，所得到的模型就是一个一元二分模型：

$$Y = C + S \qquad\qquad (6-7)$$

式中 Y 是总产出，C 是总消费，S 是总储蓄。

但价值量是从微观观察得到的。在微观水平，我们可以看到劳动者对收入的使用大致有 3 种选择：购买消费品用于消费，购买资本品用于投资，把没有花掉的钱存起来。显然，我们必须首先解决 3 个变量如何纳入二分模型的问题。在一般经济学教科书中，我们可以看到形式上类似式（6-7）的二元划分，却看不到关于划分消费与储蓄的确切定义——通常是根据习惯去理解。

对于普通老百姓而言，我们的思维习惯是把没有花掉的钱视为储蓄。这当然是微观水平上的观察或个体水平上的观察。现代货币基本上都是纸币，在宏观水平上，它只是一个符号，并不是真正的价值，因为一个国家的财富不是靠印纸币印出来的。但在个人眼里，储蓄的纸币确实代表着财富。我们不难想象，在宏观水平上，这些储蓄的价值只能通过实际产品来体现，要么是消费品，要么是资本品。换言之，宏观水平上的"储蓄"

概念是不能根据微观储蓄概念来定义或演绎的，我们必须以消费品和资本品为立足点来定义宏观储蓄。

　　经济活动过程，包括生产过程和消费过程，实际上不过是价值的创造和消耗过程。以"流通"的观念观察经济活动过程可能使我们更容易理解经济现象的实质。我们创造的大量产品，包括资本品和消费品，在经济活动过程中并不是随时被用完的，其中相当一部分可以积累起来，供以后使用。不仅许多资本品（不是所有）可以积累，许多消费品也是可以积累的，尤其是一些"耐用消费品"。在生产人的意义上，消费品的积累与资本品的积累具有完全相同的性质，都遵循效率最大化法则。在流量观察的水平上，我们把所有产品分为即期消耗品与远期消耗品来构建一元二分模型更为简单一些，或者说更为有效一些。即期消耗品定义为观察期内用掉的消费品和资本品，远期消耗品定义为观察期内没有消耗掉的资本品和消费品。这个模型可以写为：

$$Y = W_1 + W_2 \qquad\qquad (6-8)$$

　　既然如此，总产出也可以视为一定时期内新创造的消耗掉的产品与未消耗掉的产品之和。式（6-8）中 W_1、W_2 分别代表消耗掉的和未消耗掉的产品价值。这种定义变量的方法可以使变量空间"自然"具有完备性。任何产品，只要没有消耗掉，就自然归入 W_2，只要消耗掉了，就自然归入 W_1。而采用传统的概念，对于一些具体产品的归类，比如购买住房到底是消费还是储蓄，我们就可能陷入没有结果的争论，不得不采用硬性规定来区分——这不符合哲学的逻辑。

　　如果我们一定要沿用"消费"和"储蓄"这些传统概念，那么消费就应该定义为即期消耗值，储蓄就应该定义为即期未消耗值。无论是消耗掉还是未消耗掉的，都是我们创造的财富。

3. 总消费与总投资

　　宏观经济学中另一个重要模型是关于总消费与总投资的二元模型：

$$Y = C + I \qquad\qquad (6-9)$$

式中 Y 是总产出，C 是总消费，I 是总投资。

这个模型存在着与前述模型同样的问题，我们如何把用于消费、投资和存款 3 种选择二元化。根据上述分析，一个合理的选择应该是，在总产出中，所有即期消耗的价值都是消费，所有即期未消耗的价值都是投资。这种模型如图 6-3 所示。式（6-9）中的总消费 C 包括直接用于劳动者的消耗和直接用于生产的消耗，总投资 I 包括各种存货和生产性投资。式（6-8）中 C 和 S 的意义也相同。

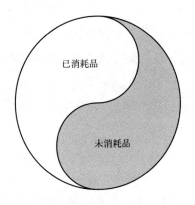

图 6-3　总产出的二元构成

当然，采用消耗－未消耗模型可能还需要解释一个涉及传统观念问题——这个问题不是客观存在的，而是我们的观察方法不恰当造成的。我们关心消费与投资的关系，一个重要原因是关心经济增长，传统模型也正是基于这种考虑提出的。比如，许多人认为增加投资有助于促进经济增长。但是在经济衰退时期，许多人又会提出要设法拉动消费以促进经济增长，这就涉及了微观观察与宏观观察的差异问题。一般情况下，微观观察是不能得出宏观结论的。比如，我们看到一个企业增加投资可以提高盈利水平，不能据此得出每一个生产者增加投资结果都会促进经济增长，也不能得出增加投资一定会促进经济增长的结论。我们看到一些消费者增加消费支出可以促使相关生产企业增加生产，也不能据此得出增加消费都可以促进经济增长的结论。宏观变量与微观变量之间只存在统计关系，不存在因果关系。在微观水平上，我们可以说某一投资或某种消费可以对某一其他变量产生什么影响。在宏观水平上，消费和投资都是经济总量的一部分，是同一体，是一回事，说增加消费或增加投资可以促进经济增长，无异于说经济增长可以促进经济增长。至于到底投资与消费的比例多少最合适，这其实是经济学边界上的问题，我们只能通过观察得知，无法通过推理得知。

4. 政府购买

政府在国民经济中承担了重要的角色，这是社会分工现象。根据二分法思路，全部国民经济的支出可以分为私人支出与政府支出两部分：

$$Y = M + G \tag{6-10}$$

许多经济学教科书采用所谓"三部门模型"或"四部门模型"，根据我们在第二章的解释，这些模型同样需要具有二元特性。完备模型中不同元素之间的关系必须界限分明，否则，只能把问题复杂化或制造更多相互矛盾的理论。比如，政府支出中也含有消费与投资，它与私人投资和消费的作用相似，如果不对它们之间的关系加以定义，模型就是不完备的，也就是无解的。

我们已经知道，政府是一个特殊形式的市场主体，G 实际上是私人市场对政府劳动给予的报酬。我们也会注意到，政府支出并非完全用于为公务员、士兵和警察等公务人员发工资，以及用于公共设施建等方面的建设，还有一部分用于对低收入者的补贴。如果要在更严格的意义上区分，所谓政府活动应当概括为所有的非市场性活动或公共性活动。在实用的水平上，我们观察政府经手的实际支出即可。

人们大都赞同"大市场、小政府"经济结构的说法，但实际上政府到底多大才合理，没有人能够算得出来。一国政府支出占国民经济总量的比重是全体社会成员长期磨合的结果。我们能做的是观察它的实际比例，这个比例就是社会的最优选择，它在一定时期内应该是相对稳定的。

第三节　价值流量的总体观察

1. 总收入与总产出的关系

"产出"概念的基本意义是对产品的观察，但观察结果通常需要表达为市场价值。前一节提到的 GDP 是对总产出的基本定义，它直接观察到的是人们购买一个时期内生产的全部产品的市场价值，这当然是一个流量。不过，我们还可以从其他角度来观察一个时期内经济活动的总体成效——比如，从收入的角度进行观察。

每一项经济活动或者每一笔交易，生产者都有可能从中获得一定的净收入，也就是生产者在某一时期创造的新增价值。把一个时期内所有生产者取得的收入加总，就得到所谓"总收入"。比如，农场把小麦以 1000 元卖给磨坊，忽略购买化肥和工具的成本，所得到的净收入是 1000 元。磨坊以 1200 元把面粉卖给面包房，减去买面粉的成本，得到的净收入是 200 元；面包房以 1500 元把面包卖给消费者，减去面包的生产成本，得到的净收入是 300 元。不难算出，这个经济的总收入是 1000 元 + 200 元 + 300 元 = 1500 元。这与直接观察"最终产品"——面包的市场价值得到的结果是一样的。

一般的经济学教科书均认为，收入法观察到的总收入与支出法观察到的总产出总是相等的，或者说是恒等的。一个比较典型的解释是，"在任何交易中，买方每一美元的支出就是卖方一美元的收入"（Mankiw，2004）。我们刚才所举的例子似乎也支持这种观点。

不过，事情当然没有这么简单。刚才所举的总收入与 GDP 相等的案例只是一个例子，并不是一个证明。既没有考虑完成相关交易的时间，也没有考虑支付货款的资金来源。其实，收入与产出恒等论一直没有得到任何人的证明，它只是人们根据"买方支出的每一元钱恰好是卖方收到的每一元钱"的观察得的判断。这种观察显然只是局部观察，如果应用于整体经济，我们无法想象它如何避免"合成谬误"。比如，在前述案例中，我们没有考虑消费者购买面包所需要的 1500 元从哪里来。如果注意到消费者同时也应该是一个生产者，假设他生产了化肥、生产工具或其他什么产品，以 800 元卖给农场，这样就相比只观察一笔交易更完整了一些。我们会发现，无论如何我们都找不够 1500 元的资金来源，除非我们让农场、磨坊、面包房和消费者整体不赚钱。

按照传统的经济学分析方法，产出可以分解为消费和投资，收入可以分解为消费和储蓄。根据产出与收入恒等论，可以得出总消费与总投资恒等的推论。不过，关于储蓄和投资是否相等的问题，历史上是有过激烈争论的（邓映翎，1991）。如 Ackley（1961）、Haberler（1963）等都曾经提出过质疑，认为总储蓄与总投资未必总是相等。如果总投资与总储蓄不相等，我们反过来就可能得到总收入与总产出不相等的推理。由于没有人怀疑收入 – 产出恒等论，关于储蓄 – 投资是否相等的争论最终只能偃旗息鼓。不过，现实当中"过度投资"或"过度储蓄"的说法还是经常出现的——这意味着储蓄与投资可能不相等，现实当中国民收入账户中的总收入与总产出通常都是不相等的。不过，由于坚信收入与产出恒等，经济学家一直将此归咎于统计误差（statistical discrepancy）。

其实，我们稍微观察得细致就会看到，联系生产者与购买者之间的关系普遍需要信用，信用的存在使得每一笔收入与每一笔支出并不总是相等。因此，总产出与总收入在一定的观察期内是有可能不相等的，二者的差额在一定程度上反映了经济的"总信贷"水平，也是一个流量。

比如，假设有 A 公司为 B 公司编织了若干草帽，合同价 1000 元。在观察期内，A 公司完成了交货，根据 GDP 的定义，这个经济的总产出是价值 1000 元的草帽。但如果 B 公司是分期付款，A 公司在观察期内得到的收入就可能小于 1000 元，尽管它迟早要拿到全部 1000 元的货款。反过来，如果 B 公司在观察期内支付了 1000 元货款，而 A 公司是分批交货，则观察期内的实际产出价值就可能低于 1000 元，尽管 A 公司迟早要生产出 1000 元的产品。

当然，信用的最大制造者是政府。比如，假设经济中只有 A 公司和政府，在观察期内 A 公司购买了 1000 元政府债券，没有其他任何经济活动，则总收入是 -1000 元，总产出是 0，与总收入不相等。如果政府在观察期内很快用所借的钱购买了 1000 元草帽，则总产出是 1000 元，总收入是 1000 元 -1000 元 = 0。于是，在观察期内，收入与产出不相等，或储蓄与投资不相等的情况是很可能出现的。

换一个角度，收入与产出恒等的错误判断，是混淆了流量与存量的关系。买方支付的金额与卖方交付产品的金额都是存量。市场交易中两种产权交换的存量相等，这是没有问题的。但总收入或总产出是两个流量，二者分别统计，没有人来保证二者在观察期内同时被观察到或统计到，因为交易的完成需要时间。

2. 总信贷流量方程

我们分别用 E 和 Y 表示一个经济的总产出流量和总收入流量。总产出反映的是买方可能支付的数额，如果这一数额超过了本期的收入，就需要信贷来支持。因此，我们不妨将总产出与总收入的差额称为"总信贷流量"或总信贷，记为 ζ，则有：

$$\zeta = E - Y \qquad (6-11)$$

根据商品价格的定义，系统的总体价格水平应该是总的支付额除以总产品销售量：

$$P = \frac{E}{Q} = \frac{Y+\zeta}{Q} \qquad (6-12)$$

这里 P 是价格水平，

式（6-12）两边求微分，

$$\Delta P = \frac{\Delta Y + \Delta \zeta}{Q} - \frac{\Delta Q}{Q^2}(Y+\zeta) \qquad (6-13)$$

两边除以 P，

$$\frac{\Delta P}{P} = \frac{\Delta Y}{Y} + \frac{\Delta \zeta}{Y} - \frac{\Delta Q}{Q} - \frac{\Delta Q}{Q} \cdot \frac{\zeta}{Y} \qquad (6-14)$$

式（6-14）可以简化为

$$\pi = \frac{\Delta \zeta}{Y} + \varepsilon \qquad (6-15)$$

其中 $\pi = \frac{\Delta P}{P}$，是通货膨胀率，

$$\varepsilon = \frac{\Delta Y}{Y} - \frac{\Delta Q}{Q} - \frac{\Delta Q}{Q} \cdot \frac{\zeta}{Y} \qquad (6-16)$$

考虑到收入与产出之差实际上很小，式（6-16）中两者的变化率之差应该更小：

$$\left| \frac{\Delta Y}{Y} - \frac{\Delta Q}{Q} \right| << 1 \qquad (6-17)$$

同时，式（6-16）中最后一项为两个小数的乘积，也是高阶小数：

$$\left| \frac{\Delta Q}{Q} \cdot \frac{\zeta}{Y} \right| << 1 \qquad (6-18)$$

式（6-17）和式（6-18）意味着式（6-15）中 ε 的数值与第一项相比相当小，即通货膨胀率主要由第一项决定。

式（6-15）第一项的分子是总信贷流量的变化量，即本期的总信贷减去此前各期发生的总信贷：

$$\Delta \zeta = \zeta_t - \sum_{\tau=1}^{\infty} \zeta_{t-\tau} \qquad (6-19)$$

这里 t 表示不同的时期。

作为一个流量，总信贷在一些时期可能是正值，在另一些时期可能是负值；当总信贷等于 0 时，说明收入与产出相等。从长期看，它就像一种白噪声，均衡点为 0。人们一直以为总产出与总收入相等，就反映了这种情况。因此，在长期的意义上有：

$$\sum_{\tau=1}^{\infty} \zeta_{t-\tau} = 0 \qquad (6-20)$$

于是式（6-19）变为

$$\Delta\zeta = \zeta_t \qquad (6-21)$$

这是一个非常重要，并且非常有趣的推论。式（6-21）表示，在统计学意义上，不论观察时期是多长，只要长于一个生产 - 流通循环周期[1]，我们所观察到的总信贷值总与最后一个周期的总信贷值相等。但需要注意的是，这个生产循环周期可能不是任意选择的，是由市场的内在因素决定的。

既然总信贷是一个生产活动循环周期的数值，产出 Y_t 也应该用同样的循环周期的数值。即式（6-15）应该写为

$$\pi_t = \frac{\zeta_t}{Y_t} + \varepsilon \qquad (6-22)$$

式（6-22）中的 t 具有特殊意义，根据式（6-21）的推导过程，其长度应该是平均生产循环周期的长度，不能是任意选择的时间长度。如果我们采用一个财政年度作为观察周期，年收入为 Y_n，生产活动循环速度的年平均值为 V，则有

$$Y_t V = Y_n \qquad (6-23)$$

由式（6-22）和式（6-23）得

$$\pi_t = \frac{\zeta_t}{Y_{nt}} V + \varepsilon \qquad (6-24)$$

或

---

[1] 一般经济学教科书在介绍凯恩斯投资乘数时，都是从再生产循环的角度去解释：第一个因新增投资而获得收益的人会把钱花出去，这个再生产循环显然需要时间。然后会有第二个、第三个循环。但凯恩斯没有说明人们需要多长时间把收到的钱花出去，或者需要多长时间把新增的消费品生产出来。凯恩斯乘数显然把再生产循环时间视为 0 了，而我们这里找到了这个循环周期的观测方法。

$$\pi = V\zeta'_t + \varepsilon \qquad\qquad (6-25)$$

这里 $\zeta'_t = \dfrac{\zeta_t}{Y_t}$，可以称为相对总信贷（流量）。

式（6-24）或式（6-25）可以称为总信贷方程。由于信贷也就是超前支出，会导致通货膨胀，因此，总信贷方程也可以称为通货膨胀方程，它显示出通货膨胀率与相对总信贷额成正比。方程的意义也很容易理解：如果总信贷大于0，就意味着支出大于收入，需求旺盛，当然可能引发通货膨胀。如果总信贷小于0，说明储蓄过度或投资不足，可能引起通货紧缩。

在理论水平上，总信贷方程可以解释通货膨胀长期性的背后原因是政府信贷规模的持续膨胀。在经验水平上，总信贷概念的提出与人们关于"总投资与总储蓄可能不相等"的直觉性判断也是一致的。

3. 总利率

我们通常把利率解释为资本的收益率或报酬率。不过，无论具体的定义如何，可以肯定的是利率只能来自于生产，是总产出中的一部分。我们现在通过观察总产出的变化来观察利率的运动规律。

前一节已经指出，总产出（GDP）是价值的生产速度。这个速度当然是可以变化的。当生产力水平提高时，我们就看到一定时期内的 GDP 出现了增长：

$$g = \frac{\Delta Y}{\Delta T} = \frac{\Delta^2 V}{\Delta^2 T} \qquad\qquad (6-26)$$

既然 Y 是生产的速度，g 就是生产的加速度。

注意习惯上我们默认 $\Delta T = 1$，于是有

$$g = \Delta^2 V = \Delta Y$$

在经济学意义上，我们习惯于观察经济增长率的相对变化值而不是绝对变化值，这就是所谓的经济增长率：

$$g^* = \frac{\Delta Y}{Y} \tag{6-27}$$

它是生产的加速度的相对变化值。

当经济总量增加时，资本就得到了回报。假设社会资本总量是 K，则资本的总利率为：

$$r = \frac{\Delta Y}{K} \tag{6-28}$$

习惯上，我们通常是观察增长率 $g^* = \frac{\Delta Y}{Y}$ 和资本产出比 $k = \frac{K}{Y}$。据此，式（6-28）也可以写为

$$r = \frac{g^*}{k} \tag{6-29}$$

式（6-28）或式（6-29）的主要意义是显示经济增长是资本取得利息的源泉。经济增长越快，资本的利率可能越高；另外，随着经济增长，资本积累量越来越大，资本的利率有可能降低。不过，根据实际经验，资本的长期利率水平变化不是很大。

4. 急动导

在经济增长过程中，利率并不是稳定不变的。如果总利率发生变化，我们就观察到生产的"加加速度"，它应该是式（6-26）的导数：

$$J = \frac{\Delta g}{\Delta T} = \frac{\Delta^2 Y}{\Delta^2 T} = \Delta^2 Y \tag{6-30}$$

这里 J 是生产的加加速度，一般称为"急动导"。显然，它反映的是生产活动更剧烈的变化。在现实当中，急动导的数值一般很小，因为经济总是存在着"稳定"运行的倾向。

考虑到经济学关心的是相对变化，我们把式（6-30）改写为

$$J^* = \frac{\Delta g^* / \Delta T}{g^*} = \frac{\Delta g^*}{g^*} = \frac{\Delta r}{r} \tag{6-31}$$

式中 J^* 是相对急动导，也可以简称为急动导。

在物理学或动力学中，急动导是物体运动的"加加速度"，通常反映的是物体受到冲击。比如，交通工具在运行过程中如果急动导较大，就会影响乘坐的舒适性。在物理学中，由于速度变化很快，急动导的准确观察比较困难，相关应用不是很多。但是在经济学中，生产的变化比物理运动的变化要慢得多，（相对）急动导反而具有一定的观察意义。我们知道，现实当中利率的变化是比较常见的，并且我们可以按月份或季度作为时间尺度来观察，这比物理学的秒、微秒等时间尺度慢了很多。

经济急动导反映了生产活动的剧烈变化或经济环境的剧烈变化，当然会对市场产生很大影响，我们将在第七章进一步讨论。

第四节　贸易的价值观察

1. 贸易的基本性质

前一章在讲生产与交换的关系时，指出了流通是实现交换的一个必要过程，流通活动也是生产活动。但是在多数情况下，为了简化分析，我们会忽略流通过程中创造的价值，仅把流通视为一个交换环节。但是当经济的空间范围比较大时，就不能忽视流通的价值创造作用。

习惯上，我们把远距离的流通与交换过程概括称为贸易。实际上，小范围的生产也离不开贸易。没有贸易，生产中的分工合作就无法完成，原材料和产品无法到达生产者和使用者手中。毫无疑问，贸易是全部生产过程的一部分，是一种特殊的生产活动。不过，基本的经济学理论没有特别研究，仅在观察国际贸易时，才对贸易活动进行了专门的分析。

在国际水平上解释贸易的理论很多，比较传统的理论有比较成本论，资源禀赋论等。比较现代的有规模经济论、战略贸易理论等。不过，这些解释国际贸易的理论大都忽略了流通环节。比如，传统的国际贸易理论大都假设国际贸易中运输成本可以忽略，现代贸易论基本上不提运输成本问题，这些问题在教科书中都可以看到（比如陈宪，2004）。这样的理论显然忽略了一些不该忽略的信息。如果把一些国际贸易理论应用于国内贸易，我们反而会感觉不好用。

每一个劳动者所处的地理位置不可能是完全相同的。要完成交换，要么生产者把产品送给用户去销售，要么用户到生产者那里去购买。即使是在一个企业内部，也需要有产品和人员的流动。显然，没有这样的流通，生产和交换是不能完成的。剩下是问题只是如何计量这些人员和产品流动的价值。对于专门从事这项工作的企业，我们会把它们对 GDP 的贡献计入运输业产值；对于企业内部的流通活动，我们通常把它们创造的价值与一般的生产性活动放在一起来计量。然后，我们把比较明显地改变了地理位置的那部分价值称为贸易额或贸易量。显然，贸易是有成本的，尤其是国际贸易，更不能忽略流通成本。

可贸易品与不可贸易品

在考察国际贸易时，人们通常会区分可贸易品与不可贸易品。前者是指可以进入国际贸易交换的产品，通常是一些在地理位置上便于移动的产品。后者是只能在产地国内消费，不能成为贸易标的，通常是一些无法移动或移动成本太高的产品。此外，制度也可以规定一些产品禁止贸易。

无论如何划分产品类型，目的还是要认识这些产品的价值规律。因此，产权制度仍然是一个关键。可贸易品与不可贸易品在市场表现上可能存在较大的差异，一个最重要的原因是不同国家在产权制度方面的差异。比如不动产，有的国家税率很高，有的国家税率很低，这些产品在不同国家就表现出很大差异。即使是可贸易品，也可能存在一定的差异。比如，许多出国旅游的中国人常常在国外购买许多中高档产品带回国，不是因为在中国买不到这些产品，而是因为价格明显较低。单从"可贸易"的角度看，这是不应该出现的，因为贸易可以使同一种产品的价格均等化。显然，产权制度的差异才能更好地解释这类问题。

不难看到，国际贸易与国内贸易在基本性质上是完全相同的，它们都是完成交换的中间环节，都要对生产活动的贡献。当一个国家比较大时，国内地区之间的贸易与国家之间的贸易基本上一样。因此，一个科学的国际贸易理论，一定也能够解释国内贸易。一个不能解释国内贸易的理论，一定也不能很好地解释国际贸易。现实当中我们接受一些不能解释国内贸易的理论来解释国际贸易，是降低了对科学理论的要求。

当然，国际贸易与国内贸易还是有一定差异的，比如关税方面的差异，劳动力以及一些资本在流动性方面的差异，甚至文化习惯方面的差异，等等，但这些因素都不是决定性的。比如，虽然劳动力一般不能自由地在国家之间流动，但技术是可以"流动"的。所谓劳动力差异主要是劳动者在专业技术上的差异，技术交流可以使不同国家的劳动者"同质"化，至少在长期水平上（或者在均衡水平上）如此。

2. 生产者之间的贸易

既然国内贸易与国际贸易性质是一样的，研究贸易的出发点不应该是国家之间为什么会发生贸易，而是劳动者之间为什么会发生贸易。

假设一个经济中含有 N 个劳动者，每个劳动者的产出量均为 q，则该经济的总产出为：

$$Y = Nq \tag{6-32}$$

现实当中，每个劳动者的产出量一般并不相同，这里我们采用平均产出以简化分析，即把 q 视为一个"代表性"劳动者的产出，或者说是劳动者的平均产出。根据 GDP 统计"增加值方法"，Nq 实际上就是所有劳动者创造的"增加值"之和。采用平均值 q 是为了简化分析。

　　每个劳动者在生产的同时，通过交换从其他劳动者那里得到自己需要的产品，于是双方创造的价值才能被计入 GDP。如果只有生产，没有交换，产品是不可能被计入 GDP 的。

　　注意到每个劳动者处于不同的地理位置，不通过贸易把需要交换的产品移动到需要它的地方，交换就不可能发生。当有一定数量的产品 δx 为了交换而从劳动者 B 移动至劳动者 A 时，假设商品移动的费率为 f，则我们可观察到一个产出增加值：

$$\delta y = f \cdot \delta x \qquad\qquad (6-33)$$

　　这个增加值是由某个（某些）劳动者创造的，是这个（这些）劳动者的产出 q 中的一部分。

　　现在来考察距离为 r 的两个劳动者 A 与 B 之间的贸易。我们画一个半径为 r 的圆环，如图 6 – 4 所示，劳动者 A 位于圆心，劳动者 B 位于环上。

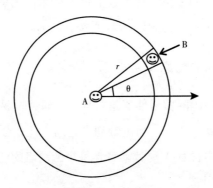

图 6 – 4　一个生产者的贸易

　　每个劳动者的产出相同，产品也相同，每个人都不比他人更具有任何特权。同时，由于圆环上所有劳动者（包括 B）与 A 的距离都相同，所以他们与 A 的贸易额也应该都相同，记为 δx。

　　假设劳动者在地面上是均匀连续分布的，注意到环上每个劳动者所占的面积为 $rdrd\theta$，则整个环上的劳动者与 A 之间的贸易额之和为

$$\Delta T = \oint f \delta x = f \delta x \int_{0}^{2\pi} r dr d\theta = 2\pi r dr \cdot f \delta x \qquad (6-34)$$

令环的宽度为一个劳动者所占的宽度，即 $dr = 1$，则上式简化为：

$$\Delta T = 2\pi r f \delta x \qquad (6-35)$$

一个劳动者的产出越大，他与周围其他劳动者的交易量就应该越大。因此可以近似认为 ΔT 与 q 成正比：

$$\Delta T = hq \qquad (6-36)$$

这里 h 是常数。

由式（6-35）和式（6-36）可得

$$\delta x = \frac{hq}{2\pi f r} \qquad (6-37)$$

对于一定的国家，地理距离 r 是常数，f 反映了产品移动成本的高低。我们不妨将其称为"经济距离"。

3. 贸易引力模型

假设劳动者 A 所处的经济区域包含有 N 个劳动者，劳动者 B 所处的经济区域包含有 M 个劳动者（见图 6-5），则两个经济之间的贸易额应该是每个经济中所有的劳动者与另一个经济中所有劳动者之间的贸易额之和。即

$$T = \sum_{N} \sum_{M} \delta x = \sum_{N} \sum_{M} \frac{hq}{2\pi r} \cdot \frac{1}{f} \qquad (6-38)$$

式中 T 是经济区域 N 与经济区域 M 之间的贸易额，求和符号下的 N 和 M 表示在这两个经济区域范围内求和。

由于每个劳动者的位置不同，经济距离 f 应该是变量。但当两个经济 N 和 M 的尺度相对于它们之间的经济距离 f（或 r）很小时，$f = f_{MN}$ 可以近似视为一个常数。于是式（6-38）的求和就比较简单：

$$T = \frac{hq}{2\pi rf} \sum_N \sum_M q = \frac{hq}{2\pi} \frac{NM}{r_{MN} f_{MN}} \tag{6-39}$$

根据式（6-34），式（6-40）可以写为

$$T = \frac{h}{2\pi q} \frac{Y_M Y_N}{r_{MN} f_{MN}} \tag{6-40}$$

式中 $Y_M = \sum_M q = Mq$ 和 $Y_N = \sum_N q = Nq$ 是两个经济 M 和 N 的产出量。

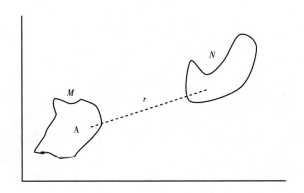

图 6-5　任意两个区域 M 与 N 之间的贸易

或者

记 $G = \frac{h}{2\pi q}$ ，则式（6-41）可以写为

$$T = G \frac{Y_M Y_N}{r_{MN} f_{MN}} \tag{6-42}$$

对于给定的两个国家，r_{MN} 是不变的。记 $G' = \frac{G}{r_{MN}}$ ，则式（6-42）可以写为

$$T = G' \frac{Y_M Y_N}{f_{MN}} \tag{6-43}$$

或者近似认为运费与距离成正比，记 $G'' = \frac{f_{MN}}{r_{MN}}$ ，式（6-42）也可以

写为

$$T = G'' \frac{Y_M Y_N}{f_{MN}{}^2} \tag{6-44}$$

式（6-42）或式（6-44）就是所谓的贸易引力模型，它与物理学中的引力模型在形式上非常相似①。

根据以上推导，引力模型的确切表述应该是，任何两个区域之间的贸易额与这两个区域的总量成正比，与这两个区域之间的经济距离的平方成反比。不过，推导过程采用了一些假设，比如假设劳动者的生产力水平是相同的，假设劳动者的分布是均匀的，假设劳动者处于一个平面上，不考虑关税的作用，等等。因此，贸易引力模型得到的是一个近似结论。

需要说明的是，生产者之间距离很近时，我们一般不把承担运输工作的劳动者的贡献专门统计为运输价值。比如，负责工厂车间内部货物运输的工人，他们的工资是计入生产成本。许多企业免费给客户送货，也不专门计算运输收益。因此，实践中的运输成本可能会低于理论上的运输成本。引力模型在应用时与理论预期会有一定的距离。尽管如此，学者们还是认为引力模型是国际贸易中可应用性最好的一个模型（Deardorff，1998）。

4. 对外贸易依存度

由于现实当中的环境条件与我们在推导过程中的假设条件并不完全一

---

① 万有引力定律的数学形式是 $F = G\frac{m_1 m_2}{r^2}$，式中 m 是两个物体的质量，r 是二者之间的距离，F 是二者之间的引力。我们再次看到了世界的一元特性，经济联系的规律居然与自然界物质之间联系的规律具有相似的表达形式。但值得一提的是，许多文献所使用的引力模型，距离变量的幂指数都是 1，Deardorff（1998）把这种模型称为"标准的"引力模型。这实际上就不能与物理学的引力模型相提并论了。邓宏（2007）认为模型中的距离应该是贸易成本，其中主要是运费。据此计算，距离变量的幂指数为 2（与牛顿模型一样）时，模型的效果比较好。这样我们才适合把双边贸易模型称为引力模型，或者"标准的"引力模型。

致，实际应用时引力模型可以采用一些近似的形式。比如，参照式（6 - 42），引力模型也可以一般地写为：

$$T_j = GYY_j f_j^{\sigma} \qquad (6 - 45)$$

其中 Y 是本国的经济总量，Y_j 是贸易伙伴国的经济总量，T_j 是两国之间的贸易额，σ 是待定常数，经验估计值应该在 -1 与 -2 之间。

我们将式（6 - 45）中的 Y 移到左边，并对所有国家求和，就得一个国家对外贸易额与 GDP 的比值，这个比值通常被称为贸易依存度：

$$\frac{T}{Y} = \frac{\sum_j T_j}{Y} = G \sum_j Y_j f_j^{\sigma} \qquad (6 - 46)$$

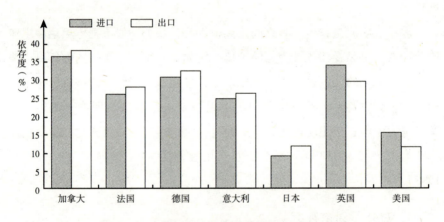

图 6 - 6   一些国家的对外贸易依存度（2008 年）

一个国家的对外贸易依存度是由其他国家的生产力决定的，当然还与本国与其他国家的距离或运费有关。$\sum_j Y_j$ 是全球经济总量减去本国经济总量。显然，本国经济总量越大，该项的数值就越小。因此，大国的对外贸易依存度倾向较小。另一方面，σ 是负值，这意味着一个国家距离其他国家越远，对外贸易依存度越小。图 6 - 6 是 2000 年一些国家的对外贸易依存度，可以看到美国和日本的对外贸易依存度比英法等国明显较小，就属于上述两种情况。

5. 经济增长与贸易增长的关系

根据引力模型式（6-43），两个国家之间的贸易额可以写为

$$X_{ij} = G\frac{Y_iY_j}{f_{ij}} \tag{6-47}$$

两边微分

$$\Delta X_{ij} = G\left[\frac{Y_i\Delta Y_j}{f_{ij}} + \frac{Y_j\Delta Y_i}{f_{ij}} - \frac{Y_iY_j\Delta f_{ij}}{f_{ij}^2}\right] \tag{6-48}$$

假设各国经济增长速度相同，即

$$\frac{\Delta Y_i}{Y_i} = \frac{\Delta Y_j}{Y_j} = g \tag{6-49}$$

各国之间贸易成本变化率也相同：

$$记\ \dot{f} = \frac{\Delta f_{ij}}{f_{ij}} \tag{6-50}$$

则式（6-48）可以写为

$$\Delta X_{ij} = G\left[2\frac{Y_iY_j}{f_{ij}}g - \frac{Y_iY_j}{f_{ij}}\dot{f}\right] \tag{6-51}$$

由式（6-47）。世界贸易额为

$$X = \sum_{i,j} X_{ij} = G\sum_{i,j}\frac{Y_iY_j}{f_{ij}},\ i \neq j \tag{6-52}$$

由式（6-52），世界贸易额的增长为

$$\Delta X = \sum_{i,j}\Delta X_{ij} = G\sum_{i,j}\left[2\frac{Y_iY_j}{f_{ij}}g - \frac{Y_iY_j}{f_{ij}}\dot{f}\right],\ i \neq j \tag{6-53}$$

式（6-53）两边分别除以式（6-52）两边，可得

$$\frac{\Delta X}{X} = 2g - \dot{f} \tag{6-54}$$

即世界贸易额的增长率大约是世界经济增长率的 2 倍略低一点。

这个推理当然也适用于一个国家内部，即国内贸易额的增长率是国民经济增长率的大约 2 倍。实际上我们也看到，以贸易为重要组成部分的第三产业在国民经济中所占的比重不断增加。

根据经验，运费是按照货物运量计算的，随着人工成本的上升，运费费费率也会增长。不过，根据观察，国际运输费率虽然在一些时期增加非常显著，但长期增长率并不高。比如，波罗的海干散货运价指数在 1985 年 1000 上下，在金融危机的前几年虽然大幅飙升，到 2012 年又回到了 1000 上下。另一方面，尽管运费表现为增长的趋势，但各国的关税水平却在不断降低，这一因素也减缓了贸易成本的增加速度。基于这些考虑，在经验水平上，我们假设贸易成本变化可以表达为经济增长变化的一个比例 $f = cg$，则式（6－54）可以简写为

$$\frac{\Delta X}{X} = (2 - c)g \qquad (6-55)$$

表 6－1 是根据世界贸易组织发布的数据整理出来的，都是名义数值。世界经济的名义增长率平均为，世界贸易增长率的平均值为 9.22，大约是经济增长率的 1.93 倍。这一事实与理论预期非常接近，当然是在长期水平上。

表 6－1　世界经济增长率与世界贸易增长率

年份	世界经济增长率	世界贸易增长率	年份	世界经济增长率	世界贸易增长率
1964	7.413402	11.84	1974	8.478623	44.87
1965	8.363472	8.26	1975	9.216405	4.34
1966	9.539702	9.19	1976	11.41235	13.14
1967	5.674749	5.19	1977	11.26274	13.73
1968	9.298414	10.97	1978	12.98951	15.82
1969	8.199604	14.18	1979	11.70111	26.96
1970	5.475416	14.57	1980	8.816642	22.40
1971	8.523548	11.73	1981	12.14806	-1.22
1972	9.85978	18.33	1982	4.042472	-6.37
1973	11.66492	38.44	1983	8.649945	-2

年份	世界经济增长率	世界贸易增长率	年份	世界经济增长率	世界贸易增长率
1984	11. 21202	5. 9	1999	6. 36834	3. 9
1985	7. 290951	- 0. 27	2000	6. 393329	12. 9
1986	5. 752223	9. 4	2001	3. 363312	- 4. 1
1987	6. 194928	17. 4	2002	3. 46192	4. 8
1988	7. 685162	13. 7	2003	4. 697293	16. 9
1989	7. 483727	7. 8	2004	6. 382043	21. 6
1990	5. 807993	12. 9	2005	6. 49355	13. 9
1991	3. 303164	1. 5	2006	5. 974808	15. 6
1992	5. 844362	6. 7	2007	4. 870227	15. 7
1993	5. 125901	- 0. 03	2008	1. 873303	15. 39
1994	6. 266311	13. 6	2009	- 2. 2237	- 22. 53
1995	4. 650539	19. 4	2010	3. 758489	21. 74
1996	5. 715673	4. 6	2011	3. 978233	20
1997	6. 30095	3. 4	2012	4. 018387	20
1998	5. 53382	- 1. 45	平均值	4. 778	9. 222

资料来源：根据世界贸易组织网站的数据整理。

6. 生产者利润与国家利润

每一个生产者都在创造价值，并且试图创造更多的价值。一个生产者的产出额减去投入额，就是我们所说的利润。从长期来看，如果生产者之间是绝对的"等价交换"，谁也不能让别人赚钱，那么只有经济增长才能给企业带来利润。利润的这一性质我们已经通过价值第二定律来表述。不过在短期内，一些生产者可能会更拼命地工作，或者他们生产的产品更适合市场的需要，这些企业就会获得较多的利润。

生产者行为是经济现象的基础，我们推导贸易引力模型是从生产者之间的关系出发，观察国家之间的贸易平衡关系也应该如此。任何一个生产者或企业都具有特定的地理空间属性，如果我们忽略一个企业与本地区其他企业之间的购销关系，只观察它支付给外地区的成本以及销售到外地区的收入，这些成本与收入的差额就是这个企业为本地区带来的"对外利润"，也是这个企业的对外贸易差额。如果一个地区（或国家）所有生产者的对外利润之和大于 0，这个地区就必然出现对外贸易顺差；反之，如果总体对外利润小于 0，就是贸易逆差。显然，"贸易顺差"的实质是一个国家相对于其他国家的"利润"，是这个国家的生产者在总体上对外获得的利润。其原因是这个国家的生产者付出了更多的世界市场所需要的劳动。当然，这种所谓的"利润"是相对利润，而原始的利润概念一般是指绝对利润。

显然，只要市场信息充分，每个国家的生产者都不会因为汇率变化而改变自己对利润的追逐。因此，认为汇率变动可以改变一国对外贸易差额的想法其实是一种错觉。在长期水平上，可以认为生产者有足够的时间把握市场信息。在短期水平上，仅当企业由于不能准确预期汇率的变动，导致在产销定价时出现失误，汇率政策调整才有可能对贸易差额产生一定的影响。但这种影响的结果显然是不确定的，因为一国企业在汇率变动过程中到底是赚了钱还是赔了钱，都是不确定的。

当一个国家出现贸易逆差或"对外亏损"时，就要给盈利国家打欠条，这项工作通常在企业之间进行交易时已经完成。如果这个国家具有较强的信用，表现为它所发行的货币为其他国家普遍接受，它就可以通过发行货币来维持贸易逆差。如果这个国家的货币不被其他国家接受，则该国的生产者就必然要相对地降低生活水平，直到他们的生产力能够与其他国家的生产者匹敌。

第五节　应用案例

1. 凯恩斯投资乘数谬误

统计观察发现，在一定时期内，一国的消费总支出与该国总收入的比值是相对稳定的，这种关系可以表达为：

$$C = bY \qquad\qquad (6-56)$$

式中 C 是总消费，Y 是总收入，b 是一个小于 1 的常数，一般称为消费倾向。

根据国民经济二分模型，总收入可以视为总消费与总投资之和。即

$$Y = C + I \qquad\qquad (6-57)$$

把式（6-56）代入式（6-57）并整理可得

$$Y = \frac{I}{1-b} \qquad\qquad (6-58)$$

两边求微分可得

$$\Delta Y = \frac{1}{1-b}\Delta I \qquad\qquad (6-59)$$

上式中的 $\frac{1}{1-b}$ 被称为投资乘数或凯恩斯乘数。由于 b 总是小于 1，所以投资乘数总是大于 1。这意味着一定数量的投资增长 ΔI 会引起国民收入的成倍增长 ΔY。

不过，实践经验告诉我们投资乘数的观点是错误的。根据投资乘数的表达式可以看出，消费倾向越大，乘数就越大，一定数量的投资对 GDP 增长的促进作用越大。但消费倾向大意味着投资少，投资少怎么可能促进经济增长呢？比如，一个年产 100 吨谷物的经济体，如果把 100 吨谷物基本上都消费完，只留下一粒种子，投资乘数 $\frac{1}{1-b}$ 就会非常大。这显然与事实不符，事实是投资与消费应当保持一个恰当的比例关系。实际上我们可以看到，国民经济的增长率并没有高于投资的增长率，或者说现实当中我们看不到投资的乘数效应。

理论上应该如何解释乘数论的错误呢？我们在介绍不可逆过程时已经指出，微观经济活动一般是不可逆的。因此，投资与 GDP 之间不存在确定的函数关系。GDP 与消费和投资之间当然有关系，我们可以观察它们的统计数据，但这并不意味着它们之间存在连续的函数关系。没有连续的

函数关系，数学上的微分方法是不适用的。

指出凯恩斯乘数的错误，目的当然不是批评这一个理论，而是想强调所有的经济学模型都应该注意完备性问题，构建完备模型的基础是要清楚地了解自己的观察视角。

2. 总信贷方程的检验

总信贷方程实际上是一个描述总信贷与通货膨胀关系的模型。根据经验，模型中的总信贷流量 ζ 的数值通常很小。由于实际统计工作中产生误差在所难免，企业的会计规则也不尽相同，因此，大多数国家都很难得到准确的 ζ 数据。这里选择用美国的数据来检验式（6-24）。

生产活动循环速度 V 虽然是可变的，但从长期平均的意义上看，其变化应该很慢，因此这里假设 V 为常数，以方便模型的检验。而式中的 ε 虽然有具体的表达式（6-16），但考虑到现实当中各种误差的影响，准确计算 ε 非常困难并且意义不大，这里把它作为一个误差项，并视为一个常数。

方程中收入 Y_n 采用 GDP 数据，ζ 采用国民经济统计账户中的总投资与总储蓄之间的差额，即所谓"统计误差"，而通货膨胀率则采用消费者价格指数 CPI。

根据美国 Census Bureau 公布的 1953～2004 年的数据，我们可以得到通货膨胀公式的相关系数为 $R = 0.65$，$\varepsilon = 2.3$，$V = 3.6$。

图 6-7 是式（6-24）计算的通货膨胀率与实际通货膨胀率的对比情况。考虑到总信贷数值很小，很容易受到实际统计误差的干扰，考虑到通货膨胀模型是一个理论模型而不是模拟模型，又考虑到该模型没有顾及外部因素的影响作用，可以认为检验结果是相当令人满意的。

选择使用美国的数据来检验，是考虑到美国是一个经济大国，受外部因素的影响相对较小，统计数据质量相对较好。即使如此，我们看到所得的 ε 值也并非如式（6-17）和式（6-18）所预期的那样小，这反映出统计数据误差的影响的确相当大。幸运的是，美国统计数据的误差还没有大到永远掩盖事实真相的程度。

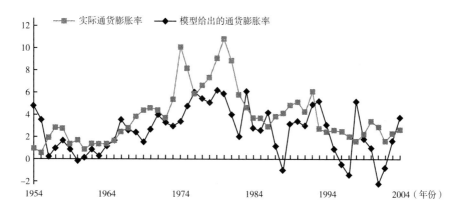

图 6 - 7　通货膨胀模型的有效性检验

3. 中国远洋巨亏的客观原因

下面是一篇关于中国远洋出现巨额亏损的报道，有人称其为 2011 年最亏钱的上市公司。中国远洋是一家实力很强的公司，成长状况一直比较好，为什么会出现如此巨大的亏损呢？

中国远洋去年亏损超 100 亿元创历史纪录

中国远洋年报显示，公司 2011 年实现营业总收入 689.08 亿元，同比下滑 14.5%；净利润亏损 104.49 亿元，同比下降 254.4%；基本每股收益为 -1.02 元。

2011 年度公司的亏损幅度创下公司历史纪录。此前，在 2009 年公司净利润曾经亏损过 75.41 亿元。

公司表示，2011 年受全球经济复苏放缓影响，国际集装箱干线需求增速大幅放缓。而另一方面，受 2010 年全线盈利的鼓舞，班轮公司运力调控意愿不强，加上新船交付压力持续，市场总体呈现供过于求的局面。尤其是亚欧航线新船交付高度集中，导致市场供需结构性失衡，市场出现非理性无序竞争，拖累总体运价持续下滑。

（资料来源：http://finance. people. com. cn/stock/GB/17538460. html. 2012. 3. 30

摘自《中国证券报》 作者 张怡）

中国远洋的主要业务是从事国际贸易运输，其业务量当然与国际贸易的增长正相关。式（6-54）告诉我们，如果世界经济增长，则运输量的增长在理论上应该是经济增长率的 2 倍。但如果世界经济下滑，则贸易量也将以 2 倍的速率下滑。运费调整虽然有一定的调节作用，但是从长期来看，这种影响作用并不大[1]。2008 年恰遇全球性经济危机，世界经济的下滑是显著的。如果经营者不能预期贸易量会加倍减速，亏损就难以避免。中国远洋就是这样，不仅没有做好业务量加倍减速的准备，反而做出应对业务量继续快速增长的预期，大量购买新船和高价租船。于是，在随后的几年里，面对加倍下滑的航运市场，中国远洋出现了"意外的"巨额亏损。决策的失误可以称为主观原因，主观失误的原因则是对客观世界的不了解。

其实，不仅是中国远洋，在经济下滑时，一般从事贸易或运输的企业业绩都会大幅度下滑。贸易与经济增长之间的倍数关系，可以认为是中国远洋这类运输企业在后经济危机时期出现亏损的一个客观原因。而企业决策者缺乏相关知识和经验，造成决策失误，可以认为是一些主观原因。

4. 人民币升值为什么不能改变中美贸易不平衡

近年来，中国的贸易顺差持续增长，外汇储备跃居世界首位。与此同时，欧美一些发达国家的贸易逆差加大，国际收支不平衡状况加剧。于是，这些国家频频对中国施压，要求人民币升值。因为根据流行的经济学理论，汇率的变动直接影响进出口产品的价格，进而可以影响贸易平衡状况。美国的做法虽然遭到许多批评，比如，我们可以看到一些学者指出人民币升值对美国贸易逆差的影响是有限的（胡玫，2010），认为人民币升

---

[1] 波罗的海干散货运价指数波动虽然很大，但是在金融危机后，基本上又回到了几十年前的水平。

值不能改善赤字（Zhang Jian，2006），还有学者指出，美国对人民币施压的主要原因是其国内经济疲软和政治集团利益诉求（张兴，2010）。但未见有人指出关于汇率变动对贸易平衡影响的机制在理论上的错误。

　　传统的汇率理论的思路非常直观并且很容易理解：如果人民币升值，比如从 1 美元兑换 8 元升值到 1 美元兑换 6 元，则成本为 8 元的产品的出口价格就会从 1 美元涨价到 1.33 美元。出口产品价格的上涨必然会导致出口量的下降。另一方面，中国从美国进口 1 美元的产品，价格会从 8 元降低到 6 元，进口价格的下降会使中国从美国进口更多的产品。结果中美之间的贸易平衡就会改变，中国的顺差和美国的逆差都会减少。

　　任何理论都是建立在某种模型的基础之上。这种理论的模型是怎样的呢？它显然假设了中国出口产品的成本，以人民币表示的价格是固定不变的。国际市场的变化，不会对中国的生产成本产生任何影响。毫无疑问，这是一个不完备的模型，它没有对市场活动进行全面的观察，至少没有观察中国出口产品的成本价格与整个市场之间的联系。

　　现在让我们把观察模型设计得稍微完备一些。要全面地观察经济活动，至少要观察投入和产出，不能只观察产出或只观察投入。如图 6 - 8 所示，我们用 C_W 和 P_W 代表某种产品在世界市场中的生产成本和销售价格；用 P_H 和 C_H 代表这种产品在中国市场中的生产成本和销售价格。

　　世界经济是一个整体，中国和美国实际上是处于同一个市场中。根据一价定律，忽略运输成本和其他贸易障碍，两国要同时面对同样的市场价格。对于出口国（中国）而言，从国外市场进口的产品价格应该视为生产成本，出口到国外市场的产品价格应该视为外国市场的成本价格。对于国外市场而言，从中国进口的产品价格应该视为生产成本，出口到中国的产品价格应该视为销售价格。在完全竞争条件下，生产者没有经济利润，因此有：

$$P_W = C_W \qquad\qquad (6 - 60)$$

$$P_H = C_H \qquad\qquad (6 - 61)$$

根据图中的交换关系，显然有

$$P_W = C_W = P_H = C_H \qquad (6-62)$$

这其实还是一价定律，任何商品在任何国家市场的价格都是相同的，与汇率毫无关系。当然，在现实当中，上述式子中的等号应该为约等号，即进出口商品的价格与汇率基本上没有关系。

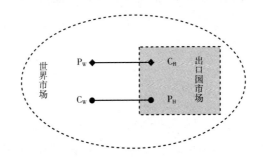

图 6 - 8　国际市场与国内市场的价格关系

当然，"一价定律"的有效性与产品的性质有关。对于"不可贸易产品"，比如房地产，一价定律随着两国之间距离的增加迅速失效。对于"可贸易产品"，可以近似认为一价定律不受两国之间距离的影响。

汇率——即两种货币的比价——不过是会计计量的尺度关系，汇率变动除了能够改变一下账本上的数字大小，对实际生产活动没有任何实质性影响。设想一下，如果中国与美国的贸易不采用人民币或美元作支付手段，而是以日元或欧元或澳大利亚元作支付手段，或者以黄金作为支付手段，问题就容易理解了。国际贸易的平衡状况与汇率无关。人民币对美元的汇率变化不会对中美贸易产生任何实质性影响。当汇率是 $ = ¥8，中国的出口产品卖 1 美元是因为生产成本是 8 元，也就是 1 美元；当汇率变为 $ = ¥6，中国出口产品还会卖 1 美元，因为生产成本变为 6 元，也就是 1 美元。

本章第四节说明了贸易顺差是一个国家的对外"利润"，与汇率无关。历史事实也已经无数次证明了"汇率无关论"。最著名的经验是 20

世纪 80 年代的日元升值。当时日本的经济总量、对外贸易顺差快速增长，而美国的对外贸易逆差则急剧扩大，贸易摩擦不断增加。1985 年，美日等国签订了著名的"广场协议"，引发日元急剧升值。在"广场协议"生效后的 3 个月里，日元对美元升值了大约 20%；在 3 年内，日元升值超过了 1 倍。然而，日本在这一时期的对外贸易顺差不但没有减少，反而继续增加。日本的外汇储备由 1984 年的 263.1 亿美元增加到 1990 年的 770.5 亿美元，增长了近 3 倍。一些研究者甚至发现，在日元升值的过程中，日本出口到美国的汽车的实际价格不但没有上升，反而有所降低。

正如美国不能指望人民币升值会给美国带来改变中美贸易不平衡的机会，中国也不必担心人民币升值会阻碍中国出口的增长。实际上，无论是在 20 世纪 80 年代和 90 年代人民币的贬值过程中，还是在进入 21 世纪后人民币的升值过程中，中国出口增长的趋势以及贸易顺差的总体状况似乎都没有受到什么影响。如果一国的贸易平衡发生了什么变化，其主要原因绝不是汇率变动，市场和制度方面的原因比汇率的作用要大得多。如经济周期、技术进步、不恰当的货币政策等等。汇率的变化不过是经济状况发生变化的一个结果，不是一个原因。

我们可以用一句话简单地解释汇率变动对进出口的影响作用：一价定律决定了对外贸易平衡状况在总体水平上与汇率无关。汇率变动充其量可以影响个别企业的市场份额或盈利情况，对整体贸易平衡即使有影响，也是短暂的和微不足道的。

本章参考文献

[1] Mankiw N Gregory, *Principles of economics*. Thomson South – western, 2004: 500, 568.

[2] Ackley Gardiner, *Macroeconomic Theory*, Macmillan and Shanghai Translation Publishing House, 1981: 350 – 355.

[3] 〔美〕戈特弗里德·冯·哈伯勒（Haberler Gottfried）：《繁荣与萧条》，朱应

庚等译，商务印书馆，1963，第195页。

[4] 邓映翎：《西方储蓄理论》，中国金融出版社，1991，第149～176页。

[5] 陈宪：《国际贸易理论与实务》，高等教育出版社，2004。

[6] Deardorff, Alan, "Determinants of Bilateral Trade：Does Gravity Work in a Frictionless World?" dans Jeffrey Frankel (dir.), *The Regionalization of the World Economy*, University of Chicago Press，1998：7 – 28.

[7] 胡玫、黄卫平：《升值压力下对人民币汇率问题的几点思考》，《国际贸易》2010年第6期。

[8] Zhang Jian, Fung Hung-Gay, Donald Kummer, "Can Renminbi Appreciation Reduce the US Trade Deficit?" *China & World Economy* Volume 14, 2006.

[9] 张兴、张炜：《中美人民币汇率博弈——基于新兴古典经济学的再解读》，《对外经贸实务》2010年第7期。

[10] 邓宏：《通用贸易定律及其在中国对外贸易中的验证》，《财贸研究》2007年第1期。

第七章　资本的价值

作为一种特殊的财富，我们对资本价值的评价也选择特殊的参照物。资本与它的运动参照物构成一元论模型的基本元素。在宏观水平上，资本总体的价值要依据它对经济总量增长的贡献来衡量。在微观水平上，一种资本的价值是通过与其他资本对比盈利能力来衡量。

第一节　资本与财富

1. 资本的总量

我们在第六章探讨了消费品与资本品的关系，指出了消费品与资本品的同一性，二者统一于财富，都是用于维持人类生存的价值存在。所有的财富都是资本，同时也都是消耗品，差别只是消耗的方式——是直接用于生产过程，还是直接用于消费过程，以及消耗速度——消耗的是快还是慢。

关于资本与财富的这种同一性关系，我们可以表述为一个原理：对于一个孤立的具有恒定产出的市场经济系统，系统中运营资本的总量与可再生有形财富的总量相等。即：

$$K = 全部有形财富的价值 \qquad\qquad (7-1)$$

这里 K 是资本总量，这一关系可以称为资本总量原理。现在我们来证明这个原理。

我们采用黑箱方法。如图 7-1 所示，所有财富处于经济系统黑箱中，不能被直接看到，不能被分辨。但作为一个总量指标，它是可以从外部观察的。另一个可观察指标是总产出，两个指标构成了一元二分模型中的两个基本元素。

从技术角度看，在一定的生产力水平条件下，维持一定数量的产出需要一定数量的资本和劳动力，而所有财富，要么是直接的资本，要么是生产人的资本。因此，从生产的角度看，是所有财富创造了产出。

图 7-1　资本总量的黑箱观测法

从制度角度看，只有资本的所有者才可以得到资本的回报。由于我们把社会视为一个整体，不区分具体的所有人或投资人，只要是运营的资本（working capital），就应该到回报，有回报才能使资本的损耗得到补偿。不难理解，当时间足够长，没有作为资本而运营的财富，也就是没有得到回报的财富将因损耗而逐渐消失，所有仍然存在的财富都应该属于运营资本。

其实，所有的财富都应该视为资本，这种观点马歇尔（1890）早就提了出来，只是没有引起经济学家们的重视。大家也没有看到达成这种共识的重要意义。

在比较发达的国家，对社会财富总量是有统计的。比如在美国，这个统计指标就是所谓的"可生产有形财富"（Reproducible Tangible Wealth）。至少在经验水平上，这个指标可以作为一个国家的资本总量。可以认为，所有新财富的生产，都是以这些现有财富为基础进行的。

资本总量原理中有一个隐含的假设，就是人们的文化习惯和生产技术不变，具体表现为消费和投资在总产出中的比例是稳定不变的。

理解上述关系可能有一些思维习惯上的障碍。我们习惯于说生产者与资本共同创造了价值，这是基于对生产过程的微观观察。但是基于"全面"观察我们已经知道，资本也是劳动。生产过程是一个过去劳动与今天劳动的共同运动过程。换一个角度，生产者的生产是生产活动的根本目标，因此，生产者也是资本（财富），是我们不作价值统计的资本。我们心目中的资本不过是中间资本，劳动者是最终资本。由于我们不做劳动力统计，在价值水平上，其中的资本就是现实当中存在的有形资本或有形财富。其实它包含了人，而人的价值是不在会计水平上统计的，所以表达式中只有资本。

2. 投资的计量

从生产过程进行观察，人们常常使用"投资"这个概念，指以生产为目的的支出。这些支出或投资可以创造更多的价值。尽管投资的最终目的仍然是创造更有价值的人，但直接或直观的目的不是，而是要通过创造财富，在未来争取更多的产权。

既然投资行为是指购买资本品并用于生产的活动，那么它不应该包括购买消费品并用于消费的活动。但另一方面，我们又定义了所有财富都是资本品，那么在理论意义上，所有购买社会产品的活动——包括购买消费品的活动——也都应该视为投资。矛盾是很明显的，这表明"投资"还不是一个"常名"，人们可以仁者见仁智者见智地解释。如果直接把它拿来作为经济模型中的变量，从计算投资的数量开始就可能出现问题。比如，有人喜欢把培养子女或培训技术人才的支出视为投资，这显然会引起争议。于是，在经验水平上，我们通常是规定什么样的支出算作投资。

虽然传统的投资概念还不是一个"常名"，但投资的流量属性是可以确定的，它指一定时期内购买生产性产品的支出。投资品在一个时期内没有消耗完，积累下来，就形成了所谓资本。资本是一个存量，指在某一时点系统中财富的数量。

其实，是把生产和购买所有产品都视为投资，还是把生产和购买生产性产品视为投资，这个矛盾在实践的水平上是可以解决的。根据经验，大多数消费品在使用过程中一般消耗得比较快，或者说在经济系统中存在的时间很短，而大多数资本品消耗得较慢，在系统中存在的时间相对较长。如果我们把投资定义为所有产品的购买行为，在经过一段时间后，所有产品中剩下的或能够积累下来的主要是"资本品"，这与传统的把投资定义为生产性产品的结果非常接近。据此，一个能够兼顾传统认识的定义应该是：从投资者的角度看，投资是用于购买所有产品的支出，这些产品可以跨观察期使用。

新的定义是一个"常名"，可以解决传统的定义不是一个"常名"的问题。另外，把投资定义为所有产品的购买与把资本定义为"所有财富"在理论水平上是相容的，符合不同理论之间同一性的科学逻辑，符合一元论哲学。

关于资本品和消费品的定义

对于一般的消费者而言，一袋大米是消费品。但如果是商人购买这一袋大米，他们的目的是通过再销售赚钱。因此，大米对于商人就是资本品。即使对于一般的消费者，如果买这一袋大米是储存起来以备不时之需，并不是要马上用，大米也成了资本。如果我们连一袋大米是资本品还是消费品都不能确定，构建理论模型就没有了确定的立足点。最简单的定义方法显然不应该是区分产品做什么用了，而是只看产品是否被用掉了，没有被用掉的部分就是资本。

实际上，在国民经济统计中，存货被计入投资。存货当然既包括资本品，又包括消费品。存货当然也是跨周期使用的，这样的统计规则显然是统计未消耗的产品，与我们的新定义是一致的。这一实践也反映出"所有产品都是财富""所有财富都是资本"的理念存在于人们潜意识中。

3. 资本的贡献与折旧

资本是生产条件，要维持一定的产出，需要一定数量的资本。一般认为，资本产出比在一定程度上可以作为刻画资本的生产效率的指标——当然是在宏观水平上。在微观水平上，每一种产品的生产需要不同的设备、工艺、职工和技术，资本产出比的个体差异可能非常大。此外，在微观水平，我们认为是资本和劳动一起生产了产品。而图 7 - 1 是一个宏观水平的观察模型，在黑箱模型中，我们不观察人，所以认为总产出是全部资本的贡献。即

$$Y = f(K) \qquad\qquad (7 - 2)$$

在生产过程中，人要消耗一些产品（消费品），资本也要消耗一些产品（资本品）。资本品的消耗我们习惯上称为折旧。在微观水平上，折旧的市场表现是财富的价值损失。可能是自然磨损造成的，像机床、汽车等资本都有一定的使用寿命；也可能是技术进步造成的，比如现在人们用电子数码设备记录图像信息，传统的用磁带记录图像信息的设备很快就不值钱了。尤其是现代社会，技术进步速度很快，因此造成的资本的贬值可能比使用中的自然磨损还要快很多。

在观察资本与经济增长的关系之前，我们先来看恒定产出的经济系统，即经济不增长也不收缩的系统。一般我们认为，一定的资本和一定的劳动者形成了一定的生产能力，这种经济结构也可以反映经济系统的技术水平，我们通常用"资本产出比"来表达。如果没有技术变化，资本总量与产出总量的比值应该不变。

由于所有资本都会随着时间而逐渐损耗，所以经济系统在每一时期都必须从总产出中拿出一部分来补充这些损耗的资本。在没有技术进步的情况下，或者说对于恒定产出系统，每一时期的投资量与该期的资本消耗量相等，才能恰好维持资本总量不变。因此我们有：

$$本期投资额 = 本期资本消耗的财富 \qquad\qquad (7 - 3)$$

习惯上，我们把资本品的使用和消耗称为"折旧"，实际上消费品也在消耗或"折旧"。把经济系统作为一个整体来观察，区分生产者消耗和生产资料消耗一般就没有意义了。

我们把系统在观察期内的总产出称为 GDP，对于恒定产出系统，由于没有资本或财富的增加，全部产出在数量上应该与全部消耗（生产者消耗与资本消耗）相等。即 GDP = 本期消耗财富或

$$\text{GDP} = \text{生产者消耗的财富} + \text{资本消耗的财富} \qquad (7-4)$$

另一方面，我们习惯把 GDP 分为消费与投资：

$$Y = C + I \qquad (7-5)$$

我们习惯认为，投资是有收益的，或者说资本是有利息的。显然，在恒定产出系统中，资本的回报就是式（7-4）右边的第二项，而这一项是消耗掉的。因此，在恒定产出系统，我们看不到投资的回报，或者说看不到资本的利息。或许我们可以把这一项视为投资的"毛利"，而毛利恰好被消耗掉，净利润为 0。这种关系也可以表达为：

$$\text{本期资本的报酬} = \text{本期资本的消耗} \qquad (7-6)$$

要理解式（7-6）并不困难。我们可以用反证法：如果资本的报酬没有被消耗完，即式（7-6）两边不相等，则资本总量就会增加，从而使产出也增加，这与恒定产出的假设相矛盾。

第二节　资本的利息

1. 利息的性质

利息概念是在微观观察的基础上形成的。一般定义为一定时期内一定数量的资本获得的报酬。从资本运营效率的角度观察，人们通常更关心利息量与资本投入的比率，即利率：

$$r = \frac{R}{K} \qquad\qquad (7-7)$$

式中 r 是利息率，R 是利息额，K 是投入运营的资本数额。这是关于利率的基本定义。

在讨论利息时，我们通常是以金融资本为观察对象，比如存贷款利率，股票的股息。但是从这些利率无法直接看到利率的本性，因为利息是生产出来的，不是资本自己创造的。现在我们通过一个"理想实验"，从实际生产过程来观察一般资本的利息。

假设一个国家有两个人 A 和 B，他们分别耕种两块面积相同的土地。A 耕种肥沃的土地，年产出 5 吨粮食，B 耕种贫瘠的土地，年产出 2 吨粮食。全部社会产品是 7 吨粮食。如果制度规定耕种者得到自己耕种土地上的全部劳动产品，则 A 将得到 5 吨粮食，占 5/7；B 得到 2 吨粮食，占 2/7。肥沃的土地自己是不会生产粮食的，也不试图得到粮食，它的使用者能够得到多少粮食，背后反映的是相关生产者参与分配的权利。

忽略个体方面的差异，在一定时期内，可以认为两个生产者付出的劳动是相等的。如果两个生产者都在贫瘠的土地上耕种，他们都将得到 2 吨粮食。据此人们会认为，在上述案例中，A 得到的多出的 3 吨粮食是肥沃土地的"贡献"。但这样的观察太直观，太狭隘，没有追问 A 为什么可以耕种肥沃的土地，B 却不能。显然，这与产权制度有关。我们在第四章已经分析了产权制度对市场价值的决定作用。A 能够得到 5 吨粮食是制度给予的权利。如果制度规定谁先抢到肥沃的土地，谁就有权在这片土地上耕作，A 才能得到 5 吨粮食。如果制度规定 A 要拿出 1 吨粮食来交税，则 A 最终只能得到 4 吨粮食，而不是 5 吨。

假设肥沃的土地到处都有，不需要竞争，则任何人都可以在自己的能力范围内耕种。这时，作为资本的土地不会表现出交换价值，即价格为 0，自然界赋予人们的土地是没有价值的。但如果肥沃的土地有限，B 想要用那块肥沃的土地来耕作，就需要从 A 手中租借或购买，于是土地资本就有了价值。在上述案例中，如果 B 想使用 A 的土地，从理性的角度考虑，A 会要求 B 支付 3 吨的租金。于是，我们不难看出土地的租金是什么——它是非劳动性产权的分配权，它是由制度和生产力决定的。一种资本提高劳动效率的能力越强，它的所有者参与分配的权利就越大。

B 当然也可以采用购买的方式获得在肥沃土地上的耕种权，目的当然是想得到那多出的 3 吨粮食的产权，而不是土地本身。

我们把这个案例中的"种地"引申为一般劳动，把"肥沃土地"引申为一般资本，不难看到资本和利息的实质。前面已经指出，资本是参与社会产品分配的权利。现在我们看到，一种资本的利息是这种资本的分配权高出一般资本分配权的部分。对于大多数形式的资本，像"贫瘠的土地"那样的情况基本上可以忽略，但同时更容易折旧。因此，一种资本的利息就是这种资本的分配权减去折旧。

显然，资本和资本的利息都是制度现象。如果一项资本所具有的分配权较少，则这项资本的利率也会较低，资本的市场价值也就相对降低（前面对房价问题的探讨已有解释）。

2. 宏观利息与微观利息

上述种粮食的例子仍然是从微观水平上观察利息。从整体水平上看，种粮食只是生产活动中的一个环节，这个经济还有化肥、工具、运输、营销、银行等许多生产环节。本书一再强调观察视角的重要性，观察视角的选择对于正确描述观察对象、构建观察模型、实现观察目标具有决定性意义。

我们已经知道，资本与劳动是同一的。认为生产过程是资本与劳动的结合，是一种微观视角的观察。在宏观水平，我们把经济系统视为一个黑箱。如果把资本视为劳动，则生产活动可以视为单一的劳动过程①，总产出就是全部劳动者的报酬，也就是所谓总收入。如果把劳动力视为资本（一种不计算市场价格的资本），则生产活动可以视为单一的资本活动。

---

① 马克思的思想或许对我们理解这些关系能够有所帮助。马克思说过，劳动工具是人的四肢的延长。即资本可以视为人体，资本的运动当然也是劳动力的运动。反过来，人体及四肢是肉体的资本，劳动也是资本的运动。

根据"所有财富都是资本"的认识，经济系统的总产出应该是全部资本的报酬，也就是说，总产出全部都是资本的利息，我们可以称为宏观利息。宏观利息当然与微观利息不同。

不过，在人们的习惯意识中，积累资本的目的是要创造更多的价值。因此，如果资本最终没有增加，我们不认为资本获得了利息。根据这一思维习惯，我们可以把总产出称为毛利息，把总产出超过原有水平的部分称为总利息。后者是人们心目中的资本利息。即在宏观水平上，社会资本的总利息为

$$R = \frac{\Delta Y}{Y} = \frac{Y_{t+1} - Y_t}{Y_t} \tag{7-8}$$

我们观察一个特例，恒定产出系统。在技术水平一定的条件下，产出恒定意味着每一时期总产出中的新增投资恰好能够补充该时期被磨损的有形资本。社会有形财富总量期末既没有减少，也没有增加，即社会总体资本的净回报额为 R = 0。

理解总利息的另一个视角

威廉·配第有一句名言，"劳动是财富之父，土地是财富之母"，这个比喻可能对于理解资本总量原理有所帮助。从生产过程看，财富是父母（劳动和资本）共同创造的孩子。把孩子视为一个整体"1"，我们可以说这父亲有一个孩子，也可以说这母亲有一个孩子，但我们都不会说这父亲有半个孩子，母亲有半个孩子，因为这对父母只有一个孩子。

劳动与资本的关系也是如此。在总体水平上，我们可以说全部财富都是劳动创造的，或者说全部财富都是资本创造的——这其实只是观察视角的问题，是根据模型所在的系统层次做出的选择。在宏观水平上，我们不能说劳动创造了一半财富，资本创造了一半财富。

前面已经说过，我们平时所说的劳动报酬和资本报酬，是微观水平的观察，是一个分配问题。在总体水平观察经济现象时，一定要摆脱微观水平的观察习惯，避免"合成谬误"。

3. 价值第二定律

知道了资本总量式（7-1）和净利息总量式（7-7），不难得到利息率的计算公式

$$r = \frac{\Delta Y}{K} \qquad\qquad (7-9)$$

上式显然是关于宏观水平利率的定义。它与牛顿第二定律形式上很相似，我们可以称之为价值第二定律[①]。

如果我们从微观水平观察，是得不到这个公式的。进入黑箱内部，我们可能会观察到许多影响利率的具体因素。可以看到一些投资者是赢利的，另一些投资者是亏损的；一些人是通过银行存款获利，另一些人则是通过经营工厂或公司获利，还有一些人（比如购买游艇的人）根本没有打算获利。式（7-9）反映了所有的参与生产活动的资本的总体收益率。

不过，式（7-9）没有考虑通货膨胀，如果考虑通货膨胀，则有

$$r = \frac{\Delta Y_n}{K(1 + \pi)} \qquad\qquad (7-10)$$

式中 ΔY_n 是名义总产出增量，π 是通货膨胀率，这时的 r 可以称为实际利率，前面的 ΔY 可以称为实际总产出增量。至于财富总量 K，考虑到我们很少去区分实际财富价值与名义财富价值，通常只观察其名义值。

根据费雪效应公式[②]

$$r_n = r + \pi(1 + r) \approx r + \pi \qquad\qquad (7-11)$$

并且我们可以得到名义利率公式

$$r_n \approx \frac{\Delta Y}{K(1 + \pi)} + \pi \qquad\qquad (7-12)$$

---

① 牛顿第二定律的形式是 $a = \dfrac{F}{m}$，式中 m 是物体的质量，a 是物体运动的加速度，F 是物体受到的外力作用。后面我们会看到，利率 r 具有价值加速度的性质。

② 下一章我们会分析费雪效应。

式中 r_n 为资本市场上的名义利率。

可以看到，市场中的名义利率与通货膨胀率存在正相关关系。当然，r_n 计算的是名义利率的总体水平，不是每一时刻、每一资本的利率水平。

在推导价值第二定律过程中，我们观察的是实际生产过程中利息与资本的关系。换言之，式（7-9）或式（7-12）给出的是有形资本的回报率。不过，这个结论同样适用于货币资本的回报率。在微观水平上，忽略不同形式资本之间的兑换成本，则货币资本与有形资本应该具有相同的回报率。因为生产者是理性的，如果持有货币资本的利率低于持有实物资本的利率，生产者就会选择持有更多的实物资本，较少的货币资本；反之亦然。因此，不同形式资本的利率在理论上是相等的。当然，现实当中的资本市场并不是完全有效的，存在无法准确预期的风险，人们并不能在任何时候都迅速掌握市场信息并进行准确的策略调整。因此，我们很容易看到不同市场上货币资本回报率的差异。比如短期利率与长期利率存在差异，信用水平不同的公司的债券利率存在差异，不同行业的借贷利率存在差异，等等。不过，在许多情况下，可以认为这些差异不是很大，它们处于一定范围内。这个总体水平就是我们所说的 r_n。

4. 价值第二定律的检验

实际利率并不能被直接观察到，式（7-9）是一个预测公式。验证价值第二定律需要借助式（7-12），如果实践证明式（7-12）是有效的，则我们认为式（7-9）也是有效的。

我们采用美国的统计数据来检验。式（7-12）中的 $W(t)$ 采用可再生有形财富（Net Stock of Fixed Reproducible Tangible Wealth），ΔY 采用相邻两年 GDP 数值之差，通货膨胀率 π 利用消费者物价指数计算，市场利率 r_n 采用美联储（Fed）公布的有效利率（Effective Interest Rate）。检验发现由式（7-12）计算的市场利率与美联储公布的有效市场利率的变化相当吻合（见图7-2），线性相关系数为 $R=0.75$。

考虑到式（7-9）或式（7-12）是推理模型，不是仿真模型，又考虑到法则的市场环境对统计观测数据的影响①，可以认为这个检验结果是相当令人满意的。

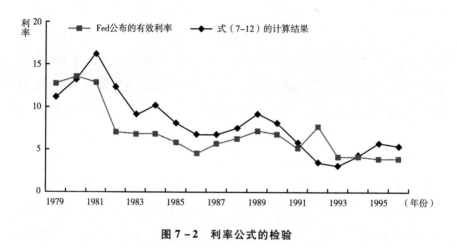

图 7-2　利率公式的检验

从图 7-2 还可以看出，实际的市场利率在大部分时间略低于式（7-12）计算的利率，这或许从另一个侧面反映了非完全有效市场中人们"厌恶风险"的一般心理。因为借款人最终要通过经营活动取得利息，偿还债务。他们的实际回报率在总体水平上略高于借贷合同的成交利率是正常的。

第三节　资本的现值

1. 资本现值的简易估算方法

影响资产价值的因素很多，不过，在微观水平上判断资本的价值，利率是一个重要参照变量。比如，把数额为 X 的资本存入银行，如果年利

---

① 至少应该指出一个不可忽视的影响因素，即财富总量 W 本身就存在不稳定性。统计观测不是每时每刻进行的，而资本的价值随时都可能变化。因此，价值第二定律的检验结果与一般模拟模型的检验结果不具有可比性，这是做统计检验的学者常常会忽视的一个重要问题。

率是 i ，则 1 年后资本的数额变为

$$Z_i = X(1 + i) \tag{7-13}$$

如果到期后又连本带利把资本重新存入银行，每年都重复这样的投资，则 n 年后资本的价值变为：

$$Z_n = X(1 + i)^n \tag{7-14}$$

这就是所谓的复利公式。反过来，如果 n 年后有一笔收入 X ，则这笔收入折算成现值就是：

$$X = \frac{Z_n}{(1 + i)^n} \tag{7-15}$$

X 就是一笔未来收入 Z_n 的现值。

一般而言，投资活动就是期望在未来的每一时期都能取得一定数量的收入。如果某一资本在未来每一时期都可以带来一定的收入， Z_1 ， Z_2 ， $\cdots$ ， Z_n ，并且利率保持不变，则这项资本可以带来的全部收入的现值就是

$$A = \frac{Z_1}{1 + i} + \frac{Z_2}{(1 + i)^2} + \cdots + \frac{Z_n}{(1 + i)^n} \tag{7-16}$$

为了便于理解，假设 $Z_1 = Z_2 = \cdots = Z_n = Z$ ，当 $n \to \infty$ ，可得

$$A = \frac{Z}{i} \tag{7-17}$$

这就是许多教科书中介绍的恒定现金流的资本现值公式。当每一周期的现金流恒定时，影响资本价值的一个最重要因素就是参照利率。不同的投资者可能选择不同的利率对自己所关心的资本进行价值评估。不过，在不要求十分准确计算结果时，式（7-12）至少告诉我们资本的价值表现的一般规律，它与利率存在负相关关系，与每一时期的盈利能力存在正相关关系。

式（7-16）是对个体资本价值的基本判断方法，这项资本的价值显然是通过自身盈利能力（ Z_1 ， Z_2 ， $\cdots$ ， Z_n ）与其他资本是盈利能力（ i ）

对比得到的，从其简化形式（7 – 17）更容易看到这一点。一项资本的盈利能力与其他资本的盈利能力对比，构成了一个一元二分模型。如果要把个体资本的现值公式应用于实践，其他资本盈利能力的参照（i）是一个最重要的依据[1]。

对于经济整体而言，资本的总价值量应该是所有资本的价值之和：

$$K = \sum_j A_j = \frac{\sum_j Z_j}{i} \qquad (7-18)$$

式中 V_j 是第 j 项资本的现值，Z_j 是第 j 项资本每一周期的"利息"，K 仍然是社会资本总量或财富总量。

注意到 $W = K$，可以看到式（7 – 17）或式（7 – 18）与式（7 – 9）的形式基本一样。这从一个侧面说明价值第二定律的微观基础。$\sum Z_j$ 是所有资本的盈利之和，它来自总产出的增加，与 ΔY 相等。不同的是，式（7 – 9）中的 r 是系统的实际利率，不能直接看到。而式（7 – 17）中的 i 是投资者在评价自己关心的资本时所选择的参照利率。不同的投资者有不同的投资环境，他们的选择可能存在较大差异，但总体上不可能持续地、大幅地偏离系统整体的利率水平 r。

2. 利息的流体动力学意义

资本是存量，产出、利息等都是流量。既然是流量，在数学水平上应该与其他学科中的流量观察方法具有很大的相似性。我们现在就来观察一下它们之间的动力学关系。

生产是一个创造过程，不断有产品从生产者手中流出。总产出（比如 GDP）就是计量产品价值流的一个变量。其基本含义是：

$$Y = \frac{\Delta W}{\Delta T} \qquad (7-19)$$

---

[1] 实践中我们较多是以银行的存款利率作为参照，当然也可以本行业资本的平均盈利水平作为参照。

这里 ΔW 是一定时间内新创造的财富的价值量，我们用 Y 来表示，ΔT 是时间。由于习惯上的原因，比如我们通常把 ΔT 设定为 1 年或 1 个季度。于是在数学形式上，我们默认了

$$\Delta T = 1 \tag{7-20}$$

于是，我们把 GDP 流量简单表达为

$$Y = \Delta W \tag{7-21}$$

这种表达方式虽然简单，但容易使我们忽视价值变量的"流体"性质。显然，GDP 是价值创造的速度，当然是"平均"速度或总体速度，因为每一区域每天创造的价值量差异可能很大。从"短期"来看，比如在若干年内，我们会看到价值创造的速度高于价值消耗的速度。而从"长期"来看，比如在若干个"康德拉季耶夫周期"或者更长时间内，可以认为价值创造与价值消耗的速度是一样的。比如，人们在 19 世纪之前创造的有形财富能够遗留下来的数额与今天资本数额相比是可以忽略的。

当生产速度变化时，我们可以得到生产的"加速度"，即

$$\frac{\Delta Y}{\Delta T} = \frac{\Delta^2 W}{\Delta^2 T} \tag{7-22}$$

不过，我们习惯于观察相对变化率，也就是所谓经济增长率：

$$g^* = \frac{\Delta Y/Y}{\Delta T} \tag{7-23}$$

当式（7-20）$\Delta T = 1$，增长率可以写为

$$g^* = \frac{\Delta Y}{Y} \tag{7-24}$$

经济学家喜欢用资本产出比来衡量资本的使用效率。资本产出比越小，说明创造一定数量 GDP 所使用的资本数量越少，表明生产效率越高。这当然是一种微观观察，是以特定的产权制度为约束条件的。记 $K/Y = k$，则价值第二定律的表达式可以写为：

$$r = \frac{g^*}{k} \qquad\qquad (7-25)$$

当然，总利率 r 也是可以随着时间变化的。我们对式（7 - 24）求导数，注意到 $\Delta T = 1$：

$$J^* = \frac{\Delta g^* / \Delta T}{g^*} = \frac{\Delta g^*}{g^*} = \frac{\Delta r}{r}，即：$$

$$J^* = \frac{\Delta r}{r} \qquad\qquad (7-26)$$

根据物理学家的习惯，加速度的变化率被称为"急动导"，它反映的是物体运动的极速变化，通常表现为冲击，可能是由撞击产生。类似地，我们可以把 J^* 称为价值创造活动的急动导，反映价值创造的极速变化。当然，生产活动的极速变化要比物理上的冲击慢很多。

需要注意的是，微观水平上每个企业、每种资本的利息率差异可能很大，我们观察的是总利率变化率。对于一个企业而言，其收益率如果高于社会平均收益率，就是在竞争中取得了胜利。

3. 资本价值的危机

在经验水平上，要想得到准确地统计社会资本总量 K，或统计财富总量 W 是非常困难的。一是因为它们的市场价值总是在不断地变化，二是并非所有的资本每时每刻都参与市场交易。比如，今天有一条新船的交易价格是 1 万元，这并不能告诉我们其他未销售的新船和过去已经销售的船是否也应该是 1 万元。虽然我们可以制定关于旧船折旧的规则，但根据这些规则计算的旧船价值未必能够真实地反映其市场价值。另外，总产出的增长并不是平稳的，或者说每一时期资本的收益不是平稳的，这会影响市场对资本价值的判断，即影响资本价值在市场上的表现。所有这些因素决定了我们的价值观察永远是粗略的。不过，根据式（7 - 4）、式（7 - 11）和式（7 - 12）的意义，一般资本 K 与利率之间的负相关关系是可以肯定的：

$$K = \frac{Z}{r} \qquad\qquad (7-27)$$

式中 $Z = \sum Z_i$ 是资本的总收益，可以总产出的增加值 ΔY 为参照；r 是市场的内在利率，它不能被直接观察到，但理论上可以式（7－9）为参照。不过在经验水平上，人们是以自己在市场上看到的利率为参照，可以认为 r 与式（7－16）中 i 的意义相同。

影响资本价值的因素当然很多，比如技术进步、外部市场变化、自然灾害、经济制度变迁等等。不过，除了制度因素和经济自身的运行状况外，大多数因素的影响都是局部的，一般不会引起整个市场资本价值的持续剧烈变化。然而，有一种因素的影响——也就是货币政策——对资本市场的影响却是全面的。

在通常情况下，生产者总是期望一定的投资获得一定的收益率。其意义是总利率基本不变，即：

$$J^* = 0 \qquad\qquad (7-28)$$

与之对应的是稳定的经济增长。从现实情况看，资本的回报率、支撑资本报酬的经济增长率在长期意义上也的确变化不大。这也不难理解，因为市场总是在自动地寻找最优状态，市场的演变与人类社会的进步本质一样，是人类整体的意志表现。它们虽然希望经济快速增长，但实际上生产力水平不可能突然大幅提高或突然大幅降低。在长期水平上，式（7－28）有效。在短期，J^* 可能经常不等于 0。

式（7－26）计算的是市场自身的变化。"看不见的手"推动市场根据经济增长状况确定利率或适应利率变动。不过，由于政府或中央银行的特殊权力，市场也常常可能不得不适应一些人为因素引起的变动。央行的利率政策会人为地给市场提供一个利率参照。这个参照比市场自身的利率更直观，当利率调整幅度较大时，资本市场的定价就可能遭遇很大的冲击。

与式（7－26）相似，央行的利率政策调整也产生一个急动导。我们增加一个 ＊ 号以示与式（7－26）的区别。

$$J^{**} = \frac{\Delta i}{i} \qquad\qquad (7-29)$$

这里 i 是央行设定的利率或利率目标,它理所当然地可以成为投资者参照利率。一个重要的问题是,这个利率与市场自发形成的利率 r 可能存在较大差异,并且这种差异不能直接看到,因为 r 不能被直接看到。

根据一价定律,市场上不可能长期存在两个资本使用价格,两个价格必然会朝着趋于一致的方向运动。或者说市场的"内在"利率 r 会朝着央行制定的利率 i 靠拢,这个靠拢过程或同步过程实际上是一种冲击过程。市场的内在运动趋势 $J^* = 0$ 与人为运动趋势 J^{**} 之间的差异为:

$$S = J^{**} - J^* \qquad\qquad (7-30)$$

这里 S 表示冲击。考虑到在长期水平上 $J^* = 0$,上式可以近似写为

$$S = J^{**} \qquad\qquad (7-31)$$

不难看到,利率的相对变化率 $\frac{\Delta i}{i}$ 越大,对市场的冲击越大。这种冲击直接影响资本的市场价格。根据经验公式(7-27),假设资本的收益 Z 在短期没有明显变化,则资本价值的变化率为:

$$\frac{\Delta K}{K} = -\frac{\Delta r}{r} \qquad\qquad (7-32)$$

即资本的贬值率与利率的增加率完全一致。不过,市场并不能直接看到 r 的变化,它们看到的是央行制定的利率 i。因此,资本的价值可能追随 i 的变化,即:

$$\frac{\Delta K}{K} = -\frac{\Delta i}{i} \qquad\qquad (7-33)$$

市场最终将在式(7-32)与式(7-33)之间的某个位置寻求平衡①。不过,由于市场自身的变化是渐进的,缓慢的,央行利率政策变化

---

① 我们在讨论时,通常都假设制度条件不是轻易改变的,只是为了方便,没有在文中一一指出。

的影响就相对要大很多。比如，当利率增加 1 倍，根据式（7 - 33），资本的市场价值将贬值 1 倍。但由于并非所有的资本都在市场中频繁地参与交易，所以并非所有的资本都会贬值 1 倍。式（7 - 32）对多数非频繁交易的资本价值起到制约作用。一般而言，金融资本的价值受到的影响最大，耐用消费品以及城市中心的不动产价值受到的影响相对较小。

当资本的贬值幅度足够大时，就可以称为资本的价值危机。危机严重时可能造成经济系统的崩溃。因为资本不仅是生产工具，还是信用工具。经济活动中大量的借贷都是以资本为信用支撑（比如抵押）。一旦资本价值突降，市场突然失去了信用，金融体系中的信用链可能出现普遍的断裂。比如，当房地产价值急剧下跌，或股市急剧下跌时，借贷违约率会急剧上升，金融危机就发生了。这种危机是全面性的，因为利率政策的变动对市场的影响作用不是局部性的，而是全局性的。显然，经济危机其实是资本价值的危机，或者说是从资本价值的危机开始的。即使在危机发生后采取金融救助措施，也不能立即稳定资产的价值。危机必须要等到资本价值趋于稳定才能结束。

第四节　资本价值的总体观察

1. 资本报酬与劳动报酬的关系

为了认识资本利息的性质，前一节我们根据资本与劳动的同一性构建黑箱模型，从整体上观察资本的运动。现在我们回到微观视角，进入黑箱，从分配的角度观察资本与劳动的关系①。

虽然资本品和消费品都是劳动成果，是财富，但资本可能并不马上消耗掉，是可以积累的。而积累的资本可以参与社会产品的分配，这是制度

---

① 我们再次看到，对于不同的研究目标，我们选择不同的观察视角，得到不同的模型，解决了不同的问题。视角的选择对观察结果的影响极大。

决定的（制度是应市场的要求形成的，是"内生的"。但是在构建价值模型时，我们一般把制度视为约束市场的外部条件，是"外生的"）。

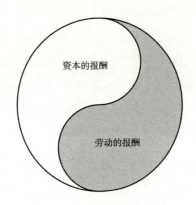

图 7 - 3　总产出的分配

我们习惯把全部社会产品分为资本品和消费品。这种划分可以一般地表达为：

$$Y = C + I \qquad\qquad (7-34)$$

式中 C 是消费品的数额，I 是资本品的数额。

这也是宏观经济学中常用的"两部门模型"。与前面黑箱模型不同的是，这里的 C 和 I 在变量的统计观察意义上是宏观观察，在观察视角意义上是微观观察。黑箱模型不区分 C 和 I，是真正意义上的宏观观察。I 虽然是一个统计指标，但它是微观意义上的投资[①]。

第四章已经指出，一种产品的市场价格是这种产品所具有的产权的交换价值。因此，C 就是劳动的产权或分配权，I 就是资本的产权或分配权。产品结构反映的不仅是需要或需求的结构，也是分配的结构。

资本与劳动的分配关系的一元二分法模型如图 7 - 3 所示。现实当中，

---

① 如果把经济整体视为一个分子，C 和 I 就是组成分子的两个原子，而这两个原子当然是由更小的物质组成，比如企业投资、个人消费。这样比喻或许有助于理解微观与宏观之间的层次关系。

我们不一定能够直接清楚地把两种产权区分开。比如，大多数资本家平时也工作，他们的全部收入中既有资本带来的收益，也有工作创造的价值，两种收入通常很难准确地区分。不过，两种报酬都是客观存在。为了表述这一事实，我们提出纯产权收益和纯劳动收益的概念。图中资本的报酬就是所谓纯产权收益，指不需要经营或劳动，只依赖资本的产权获得的收益权。像买国债获得利息（忽略认购国债的时间成本），出租房屋获得租金（忽略维修和管理等成本），出让专利获得收益（忽略专利研发和注册等成本），如此等等。纯劳动收益则是指由于从事生产劳动而分配到的那部分价值，像从事生产或管理工作，获得工资和薪金。

实际情况可能会复杂很多。比如，出租房屋的房东平时要对房屋进行管理和维护，与租户进行交流，这其实也是劳动。因此，严格地说，房租并不全部是资本的报酬，还包含了少量劳动的报酬。商业银行放贷取得的利息，似乎是资本的报酬。但实际上银行工作人员进行了大量的营销和管理活动，这些报酬应该视为劳动的报酬。一些企业是用自己的厂房、设备从事生产活动，我们看不到租金成本。但根据机会成本原理，使用属于自己的产权相当于自己把产权物租借给了自己。因此，企业的全部收益中包含了这种资本的报酬，或者说企业的总收入中包含了纯产权收益和纯生产收益两部分。

2. 分配制度对资本价值的影响

我们在第四章已经指出制度对产品价值的影响作用，当然对资本的价值有影响作用。利率政策是制度的一种表现形式，我们还有其他许多形式的制度和政策。在第四章对中国房价的分析中，我们从一个侧面分析了税收制度对价值的影响作用。

在肥沃土地与贫瘠土地的案例中，我们已经可以看到制度对资本价值的影响作用。当然，现代经济中，土地在全部社会资本中的比重已经非常小。不过，我们可以从土地资本的分析着手，认识一般资本的价值表现规律。这些分析可以认为是第四章产权分析的一个延续。

如果贫瘠土地的数量非常大，就像原始社会那样，人们在大自然中可以任选一块土地生活。那么，土地就不会有市场价值。虽然我们说"土地是财富之母，劳动是财富之父"，但"母亲"在市场上没有价值表现，"父亲"才有。如果土地的数量不够人类任意选择，人们就必须解决哪些人对哪些土地拥有产权。这就是生产关系，通常表现为某种制度。其他人想占有某一块土地，就必须做些什么。战争曾经是一种重要的争夺土地产权的方式，现代社会已经基本上不支持这种方式。最基本的方式是用一些劳动产品来交换。于是，"土地母亲"就有了价格。土地的价格显然是制度的产物。

一般资本与土地不同，它们不是大自然提供的，而是劳动创造的，因而它们从一开始就具有市场价格。我们把观察资本价值的经验性方法重新写在下面

$$K = \frac{Z}{r} \qquad\qquad (7-27)$$

经济状况的变化可以通过 Z 和 r 影响资本的价值，政策的变动也可以影响资本的价值。利率政策影响的是分母 r，许多其他政策则可能影响分子 Z。比如，在肥沃土地与贫瘠土地的案例中，我们假设政府对肥沃土地的产权人征 1 吨粮食的税，则 3 吨粮食的资本收益就减少为 2 吨粮食。把粮食的数量折算成价格，依据式（7-27），土地的市场价格就很容易计算出来。

比如，假设燕国和赵国的土地品质相同，种植技术水平相同，燕国不对地主征税，赵国对地主征税，税额为 τ，则两国的土地价格分别为 $K_1 = \frac{Z}{i}$ 和 $K_2 = \frac{Z-\tau}{i}$。这当然是一个非常粗略的计算，因为许多其他因素都没有考虑。不过，可以肯定的是，赵国的土地资本价格较高，燕国的土地资本价格较低。如果两国发生贸易，"燕国大米"出口到赵国，"赵国大米"出口到燕国，则同样是大米（此处"大米"只是代表一类农产品），燕国的大米将表现为"劳动密集型产品"，赵国的大米将表现为"资本密集型产品"。

　　除了税收，我们还有很多方法调节生产者的报酬。比如所谓再分配政策或税收转移政策。经济发展水平较高的国家，都有各种各样的福利制度，比如失业救济，低保补贴，医疗保险，等等。这些政策在现实意义上都增加了对劳动的报酬，因为这些利益显然都不是依赖资本产权获得的。根据式（7-27），资本的报酬就相对降低。于是我们看到，发达国家的消费 C 占的份额明显较高，投资 I 占的份额明显偏低。传统的认识是这些国家的人民喜欢消费，具有较高的消费倾向。这种认识不能说没有一点道理，但更为深层的原因是制度的变化。

　　所有制度因素的影响，最终表现在经济总量的价值结构上。比如，根据消费-投资模型：

$$Y = C + I \qquad\qquad (7-35)$$

　　关注国家之间经济差异的人都知道，近年来中国的消费支出与投资支出各占总产出的 50% 左右，而美国的消费占到 90% 左右，投资只占 10% 左右。不同国家人们的生活习惯、生产技术和收入水平都存在差异。但我们处于同一个时代，这些差异并不足以解释消费与投资比例的这种巨大差异。比如生产一台汽车，需要多少设备，多少工人，在不同国家的差异不可能这么大。统计指标存在差异的主要原因还是产权制度的差异。

3. 资本报酬的分配机制

　　理论上，不同资本应当具有相同的收益率。但投资者的预期总是赶不上市场的变化。结果，总是有人"运气"比较好，有人"运气"比较差，不同领域的投资收益率的短期差异可能会很大。

　　这里我们不研究具体投资的差异，只观察一下金融资本回报与生产性投资回报的一般关系。

　　市场在纯产权报酬与生产性产权报酬之间分配劳动成果，形成一定的比例关系。一般情况下，我们应该承认这个关系是"最优的"。但是在短期，分配比例可能发生变化，这种变化我们可以认为不是最优的，是由于某种不利因素造成的，这些因素的出现不是正常情况。

现实当中的任何一种生产活动所获得的报酬，都可以认为是劳动报酬与纯产权报酬的组合。生产是社会性的，一环扣一环的。储户把钱存入银行，银行把钱贷给企业，企业从事实际的生产活动，将盈利的一部分留给自己，另一部分支付给银行。从整个生产过程看，只有储户的收益不是通过劳动获得的（它们的劳动少到可以忽略）。因此，储户的收益是纯产权报酬。企业的劳动不在话下，银行也从事了金融服务劳动[①]。

上述观察虽然只是全部经济活动中的一部分，但至少有助于我们观察资本报酬大致的分配机制。

生产性活动是必须保证的，因为没有生产就失去了价值分配的前提。无论在什么情况下，企业和银行的收益都是必须保证的。因此，当经济状况不好时，承担损失的只能是储户。这就是我们为什么会看到负利率。负利率现象的根本原因不是存款利率偏低，而是经济不景气。如果强行提高存款利率，只能造成经济更加不景气。中国在 20 世纪 90 年代曾经实行通货膨胀补贴，试图保证储户的实际利息收入，但这项政策相当短命。它忽视了利息的来源是生产，在不增加生产的情况下提高利率，带来的结果是高企的通货膨胀。这是市场调节规律的表现。市场没有别的办法，只能用通货膨胀来剥夺储户的利益，保证实际生产者的利益。

第五节　应用案例

1. 中国房价的支出结构观察

我们在第四章从产权的角度对中国的房价进行了解释，把住房作为一般商品，低税收的商品市场价值较高。我们知道，住房是社会财富中一个

[①]　大的银行也具有一定的垄断性质，它的收益中实际上也含有一部分纯产权收益。不过，在粗略的水平上我们可以忽略这些纯产权收益。

重要的组成部分，也是百姓长期持有的一项重要资本。现在我们换一个角度，从资本品与消费品关系的角度来解释房价的表现。

根据第三章关于效用角度的观察方法，消费者选择商品篮子的均衡条件为：

$$\frac{U_i}{P_i} = \frac{U_j}{P_j} \qquad\qquad (7-36)$$

当时我们没有进一步考虑消费者行为的时间背景。消费是一个过程，效用或价格支出实际上都是流量。考虑到这一点，消费者均衡法则应该表达为：

$$\frac{U_i(T_i)}{P_i(T_i)} = \frac{U_j(T_j)}{P_j(T_j)} \qquad\qquad (7-37)$$

考虑时间的意义是，不同商品具有不同的使用寿命，如果一种商品的实际使用寿命比较长，人们愿意支付的价格也会比较高。如果我们对所有商品的观察都选择了一个观察期的数值，则上式中的时间可以在表达式中隐去。

我们可以把全部社会产品分为两大类，资本品和消费品，两种商品上的支出分别为 I 和 C。即

$$Y = I + C \qquad\qquad (7-38)$$

假设二者的效用分别为 U_I 和 U_C，则依据式（7-36）有

$$\frac{U_I}{I} = \frac{U_c}{C} \qquad\qquad (7-39)$$

我们已经知道，所有的财富都是资本品。这些财富中有住房和其他资本品。它们之间的支出比例关系也遵从消费者均衡条件：

$$\frac{U_h}{P_h} = \frac{U_r}{P_r} \qquad\qquad (7-40)$$

式中的 U_h、P_h 表示住房的效用和价格支出，U_r、P_r 表示其他资本品的效用和价格支出。根据数学知识，我们知道：

$$\frac{U_h}{P_h} = \frac{U_r + U_h}{P_r + P_h} = \frac{U_I}{I} \qquad (7-41)$$

即住房的效用与住房支出的比值与全部资本品的效用与支出的比值相等。由式（7-39）和式（7-41）可得：

$$P_h = \frac{U_h}{U_I}I = \frac{U_h}{U_c}C \qquad (7-42)$$

房价收入比为

$$P_h^* = \frac{U_h I}{U_I Y} \qquad (7-43)$$

这里 $P_h^* = \dfrac{P_h}{Y}$ 是房价收入比。上式告诉我们，一个国家的房价收入比

与该国的投资收入比正相关。式中两种产品的效用比 $\dfrac{U_h}{U_I}$ 应该与许多因素

有关，包括心理需要、经济制度等等，每个国家都应该存在差异。不过，考虑到各个国家基本上都是市场经济制度，大同小异，并且人们的心理需

要具有相似性，为了便于分析，我们假设各国的 $\dfrac{U_h}{U_i}$ 基本相同。式（7-

37）可以写为：

$$P_h^* = \lambda \frac{I}{Y} \qquad (7-44)$$

即一国的房价收入比与该国总投资与总收入的比值正相关。

式中 λ 是由边界外因素决定的。只能观测，不能直接计算[①]。判断一国房价水平的高低不能以自己国家为参照，应该与其他国家对比。比如，我们可以与美国的房价对比。根据经验数据，中国的总投资占总产出的比例在近10年来从大约40%上升到大约52%，平均按49%计算。美国总投资占总产出的比例在21世纪金融危机前大约是14.5%，金融危机后大约

———————

① "边界"概念的意义第一章已经介绍。

是 13% ，平均按 14% 计算。根据式（7 – 38），中国的房价收入比应该是美国的大约 3.5 倍。这当然是一个很粗略的估算，考虑到中国的经济增长速度较高，投资者预期较乐观，并且中国按揭买房的历史还不长，发展潜力还很大，中国的房价收入比水平应该更高一些。上述观察方法与第四章案例中的观察方法虽然视角不同，但结论非常相近。用不同的方法观察到相同的判断，这才能够说明真理的确定性，这才符合科学的要求。

一个问题是，为什么这一轮涨价之前，中国的房价收入比没有那么高？这与我国改革开放的历史有关。我们关心的房价主要是城市的房价，改革开放之前，城市居民大多是国有或集体所有的企、事业单位职工，住房基本上都有保障。既然有国家解决，私人自然不会愿意花太多的钱去买房。随着市场经济的发展和城市的扩张，新的城市居民数量迅速增加，他们的住房需要自己解决，原有居民也希望改善居住质量。这个过程不是平稳的，因为人们的意识或知识是波浪式进步的，大多数人常常是突然发现什么是正确的。于是，我国的房价在最近 10 年从非市场经济的房价快速过渡到市场经济的房价。

2. 中国是投资拉动型经济吗

根据一般的消费 – 投资模型

$$Y = C + I \tag{7 – 45}$$

观察近几十年的数据可以看到，中国的投资比重大约占经济总量的 50% ，而美国的投资 I 比重只占不到 10% 。于是经济学界就流行一种思想，说中国经济是投资拉动的，美国经济是消费拉动的。其实，这在逻辑上是说不通的。社会活动的本质是生产人，其法则是追求效率。任何国家都是尽可能利用一切可以利用的资源，需要多少生产工具，需要多少劳动力，技术结构的实际差异不会这么大。我们看到的差异应该只是计量上的，一个计量结果本身并不能说明经济增长的原因。不过，这里我们试图从产权的角度对上述差异做出一些解释。

第四章指出，对产品（比如住房）的税收减少了这些产品中的产权，使这些产品的市场价格相对降低。从产品的价值结构看，这些产品（资本品）在价值总量中的比例相对降低，表现为投资比例较低，消费比例较高。

有生产经验的人都知道，生产一定数量的产品，需要一定数量的设备。"资本拉动"或"消费拉动"不可能改变这种技术关系。美国要创造一定数量的产品，必然需要一定数量的资产，消费欲望只是生产的另一个方面。美国对资产征收较多的税，或者说对高收入者征收较多的税，为低收入者提供较多的福利，其结果使一定数量的资本在市场上表现出来的价值较低。于是，一些人就以为美国经济似乎主要不是靠投资拉动的，而是靠消费拉动的。这种误解与认为美国生产资本密集型产品的误解是一样的①，问题出在资本的数量与资本的价格是两码事，尽管二者是正相关的。

相信许多人都知道 Facebook 的联合创始人萨维林（Eduardo Saverin）放弃美国国籍的故事。原因或许可以讲很多，其中一个我们最关心的原因是美国的税收制度。美国对资本和资本得利的税收很重，萨维林选择放弃美国国籍，可以节约一大笔税收。类似的制度在欧洲国家也不少见，法国首富，奢侈品帝国路易威登集团（LVMH）董事长兼首席执行官伯纳德·阿诺特（Bernard Arnault）显然也是因为过高的税收，于 2012 年申请比利时国籍。对资本的税收减少了资本中的私有产权，也就压低了资本的价值，消费品的价值相对就高了起来。于是，我们看到美国经济似乎是"消费拉动"的，不是"投资拉动"的。中国的情况则是一个鲜明的对比。中国对资本所有者的税收水平很低，而工薪阶层的纳税比例在总税收中的占比很高。广大劳动者承担了高比重的税负，这种"不公平"现象当然遭到人们的诟病。另一方面，更表现为资本品的市场价值较高，消费品的市场价值较低，因为资本所有者拥有了高比重的私有经济产权，广大消费者拥有极低的私有经济产权。

显然，中国与美国消费/投资支出结构的差异本身不能够说明哪种制

---

① 参见第四章"里昂惕夫悖论的产权论解释"。

度是合理的，哪种制度是不合理的，但可以说明中国经济的投资比重大并不代表中国经济增长是"投资拉动"的。它只能说明税收结构的差异对产权结构的影响，说明中国经济中资本的产权比重比较大。

生产需要一定数量的资本和一定数量的劳动力，这在任何国家都一样。保持经济的增长，要求这个比例比较恰当。根据存在最优原理，市场会自动寻找这个恰当的比例，不存在"投资"与"消费"谁的贡献更大的问题。"投资拉动"或"消费拉动"其实都是伪科学命题，推动经济增长的原因和动力在任何国家都是一样的。此外，我们的分析也不是要否定不同国家的民众有不同的消费习惯，只是说明消费习惯的差异没有那么大，因为大家都遵循效率法则。相比而言，产权制度因素更具有决定性。

3. 资产泡沫解析

泡沫是资本市场中的人们非常关注的一个问题。尤其是当经济繁荣时，资产价格上涨，是否存在泡沫，就成了人们议论的一个焦点问题。我们常常直观地说是人们对资产价值的估计过高，脱离了其实际价值。但资产的实际价值是什么，人们为什么会认为资产的价值应该那么高，却没有定论。其实，人们不可能提出一个关于泡沫的标准。因为资产或资本的价值表现是有其决定因素的，资本的价值不过是这些决定性因素的一个表象。因此，关于资产泡沫判断标准的研究必然没有结果，我们不可能找到一个统一的标准，因为"存在就是合理"。

价值是一个相对存在的指标。根据资本价值与环境条件的一般关系，我们知道，一种资本的价值与其盈利能力成正比，在资本现值公式中表现为收入现金流。这种资本的价值与其他资本的一般盈利水平成反比，在公式中表现为参照利率。我们再次写出来：

$$A = \frac{Z}{i} \tag{7-17}$$

当经济景气时，资本的收益流 Z 较高。同时，资本报酬与劳动报酬的分配比较合理，表现为 i 较低，因此，资产的价值 A 自然会比较高。将较高的资产价值称为泡沫，没有任何科学意义。只要经济繁荣能够持续，资产的高价值就可以维持。说这时资产价值存在泡沫，其真正的意思应该是指决定资产价值的环境条件在未来可能发生变化。但泡沫论显然并没有考虑经济环境为什么会发生变化，因为可能引起经济环境发生变化的因素太多了，况且不发生变化也是一种可能性。显然，正确的做法应该是解释哪些条件决定了资产在现阶段表现出较高的价格，哪些条件决定了资产在未来会表现出较低价格。

泡沫概念有时可能是指人们的情绪化投资可能会导致某种资产价格偏离其"实际价值"。但情绪化行为是难以持续的，并且最终受到实际经济状况的制约。因此，情绪的波动顶多可以引起资本价值的小幅波动，不会导致"资本泡沫"破裂。所谓的资本泡沫破裂，必然是由一些实质性因素引起的。

4. 金融危机是谁造成的？

每次危机都有不同的起因或导火索，比如20世纪30年代的危机是从股市下跌、银行挤兑开始的；70~80年代的危机许多人认为是石油涨价引起的；1987年的危机是股市突然下跌开始的；1997年的亚洲金融危机是从一些国家的货币贬值开始的；2008年的金融危机是从2007年房价下跌，房贷款违约开始的。如果每次引起危机的因素都不同，这些因素应该不是经济危机的必然因素或必然条件。每次危机都存在的因素，才有可能是引起危机的必然因素。稍加观察不难发现，每次危机发生都存在的因素是央行加息。

我们把式（7-32）和式（7-33）重新写出来：

$$\frac{\Delta K}{K} = -\frac{\Delta r}{r} \qquad\qquad (7-32)$$

$$\frac{\Delta K}{K} = -\frac{\Delta i}{i} \qquad\qquad (7-33)$$

资本的价值与利率之间是负相关关系，资本的贬值率由利率的增加率决定。r 是市场的内在利率，i 是央行制定的利率。频繁交易的资本，交易者会以央行的利率为参照，非频繁交易的资本，持有者的决策会更多地受到内在利率的影响。

当美联储把标准利率从 2004 年的 1% 左右增加到 2006 年的 4.5% 左右，利率的相对变化率增加了大约 4 倍。根据式（7 - 33），频繁交易的资本价值应当贬值到原来的 1/4。不过，并非所有的资本都在频繁交易，未参与交易的资本价值也会影响交易者的决策，并且央行的加息也不是永久性的，所以资本的贬值幅度不会如式（7 - 33）所预期的那么大，它还会受到式（7 - 32）的影响作用。不过，剧烈的贬值是必然的，尤其是交易比较频繁的资本。如上市公司的股票，金融系统中的债权，城市边缘区域的不动产，等等。

实际上，美国的房价从 2006 年下半年就开始下降，2007 年房贷违约率大幅上升，股市也开始下跌。遗憾的是，决策层并没有及时地意识到问题的严重性或采取有效措施。等到资本贬值造成经济系统中信用链断裂，再想采取什么措施就为时已晚，因为经济活动是一个不可逆过程，救助措施不可能让经济在短时间内沿着原路返回。

到了 2008 年，美联储才将利率降到较低水平。我们看到，股票的价值已经大致上得到恢复，但其他资本市场的价值还没有恢复，原因是经济增长已经遭到破坏，不可能很快恢复。

观察历史我们会发现每次大的危机背后都有央行的利率政策在作怪。图 7 - 4 中急动导处于高位的时间与经济危机发生的时间并不完全同步。一般是政策先行，危机后至。J^* 越大，造成的危机越严重。我们知道，急动导（J^{**}）是一个基本因素，但还有许多其他因素的影响。这些因素虽然很多，但我们可以根据它们对经济增长的影响作用分为积极因素和消极因素。当积极因素多，或者经济景气时，J^{**} 发生作用可能会慢一些；当消极因素多或者经济不太好时，J^{**} 发挥作用可能快一些。

增加低收入者的分配份额，是一种"强再分配"过程，有利于经济

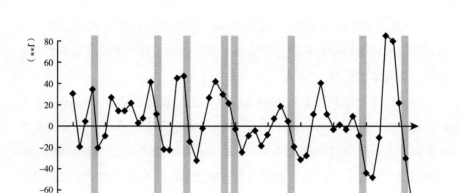

图 7 - 4　美国历史上的危机与利率政策冲击

的持续增长。低利率政策不会造成经济危机。我们把图 7 - 4 中低于 0.3 的 J^{**} "过滤" 掉，可以得到一个更简单的图像。

危机是否发生，与政策的影响范围有关。小国央行的政策失误充其量只能对本国及邻国的经济造成影响，影响面不会太大；大国央行的政策失误影响面很大，很容易造成世界性金融危机。如果全球央行步调一致，则一旦政策失误，危害更大。2008 年这么严重，影响面这么大的危机，与全球央行同步加息密切相关。

纵观历史上的经济危机可以看到，虽然每次危机都可能有不同的导火索，但如果没有央行加息，或者没有大国央行加息，危机的影响力都不大。大的危机都有大国央行加息，因此可以认为，央行不恰当的利率政策是金融危机的必要条件。这个案例又一次告诉我们经济存在的风险。

5. 负利率现象

所谓负利率现象，是指通货膨胀率超过了银行存款利率，使得储户的实际利率为负值。比如，银行存款的年利率是 3%，而通货膨胀率是 4%，存款本息的实际价值就是 $\dfrac{存款 \times (1 + 3\%)}{1 + 4\%}$，显然缩水了。存款不仅没有真正获得收益，反而有所损失。

考虑到是通货膨胀造成存款贬值，一些人设想，如果银行提高存款利率，超过通货膨胀率，就可能使利率恢复为正值。但现实不是这么回事。

运用关于纯产权与劳动产权分配的一元二分模型，我们可以比较容易地理解为什么会出现负利率。

"真实"的利息必须来自生产的增长，而不是钞票的印刷。如果经济增长了，则利息由（纯）资本产权与（纯）劳动产权共同瓜分。正常情况下，只要经济在增长，二者都应该大于零。但是在经济增长减速时，二者的分配就要进行调整，调整的目的是保持经济效率。经济减速的原因是生产者缺乏生产积极性，否则经济不会减速。如何重新调动他们的积极性？只有一个选择，就是提高他们的报酬。于是，纯产权获得的报酬就必然要减少，减少到一定程度，就表现为负利率。由此可见，负利率现象的原因不是存款利率的高低，而是纯产权与劳动产权的分配比例的调整，这种调整的动力主要来自经济的周期性波动。

本章参考文献

［1］马歇尔：《经济学原理》，朱志泰译，中国计量出版社，2004。

第八章　货币的价值

在交换的意义上，所有的产权物都具有货币的功能。而我们平时所说的货币，是指一种特殊形式的产权，可以称为虚拟产权。以真实产权与虚拟产权为基本变量构建一元论模型，可以更清楚地认识货币现象。深入理解货币现象，要从政府的行为着手，而不是从中央银行的行为着手。货币的价值表现是政府从市场借债的权力与市场对政府权力约束的结果。

第一节　货币的基本属性

1. 关于货币的基本性质

我们通常所说的货币，主要是指中央银行发行的钞票，也就是纸币。这当然不能直接拿来作为货币的定义，至少因为货币还有其他许多种表现形式。

稍有一点历史知识的人都知道，古代人们使用的货币并不是纸币，而是实物。在生产力极不发达的时代，商品经济规模很小，人们之间的交换基本上是物物交换，比如用谷物交换食盐，或用猎物交换织品。后来人们生产出了金、银、铜等贵金属，就用这些物品作为交换的中介物，使商品交易变得非常方便。于是，这些中介物的产品就被称为货币，以区别于一般的产品。不难看到，尽管我们把作为交换中介物的贵金属称为货币，它们的实质仍然是产品，是劳动创造出来的，它们只不过比一般产品更多地拿来作为交换价值的参照物。

现代经济用纸币或电子货币取代了实物货币，当然使商品交易变得更加方便。纸币与实物货币有了本质的不同，不过，经济学家通常比较关注它们的共同点。比如，关于不同形式货币的一些共同属性或职能，经济学家的观点比较一致。一般认为，货币具有价值尺度、交换媒介、价值储藏等三个基本职能。凯恩斯从微观角度出发，把人们对货币的需要分为交易需要、投机需要和储备需要三个方面，意思也差不多。不过，考虑到投机需要实际上不过是一种特殊的交易需要，则市场对货币的需求分为交易需要和储备需要两种即可。

稍加思索不难看到，上述关于货币的价值尺度、交换媒介和价值储藏等职能，一般商品也都具有。许许多多的商品都可以拿去交换，也可以用来衡量其他商品的交换价值，当然也可以储藏（一些服务性商品除外）。从这个意义上看，一般商品大都具有货币的功能。比如，一袋大米，一颗钻石，也可以作为交换媒介、价值尺度和储存手段。其实，我们平时所说的货币的这三种功能属于一种功能，即承载产权功能。因为商品具有产权，货币也具有产权，所以它们才可以担当交换媒介、价值尺度和储存手段的角色。显然，拿这三个功能来定义货币并不能区分货币与一般商品的差异。我们可以明显看到的差异，只是货币承担价值尺度和交换媒介比一般商品更为频繁和普遍一些。以金属货币为代表的传统货币与一般商品的区别不过如此。

对于现代货币，以纸币为代表，它与一般商品的更为明显的区别是不像一般商品那样具有具体的使用价值。在这方面，它与传统的金属货币也不同。显然，要科学地定义货币，首先要区分"物币"与纸币。包括贵金属在内的有形商品都是"物币"，是具体产权，而现代货币一般是指包括央行票据在内的非实物产权，我们可以统称为"纸币"。

根据上述分析，如果我们不准备区分物币与纸币，货币应该定义为市场交换中普遍使用的产权物，比如黄金、商品、货币、债券等都是货币。如果我们心目中的货币是不包括物币在内的现代货币，则货币应该定义为不具有使用价值的一般产权物。所谓"一般产权"，是指市场普遍接受和认可的产权，不包括在局部使用的或者对特定人群才有价值的产权。比如，中央银行发行的货币、政府债券等都是普遍接受的产权物，而小范围发行的企业债券、一些知识产权等都是使用范围比较有限的产权物。

从经验水平看，我们在观察货币的数量时，已经不计算金属货币，当然更不把一般的有形产品称为货币。既然如此，我们选择的货币定义应该是指不具有使用价值的一般产权物，可以统称为"纸币"。本书所称的货币，如果没有特别提示，均是指纸币。我们看到的中央银行发行的钞票，不过是其中的一种，并不是全部。

价值尺度的不稳定性

一些产品之所以被选择用来作为交换媒介，一个重要的条件是这些产品在交换过程中不容易随着时间而损耗。这样，它们就具有了所谓保值功能和价值储藏功能。金属货币一般都具有这种特性。如果这些产品被广泛地用作交换媒介，它们实际上就被普遍地用作价值尺度，这就是我们所称的货币。纸币不"损耗"要靠制度来保障，不是靠纸的结实程度。

不过，一些可以作为货币的金属，比如黄金价值的变化有时候比纸币价值的变化还要大，尤其是在经济发生剧烈波动期间。比如从2007年到2011年，黄金的价格差不多上涨了3倍，显然已经不是一个稳定的价值尺度。而用纸币作为价值尺度，似乎还更稳定一些，或者说更方便一些。这与现代经济社会的产品越来越丰富有关。产品的品种越多，一种产品在全部产品中的价值地位就越不确定。

当然，如果一个国家的政策不稳定，纸币的价值也会失去稳定性。

2. 货币的发行

理解货币的性质，当然要观察货币是如何进入市场的。纸币不是劳动产品（忽略其印刷成本），本身不具有使用价值。纸币之所以具有交换价值，依赖的是货币发行者的信用，或者说债务人的信用。比如，古代的"银票"依赖的是发出银票的钱庄的信用。一些企事业单位发行的代金券依赖的是这些单位的信用。商业银行发出的票据，依赖的是银行的信用。这些承载债务人义务或者债权人权利的契约都可以承担货币的功能。不过，从它们在市场中流通的普遍性来看，主要还是政府和中央银行发行的票据。

纸币的发行和流通需要有一定的制度体系。如图 8－1 所示，直观地看，货币是由中央银行发行的。但是在绝大多数国家和地区，央行并不能自行决定把多少货币注入市场，而是要求有等价的抵押物，我们称为"货币发行准备"。这些货币准备（抵押物）的主要内容是政府债券，此外还有黄金、外汇或某些大型金融机构的票据。中央银行通过所谓"公开市场业务"，从市场"买入"政府债券，货币才能流入市场。

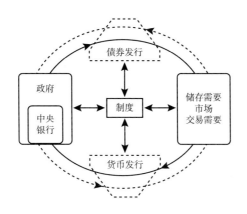

图 8－1　货币流通（虚线）与债券流通（实线）

根据实际经验，黄金和金融机构票据在货币准备中的比重很小，为了分析方便，我们可以忽略这部分因素对货币发行的影响作用。而外汇是其他国家的官方契约，可以认为是他国政府的债券。不难看到，这样的货币发行制度已经告诉我们，"货币"在本质上是由政府发行的，并不是由中央银行发行的。一方面，如果没有政府债券的发行，中央银行基本上就不能发行货币。另一方面，中央银行即使不发行货币，政府债券的持有者也已经持有了可以承担货币功能的产权物。根据我们关于货币的定义，政府债券在理论上就是货币。它没有具体的使用价值，但是承载有产权。

从现实情况看，市场从政府那里拿到债券，只是把其中的一部分拿到中央银行兑换成钞票或现金，把更多的部分"储备"了起来。兑换成钞票的部分主要是为了用于日常交易，这就是凯恩斯所说的"交易需要"。不兑换成钞票的部分实际上被储存了起来，满足了凯恩斯所说的"储存需要"。而"投机需要"在这个观察层次上是一个多余的说法，因为投机是通过交易来完成的，属于交易需要①。当然，"交易需要"与"储备需要"只是经验性表述，并没有绝对的界限。比如，即使把政府债券兑换成货币是为了交易需要，但人们也不是每时每刻都把这些货币拿去交易，总有一部分是"备用"的。而政府债券也不是在任何时候都不能拿去充当交易媒介。

需要再次强调的是，科学概念不是靠专家来规定的，而是靠定义来识别的。我们定义了货币是不具有使用价值的产权物，那么政府债券就是这样的产权物，就是货币。而我们通常所说的货币，也就是央行发行的钞票，当然也是货币，只不过它不是全部货币。在理论水平上，只把钞票及其派生出来的货币（如短期存款等）视为货币是不全面的。现实当中，许多人会把政府债券称为"准货币"（Near Money, Quasi Money），表明人们已经看到了政府债券的货币属性。在理论意义上，一些企业发行的代金券或债券也是货币，但由于其流通范围极其有限，我们可以不把它们视为货币，这属于技术处理层面的问题。

---

① 我们又可以看到，二分模型比多分模型更实用。把市场对货币的需要分为交易需要与储存需要即可。

3. 货币的形式

前面提到的纸币与物币，是在理论水平上对货币形式的一种划分。在长期的实践过程中，人们根据自己的使用和观察习惯，也形成了比较一致的货币数量统计规则和方法。不同国家的统计规则可能并不完全相同，但差别不是很大。比如，中国人民银行定义的货币量有四个层次：

M_0：流通中的现金；

M_1：M_0 + 企业活期存款 + 机关团体部队存款 + 农村存款 + 个人持有的信用卡类存款；

M_2：M_1 + 城乡居民储蓄存款 + 企业存款中具有定期性质的存款 + 外币存款 + 信托类存款；

M_3：M_2 + 金融债券 + 商业票据 + 大额可转让存单等。

这些形式的货币我们可以称为"法定形式的货币"，因为它们是权力部门认可的，并且也因此成为市场流通过程中普遍接受的货币。如果不加说明，我们说的"货币"就是指这些法定货币。其中 M_0 被称为基础货币，M_1 被称为狭义货币，M_2 被称为广义货币。

我们在市场中能够看到的货币量，比如 M_2，看起来比央行发行的基础货币数量多出很多，这是市场通过商业银行放贷的结果。比如一个人从中央银行拿到 1000 元的现金，可以把它存入某个商业银行。这个银行就可以把其中一部分——比如 900 元——贷出去，以获得利息收入。借到 900 元的人很可能把这笔钱暂时放在另一家（一些）银行。这家银行又可以把 900 元中的一部分贷出去。以此类推，市场中的货币量会大大超过 1000 元。这个使市场持有的货币量增加的过程可以称为"货币创造过程"。实际持有的货币量与初始的基础货币量之间的比例关系可以简单地表达为：

$$M = kM_0 \tag{8-1}$$

式中的 k 称为货币乘数。

需要指出的是，现实当中采用的这些货币量计量方法都是经验性的，可能从实用的角度，或者从法律角度出发。这些定义当然是不能直接用于构建理论模型的。比如，M_0、M_1、M_2 等都是由权威部门规定的，可以称为"法定货币"，也就是法律意义上的货币形式。这类划分显然是根据货币的表现形态，也可以称为"形式货币"。这些定义显然没有充分考虑货币在经济意义上的本质。比如，企业发行的代金券也具有货币的各种功能，却不被认为是货币（不视为货币与忽略其对货币总量的影响是两码事）。政府债券也具有货币功能，并且数量非常大，也没有被统计为货币。而根据本书的定义，政府债券在理论水平上就是货币。

4. 货币的产权

目前权威部门关于货币量的定义，给出了多种可能的选择，比如 M_0，M_1，M_2 等等，没有一个必然的数量，研究者可以根据自己的需要而定。这在经验水平上是允许的，但在理论上是不允许的，因为它违背了真理（事实）的唯一性逻辑。

从货币的发行过程可以看到，有了政府债券央行才能发行货币——市场接受政府债券是因为人们相信政府债券具有价值——政府债券具有价值是因为政府有权获得一定数量的社会财富。政府债券是可以获得财富的经济产权，属于虚拟产权。但是与市场中的私人虚拟产权不同，它不是"零和"的。私人之间进行借贷，借方支出多少，贷方就得到多少，借贷之和总是 0，私人之间的借贷对经济整体虚拟产权的总体贡献为 0。尽管从某人手里借钱在到期时要归还，但政府从市场借钱在总体上是不用归还的——通过借东还西的方式来实现。因此，经济中虚拟产权的总量通常会大于零，这个总量就是政府债务总额。

商业银行之所以能够"创造"更多数量的货币，也是因为经济中的虚拟产权大于零。不过，被创造出来的那些货币并不能增加虚拟产权的总量。比如，借款人虽然可以使用借来的货币，但并不拥有这些货币的产权。况且一旦借款人使用了一部分借到的钱，贷款人就无法同时使用这部分钱。比如张三把自己的钱借给李四，李四当然就可以使用这笔资金。然而一旦李四真的使用了这笔资金，张三就不能够使用。M_0 的原始持有者才是真正的货币产权人，借贷并没有改变他们持有的货币产权的数量。显然，商业银行所"创造"的实际上只是货币的使用权。更准确地说，是政府创造的虚拟产权的使用权。从形式上看，或者直观地看，是基础货币的使用权。

如图 8-2 所示，在一定时期内，政府向市场发行的债券存在一个确定的数量，这是虚拟货币的总量。市场（私人）要么把它拿在自己手里（包括存放在商业银行），要么把它放在央行手里，没有其他选择。所谓"放在央行手里"，就是兑换成法定货币以便日常使用。这些货币就是所谓基础货币，即 M_0。我们可以称为产权货币，因为持有这些货币的主人真实地拥有这些货币的产权，无论他们是把货币拿在手里还是存入银行。而从银行贷款的人，并不拥有这些货币的产权，只拥有这些货币的使用权。

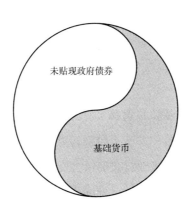

图 8-2　市场中的总体虚拟产权

考虑到人们对货币的观察习惯，我们可以把 M_0 称为产权货币，因为这些货币实实在在地代表了相应数量的市场给予政府的产权。而通过借贷关系被"放大"的那部分货币，比如 $M_1 - M_0$ 或 $M_2 - M_0$，可以称为非产权货币。持有 M_1 或 M_2 的人只拥有货币的使用权，不拥有货币的产权。

持有 M_0 的人，既拥有货币的产权，又拥有货币的使用权。

非产权的货币也可以称为市场信用货币。考虑到现有的计量 M_1 和 M_2 的习惯，可以分别用 ζ_1 和 ζ_2 表示，即

$$\zeta_1 = M_1 - M_0 \qquad\qquad (8-2)$$

$$\zeta_2 = M_2 - M_0 \qquad\qquad (8-3)$$

显然，政府发行的债券是政府信用。市场所持有的对政府的产权总量并不会因为市场信用货币的数量变化而改变，因此，在虚拟产权总量图中不能显示出来。

商业银行在基础货币基础上创造出来是形式上的法定货币并不具有产权，只是让更多的生产者有了法定货币的使用权。通过商业银行的存贷运作，使拥有货币使用权的生产者数量大大增加，这有助于提高货币使用效率以及经济运行效率。人们之所以愿意借钱，是为了满足生产活动的需要。因此，ζ_1 或 ζ_2 都可以反映总体的信贷规模，或者说可以反映经济运行的活跃程度。信贷数量大，说明人们愿意多投资、多消费，反映经济状况较好。相反，说明贷款规模减小，说明经济状况不太好。我们看到，非产权货币量的变化在很大程度上可以反映出一个经济的繁荣与否，或者反映出生产者对未来经济景气的预期。至于到底是观察 ζ_1 还是观察 ζ_2 更好，决策者可以根据自己的经验来选择。

虚拟货币或产权货币的源头是政府，不是央行。央行的作用主要是通过"公开市场业务"把产权货币中的一部分换成法定货币。不过，央行的这种权力给政府发行货币设置了一个闸门，增加了一个控制环节，有助于防止政府滥发货币。

"权力"概念必然涉及获权者与授权者两个主体，缺一不可。我们所说货币中的"产权"，实际上是指私人对政府的权力。人们之所以相信央行发行的钞票，第一步当然是相信央行的信用。而央行之所以敢于发行钞票，是因为相信政府的信用，有政府债券做抵押。央行和市场中的投资者之所以接受政府债券，是因为政府有能力偿还这些债券。政府偿还债券的

能力源于市场授予它的税收权力。而纳税人有可能包括政府债券持有人自己。不过，虽然是"羊毛出在羊身上"，但债券持有者个人在税收中占的比例很小。因此，债券持有者对政府的权力实际上是通过政府实现的对市场中其他生产者的权力。只不过在一般情况下，人们没有必要转这么一大圈去考虑问题。但是经济学家应该清楚这种生产关系，经济学理论不能够与这些事实存在矛盾。

5. 货币流通与商品流通

经济活动是一个不断循环的产品的生产与消耗过程。在这个过程中，产品不断地从一个地方移动到另一个地方，从一个生产者手里转移到另一个生产者手里。我们把这种现象称为商品流通。既然是流通，人们很容易想到流通速度的概念。不过，这个概念目前并没有一个统一的定义。对于一个企业，有人把产品在本企业的周转天数或在一定时期内的周转次数视为流通速度。这实际上只观察了产品流通在经过一个企业时的情况，是生产者意义上的商品流通，不是商品移动意义上或国民经济意义上的商品流通。不过，产品在一个企业中停留的时间可以作为观察生产者活动的一个指标。实际上，第六章中计算的周转频率 V 就是所有企业周转速度的总体表现。

与商品的流通相类似，货币也在"流通"。不过，货币的流通速度如何计算，在理论上并没有严格的定义。在经验水平上，货币学派提出了一种计算方法

$$MV = Y \qquad (8-4)$$

这里 Y 是观察期的经济总量，M 是流通中的货币量，V 是所谓的货币流通速度。式（8-4）也被称为交易方程或货币数量方程。

如果认真观察，我们应当看到交易方程的成立至少需要 3 个条件。一是所有交易都必须用货币支付；二是每一笔交易都是全额支付；三是所有的货币都在参与交易，没有闲置的货币。或者模型中的 M 只是参与交

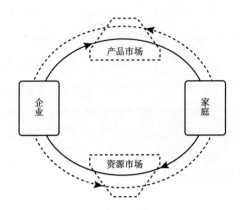

图 8 - 3　货币流通与产品流通

的流通的货币量，不是货币总量。显然，现实世界不能满足这些条件，更不用说还有其他一些条件。因此，交易方程不具有普适性，不能应用于实践。

通过一个例子我们也可以看到流通速度 V 在定义上的不确定性。在期货市场，投资者可以用 1 万元保证金作 10 万元的交易，并且一天可以做许多次。假设 1 年做了 500 次，合计 5000 万元的交易。我们说货币周转次数是 5000 万次，还是 500 次，还是一次也没有呢（假设保证金放在账户上一直不动）？

现代货币数量论的宗师 Friedman（1970）在宏观水平上定义货币数量方程，他认为模型中的 M 应该是市场持有的货币总量，不是流动的货币量。既然如此，V 就不应该是货币流通速度或交易速度，因为人们持有的货币总量并不是全部都在流动。Friedman（p198）把式（8 - 4）称为货币数量方程的"收入表达式"，既然如此，V 就相应地应该是收入的循环速度，而不是许多人们认为的货币流通速度，但他并没有对此做出解释。与 Friedman（p200）所称的"剑桥表达式"对比可以看到，V 更像是一般经验模型中的一个普通待定系数，不是一个具有特定意义的变量。

实际上，货币只是交易中介。作为中介物，在理论上应该是可以用也可以不用（大多数情况下都用），可以多用也可以少用（大多数情况下是等额使用）。因此，只谈货币的周转或周转速度本身是没有意义的。把货币周转与商品周转放在一起观察才有意义，因为商品的生产才是经济现象的实际内容。图 8 - 3 是对流通现象的一般观察方法，实线代表商品的流通方向，虚线代表货币的流通方向。商品在一个企业经过一次，我们可以认为这批商品就经历了一次周转，或者说这个企业的生产经历了一次循环，同时也可以认为货币在这个企业也经历了一次周转。不过，流通中所使用的货币数量未必与商品的数量有固定的关系，因为企业与家庭是同一的，是对生产者的不同表述形式。生产者之间的联系渠道有很多（图中用双虚线表示），货币流通并不是唯一的联系渠道。

第二节　货币量与货币价值

1. 通货膨胀

在现代经济活动中，人们使用货币来计量价值，这种方式比古代使用实物来计量要方便得多，但我们也知道，货币作为价值尺度其实并不稳固。今年的 100 元能买到 1 克黄金，明年的 100 元在一般情况下是买不到 1 克黄金的。我们直接看到的是黄金的价格上涨。当市场上产品的价格普遍上涨时，我们称之为通货膨胀。

"通货膨胀"是一个翻译过来的词，其本意 inflation 是说物价上涨或价值能被夸大，并没有直接提到"通货"，也就是货币。物价上涨的确与货币的大量发行有关，这种翻译方法连物价上涨的原因也一并翻译出来了。

如果我们用实物作货币，比如用足额的黄金白银作货币，是不应该存在"通货膨胀"概念的。比如，前期 1 头牛 = 3 只羊，本期 1 头牛 = 2 只羊，牛贬值了，羊升值了。如果以牛计价，表现出通货膨胀；以羊计价，表现出通货紧缩。因此，通货膨胀根本无从谈起。

如果以纸币计价（或者以非足额的金属货币计价），就会出现通货膨胀问题。由于某种原因，一定数量的纸币能购买的产品数量越来越少，或者说一定数量的产品能够兑换的纸币越来越多，这就是通货膨胀。显然，通货膨胀实质是纸币贬值，或者说货币所承载的产权缩水。

为了比较准确地计量通货膨胀，或者说为了便于对比不同时期的物价水平，人们通常采用"价格指数"方法。选择某一时期的价格水平作为基本参照，把这一时期所有产品的价格相加，得到基期价格指数。特定观察期的价格水平与基期价格指数相对比，就可以观察到物价水平变化的程度。

价格指数计算的基本方法，可以观察期各种商品的价格乘以观察期各种商品的销售量，再除以基期各种商品的价格乘以基期各种商品的销售量。这种指数计算方法的算式为：

$$P_t = \frac{\sum_i p_{ti} q_{ti}}{\sum_i p_{0i} q_{0i}} \qquad (8-5)$$

式中 P_t 是观察期的价格指数；q_{ti}、q_{0i} 分别代表各种商品在观察期和基期的销售量；p_{ti}、p_{0i} 分别代表每种商品观察期和基期的平均价格，多数情况是选用各种商品中有代表性的价格。上式是价格指数计算的基本公式。在现实当中，还可根据实际需要采用其他一些类似的方法。

物价上涨程度可以用通货膨胀率来表达：

$$通货膨胀率 = \frac{观察期价格指数 - 基期价格指数}{基期价格指数} \times 100\% \qquad (8-6)$$

在现实当中，人们不一定总是观察所有的产品，常常是观察特定的产品，于是得到的就是这些特定产品的价格指数。比如常见的有消费品价格指数（CPI），生产者价格指数（PPI）等。

严格地看，人们生产的产品在不同的历史时期会发生很大变化，价格指数的统计内容发生变化，统计得到的价格标尺实际上就会发生变化。用不同的尺子测量不同时期的物价水平，所得到的数值严格地说是不能直接对比的。我们在第三章讲过，时空距离越大，它们之间相互参照的意义越小。但如果产品结构变化比较缓慢，在近似的水平上，价格指数可以作为一个比较好的参照指标。比如，按照不变价格计算，人均收入在 30 年内增加了 20 倍，很难说我们的实际收入水平"真的"增加了 20 倍，或者很难准确地说收入增加了 20 倍到底意味着什么。但今年的人均收入比去年增加了 5%，可以近似认为"真的"增加了 5%。

由于政府发行的货币越来越多，历史上的通货膨胀在总体上是一直存在的，尽管在个别时期可能出现通货紧缩，物价普遍下跌。纸币发行更多是通货膨胀的一个主要原因，关于这一点人们是有共识的。但是，关于通货膨胀与货币发行的准确关系，却是经济学家一直没有能够真正澄清的问题。

2. 理想实验 1

无论是不是货币主义者，人们都相信货币量是影响物价的一个基本要素。著名经济学家弗里德曼（Friedman）曾以"飞机撒钞票"作为案例来说明增加货币供应量对提升物价的作用。或许是货币量与物价之间的关系太明显了，对于飞机撒钞票影响物价的具体过程，却并没有引起人们特别的关注。我们这里来考察一个类似的理想实验，看看货币量变化到底有什么经济学意义。

这个实验是：假设政府宣布"发行"新币，旧币 1 元兑换新币 100元，我们要观察会发生什么？

运用简单的逻辑推理，我们不难判断可能产生的结果：社会生产力并不会因为货币数量增加了 100 倍而改变，因此，货币将贬值 100 倍，我们将看到物价上涨 100 倍。

尽管这是一个理想实验，但我们有许多经验支撑。不少国家和地区都有新旧货币替换的经验。比如，中国大陆在 1955 年调整人民币面值，新币与旧币兑换比例是 1：10000；俄罗斯 1998 年调整卢布的面值，1000 旧卢布兑换 1 新卢布；中国台湾 1949 年使用"新台币"，兑换比例是 1 元新台币折合 40000 元旧台币。我们的实验不过是把这些做法反过来，让新币的数量增加。相信没有人会认为实验带来的物价上涨是通货膨胀，如同没有人认为上述货币面值的缩水的经验是通货紧缩一样。

那么，这个实验可以说明什么呢？

首先，实验可以说明市场上名义价格的变化的确与货币的数量成正比。货币量的增加至少在形式上是造成通货膨胀的一个最基本的原因。

其次，如果把上述货币面值变化带来的通货膨胀称为"单纯的通货膨胀"，则实验的一个结论是：单纯的通货膨胀对经济运行没有任何实质性影响。

第二个观察结果具有一些特殊的理论意义，它说明货币数量本身对经济的运行没有任何实际意义。使用 1 万亿元货币与使用 100 万亿元货币同样能够"满足"经济活动的需要，没有实质性差别。据此可以做出判断，人们一般不喜欢通货膨胀，绝不是因为单纯的物价上涨，而是因为自己的利益会在通货膨胀过程中遭受损失或有遭受损失的风险。弗里德曼的"飞机撒钞票"实验，也可以告诉我们类似的问题。这个实验原本只是为了说明钞票越多，物价越高，但稍加思索就可以看到其中的一些实际问题：从飞机上撒下的钞票会落到哪里，具有很大的不确定性，一些人捡到的钞票可能很多，另一些人捡到的钞票可能很少。其结果是社会财富的重新分配，而这种再分配具有很大的不确定性——这才是通货膨胀问题的关键。人们在日常生活中形成了一定的生产/消费习惯，如果不能够确定一种改变能够使他们的福利改善，多数人会厌恶这种改变可能带来的风险。通货膨胀的基本问题不是价值尺度的变化，而是产权再分配的不确定性。

比如，当通货膨胀发生时，生产者如果提价，会担心产品的销售量还能不能维持在一个能够盈利的水平；如果不提价，有可能因为成本较高而遭受损失。此外，通货膨胀可能使债务人未来支付的利息的实际价值有所减少，使债权人的利益受到损失。生产者要调整生产计划，至少会增加调研成本和焦虑成本。还有，工薪阶层劳动者收入的增加通常都跟不上通货膨胀的上涨速度，通货膨胀可能产生"劫贫济富"的效果，这也必然会导致经济的低效率。

把理想实验与实际经验相对比，我们可以得出第三个判断：现实当中政府增发货币并不是按比例分配的，这些增发的货币首先给了政府自己。通过政府采购，新增的货币才流入市场。因此，增发货币将首先使政府得到的经济产权比重增加，私人得到产权比重减少——至少在短期、在市场做出恰当的调整之前是这样的。政府强行扩大支出，通过发行债券来借款，实际上是与私人争夺经济产权——你给我产品，我给你钞票。政府因此而增加的"收益"一般被称为"铸币税"。当然，被政府以"铸币税"方式剥夺的产权最终还要支付给市场。但是在这个过程中，由于政府采购的不均衡性，那些处于"近水楼台"的企业可能获得较多的利益，其他企业和个人则不能直接享受这些利益。显然，社会效率将因此降低，并且不公平状况也将加剧。

此外，实验间接还可以说明，用"货币需求""货币供给"等概念来解释货币现象是徒劳的，无效的。货币只是没有使用价值的价值计量手段，货币数量的多少本身并不影响经济运行。因此，人们虽然对它有"需要"，但并没有"需求"。从图8-1也可以看到，政府从市场借钱，是货币需求方。但与此同时，政府给市场提供债券，政府债券具有货币的所有功能，除了在法律水平上不被称为货币。因此，政府又是货币的供给方。供给方就是需求方，需求方就是供给方，至少在宏观水平上，货币供求模型不过是在重复鸡生蛋/蛋生鸡的故事，缺乏理论价值。

3. 一元论货币数量方程

从货币的发行机制（见图8-1）可以看到，政府债券在发行时，它的价值就被市场确定了。到央行把这些债券换成法定货币，只是改变了货币形式，并没有改变货币的价值。因此，在理论水平上，政府债券的价值就是货币的价值。当政府的债券发行政策发生变化时，就可能导致货币价值的变动，也就是通货膨胀。

我们在第四章第三节分析了政府与市场的同一性，构建一个一元二分模型，把经济系统视为由市场与政府两个部分组的统一体。我们用图8－3重新表达这个模型。"市场产权"是指私人在生产和交换活动中获得的产权。在不考虑国际因素的条件下，这个模型是完备的。在事实上和理论的水平上，私人活动和政府活动都对国民经济有贡献。不过在会计水平上，只有私人活动所创造的价值才被计入 GDP。尽管在微观水平上，人们没有统计政府活动对 GDP 的贡献，但我们从政府的支出可以看到其对 GDP 的贡献。一方面，离开了这些支出，政府就不能正常运转，发挥对市场的管理作用。另一方面，市场最终为政府提供了财政支持，是对政府贡献的承认，政府的财政支出是私人认可的机会成本（必须有人承担政府角色，有人承担市场角色）。根据第四章提出的公私产权二分模型：

$$Y = B + G \qquad (8-7)$$

式中 Y 是一定时期内的 GDP，B 是同期私人部门得到的实际支出，G 是同期政府部门的实际支出。

政府支出一部分来源于税收①，不足部分来源于从私人部门的借款。即：

$$G_t = T_t + D_t \qquad (8-8)$$

式中 T_t 为 t 时期的税收额，D_t 是该期政府从私人部门的借款，即新增债务。角标 t 表示特定的观察期。

式（8-7）的意义如图8-4所示，式（8-8）的意义如图8-5所示。为了满足政府正常运转的需要，要么应该得到足够多的税收，要么就必须发行债券。至于税收与债务的比例关系，不同国家有不同的制度。政府为了获得选票，可以选择低税收政策。与此同时，政府就选择了高债务政策。

根据现代货币发行和流通经验，市场将把政府债务总额 D 中的一部分拿到中央银行贴现为货币，即：

---

① "税收"是一个广义概念，无论是否叫做税收，政府的所有收入都应该视为税收。

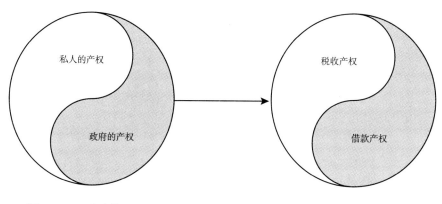

图 8 - 4 总产出的二分模型　　　　**图 8 - 5 财政来源的二分模型**

$$M_D = \mu D = \mu \sum_{i=-\infty}^{t} D_i \qquad (8-9)$$

μ 是兑现的政府债务额占债务总额的比重，D 是所有过去各个时期产生的债务之和，时间从 $-\infty$ 开始。考虑到政府债券在货币发行准备中占主要地位，其他形式的货币准备所占比重很小，忽略后者，可以近似认为 M_D 就是基础货币 M_0。

$$M_D \cong M_0 \qquad (8-10)$$

在每一时期，政府支出占 GDP 的比例可能并不稳定，因为具体的财政政策可能根据经济运行状况的变化经常调整。但是在长期水平上，经济要保持一定的效率，政府支出所占 GDP 的比例就不能过多，也不能过少，应该有一个大致稳定的比例。这种观察可以表达为：

$$G_t = \alpha Y_t \qquad (8-11)$$

另一方面，根据经验，税收在国民经济中的比重也具有一定的稳定性，即

$$T_t = \beta Y_t \qquad (8-12)$$

在近似的水平上，α 和 β 都可以视为常数。

根据式（8-8）～（8-12），可得：

$$M_0 = \mu \sum D_i = \mu \sum (\alpha - \beta) Y_i \tag{8-13}$$
$$= \mu(\alpha - \beta) Y_t \sum_{i=-\infty}^{t} \frac{1}{(1+g^*)^i}$$

为了让式（8-12）的意义简明一些，我们假设 GDP 的长期增长率有一个稳定的数值：

$$\frac{Y_{i+1} - Y_i}{Y_i} = g^* \tag{8-14}$$

则式（8-13）可以近似写为：

$$M_0 = \frac{\alpha - \beta}{g^*} \mu Y_t \tag{8-15}$$

这就是我们得到的货币数量方程，可以称为一元论货币数量方程。

对比一下传统的货币数量方程：

$$MV = Y \tag{8-16}$$

如果式中的 M 选择 M_0，可得：

$$V = \frac{g^*}{\mu(\alpha - \beta)} \tag{8-17}$$

式（8-16）中 V 被认为是货币的"流通速度"。现在我们看到，它不过是经济的长期增长率 g^*、政府的收支习惯（$\alpha - \beta$）以及人们对货币的流通需求习惯 μ 等变量的一个函数。与"流通速度"是风马牛不相及的。此外还知道，传统货币数量方程中的流通速度可以有多种选择，选择 M_0、M_1 或 M_2 可以得到不同的流通速度，而一个明确的科学概念是不应该有多重定义的。一元论货币数量方程（8-15）则不存在这个问题，方程中的 M_0 有唯一确定的意义，不能随意选择 M_1 或 M_2。这才符合决定论的原则。

4. 开放系统的货币数量模型

以上没有考虑经济外部的影响，是一个封闭系统。对于开放的经济系统，不仅本国政府债券可以兑现，外汇或外国政府债券也可以兑现。流通的货币总量应该是：

$$M = M_D + M_F \qquad\qquad (8-18)$$

基于国债的 + 基于外汇的。

M_D 就是前面提到的 M_0，是以国债为货币准备而发行的货币。而 M_F 是以外汇储备 R_F 为货币准备而发行的货币，它是外汇储备的一部分：

$$M_F = \mu_f \cdot R_F \qquad\qquad (8-19)$$

根据经验，许多国家的外汇储备情况会经常变化，很不稳定。但为了便于分析，我们近似将外汇储备表达为 GDP 的线性函数，即：

$$R_F = \theta Y_t \qquad\qquad (8-20)$$

由式（8-15）～（8-20）可得：

$$M = \frac{\alpha - \beta}{g^*}\mu Y_t + \mu_f \theta Y_t \qquad\qquad (8-21)$$

对比式（8-15）可得

$$V' = \frac{1}{(\alpha - \beta)\mu/g^* + \mu_f \theta} \qquad\qquad (8-22)$$

虽然 V 不是货币流速度，但它仍然可以作为反映 Y 与 M 之间关系的一个变量。相应地，V' 就是开放系统的关系变量。我们把分析结果加以简化，是为了便于认识 V 或 V' 与其他经济变量之间的大致关系。从式（8-22）看出，较高的名义增长率、较高的税率，有可能使 V' 增加；高额外汇储备、低税率，则可能使 V' 减小。

5. 短期通货膨胀

无论是不是货币主义者，人们都会相信，货币发行的量越多，一定数量的货币所代表的价值就越低，表现为市场上的物价越高。一元论货币数量方程给出的是货币价值的基本决定机制，它在长期水平上有效。可以认为是关于货币价值决定的理论，给出的是货币的"均衡"价值或"理论"价值。但市场中的生产者可能更关心货币价值的短期波动，也就是通货膨胀。

在推导过程中，其实还有一个假设，资本产权参与分配的比重也认为是稳定的。这在长期水平上也是合理的，或者说对模型的影响可以忽略。但是在短期水平上，资本的产权可能会产生剧烈的波动。如果在一个时期人们倾向于花较多的钱购买资本品，则消费品的价格就会降低；反之亦然。货币价值的波动当然是围绕它的均衡价值或理论价值。

影响人们货币配置或产权配置的因素主要有：

（1）利率水平。

高利率给予了一定数量资本较高的报酬，使劳动报酬产生降低的趋势。市场为了维持资本报酬与劳动报酬的合理配置，需要通过降低资本价值来降低资本所有者的产权（不是哪一个资本所有者，而是资本整体）。

这种关系也可以根据资本的现值理论来理解。第七章第三节的资本现值公式告诉我们，资本的市场价值与利率成反比。因此，如果中央银行采取了高利率政策，人们将减少在资本上的配置，这必然导致在消费品上的较多配置，后者表现为通货膨胀。如图8－6所示，用一元论模型来解释①，资本品的产权与消费品的产权应该维持一个稳定的比例关系，以维持市场效率。如果给予资本品较多的报酬（利率），则倾向于增加资本的产权。但资本的产权是不应该增加的，于是只能通过降低资本的价值来抵消利率试图增加资本产权的作用。也就是说，资本价值与消费品价值之间存在负相关关系。

（2）国际资本流动。

前面在讲开放系统的货币数量时，说明了外汇价值代表的是外国政府的产权。外国货币的增加也有着稀释社会经济总产权的作用，这当然会带

---

① 为什么一定要用一元论或产权论来解释问题呢？因为科学原理要求统一，统一才能使科学做到简单实用。我们不应该每一个问题都用一个不同的理论或方法，那不是科学。

来通货膨胀。

外汇的流入一方面来自国际投资，另一方面来自对外贸易顺差。这些外汇增加了资本产权的数量。由于市场效率要求资本产权和劳动产权配置关系的相对稳定性，或者说资本产权和消费品产权配置关系的稳定性，必须通过消费品价格的上涨才能维持原有的配置比例。

（3）信贷政策的影响作用。

中国在 2011 - 2013 年期间的实践最具有代表性。我们在讲总信贷流量时指出，政府信用是产生总信贷流的一个最重要的因素，但市场有时候也会有明显的动作。根据传统，中国人不习惯贷款购物。但是 2005 ~ 2009 年似乎出现了急剧的变化。人们争相按揭购房，这必然导致总信贷流量大增。但是 2011 年之后政府要求严格控制房贷。其结果是总信贷流量大减。虽然没有准确的统计数据，相信了解这段历史的人们应该会认可这种判断。这种总信贷流量的减少作用之大，居然抵消了高利率和高准备金政策对通货膨胀的推动作用。当然，与此相伴的还有经济增速的下滑，结果是本应该出现的显著通货膨胀却一直没有出现。

图 8 - 6　消费品产权与资本品产权

6. 货币量调控政策

一般认为，中央银行进行货币量调控有两种基本手段，一是公开市场业务，二是法定准备金率的设定。

公开市场业务就是央行在特定的市场上买卖政府债券（或其他有价值的货币准备）。如果央行希望减少市场中的货币量，就会选择卖出债券，收回数量相当的货币；如果央行希望增加市场中的货币量，就会选择买入债券，把货币卖给市场。

显然，公开市场业务可以改变人们持有的货币形式：是持有较多的政府债券，还是持有较多的法定货币。不过，由于买入（卖出）的政府债券与卖出（买入）的货币数量相等（忽略利息），公开市场业务并不能改变经济中非商品产权的总量。最终改变的只是市场中法定货币与非法定货币（政府债券）的比例。前面已经提到，政府在经济中的角色存在一个合理的比重，而实际的比重是政府的实际支出。显然，公开市场业务并不能改变政府活动在经济中的比重。因此，依赖公开市场业务控制通货膨胀的企图是非常低效率的，如果说它还有一点点作用的话。

此外，公开市场业务的主要作用，给出利率信号，影响币值预期。

前面已经指出，货币发行的基础是政府债券，后者是事实上的货币。忽略流动性的差异，政府发出的债券与央行发出的法定货币具有相同的价值。债券贬值等于货币贬值，货币贬值亦等于债券贬值。从图 8-1 中不难理解，在债券流入市场之时，货币的价值（变动）就已经被决定了。换言之，通货膨胀的水平在政府发行债券时就已经被决定了。因此，真正有意义的货币量政策实际上是财政政策，也就是政府的债券发行量政策。政府才是货币量政策的决策者。如果说央行还有一点点作用的话，那就要看它的公开市场业务能否对政府的债券发行产生影响。如果能够对政府发行债券有一点抑制或鼓励作用，也算是央行的贡献。近年来备受关注的所谓"量化宽松政策"（QE），央行不经过市场，直接用钞票从政府那里买入债券，是一种真正意义上的货币量调控政策。不过，这个政策的实施也离不开政府，也没有改变等量货币兑换等量债券的规则。"财政政策就是货币量政策"的表述仍然是正确的。

实施量化宽松政策，一个重要原因是政府发行债券遇到了困难。管理者不希望以过高的利率发行政府债券。发行债券的根本原因是税收太少，当然是相对于政府承担的责任而言。显然，税收政策实际上也是货币量政策的一个组成部分。政府要承担特定数量的责任，如果税收少，必然要求借债多。不难理解，税收负担较重的国家，政府发行债券的数量就会比较少，通货膨胀的水平一般也会比较低一些。当然，我们说政府债券数量是决定货币价值的最基本原因，是在总体意义上，两者之间的关系在长期水平上必然要表现出来。但是在短期水平上，这种关系并不是随时随地都会表现出来，因为还有其他一些因素的影响。

现在我们来看法定准备金率政策。法定准备金率是央行要求金融机构必须留存的可用资金占资金总量的比率。如果这个比率比较高，则对于一定的资金总量，金融机构能够借贷出去的部分就会较少。结果，市场上流通的非产权的法定货币数量（ζ_1、ζ_2）就会比较少。

流行的观点认为，提高准备金率将使货币量减少，总需求下降，从而导致物价降低。物价降低是有可能的，但这种解释的思路是错误的。控制准备金率，实际上控制的是资金的可借贷量，直接影响非产权货币的数量，并没有改变产权货币的数量。由于非产权货币量被强行减少，许多生产者因借款困难而失去市场机会。在局部情况下，产品供给量的减少可能会导致一些产品的价格上涨，但是在总体上，生产机会的减少将使生产者的收入减少，购买力降低，从而导致物价降低。2011～2012年中国经济的情况大致就是如此。奇高的法定存款准备金率一开始并没有使物价降低，在导致经济下滑后，通货膨胀水平才开始降低。显然，"总需求下降"不是货币量变化造成的，而是经济下滑造成的。

根据流行的货币数量定义可知，$M_1 - M_0$ 或 $M_2 - M_0$ 大致上可以反映市场上的资金借贷数量，差别只是后者的流动性比前者弱一些。经济向好时，生产活跃，借贷增加，M_1 或 M_2 的数量会相对增加。较高的准备金率，可以提高金融机构应对市场变化的能力，但同时也降低了资金的使用效率。对应于一定数量的基础货币，可供借贷的货币数量相对减少，试图通过借款扩大经营的企业将失去一些机会，试图通过借款获得利息收入的人也相应失去了一些机会。到底什么水平的准备金率合适,市场可以根据经验去摸索、调整。不过,为了控制通货膨胀而强制性地提高准备金率,必然会导致经济活动萎缩,因为一部分原本可以利用借贷来进行的经营活动不得不停止。实际上,限制借贷本身并不能改变货币的价值,对通货膨胀应该是没有影响的。其结果很可能是,物价并非由于货币币值得到稳定而降下来,而是由于企业经营困难而降下来。这对经济发展是极为不利的。2011 年中国的特高准备金率政策,已经验证了这一推论。一直高速增长的经济因此而明显减速。作为适应性反应,市场必须增加基础货币的数量,以应付生产活动所必须的借贷需求。结果,政府债券兑换法定货币的比重 μ 会相对增加。

第三节　利率与货币价值

1. 凯恩斯 – 费雪矛盾

利率调整是中央银行实施经济调控的另一个基本途径。根据凯恩斯主义理论,货币需求与利率存在负相关关系,加息可以增加人们的储蓄欲望,抑制投资需求,通过减少总需求而促使物价降低。因此,利率与通货膨胀应该存在负相关关系,这种认识非常流行,一般教科书都有介绍(高鸿业,2004;Mankiw,2004;Bugg,2001)。比较典型的案例,如 1995 年前后、2011 年间中国人民银行多次提高存贷款利率,20 世纪 70 ~ 80 年代美联储多次提高基准利率,主要目的都是为了控制通货膨胀。不过事与愿违,这些高利率政策并没有控制住通货膨胀。

另外,根据著名的费雪效应(Fisher effect)理论,名义利率与通货膨胀存在正相关关系,即

$$r_n = r + \pi \qquad\qquad (8-23)$$

式中 r_n 是名义利率,r 是投资者预期的实际利率,π 是预期的通货膨

胀率。

根据式（8－23），高利率应该与高通胀并存，显然，费雪理论与凯恩斯理论完全矛盾，这种情况我们不妨称为"凯恩斯—费雪矛盾"。

根据现有的文献不难看到，尽管还存在一些异议，大量的经验性研究或实证研究是支持费雪效应理论的（如 Granville，2004；Moazzami，1991；MacDonald，1989；Bonham，1991），其中一些研究应用了格兰杰因果关系分析方法（Ekrem & Aykut，2006；Mansour，2007），发现利率提高是通货膨胀的原因，通货膨胀是利率提高的结果，否定通货膨胀是利率上升的原因，利率上升是通货膨胀的结果。相关研究并不认为费雪关于实际利率固定不变的假设是正确的，但未见有实证研究明确否定利率与通货膨胀的正相关关系。

或许是因为费雪效应的相关研究倾向于微观市场分析，人们忽视了其对宏观经济政策的意义。尽管事实支持费雪效应理论，尽管凯恩斯理论并未得到任何实证研究的支持，甚至 20 世纪 70 年代出现的滞胀显示出对凯恩斯主义理论的否定，但经济学家以及央行的决策者几乎毫不迟疑地选择了凯恩斯主义利率理论。每当通货膨胀发生时，就会加息声四起。最近一个时期，中国人民银行为了治理通货膨胀，多次提高存贷款利率和存款准备金率。不过事与愿违，中国的 CPI 的变化率在这一轮调控之前大概 3% 的水平，上升到调控之后超过 6% 的水平。迄今为止，主流观点仍然相信利率与通货膨胀负相关，没有人怀疑加息可能使通货膨胀加剧，从来没有人考虑过用降息手段来治理通货膨胀。但事实又提醒我们不能不对货币政策原理进行重新思考。

尽管事实和实证研究倾向于支持费雪效应理论，不支持凯恩斯理论，但主流经济学家和央行决策者基本上都选择了凯恩斯主义理论。每当通货膨胀发生时，就会加息声四起。而当通货膨胀随着利率的提高越来越高时，人们总是为调控政策的失效寻找其他理由，没有怀疑加息是否有可能加剧通货膨胀。

其实，通货膨胀的实质是纸币的贬值，决定纸币价值的基本因素是经济运行状况和货币发行制度，包括利率政策。凯恩斯只是观察了事物的一部分，而费雪则观察了事物的另一部分。

2. 理想实验 2

我们已经知道，根据现代的货币发行制度，法定货币是由央行发行的[①]。但货币的发行主要是以政府债券作为货币准备。因此，政府债券是事实上的货币。中国的货币发行准备中有大量的外汇，与政府债券的作用相同，因为外汇实际上是外国政府的信用。为了方便和突出政府的作用，我们把这种货币发行机制简称为政府发行货币。现在我们要设计一个不关心货币数量，只关心货币利率的实验，以便观察利率对货币价值的影响作用。

我们的实验是：假设政府发行 1 元货币，市场会如何反应。我们需要观察的主要内容是：①这 1 元的价值如何决定？②其价值在未来一个时期将如何变化？这两个问题显然是市场在接受货币时必然要考虑的最基本的问题。

回答这两个问题，必须知道货币发行者（政府）的目的和做法，这里也有两个基本问题：③发行 1 元钱要做什么，④准备支付多少成本。

先来解释问题①。政府不是无缘无故发行债券，而是为了做事情。如果政府决定发行 1 元钱是为了买一个面包（也可以是一支军队），则 1 元钱的当前价值就是 1 个面包。这是市场赋予政府的权利，市场允许政府发行货币。有人可能会问，如果市场不愿意卖给政府 1 个面包，情况会怎样？很简单，政府需要 1 个面包，如果 1 元钱买不到 1 个面包，政府就要增加债券发行量，比如发行 5 元、10 元，总之要买到 1 个面包。也就是说，政府必须要做该做的事情。显然，在制度意义上，货币的价值是由政府决定的。实际发行过程要复杂得多，但货币的价值原理很简单，货币在发行时，如果 1 元钱买到了一个面包，它就价值 1 个面包；如果买到了半个面包，它就价值半个面包。

再来解释问题②。在市场中借债需要支付利息，假设政府承诺支付的

[①] 在一些国家或地区，规定某个大银行发行货币，这些大银行虽然是私人的，但实际上扮演了中央银行的角色。

利率是 r，市场会如何反应呢？根据现代经济制度，私人是不能发行货币的，市场原本没有货币，所流通的货币是政府过去发行的。私人把产品卖给政府，才得到了货币。因此，如果有人愿意把 1 元钱借给政府，这钱是销售某种商品得到的。比如，把 1 元钱借钱给政府的人，相当于卖掉了一个面包。他在一个借贷周期后可以得到 $(1+r)$ 元钱。注意到并不是所有人都可以把钱借给政府，那些生产面包却没有借钱给政府的人会怎么做呢？由于市场是竞争的，把一个面包的钱借给政府的人在一个周期后的财富变成 $(1+r)$ 元，其他人当然不希望自己比别人差，他们会努力让自己的一个面包在一个周期后价值也变成 $(1+r)$ 元。显然，他们唯一能做的就是在一个周期后，把面包的售价提高到 $(1+r)$ 元。如此，借钱给政府的人与没有借钱给政府的人，或者借给政府的资产与没有借给政府的资产才能在竞争中达到平衡。显然，政府承诺的利率越高，物价就必然上涨越快。

众所周知，如果货币发行量太多，货币就会贬值。实验 2 中假设发行量为 1 元钱，意思是让货币量足够小，可以先不考虑货币量过大的情况，以使问题简单化。现实当中，政府或央行在发行货币时，每次发行的数量相对于货币流通总量而言是比较少的。因此，关于少量发行的实验假设是有事实基础的。另外，正如哲学家所说，"太阳每天都是新的"，在价值意义上，货币每天都是新的。

理想实验 2 得出的结论是，利率与通货膨胀成正比。这与费雪效应的观点一致，与凯恩斯主义的观点相反，只是观察方法不同。

3. 纸利率与物利率

我们把费雪效应的一般表达式重新写在下面：

$$r = r_n - \pi \tag{8-24}$$

其基本含义是，投资者期望得到的实际利率是从投资的名义收益率中扣除预期的通货膨胀造成的损失。这是从放贷人的角度做出的观察。现在我们换一个角度，观察借款人的行为，则根据式（8-24）的思路，我们可以写出：

$$\pi = r_n - r^* \tag{8-25}$$

借款人之所以借款，是为了生产，有生产就必然有销售。式（8-25）的意义是，借款人对实际利率成本 r^* 有一个预期，如果名义利率 r_n 提高，则借款人必然要提高价格 π，才能保证自己不亏损。

现实当中，借款人的预期 r^* 与放款人的预期 r 可能并不相等。但由于"预期"最终要受到实际经济状况的约束，二者的差别在长期的和总体的水平上不可能很大（短期需要另外分析）。因此，无论是借款人的费雪效应式（8-24）还是借款人的费雪效应式（8-25），对通货膨胀与名义利率正相关上的判断在总体上是正确的，只是我们应该放弃预期实际利率不变的假设。

但费雪效应的观察基础是微观水平的货币投资者行为，如果直接应用于宏观分析，也可能出现合成谬误。这里我们仅以两个比较重要的问题来解释。

一是关于"预期"的概念①。值得强调的是，只有付诸行动的"预期"才可以认为是预期。比如，一个投资者经分析预测金价会上涨，但他并没有做买进黄金的操作，甚至还卖出黄金，我们就不能说他真的做出了金价上涨的预期。又如，一个企业，甚至一个市场，如果预期某一商品会涨价，可以加紧购买这种商品。但如果大家预期所有商品的价格都会上涨，也就是预期通货膨胀，结果不难想象，总购买量不可能增加。因为在一定时期内，社会的生产力水平和实际收入水平是一定的。换言之，在宏观水平上，通货膨胀预期是一种不可能实现的预期。如果想要实现，就必须改变宏观经济约束条件。比如假设生产力水平提高，人们可以购买更多的产品；或者假设政府印了更多的钞票，人们在名义上可以购买更多的产品。但如果这样假设，"预期"就成了一个多余的概念。我们从大量研究

---

① 其实不仅是费雪效应，"预期"概念也被经济学家普遍使用。

文献中也可以看到，任何模型中的"预期"变量最终都要借助一些实际变量来表达。

二是信贷市场与整体经济的关系。利率现象直接反映的是货币资本的借贷关系，它只是全部经济活动的一个组成部分，包括费雪本人在内的许多学者甚至连借款人的行为都没有观察，显然不能直接用于宏观分析。现代研究已经把利率概念扩大到诸如股票、债券等其他形式金融投资的收益率，甚至扩大到一般投资活动的收益率。这些不同的投资活动在性质上存在很大差异。比如，银行提供的信贷其实不仅是借贷关系，更包含服务性质的劳动。一般投资活动的内涵就更加丰富，不仅有借贷关系，还有许多实质性的生产活动，如加工、运输、销售等等，统一用"利率"或收益率来描述资本的收益率，就混淆了其中的差异，把问题过于简单化了。如果直接应用于宏观分析，当然也存在合成谬误。不过，由于各个市场的投资收益率在数值上差别不大，费雪效应中的合成谬误并没有产生严重的后果，至少没有影响到我们对名义利率与通货膨胀正相关关系的判断。

4. 纸利率与货币的价值变动

古代人们使用的货币是实物，如贝壳、金银等。这些货币都是劳动产品，可以简称为"物币"。现代人们通常使用的货币是"纸币"，它没有实际的使用价值。纸币之所以能够作为价值尺度，不是因为纸的价值，而是因为货币发行者有足够的信用，这是由经济制度决定的。在绝大多数国家和地区，只允许央行发行货币。但根据货币发行制度，央行需要以政府债券作为货币发行的准备。政府向市场发行债券，市场再用政府债券从央行兑换货币。因此，央行发行货币只是一个形式，货币本质上是由政府发行的，央行的作用不过是为政府印钞票设置了一个闸门，以限制钞票发行的随意性。

大量实证研究也发现，货币数量方程（8-16）可以解释长期通货膨胀，无法解释短期通货膨胀（Christensen，2001；Claus，Dieter and Barbara，2002；Mandel，1999）。这也很容易解释：政府的信用的建立，市场对货币币值的信任，不是一朝一夕的事情，而是长期磨合的结果。比如，搞一两次"量化宽松"政策，人们并不会马上失去对美元的信任，美国在短期未必会发生明显的通货膨胀。如果长期地、大量地搞"量化宽松"，则美元必然贬值无疑。

我们通常看到的一种货币的价值，或者说其在一个时期的平均价值，是政府的长期货币发行行为决定的。在短期，市场中的每个人都无法判断政府发行某一数量的货币，会使货币贬值多少。不过，人们可以把利率，也就是货币资产的使用成本，作为判断货币价值的依据。

根据市场规则，借钱需要支付利息。由于制度规定了私人没有权力印制货币，私人只能用实际产品和劳务支付利息，即私人之间的借贷利息是"物利息"。比如，一个人有1万元货币，他可能是生产了100g黄金换来的，也可能是打工1年换来的，或者是做其他生意赚来的，但绝对不可能是自己印出来的。如果是贷款，利息是500元，他必须多生产价值500元的产品，才能付得起利息。由于私人之间的交易与货币发行者无关，"物利息"水平的高低不会直接对货币的价值产生影响。

另外，制度规定了政府不能做生意。因此，政府支付债务利息的来源只能是印钞机，或者说政府债券的利息是"纸利息"。纸利息将如何影响货币的价值呢？

考虑一个投资者，他有一笔财产，可以换成钱。他可以把钱借给政府，也可以借给私人。显然，如果借给政府得到的回报多于借给私人得到的回报，他就会增加借给政府的钱，减少借给私人的钱；反之亦然。不难判断，两个投资取向的均衡条件是借给私人的实际收益率与借给政府的实际收益率相等。即：

$$\frac{1+r_n}{1+\pi} = 1+r \qquad (8-26)$$

π 是通货膨胀率。式（8-26）可以近似写为

$$r_n = \pi + r \qquad (8-27)$$

这与费雪效应的基本形式（8－24）完全相同，不过意义有所不同。这里的实际利率 r 是私人借贷的实际利率，也就是物利率，而名义利率 r_n 是政府借贷产生的纸利率。根据上述分析可以看到，费雪效应中利率之所以与通货膨胀率存在正相关关系，主要原因是纸利息导致货币贬值。

不过，费雪效应虽然指出了名义利率与实际利率的关系，但并没有说明实际利率是如何决定的——任何真实的经济变量都不可能是由人们的预期决定的。相关研究已经否定了费雪关于预期实际利率不变的假设。

5. 利率政策

费雪效应虽然也是基于局部观察，但由于名义利率和实际利率的变化范围通常不是很大，并且金融资产的利率与一般投资的收益率比较接近，这种合成谬误没有导致太大的计算偏差。因此，虽然方法上也存在缺陷，费雪效应关于通货膨胀与名义利率的正相关关系还是得到了实证研究的支持。

央行在决策过程中应该摒弃凯恩斯主义利率理论，接受费雪效应理论。加息只会加剧通货膨胀，甚至导致滞涨。控制通货膨胀的正确方法是降低名义利率。

理解名义利率对通货膨胀的影响，一个重要思路是纸利息与物利息的差异。制度决定了政府可以支付纸利息，私人不能支付纸利息，必须支付物利息。较高的纸利率会导致货币的贬值，较高的物利率可能阻碍经济增长。与货币量的变动相比，纸利息的变动给出的货币贬值信息更加直接，利率变动对通货膨胀的短期影响较大。

当然，费雪效应是一种长期效应，在短期不一定总能立刻看到。因此，不能因为加息没有立即引发通货膨胀而误以为费雪效应无效。此外，名义利率并不是影响货币贬值的唯一因素，经济增长状况、国际资本和商品的流动等因素都可能产生影响。为了便于理解，本文没有对这些因素一一进行考察。央行在制定具体的利率政策时，还应该对相关因素进行综合考虑。

6. 总利息的分配

我们在前一章提到了总利率的概念，它是对全部资产的报酬率，是在宏观水平的观察结果。总利率与在市场中看到的利率并不一致，后者是在微观水平进行的观察。在微观水平上，我们可以看到有人持有金融资产，有人持有有形资产，两者的全部收益以经济总量的增长为限，或者说以总利息为限（见图 8 - 7）。

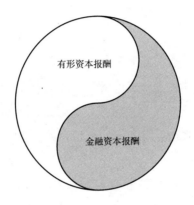

有形资本报酬

金融资本报酬

图 8 - 7 总利息的分配

根据第六章的分析，总利息实际上是经济总量的增量：

$$R = \Delta Y \qquad\qquad (8 - 28)$$

这个回报由金融资产所有者与有形资产所有者分享：

$$R = R_s + R_r \qquad\qquad (8 - 29)$$

式中 R_s 是金融资产的回报，R_r 是有形资产的回报。有形资产就是全部社会财富，因此，其总体回报率就是总利率 r。但是，在微观水平上，人们通常并不把所有财富都视为资本，而是只把直接投入生产中的财富视为资本。并且这些资本不仅包括有形资本，还包括金融资本。我们以 R_r 和 R_s 分别代表有形资本和金融资本的回报率，总利率应该是二者的平均值。即：

$$r = \alpha\, r_r + \beta\, r_s \qquad\qquad (8 - 30)$$

式中 α 和 β 分别是两种资本的比重。显然，如果经济增长状况一定，一种资本的收益率的提高，意味着另一种资本的收益率降低。如果金融资本的报酬率偏高，投资者就会减少有形资本的持有比例，这就会阻碍经济增长，并导致金融资本的回报率降低。如果有形资本的回报率偏高，人们就会减少金融资本的持有比例，信贷会因此变得比较困难，从而制约经济的活跃水平，同样也会影响总回报率。经济就是在这种权衡过程中不断地试错和寻找效率均衡点的。

我们在第六章提到的负利率现象，实际上也是上述调整机制处于某一阶段时表现出的现象。当经济不景气导致全部资产的收益率 r 太小，或者当通货膨胀比较严重，造成经营风险太大时，只有给予有形资本的持有者较高的回报才能维持纯经济的持续增长，这将使金融资产的持有者分享的收益减少，甚至表现为负利率。

第四节　观察货币政策效果的其他考虑

1. 通货膨胀的观察视角

通货膨胀的实质是货币贬值，但是在具体指标的水平上，二者并不完全是一回事。在观察具体的经济现象时，人们会制定相应的计量标准。比如，用来描述通货膨胀的指标就不止一个，有消费者物价指数、生产者价格指数、GDP 平减指数等等。显然，这些指标反映的是货币价值与一部分商品价值之间的变动关系，都与货币贬值相联系，但货币贬值是指货币对所有商品贬值。

一个比较典型的例子是，在计算消费者物价指数时，房价并没有被考虑在内，而房地产市场在经济生活中却占有很重要的地位。货币贬值不仅表现在一般产品的价格上涨方面，还表现在房地产的价格上涨方面。另一个例子是，传统的货币数量方程在讨论物价与货币量的关系时，只考虑了新生产的产品 GDP 与货币数量之间的关系，没有考虑过去制造的产品也需要货币来交易。比如，房地产、土地、专利、股票等资产的交易都需要使用货币。因此，我们平时采用的大多数通货膨胀指标实际上只是部分地反映了货币贬值的状况。

根据以上分析，我们不仅可以理解消费者价格指数（CPI）与货币贬值之间不太严格的正相关关系，也可以理解消费者价格指数与资本价格指数之间的"互补"关系。在长期水平上，随着政府债务的不断增长，货币不断贬值，消费品的价格与资本品的价格都在上涨。但是在短期水平上，当货币贬值速度一定时，如果消费品价格上涨过快，资本的价格上涨就会相对减缓。反过来，当资本品价格上涨过快时，消费品价格的上涨就会相对减缓。运用一元二分法，我们很容易理解这种"互补"关系①。

2. 货币量政策与利率政策的关系

以上我们对货币量政策与利率政策的观察是分别从两个角度进行的，两个观察之间是否会存在矛盾？比如，在"后金融危机时期"，美国采取的所谓"量化宽松"政策，低利率措施与高货币量措施并行，效果应该怎样？根据前面的分析，低利率政策应该起到减缓通货膨胀的作用，而高货币量政策应该起到推高通货膨胀的作用。

按照正常的货币发行规则，即通过市场定价的发行规则，如果政府需要发行更多的国债，必须提高利率才能吸引投资者购买。因此，高利率与高货币量应该相生相伴。高通胀不仅与高货币量相伴，也与高利率相伴，就不难理解了。

不过，个别情况下一些国家采取的非正常措施，有时可能影响上述关系。"量化宽松"政策就是一种典型的非正常措施。一部分政府发行债券可能直接找到中央银行，从而部分地躲开了市场发行，躲开了市场对债券价值进行认定的过程。这样有可能在一定程度上带来一种特殊现象：在货币量增加的同时，利率水平没有相应地提高。这正是美联储实行"量化

① 参见邓宏《房价与消费品价格短期关系的一元论分析》，《价格月刊》2011 年第 3 期。

宽松"政策的目的。意图是在解决政府债务困难的同时，不要使政府的利息负担增加过快，也不要使生产者的资金成本增加过多。这样对于维持积极的市场活动是有利的。结果，我们可能难以判断到底低利率政策抑制通货膨胀的作用更大，还是高货币量政策推高通货膨胀的作用更大。不过，根据我们前面的分析，利率政策对微观经济活动的影响作用比较大，因而短期对通货膨胀的抑制作用可能比较大。事实上我们也看到，美国在"量化宽松"时期的通货膨胀并不明显。货币量政策或债务扩张政策对货币价值的长期作用比较大，其作用的显现可能需要较长的时间。不过幸运的是，"量化宽松"的规模得到了一定的控制，否则，它在长期内必然导致严重的货币贬值，并使美联储的低利率政策失去对市场的引导作用。

3. 法定准备金政策

商业银行是营利性企业，其基本业务是接收储户存款，并通过放贷获得利息差价。一般情况下，银行不能把全部存款都借出去，需要留一部分作为应付储户取款或其他事件的准备，这就是准备金。一般国家管理部门会规定金融机构或商业银行存款准备金的最低比例，这就是所谓法定存款准备金率。

按照流行的分析方法，准备金的调整会改变货币供给量。不过，虚拟货币总量不受准备金率变动的影响，因为在政府没有增加借款的情况下，虚拟产权总量不会改变。准备金率的调整并没有改变总体虚拟产权的关系，因此不会影响货币的基本价值。

但是，准备金率的提高直接减少了存款机构可借贷的货币数量，或者说减少了市场信用货币（$M_2 - M_0$ 或 $M_1 - M_0$）的数量，这对市场活动的效率会产生不利影响。首先，可借贷货币量的减少，导致一些生产者借不到款，生产规模减小。其次，可以借到款的人成本可能上升，这对于生产活动积极性的影响也是负面的。因此，高准备金政策对市场活动有直接的限制作用。

另一方面，借款人一般来说都是从事具体生产活动的劳动者，他们获得的"利润"是市场给予的劳动报酬。贷款人得到的则是市场给予资本的报酬。市场自身的运动通常是把劳动报酬和资本报酬调节在一个维持市场效率的比例水平，如果人为地增加资本的报酬，减少劳动的报酬，破坏了这个比例，就会降低市场效率。

准备金调整对物价的作用机制可以简单地表达为：

$$准备金率提高 \rightarrow 信贷水平降低 \rightarrow 市场活动减弱 \rightarrow$$
$$产量减少 \rightarrow 货币贬值 \rightarrow 物价上涨$$

很多国家对于动用准备金率政策非常谨慎，但是中国人民银行却常常大幅度调整法定准备金率。一般来说，主要意图是通过控制货币量，抑制通货膨胀。但是现在我们知道，准备金率的调整并不改变虚拟产权关系，对货币价值不会有实质性影响。这种政策的实际作用机理是，通过限制市场活动、限制人们的收入增长而抑制物价。这种做法显然是得不偿失的，因为限制市场活动导致产出减少，反而不利于物价水平的降低。通过鼓励生产、增加产出促使物价降低，才是正确的选择。

相比其他国家而言，中国的准备金率调整对市场产生的负面作用似乎没有想象的那么大，可能与中国的一个国情有关——人情信用。中国人讲信用的传统在市场活动中必然会起到一定的作用。如果张三与李四是好朋友，前者在急需时向后者借钱在中国是很正常的，在西方国家就很少见。因此，有相当多的信贷活动可能没有经过银行。更不用说所谓的"影子银行"，也就是民间借贷。一般认为，影子银行是中国对银行业准入的过度限制的产物，但它的社会基础是人们之间天然存在的信用。当法定准备金率提高时，民间信用可以起到一定的补偿作用，以维持正常的生产活动。

4. 开放系统的货币政策效果

前面对货币政策效果的讨论实际上有一个隐含的假设，经济系统是封闭的，没有考虑其他国家货币政策的影响。当各国货币政策同方向变动时，前面的分析结果是有效的。比如，2008 年金融危机后，大多数国家都采取了低利率甚至是超低利率政策，我们看到全球的通货膨胀水平一直都比较低。当不同国家的货币政策变动方向不同时，由于经济之间的相互影响作用，一国的货币政策效果必然受到其他国家货币政策的影响。根据"一价定律"，各国的物价水平应当有均等的趋势，受到直接影响的当然是可贸易产品，不可贸易产品也会受到间接的影响。对于货币量政策，比如一国政府债务占 GDP 的比重增加，这会导致货币的实质性贬值，其他国家的政策影响是可以忽略的，至少在长期水平上是这样。对于利率政策，可能受到的国际影响则相对比较大。

我们分两种情况来分析。考虑一个小国实行高利率政策，或者即使一个国家并不是非常小，但全球其他国家都在实行低利率政策。在这种情况下，国内的高利率政策有推高通货膨胀的作用，而国际市场的低利率政策会有着维持低水平物价的作用。因此在贸易领域，出口有可能受到负面影响，我们有可能看到"通货膨胀输出"或"通货紧缩输入"的现象。但是由于国际市场很大，一国通货膨胀的输出对国际市场的影响不可能很大，而国际市场价格对本国物价的影响较大。因此，高利率政策推高通货膨胀的效果可能比一般情况下小一些。比如，中国在 2011～2013 年采取了较高利率政策，但中国的通货膨胀并没有那么高，一个重要原因是世界许多大国都采取了低利率政策，抑制了总体物价的上涨。

在资本市场，较高的利率对国外资本有一定的吸引力，在短期甚至可能对生产有一定的刺激作用，使物价上涨没有那么快。另外，在长期水平上，对外国资本的吸引力最终还要靠资本的实际盈利，或者说要靠 GDP 的增长。因为政策调整本身并不具有生产力，经济增长还是依赖生产者本身的劳动积极性和基本的制度环境。

有意思的是"后金融危机时期"中国较高的利率政策对股票市场起到了显著的抑制作用，却没有对房价起到显著的抑制作用。从这里也可以看到，短期影响和长期影响的差异。房地产是长寿命周期产品，虽然较高的利率对房地产资本的价格有负面作用，但人们有可能并不认为利率政策的影响会持续很长时间，甚至因为担心通货膨胀而更愿意购买房产来保值。而在资本市场，大多数人购买股票显然不像持有房产那样，做持有几十年的心理准备。因此，国内资本市场与国际资本市场的走势可能出现"背离"的情况。这也是许多人感到奇怪的，为什么金融危机后世界上多数国家股市创新高，而中国股市却持续低迷。

如果是像美国那样的大国，或者世界上许多大国都采取了较高的利率政策，那么毫无疑问，国内的物价水平和全球的物价水平都会出现明显的通货膨胀。即使其他国家的低利率政策对阻止物价上涨有一定的作用，但可能无法抵消大国的政策效果。

这里顺便再补充解释一下政府对经济活动的"贡献"。我们已经知道，政府具有征税的产权，是因为政府对经济活动是有贡献的。贡献的方式其实并不只是对国家的直接管理，对社会提供的服务。政府在长期执政过程中建立的信用也是一种贡献。比如，世界上许多国家都认可美元的价值，有些国家的人民愿意持有美元可能甚于持有本国货币。这表明美国（政府）在金融市场信用方面做得比本国政府做得好，或者说美国对这些国家的市场活动有贡献。因此，美国也将因此得到市场回报——具体表现为这些国家愿意通过向美国出口产品而得到美元。当然，这在一定程度上也可能会造成美国的贸易逆差。

当然，现实当中情况更复杂，因为货币政策可能不断变化，前一个政策引起的市场调整还没有完成，后一个政策又让市场依据新的环境条件进行调整。不过，我们前面提出最基本的原理总是有效的，全球通货膨胀的原因是全球政府债务的增长速度快于全球经济的增长速度，或者说生产力是决定性因素。在历史进入 21 世纪前后的一段时间，曾经有许多国家抱怨中国"输出通货紧缩"。其实，通货紧缩或通货膨胀的输出输入并不是任何人的主观意图。一方面，中国的高增长本身就意味着低物价。另一方面，是这些国家普遍实行了低利率政策。

尽管实际情况很复杂，影响因素很多，这里我们还是尝试提出一种估算一国通货膨胀与全球通货膨胀之间关系的理论设想。采用二分法构建模型，假设一个国家占全球经济的比重是 X，利率与全球平均利率的比值是

Y，如果国际货币市场是完全有效的，忽略经济增长率的不均衡，则该国对全球通货膨胀的贡献近似为

$$\pi_1 = XY \tag{8-31}$$

世界其他国家对通货膨胀的贡献近似为

$$\pi_2 = (1 - X)Y \tag{8-32}$$

约束条件显然是

$$\pi_1 + \pi_2 = 1 \tag{8-33}$$

式中 π_1 和 π_2 分别是该国和世界其他地方对世界通货膨胀的贡献率（不是通货膨胀率）。提出上述数量关系的思想依据是一个国家的经济产权在全球经济产权中的比重一般不会立即发生变化，政策变动对全球物价的影响作用以各国的经济产权为限。

第五节　应用案例

1. 滞胀

凯恩斯被认为是宏观经济学之父，根据他的分析思路，通货膨胀总是与经济繁荣相伴，不会与经济衰退相伴。不过，20 世纪 70～80 年代在西方世界普遍发生的滞胀，颠覆了这种理论。所谓滞胀，就是在经济发展停滞或减速的情况下发生明显的通货膨胀。

历史事实大致是这样的。为了控制通货膨胀，根据凯恩斯主义的理论，美联储逐步提高利率，结果是通货膨胀率越来越高，滞胀情况一直持续到 20 世纪 80 年代初。后来，或许是看到了高企的利率对生产者的不利影响，美联储又逐步降低利率，结果我们看到通货膨胀率也越来越低，经济发展也逐渐进入正常轨道。这种情况基本上持续到了 21 世纪的头几年，尽管其间有一些短期的和小幅的变动。从利率与通货膨胀的关系看，这一

案例是支持费雪理论，并且否定凯恩斯理论的。不过，费雪效应（实际上是借款人角度的费雪效应）虽然能够解释利率与物价的关系，也不能解释滞胀，因为它没有考虑利率与经济增长的关系。

一些高利率国家的经验也很有说服力。2002～2003 年，阿根廷央行的基准利率曾经达到 100%，通货膨胀率则超过 40%；土耳其在 20 世纪 90 年代的利率长期接近 100%，通货膨胀率也一直在 100% 附近徘徊；巴西在 20 世纪 90 年代初期的利率曾经超过 8000%，而通货膨胀率则超过 6000%。如此高的利率都不能控制住通货膨胀，真不知道我们为什么还要相信凯恩斯理论。

中国从 2010 年末到 2011 年也一直采用提高利率和准备金率的手段来控制通货膨胀。这一轮加息前，通货膨胀率大约 3%。几次加息后，通货膨胀率达到 6%。

与此形成对比，美国在"后金融危机时期"实施的"量化宽松"政策，大量发行钞票，却并没有引发人们所预期的通货膨胀，其宏观背景是利率水平很低。

正如本章所指出的，政府或央行承诺的利率是纸利率，是货币贬值的主要原因。私人之间的借贷利率是物利率，对货币价值的变动没有直接影响。但是，由于两种利率处于同一个市场，必然会相互影响。官方利率的提高会促使私人也提高利率，这可能导致"物利率"水平的提高，从而影响实际生产者的积极性。因此，高利率在导致货币贬值的同时，很可能引起生产停滞，导致滞胀的发生。

实际上，凯恩斯理论对利率作用的解释，还是从货币量控制的角度入手，认为利率的变动可以影响货币流通量。但是对货币的观察，却忽视了货币背后的产权属性。利率的提高直接增加了借钱给政府的投资者的名义产权，而市场是竞争的，其他生产者不能放任政府"凭白"把属于自己的产权让给这些投资者，涨价就成为一个必然选择。

不过，在经济系统适应新的政策环境的过程中，必然产生一些成本损失。比如，一些企业会因为借款成本提高而失去盈利机会，减少或停止原有产品的生产，花费一些时间和精力去探索进入其他产业的可能性。于是，在发生通货膨胀的同时，经济还可能减速。这是滞胀发生的基本原理。

2. 短命的通货膨胀补贴

1988 年，中国出现了严重的通货膨胀，年通货膨胀率在 18% 左右，于是出现了"负利率"现象，利息收益明显低于通货膨胀率。为了保证储户的利益，也为了吸引储蓄存款，中国的银行系统于 1988 年第四季度推出了针对通货膨胀的保值存款，在原有名义利率的基础上，根据通货膨胀的水平，对储户给予保值补贴，以补偿通货膨胀所带来的损失。实行了保值补贴后，总名义利率大大提高。表 8 - 1 是 1988 年第四季度到 1989 年第四季度中国的银行系统三年保值存款的年利率、保值贴补率和总名义利率，其中总名义利率等于年利率和通货膨胀补贴之和。

表 8 - 1 中国的银行系统对三年定期存款的保值率

单位：%

计算时间	1988.4	1989.1	1989.2	1989.3	1989.4
存款利率	9.71	13.14	13.14	13.14	13.14
通货膨胀补贴率	7.28	12.71	12.59	13.64	8.36
总利率	16.99	25.85	25.73	26.78	21.50

资料来源：《中国金融年鉴（1990）》。

补贴储户的意图是好的，但问题是用什么来补。银行的工作是为一般工商企业服务，自己并不从事工业生产，并不能提供"物利息"。因此，利息只能来源于物价的进一步上涨。实行通货膨胀补贴后的几年，通货膨胀率超过了 20%。羊毛出在羊身上，3 年期的存款得到了利息保障，但其他存款的"负利率"情况就更加严重。另外，为了支付这些补贴，银行的成本必然大大增加；如果银行把存款成本转嫁给贷款企业，则贷款企业的利益就受到损失。结果没有多久，通货膨胀补贴就不得不取消。

3. 美联储的量化宽松政策为什么没有引发严重的通胀

2008 年金融危机之后,美国经济一直没有明显的起色,为了帮助政府和企业解决一些实际困难,美联储实行了所谓"量化宽松"政策(QE),直接出钱购买金融资产,其中主要是政府债券。2010 年开始的一轮政策被称为 QE2,之前的政策就被称为 QE1。人们预期美联储在 2012 年及以后的时间还会采取一些类似的做法,并称之为 QE3。不过,现在看来 QE3 并没有明显的动作。

中央银行运用公开市场业务买卖金融资产是很正常的事情,量化宽松政策之所以受到特别关注,是因为央行采取了非常规操作手段。正常业务流程是如图 8-1 所示的情况,央行从市场中购买政府债券,不是直接从政府手中购买。政府则是把债券卖给市场,不能直接卖给央行。由于债券买卖经过了市场,其利率基本上可以体现市场的意志以及经济状况。不过,央行不希望政府承担过高的利率负担,也不希望市场把利率抬高,增加生产者(通常是借款人)的成本。因此,就直接从政府手中把债券买过来,并设定极低的利率。这种做法是违背市场意志和市场规律的,央行也知道这一点。因此,它们把直接购买的金融资产数量控制在一定范围内,即"定量化",以尽可能减轻对经济的不良影响。

通过第一轮和第二轮的量化宽松政策,美联储向经济注入了大量的货币,因此人们普遍预期美国会发生比较明显的通货膨胀。但是 5 年过去了,美国的通货膨胀率基本上处于 2% 左右,不属于值得关注的通货膨胀。

为什么会是这样?这还要从货币的价值来解释。央行虽然注入了较多的货币,但是毕竟对数量有一定的控制。同时,央行控制住了利率。较低的利率水平反映了较低的货币贬值速度。因此,我们没有看到明显的通货膨胀,不过尽管通货膨胀率只有 2%,这已经明显高于政府债券的票面利率,"投资者"得到的是负利率。

当然,当量化宽松政策注入市场的货币数量有限时,才有可能控制利率,同时控制住通货膨胀。如果货币数量过大,央行将无法控制市场利率，最终还是要导致严重的通货膨胀。另一方面，央行采取这样的做法剥夺了市场的私人权利，行使的是专家权利（表面上代表公众权利），是"计划经济"的做派。这样的做法应当受到严格限制。

4. 人民币汇率能不能立即市场化

从 1994 年开始，中国宣布实行有管理的浮动汇率政策。不过，人民币汇率基本上是与美元挂钩，并且浮动范围受到很大限制。这种政策也常常引起国际社会的不满，甚至有人认为中国是汇率操纵国。

其实，汇率就是价格，只不过是特殊商品的价格——即货币的价格。既然是价格，理应由市场来决定。汇率管理者不愿意把价格的决定权交给市场，是对市场不信任的表现。当然，管理者的意图可能是为了市场稳定，但他们忘记了，维护市场的稳定最终要靠市场自己，而不是靠专家，靠政府。政府充其量可以在短期水平上维护市场的稳定。计划经济的历史已经告诉我们，管理专家们只是在短期有可能做出正确的事情，在长期是不可能的，因为没有任何专家能知道未来，只有市场自己知道。

认识到了计划经济的错误，我们对商品价格的管制基本上已经完全放开，坚持对汇率市场进行管制实际上是没有根据的。对外贸易活动只是全部经济活动的一部分，没有什么特殊的。与国内贸易一样，如果发生波动，市场也是完全有能力适应的。不排除一些国际资本的运作者可能在某些情况下搞破坏，但因噎废食显然是不可取的，有意的破坏活动并不是常态现象，一般的市场竞争是每一个企业应该自己去应对的。

坚持汇率管制的一个担心，可能是看到了日本似乎在 20 世纪 80 年代日元大幅升值后出现了经济增长长期迟缓的情况。其实，把日本经济增长乏力归咎于日元升值是一种典型的"后此谬误"。如果日本的核泄漏发生在 80 年代，相信许多人会把日本经济增长的迟缓归咎于核泄漏。

其实，影响日本经济增长状况的因素是多方面的，日元的快速升值充其量只是一个短期因素。至少下述几个因素远比汇率问题重要。首先，日本国土面积较小，并且基本上是不变的，当经济发展到一定水平，规模经济效应的发挥就可能受到限制，这是非常重要的一个因素。根据引力模型的理解，任何一个地区的经济都不是孤立发展的，是与周边地区劳动者共同发展的结果。像欧盟那样，经济发展到一定水平，国家之间需要建立更为密切的合作关系，而不是把邻国视为竞争对手或敌人。日本周边缺少发达国家，如果再不能处理好与周边国家的关系，尤其是与经济大国的关系，增长速度必然会受到影响。其次，老龄化也是一个重要因素，维持生产效率需要不断地补充年轻人，如果生育率下降，又没有充分的年轻移民补充，很难维持经济的活力。此外，与许多发达国家相似，社会福利的不当增加也会影响生产效率，使经济增长减速。所有这些因素大都是渐变的，甚至非常缓慢，不像日元升值那样引人注目，这导致许多人把日元升值视为罪魁祸首。

汇率不过是两种货币之间尺度关系的变化，不可能影响实质性经济活动，尤其是长期。如果汇率变化果真可以影响长期经济增长，有不少国家都经历过货币贬值，却没有看到这给它们的经济增长带来了什么出色的表现，甚至极少引起人们的研究兴趣。同样道理，中国的经济和贸易增长，绝不是因为人民币币值被低估。反之，即使人民币币值被高估，也不会对中国经济增长产生什么明显的阻碍作用。我们在第六章已经指出，根据"一价定律"，担心人民币升值会影响中国的出口不过是"杞人忧天"。因为我们可以看到，目前美元的"黑市价"与"官价"基本上是相同的，这说明反映市场效率的"一价定律"已经生效。此外，日元升值的经验也是一个佐证。相比而言，人民币升值对产业结构的影响或许更大一些，一些产业的利润水平降低，另一些产业的利润水平提高。

如果是担心汇率波动可能给生产者经营带来一定的风险，或许还有一些道理。不过，大量商品的价格都是随市场波动的，这类问题应当由企业自己去解决，难道货币的价格波动要靠政府去解决？放开人民币汇率浮动，可能在一个时期内让一些企业感到难以适应，但它们最终会适应的，也必须去适应。经济活动的基础是企业的活动，不是国家/政府的活动。

经过30多年的改革开放，大部分中国企业已经具备了适应市场变化的能力，相信它们完全能够适应人民币汇率的自由浮动。

如果你去做市场调研，许多企业会抱怨说人民币升值使他们的生意很难做——主要在那些利润水平降低的产业。这是调研本身的设计问题，因为你只以人民币升值为变量做调研。决定企业生产活动的因素很多，如产品特色、技术水平、经济周期、市场竞争等等，与这些因素相比，人民币汇率的影响作用要小很多。这样的调研实际上假设了"所有其他因素不变"，只考虑人民币汇率的变动。遗憾的是，这种主次不分的市场调研设计普遍存在。

本章参考文献

[1] Bonham, C S., "Correct Cointegration Tests of the Long – Run Relationship between Nominal Interest and Inflation", *Applied Economics*, 1991 (23): 1487 – 92.

[2] Bugg David, Stanley Fisher, Rudigr Dornbush, etc., *Foundations of Economics*, Post & Telecom Press. Permit by The McGraw – Hill Companies, Inc. 2001: 278 – 285.

[3] Friedman Milton, "A Theoretical Framework for Monetary Analysis", *The Journal of Political Economy*, Vol. 78, No. 2 (Mar. – Apr., 1970), pp. 198, 193 – 209.

[4] Granville, B. and S. Mallick, "Fisher hypothesis: UK Evidence over a Century", *Applied Economics Letters*, 2004 (11): 87 – 90.

[5] Mac Donald and Murphy, "Testing for the Long Run Relationship between Nominal Interest Rates and Inflation Using Cointegration Techniques", *Applied Economics*, 1989 (21): 439 – 47.

[6] Mandel, Michael J., "Rivers of Cash Won't Swamp the Economy", *Business Week*, March 8, 1999: 34.

[7] Mankiw N Gregory, *Principles of Economics*, Thomson Southwestern, 2004.

[8] Mansour Zarra Nezhad, Mansour Zarra, "Investigating the Causality Granger Relationship between the Rates of Interest and Inflation in Iran", *Journal of Social*

Science 3, 2007：237 - 244.

[9] Moazzami, B. （1991） "The Fisher Equation Controversy Re - examined", *Applied Financial Economics*，1：129 - 33.

[10] 高鸿业主编《西方经济学（宏观部分）》，中国人民大学出版社，2004。

[11] 马歇尔（1890）:《经济学原理》，朱志泰译，中国计量出版社，2004。

第九章　社会效率的调节

市场或社会有自发的寻求效率的动力，各种合理的和不合理的现象都可以据此得到解释。以政府为主导的各种制度和政策调整，只有适应了市场的效率要求，才能是有效的。无论是资本主义政策还是社会主义政策，最终会统一为效率主义政策。

第一节　公平与效率的关系

1. 公平的概念

在经济学意义上讨论"公平"问题时，人们较多地是针对分配状况，虽然不是完全如此。一些群体分配到的社会产品数量较少，另一些群体分配到的社会产品数量较多，当这种差距比较大时，我们就认为分配不公平。

不过，我们似乎很难设定公平或不公平的标准，这当然有一些客观原因。首先，在价值水平上，劳动是创造经济财富的唯一源泉①。如果劳动者得不到足够的分配比例，社会成员就会失去劳动的积极性，导致生产力

---

① 如第二章所述，经济财富是人类在自然使用价值的基础之上创造的财富。自然界提供的财富不具有价值。

发展停滞或倒退。其次，主体之间的个体差异很大，即使某一时期把社会财富平均分配，之后由于每个人使用和消耗财富的速度不一样，消耗财富的结构也不一样，经过一段时间后，每个人对财富的占有状况就会又出现差距。显然，一个时期的"平均分配"并不能保证持久的平均分配。于是，尽管我们习惯于把分配差距作为公平与否的重要尺度，但基本上没有人认为绝对的平均分配就是公平。

关于"公平"问题的讨论由来已久，人们从来都没有为它找到一个统一的标准。为什么会这样？一个重要原因是"公平"并没有一个确切的定义，或者说它的定义非常模糊，不是一个"常名"。不同的历史时期人们会提出不同的标准。当人们发现绝对平均不是"公平"概念的本意时，又提出了"规则公平"的视角。一个概念有两种以上的定义，就等于没有定义。正确的做法至少应该给每一种定义一个新的命名，我们在讨论问题时才能有稳定的立足点。

规则公平是指每一个社会成员在同一制度规则下活动，其背后的意义是权利公平。比如，考试时都不许作弊，每个人都有权从事不伤害他人的劳动。但现实当中的规则也不是绝对平等的，比如我们的高考制度允许一些考生加分，一些行业对国企和私企的准入要求不同，等等。

公平虽然没有一个统一的定义标准，但是却有一个否定的标准，即绝对的平均分配是不公平的——相信没有人会否定这个观点。有了这么一个标准，我们对相关问题的探讨至少就有了一个立足点。既然平均分配是不公平的，那么"公平"就是适当的不平均分配。当然，这种思维逻辑是以我们的主观意志为基础的：人们"不认为"绝对平均是公平，人们"认为"贫富差距太大是不公平。社会成员之间在日常生活中相互交流、摩擦、竞争、协调，会表现出一个总体的力量。如果这个力量认为某一事物是公平的，这个事物就是公平的；如果这个力量认为某一事物是不公平的，这个事物就是不公平的。显然，公众的总体意志就是"公平"的标准。

公平当然是一个总体水平的概念。社会设定一个公平的标准，并不意味着每一个社会成员都赞成这个标准。在微观水平上，每个人都有自己的标准，每天都在不同的场合以语言或行动表达自己的意志。当然，名人或专家们的观点可能影响更大一些。

稍加思考，我们会发现"公平"在日常生活中与"合理"有着非常相近的含义。"合理"当然是合法律之理，合科学之理，合公众之理。其中"合公众之理"是最根本的。合公众之理就是公平，不合公众之理也不可能被视为公平。这与我们在第二章所说的"最优"的标准有一些相似之处，都是以社会主体的主观判断为依据，以合理为依据。社会整体认为公平与合理的选择，就是最优选择。事物的最优选择表现为事物的存在，存在就是合理，存在就是公平。

2. 效率的意义

与公平相比，效率概念似乎要清晰很多。我们在第二章已经提到，效率是宇宙中普遍存在的一个基本法则。由于时间的稀缺，每一存在都试图在有限时间内做尽可能多的事情。在经济意义上，效率表现为利润、收入等创造财富的能力指标。

我们已经知道，现实当中的人不是完全的经济人，而是理性人、社会人。利润不是生产者唯一的追求目标，效用才是。不过，我们只是在处理许多经济问题时，把利润或财富的最大化当做一个目标，可以比较有效地解决许多实际问题。

效率是一个普遍存在的自然法则，不受系统层次的限制。个体追求效率，整体也追求效率。在经济意义上，总体效率可以用总产出的增长来表达。在社会意义上，就是社会成员总体的满足程度。实际上，我们每个人在做事时，大脑里并没有想到GDP，我们只是在想如何让自己、让同事、让民族、让人类生活得更好。如果这些愿望实现了，我们的劳动就是有效率的。而财富的数量、利润、GDP等不过是观察我们的工作效率的一些参考指标。不过，有了这些指标，我们从事生产活动的意志就可能受到一定的压力并产生一定的动力，也有了一定的规则可循。

3. 公平与效率的同一性

长期以来，人们一直把效率与公平视为一对矛盾。一些经济学家主张"效率优先"，另一些经济学家主张"公平优先"。当然，主张二者兼顾的人可能更多，如凯恩斯、奥肯等。这样的争论注定是没有结果的。

从逻辑上看，公平与效率这两个概念并不处于同一事物或同一观察体系中。例如，上与下，贫与富，积极与消极等，是同一事物或同一体系中的对立概念或相互参照的概念。效率的对立面是无效率，公平的对立面是不公平。显然，把效率与公平视为一对矛盾，在逻辑上是不成立的。

我们在第二章已经提到，效率是一切客观事物的存在和运动法则，人类社会也不例外。效率本身就是一个主观意志的产物——人们想做什么并且做得比较好。符合效率要求的东西，多数人或社会的主要力量会支持；不符合效率要求的东西，多数人或社会的主要力量会反对。因此，从整体上看，或者说在宏观水平上，效率就是社会整体的主观意志。另一方面，公平也是一个主观意志的产物。社会大多数人认可的分配规则和分配结果，当然就是公平的分配；大多数人反对的分配，当然就是不公平的分配。因此，公平与效率原本是同一的——都是社会整体的主观意志，是同一事物的两个不同侧面。这有点像我们争论到底是休息时间长一点好，还是工作时间长一点好。

我们平时认为公平与效率之间存在矛盾，主要是源于观察的局部性。"公平"没有严格的定义，"效率"也没有严格的定义。于是每个人都会根据自己的经验和知识，根据所处的历史背景去理解，仁者见仁，智者见智。如果站在全局和全部历史的角度去观察，二者之间就没有矛盾了。

从历史的角度看，奴隶社会，奴隶服从主人就是公平，也是社会效率要求。当时的历史条件下，个人的知识和生存能力极其有限，除了从自然界索取资源，部落之间存在残酷的竞争，一定规模人群的合作——但不是大规模的合作——是必要的。对于大多数奴隶，脱离社会单独生存是非常困难的。当个人和社会的生产力有了一定的发展，奴隶们脱离某个群体成为可能，一个部落也更愿意与其他部落共存，倾向于形成一个更为统一、更为强大的社会。这样的社会需要有更强大的聚集力，于是就会出现新的社会制度。在社会制度——主要是产权制度——的变革过程中，各方面的利益可能发生激烈的冲突，动用武力解决问题的情况也是很常见的。从原始社会、奴隶社会到封建社会、资本主义社会，人类社会的全部发展过程既是一个生产效率不断提高的过程，又是一个社会公平不断改善的过程。

在任何社会法则阶段，贫富差距或社会地位的差距总是存在的，这是社会整体对效率的要求。但如果贫富差距过大（相对），就会影响社会生产效率，就会遭到社会多数成员的反对，社会制度就要变革。比如，2011年美国的"占领华尔街"事件，尽管并没有某个社会利益集团或党派来领导，但显然反映了下层民众的意愿。当然，他们的影响力看起来并不是很大，但至少在一定程度上反映出美国的经济生产效率有所降低，社会公平水准也有所降低。在经济危机期间，政府为了稳定经济，对一些企业实施救助，实际上救助的是富人，相当于剥夺了穷人，这显然是一种低效率行为，也是对低收入者不公平的行为。

随着社会文明的发展，民主制度水平的提高，暴力解决利益冲突的情况相对减少。像反垄断、反腐败以及其他许多制度都是以协商的方式建立的。当大多数人认为垄断不公平，反垄断法就出现了，当大多数人认为官员以权谋私不公平，一系列监督制度就产生了。这些制度解决的不仅是公平问题，也是效率问题。

问题的关键显然是由谁来制定公平的标准和效率的标准。显然，这两个标准的决定权属于同一个主体——社会公众，一个主体不可能给自己制定两个不同标准。社会公众认为合理的事情就是公平的事情，同时也是有效率的事情，尽管每一个个人可以有自己的标准。

同一个事实，可以有不同的观察角度；同一种思想，可以有不同的表达方式。但所有的理论应该具有同一性，因为世界是一元的，社会是一元的。我们说公平与效率是同一的，其实也是这个道理。

4. 分配状况的变化规律

我们在第一章已经把分配的不平均现象——许多人称为不公平现象——作为一个基本原理。人们总是自觉不自觉地试图改变分配差距过大的状况，并且常常会得到公众的肯定。但是在经过了稍许改善后，分配状况又会恢复到差距极大的状态，这样的循环过程应该如何解释呢？

根据我们对价值决定机制的了解，当产权制度一定时，财富的分配或再分配主要是在生产和交换过程中发生的。生产的岗位由生产者自己选择，每个生产者的劳动效果则由市场裁判——这种裁判是在交换过程中完成的，每交换一次，就进行了一次再分配。

现代社会生产的一个重要特点是资本的大规模使用以及专业化生产使得生产效率大大提高，这种现象被称为"规模经济"①。其实，规模经济不仅有赖于生产规模的扩大，还要通过技术的专业化来实现。在生产规模扩大的过程中，生产组织者（包括资本家和企业家）的劳动起到了重要作用，他们的劳动报酬也会比普通劳动者提高得快一些。日积月累，我们可能看到普通劳动者所获得的劳动报酬在社会总收入中所占的比重越来越小，资本所有者所获得的劳动报酬的比重越来越大。在这种不断循环的再分配过程中，贫富差距会不断加大。不过，贫富差距扩大的过程非常缓慢，并且通常处于经济增长时期，不大容易会引起公众的广泛质疑。因此我们不妨将这一过程称为"弱再分配过程"。

生产力水平的提高需要创新，需要承担风险，需要有效的组织。较高的资本回报才能保证投资者或企业家的积极性。因此，出现两极分化是必然的。社会经济增长越快，两极分化的进程就可能越快。虽然"温水煮青蛙"平时不被关注，但是当两极分化达到一定水平时，就有可能带来许多严重的社会问题，也会影响经济的发展。因此，各国政府都会采取一

---

① 规模经济不是一个原理，是一个经验。许多情况下扩大生产规模可以降低生产成本，或带来其他收益。

定的措施缓和两极分化状况。比如收入累进税、转移支付、财产税等等，都是将高收入者得到的财富部分地转移到低收入者手中，这有助于减缓两极分化的进程。因此，这些措施将为弱再分配过程延展继续进行的空间，因而都是有助于经济的持续增长的。

两极分化当然不可能无限制地发展，当弱再分配过程发展到某一水平，贫富差距过于严重时，经济增长就难以持续。尽管资本的积累、企业家的积极性在社会再生产过程中发挥着越来越大的作用，但社会历史毕竟是人民创造的，人民需要有足够的物质补偿才能发挥生产作用。当普通劳动者的分配比例太小，社会就无力购买自己所创造出的大量财富，资本也就无法继续获得预期的利润。这时，社会就需要有一个与弱再分配过程相反的机制来对财富的分配状况做出调整。这一调整过程往往是激烈的，强制的，我们不妨称为"强再分配过程"。比如，工人罢工要求增加工资，市场出现危机使资本大幅贬值，许多企业破产，甚至出现动乱要求社会变革，等等，这类现象的发生会剥夺富人的财富，使分配状况恢复到有利于生产力继续发展的水平。

在强再分配过程发生时，虽然绝大多数社会成员都会受到经济损失，但从市场价值上看，资本家受到的损失比劳动者受到的损失相对更大。比如在金融危机或经济衰退时，我们从全球富人排名或公司排名上可以明显地看到财富价值的大幅"缩水"。危机造成的失业增加可能会使普通劳动者的生活变得非常悲惨，但是从数字上看，他们没有太多的财富可以被剥夺，失业率也不过比平时增加若干个百分点。而富人的财富，至少从数字上看，损失要大得多。因此，强再分配之后的财富分配状况将变得更为"平等"些。经过这样的调整之后，弱再分配过程才有可能重新开始。

当然，强再分配过程也并非一定是非常激烈的。政府的转移支付、社会慈善事业、技术进步引起的结构性的分配变化等等，也都能够起到减缓两极分化的作用。其中重大的技术进步是人们最愿意接收的一种经济调整过程。而政策变动，由于程度和效果都很难控制，也容易引起社会争议。

在凯恩斯革命之前，政府对市场，包括对经济危机，大致上是采取自由放任的态度。凯恩斯革命之后，人们认为政府对经济进行一些干预是有必要的，有助于使经济恢复到正常轨道。但如果不清楚经济到底出了什么问题，这些干预很可能是"帮倒忙"。比如，金融危机是市场进行自我调节的一种表现，它要剥夺富人的财富，使社会财富的分配平均一些。而政府采取一些救助措施，维护富人的财富不缩水，这就是帮倒忙。政府的意图是好的，救助一些大企业显然是为了维护市场的稳定，但其结果是维护富人资产的泡沫，这必然会阻碍强再分配机制的作用，使经济恢复生机的时间延迟。

第二节　市场的自组织

1. 自组织概念

"自组织"是系统论研究中的一个重要概念。任何一个事物或一种客观存在都可以视为一个由若干元素组成的系统，所谓自组织是指系统自我形成或自我构成，通过内部协调自动地形成某种有序结构，并根据环境变化自我调整的机制。系统或组织中的每一个内部元素，必须适应其他元素，适应环境。因此，从微观角度看，自组织活动的内部机制也是每个元素的自适应活动。从"组织"或"自组织"的角度观察事物，实际上也是一种建模方法。

市场当然也可以视为一个自组织系统。系统中的每个成员都在寻求个人利益的最大化，他们相互竞争、相互协调，形成了我们所看到的市场。在自组织过程中，他们必然要求社会整体结构能够保证个体的运转效率。第五章提到的协同现象，实际上也是系统自组织的一种表现形式。市场的这种自组织机制和过程，我们可以从不同的角度去观察。比如，从博弈的角度去观察，从分工和协作的角度去观察，从供求的角度去观察，从资源配置的角度去观察，等等。哪种方法最有效，我们就可以选择哪种方法。重要的是，所有不同角度的观察所能够得到相同的结论应该是相容的，这是真理的一元性的要求。如果不同角度的观察结果存在矛盾，就说明我们的观察在哪里出现了偏差。

从不同的角度观察，当然可以看到不同的自组织现象。比如一价定律，每个人对一种产品的价值都有自己的判断，但是在市场上，大家不情愿地被统一了意见。又如，赚钱是个人市场行为的一般目标，但是一个人赚钱到一定水平，就有可能从事一些慈善事业。当资本市场泡沫严重时，劳动的应有报酬被低估，金融危机就可能发生，市场要自动对分配机制进行调整，重建效率机制。让一些企业倒闭就是市场试图提高效率的要求——尽管我们从微观水平看可能不认为是这样。一般情况下，每个人应该自己处理自己所遇到的问题，但是当有些问题自己不能处理，或者自己处理的成本太高时，就会借助于他人。于是，社会分工就出现了，企业组织就出现了，政府机构就出现了。这些都可以认为是自组织现象。包括前面提到的弱再分配过程和强再分配过程，也可以认为是经济系统的自组织过程。

自组织现象无处不在，这个概念本身比较笼统，但它有助于我们理解市场系统的自动调节机制，理解系统的存在和运动方式不是我们个人的主观意志能够改变的。尤其是在选择经济政策时，要充分考虑这些政策是否会干扰甚至破坏市场的自组织机制。

再分配政策效果的自组织解释

大多数人都希望社会财富的分配应当尽可能比目前看到的更公平一些。累进的收入税（即对高收入者以较高的税率课税，对低收入者以较低的税率课税，甚至免税）和财产税等政策都是这些思想的体现。不过，现实当中我们看不到贫富差距有明显的缩小，因为市场总有办法适应政策环境的变化。富人可以给政府缴较多的税，但他们又可以通过市场把这些税收成本转嫁给其他人。穷人虽然没有缴很多的税，但他们可能要在市场上支付较多的生活成本。显然，我们不应该对一些再分配政策的最终效果估计过高，尽管这些政策的意图是好的。而频繁的政策变动，反而会增加经济的调节成本。从社会进步的历史看，制度的变化是必须的，但是这些变化在总体上是缓慢的，这也是社会运转效率的需要。

2. 科斯定理补遗

经济学家科斯（Coase R.）因 1991 年获诺贝尔经济学奖而知名，他的主要贡献是在产权制度方面的研究。科斯（Coase，1960）用一个著名的例子来解释产权的意义：养牛人在外面放牧，他的牛群有可能吃到农场主种的庄稼，从而给对方造成损失。应该由谁来承担庄稼被毁坏的损失？这就要涉及产权问题。科斯认为，无论制度规定牧牛人对牛损坏庄稼负责，还是规定农场主自己对牛损坏庄稼负责，只要产权明确，市场就会选择最有效率的处置方式。比如，假设法律规定牧牛人要对损失负责，它就会计算如果自己采取措施控制牛的走动需要多少成本，也会比较让农场主采取防护措施需要多少成本。如果自己支付的成本较低（比如 1000 元），他就会选择自己采取防护措施；如果农场主支付的成本更低（比如 800 元），他就会与农场主协商，要求农场主方面采取措施，自己向农场主支付所需费用。如果法律规定农场主自己要为损失负责，道理也是一样，他也可能有自己出钱采取措施与通过交易让牧牛人采取措施两种选择。从这个案例可以理解，私有产权的明确，是有助于提高市场效率的。试想如果不明确规定牧牛人与农场主的权利，他们面对问题就很难做出恰当的选择。

不过，从产权私有制到市场效率，一个重要的中间环节被轻描淡写地略过了。这个环节就是产权的自主交换。产权的私有只是制度的一个方面，制度的更重要的意义是产权的自由交换。没有产权的交换，没有在交换过程中的竞争，仅靠产权明晰，市场是无法实现效率的。有交换才有分工，有分工才有效率，这是古典经济学已经告诉我们的东西。作为一个补充，科斯定理更应该告诉我们的是，产权私有才便于交换。

此外，牧牛人与农场主的产权分配也不仅仅涉及他们两者的利益，他们之间的交易只是经济系统的自组织调节的一部分。如果牧牛人不对牛损坏庄稼负责，那么农场主就要多支付一定的成本。结果，农场主必然要提高粮食的销售价格，把损失转嫁到粮食消费者身上。同样的道理，如果牧牛人要承担牛损坏庄稼的风险，他就要提高牛的销售价格。所以，科斯定律的关键不应该局限于如何解决两个当事人之间（牛损坏庄稼）的效率问题，而应该扩大到解决市场整体的效率问题。现实也是如此，牛损坏庄稼的责任到底由谁来承担，是牧牛人还是农场主，通常并不是由他们二者协商决定的，而是由社会公众决定的——比如由代表公众意志的政府部门来决定，因为这涉及社会整体的效率问题。

显然，对科斯定理的现有解释是局部的、个体的效率，不是社会的、市场的效率。它能够说明一定程度的私有制有助于提高市场效率，并没有告诉我们一个完整的调节机制。比如，垄断市场的产权也是明晰的，它对垄断者可能是高效率的，但对社会是低效率的。关于这一点，一些学者也早有察觉，科斯认为"获得经济上高效率的结果并不一定需要完全的竞争市场，因为人们可以聚集在一起，以他们的方式谈判出效率来"（布瓦索 gp·5）。而事实上，是效率要求竞争，是竞争要求私有化，科斯定理只讲了一面，而忽略了另一面。

根据一元论思想，竞争与共赢也并不矛盾。前一节已经指出，各方面的权利到底应该如何分配，是由公众或公众的代理决策部门依据效率原则（公平原则）决定的。我们在第四章也已经讨论论过，劳动获得充分的产权，或者说经济产权的按劳分配，并且根据个人意愿自由交换，是保证经济效率的基本原则。

3. 产权分配的博弈

科斯的案例，到底给予牧牛人较多的权利，还是给予农场主较多的权利，显然是一个分配问题。不是产品的分配，而是产权的分配。牧牛人和农场主为了得到自己所期望的权利，会采取各种行动来影响政策管理者，他们双方之间也可以讨价还价，这就是争夺经济产权的博弈。经济系统的内部自组织机制可以用博弈来解释。

实际上，所有的社会成员都在博弈，经济在这种博弈中选择某种均衡状态。当经济达到这样一种状态，使得任何一个人的状况变得更好都可能导致另一些人的状况变坏时，这个状态被称为帕累托最优（Pareto Optimality）状态。如果有一种选择可以使一个（一些）人的状况变好而可以不使另一些人的状况变坏，则这个选择就是帕累托改进（Pareto Improvement），它表明经济体系还没有达到最优。在理论上，许多人认为帕累托最优可以作为评价经济政策优劣的一个标准。

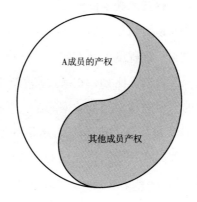

图 9 – 1　产权的分配关系

不过，帕累托方法也存在一个天然的缺陷，即没有一个确定的立足点。"变好"与"变坏"根本没有确定的标准。比如，是规定牧牛人对牛造成的损失负责，还是规定农场主对牛造成的损失负责，两种选择到底会使当事人变好还是变坏，并没有一个固定的衡量尺度。前面已经指出，市场是竞争的，产权是可交换的，可转移或转嫁的，帕累托方法显然都没有考虑。

不过，运用一元论模型可以很容易解释产权分配的博弈关系。如图 9 – 1所示，所有的社会成员处于一个经济体中，全体社会成员的财富以经济中的财富总量为限。在生产力水平一定的条件下，一个人（比如 A）福利的增加必然意味着另一个人（或所有其他成员）的福利减少。因此，如果没有整体上的经济增长，帕累托改进是不可能的，或者说任何一个实际存在的分配状态都是帕累托最优状态。这个推理也告诉我们，经济政策不宜轻易改变，政策变动在给某些社会成员带来利益的同时，必然会给一些社会成员带来损失。当然，如果延长时间尺度，社会发生技术进步，生产力水平提高，可能给所有社会成员都带来好处。不过，帕累托最优学说并没有从社会整体进步的角度解释问题。

其实，分配或产权分配不是孤立的事物，分配是为了生产的延续，遵从效率法则。社会最终选择的分配制度和分配状态，就是保证生产能够有效运转的状态，每个成员得到的产权数量的多少只是一个结果，一个表象。这个结果我们只能从现实当中观察到，并不能依赖一个模型推导出来。比较符合实际的表述应该是：当社会公众愿意并且能够有效地从事生产活动时，经济系统就达到了最优。比如，一个社会如果没有严重的暴乱，人们和平相处，就可以认为相应的产权制度是当时历史条件下的最优状态。

埃奇沃思盒（Edgeworth box）

人们通常用埃奇沃思盒（Edgeworth box）来解释帕累托最优。这是一个二人博弈模型，它说明分配博弈可以存在许多均衡点，这些均衡点可以形成一条所谓的交换契约线。但对于一个特定的系统，不可能有多种选择都是有效率的，应该只有一种选择是最有效的。因此，关于分配的博弈均衡在理论上应该只是一个点，不是一条线。当然，这个点是一个动态均衡点。事实上，每个国家的基尼系数都大致维持在一定范围内，而不是大幅度波动，这一事实说明分配博弈只存在一个均衡点，而不是多个。

4. 市场失灵

经济学关心市场效率，当市场运行效率降低时，我们称之为"市场失灵"。一般认为，市场失灵主要表现在 4 个方面：不公平竞争，信息不畅，外部性以及公共产品滥用。

所谓不公平竞争，是指少数生产者拥有特殊权利，他们可以通过利用这些权利而不是通过增加生产获益。最典型的不公平竞争是垄断现象。由于垄断企业有较大的市场定价权，他们不是像普通的竞争性企业那样，完全靠增加生产而获得利润，而是可以靠控制生产规模，提高销售价格来获得利润。"定价权"实际上就是产权，在充分竞争的情况下，生产者的定价权是由社会决定的，由他人决定的。在垄断情况下，生产者自己拥有了更大的权利，这首先是一种产权分配的不公平现象。说它不公平，主要因为它使劳动得到报酬的份额减少，纯粹的权利得到报酬的份额增加。结果必然导致社会生产能力没有得到充分的发挥。

其他市场失灵现象也具有相似的"不公平"性质。比如，当一些人拥有了关键性信息而其他大多数人没有，前者就可以利用掌握这些信息的权利，而不是通过付出更多的劳动来获利。当然，根据信息的特点，不可能每一个人都掌握相同的信息。因此，"信息不畅"或"信息不对称"是指有意阻碍公众获取信息的情况，而不包括公民因自身时间限制、兴趣倾向、专业限制等原因而不能掌握或不能正确理解相关信息的情况。比如，上市公司或政府官员故意不公开一些应该公开的信息，致使事实上只有少数人掌握了这些信息，他们就可以把掌握信息的权利变成经济产权。而一个农民不了解工业技术，一个病人不了解药物的作用，虽然在形式上也可以称为信息不对称，但我们并不认为这是市场失灵的问题。因为有许多工人了解工业技术，有许多医生了解药物的作用，他们并不是通过某种特权，而是通过劳动的付出掌握了相关信息和知识。

经济活动的外部性是指一些生产者在生产和消费过程中对生意上不相干的其他生产者产生了伤害，比如排污，破坏生态环境，等等。法律制度并没有给予他们这些权利，但他们事实上行使了高于其他生产者的权利。普通生产者去制止他们这样做的成本相对太高，而通过政府出面干预，就具有规模经济的效果。

不难看到，市场失灵虽然有多种表现形式，但问题的实质基本上是一样的，都是公共产权的行使渠道不畅，使少数生产者拥有了一些特权，或者说剥夺了大多数生产者一定数量的产权。如第一节所指出的，当大多数生产者不满意时，这个社会就是不公平的和低效率的[①]。既然是公共权利的问题，由政府出面干预当然是最合适的，因为政府代表了最广泛的公民权利。比如，市场可以通过政府组织来建立反垄断制度并对垄断行为进行监督；通过健全环保制度要求造成外部不良影响的企业应支付额外的成本；通过完善信息披露制度避免少数人垄断重要的市场信息。这些做法的主要作用就是强化公有产权在生产和分配中的地位。

5. 市场无过错原理

"市场失灵"概念指出了市场运行过程中可能出现的问题，但是很容易使我们产生一种错觉，即认为市场是会犯错误的，所以政府干预市场是正确的。产生这种错觉的主要原因还是观察视角的不稳定问题——我们很容易混淆市场中的生产者个别行为与市场整体行为之间的界限。

一个生产者可能生产出不适合市场需要的产品，但整个市场不会这样，它会消化所有它生产出来的产品。一个生产者可能利用信息不对称，利用自己对市场的某些特殊控制力，以同样的劳动付出获得高于其他劳动者的报酬。或者以损害公众的生存环境为代价，降低自己的生产成本。但整个市场不会这样，它要承担所有的生产成本和接受全部利润。如果有个别生产者做出了有害的或不公平的事情，其他生产者就会进行批评和制止。市场是所有生产者构成的一个具有自组织能力的整体。

经济学所称的"市场"，其实不过是社会的另一个观察角度。观察市场当然需要观察生产者，但"市场"概念并不是指市场中的每一个生产者，更重要的意义是指市场整体和市场机制。作为一个社会性整体，市场认为正确的东西，就是正确的；市场认为错误的东西，就是错误的。市场永远是正确的，这也应当作为经济学的一个基本原理。

---

① 传统的分析方法是，垄断企业的产出量较少，因而经济是低效率的。但一个企业的产出少，并不等于社会整体的产出少，因而就无法说明社会整体是低效率的。用广大社会成员"不满意"代表低效率，更能体现效率的实质，避免"合成谬误"。

　　我们前面在讨论政府的产权时，已经指出了政府与市场的同一性，或者说政府是市场的一个特殊形式，是市场分工的一部分。比如，当一些生产者做出对社会不公或有害的事情，其他生产者对他们进行批评、制止和惩处的私人成本太高时，就有必要采取专业化分工的方法以及"规模经济"的方式进行管理，——这就是我们看到的政府要做的事情。对经济活动中不公平行为的监督和控制，是市场自身的要求。所谓"政府干预"，其实质是政府根据市场的要求对市场局部的一些不良现象进行监督和控制。

　　不过，作为市场中的一员，作为一个生产者，政府也难免会犯错误。市场出现问题，一般是一些生产者出了问题，而不是整个市场或市场机制。政府是一个特大的生产者，在这个意义上我们可以说，如果市场出了问题，不是市场的问题，而是政府的问题。市场失灵实际上是政府失灵——政府没有按照市场的需要做好应该做的事情。或者说市场是不会犯错误的，犯错误的只能是政府（作为一个负有特殊责任的生产者）。

　　从生产者的角度看，前面所说的"失灵"问题对政府也同样适用。或者说更为适用。因为和其他生产者一样，政府的决策实际上是一部分官员的决策。政府官员的行为在法律意义上代表了政府，但是在经济意义上，他们是应该代表市场的，代表社会的，政府官员的决策应该代表市场的意愿。但是与其他生产者一样，政府官员也是人。信息不对称、偏听偏信、产权垄断、本位主义、损公肥私等问题也同样困扰着政府，使其做出错误决策。

　　比如，官员们在处理一些涉及市场的问题时很可能不具备充分的知识和经验，也无法对未来进行准确的预期，这就是信息不对称或信息不完全问题。政府的职能机构控制了相关政策的制定权，这也是一种垄断权。尽管对权力的垄断并不一定能给他们带来直接利益，但是给市场带来成本是非常容易的。即使一个官员大公无私，具有奉献精神，也不可能完全解决这些问题。更不用说一些人利用自己的权力做一些不负责任或损公肥私的事情。外部不经济、公共产权滥用很难避免。

以上分析主要想提出一个警示：市场永远是不会犯错误的，可能犯错误的只是政府。无论是传统的认为政府不应该干预市场的思想，还是凯恩斯的政府有必要干预市场的思想都不够准确，他们的共同基础应该是政府按照市场的意愿去干预市场。如何才能做到呢？当然是让市场充分了解政府的决策过程，或者说让市场方面有充分的机会参与政府决策，尽可能杜绝由专家们闭门造车的现象。我们在前面指出金融危机是政府的不恰当决策造成的，实际上也是说金融危机是政府决策失灵的结果。

第三节　公共产权的运用

1. 政府的性质

政府在现代经济中扮演着重要的角色，如管理公共事务，调节经济政策，等等。从生产的角度看，政府与市场是一个同一体，它承担了市场分工的一个特殊形式。任何一个社会成员都不可能做所有的事情，必然有许多事情需要由他人去完成，其中有一些具有"公共"性质的劳动，我们把从事这方面劳动的组织称为"政府"。

从历史的角度看，最初去做这些公共事务的人并不一定是政府，可能是酋长、族长，或其他有时间和精力，并且有一定威信的人。当这些事务的规模很大时，管理这些事务的群体规模也变得很大，得到社会最普遍认可的那部分群体就成为我们所称的"政府"。显然，政府是应市场的要求而产生的，是从整个经济活动中分出的一部分，其主要任务是处理公共性事务。政府是一个生产者，这是政府的第一个重要性质。

作为社会经济活动的一部分，政府向社会提供产品，这种产品一般表现为公共性服务。比如公共安全、立法执法、市场活动监督、公共设施建设等等。这些产品我们通常称为"公共产品"，原则上是不收费的。当然，公共性事务不仅仅由政府提供，其他一些社会组织和成员也可以从事这方面的工作，从而提供一些公共产品，比如建桥修路、见义勇为、影响面较大的宗教活动、义工活动等等。不过从规模上看，公共产品主要还是由政府提供的。因此，我们一般认为政府是为公众产品的主要提供者，是公众利益的代表者。

从生产的角度看，把大量的公共性事务交给一个专业性组织——政府去做，具有"规模经济"效果，政府的存在显然是社会追求生产效率的结果。比如，与私家花园相比，国家公园能够给更多的社会成员带来效用；与私塾相比，义务教育可以使更多的学生易于学到知识。不过，由一个生产者负责一种产品的生产，必然也会产生垄断。这种垄断当然不用"拆分"的方法去解决，现实当中我们选择的方法是制定包括信息公开、议会制等规则的管理制度。即社会不能把决策的权利完全交给政府官员，而是建立某种渠道让公众有一定程度的参与。这如同我们对一些垄断企业的定价权加以控制是一样的道理。

政府从事公共事务的生产活动，不仅是一项义务，同时也是一项权利，是代表公众利益的权利。公众要求政府行事应当代表最广大数量的公民的意志，并且在一般情况下认为政府所做的事情就是社会公众要做的事情。比如，要不要修建某一条运河，要不要进行某一场战争，如何对烟草的经营和武器的进出口进行管制，我们一般都接受政府的决策。

为社会提供产品，当然需要有回报，或者说需要有资源支持，这些资源只能来源于市场。一般而言，政府的财政来源是通过税收以及其他特别的权利。而那些提供公共性服务的民间组织，财政来源可能主要依赖社会捐助，可以认为这是没有被叫做"税收"的税收。它们是没有被称为"政府"的政府，而我们平时所说的政府是指具有税收权利和其他行政权力的公共事务组织。

一般的企业完全由自己决定生产什么，不生产什么。与一般生产者不同的是，政府要提供公共产品，应该严格遵从公众的意志。不能由行政机构决定生产什么，不生产什么。政府提供什么样的公共产品是由公众决定，这是政府的第二个重要性质。或者说，政府应该是公众或市场意志的代言人。

现代经济学主张，除了履行法律赋予的日常执政活动，政府还应该参与对市场活动的更多干预，比如对经济的周期性波动采取一些调控措施等。但这种调控显然是不受公众控制的，我们很难保证经济干预政策到底是不是反映了公众的意志。因此，政府的这类活动实际上是应该受到监督和限制的。

政府的自组织特性

设想 Las Vegas 卖给了某一个人，这个人怎样经营和管理这个城市？他也要雇用安全人员，要处理社会纠纷，要管理城市的建设。这些工作是政府活动吗？事实上是，无论我们说他是为了自己的利益还是为了公众的利益要做这些事情，这些事情都是必须做的。显然，我们应该从组织的功能上看"政府"，而不只是从法律的层面看"政府"。政府、企业、家庭，都是社会自组织过程中形成的组织单元，是私人事务与公共事务的统一体，是私人权利与公共权利的统一体。

2. 专家经济与市场效率

政府承担了社会分工的一部分，在这个意义上，政府从事的生产也是专业性生产。但"政府"的工作要由具体的公务员去做，这些人实际上就成了公共产品生产领域的专家。就像其他生产者那样都是各自生产领域的专家。政府是市场意志的代言人，如果政府提供的产品能够满足最广大公众的利益，这个政府就是有效率的，同时市场也是有效率的。

不过，任何专家都不是全能的，因为专业知识是无穷多的。在这种情况下，如何保证社会整体的效率？市场的解决途径是在交易过程中不断"试错"，不断寻求"均衡"。如果一个生产者生产的产品不好卖，他可能会选择降低产品价格，或选择提高产品品质。如果产品供不应求，他可能会增加产量，其他生产者也可能会加入该产品的生产行列。即使决策失误，影响面也非常小。

政府当然也可以通过试错来调整公共产品的生产，不过这种方式显然成本太高，因为与一般的生产者不同，政府的生产规模非常大，对社会的影响面太广。一个小的错误可能给社会造成很大损失。

政府做事有没有可能总是正确，或基本上总是正确？这当然是不可能的。我们多次强调信息的无穷性。政府是由一个一个的公务员组成的，与其他社会成员一样，他们也是知识有限的个人，尽管其中许多人的智商可能比较高，但他们不是神仙。另一方面，虽然说政府代表公众的利益，但"公众"也是由一个一个的社会成员构成的，每个人的意志也不可能完全一致，因而政府也无法在每一件事情上代表他们每一个人。

一个比较有效的解决途径是立法。在立法过程中，让公众充分参与。"法"就代表了公众，政府官员"依法行事"，就是代表公众行事。如何"不掺杂"官员的个人意志呢？这里的"个人意志"并不一定是指公务员的个人私利。公务员在一般情况下都能做到"为公"行事，他们运用自己的知识选择正确的事情去做，可以叫做"依智行事"。但个人的智慧（包括专家）是非常局限的，官员们一旦判断失误，可能会使社会付出巨大的成本。因此，依智行事必须受制于依法行事。先进国家的法律程序通常都比较严格，这样的话，虽然对官员个人智慧的发挥有所限制，但总体上有利于保证社会整体效率。

新中国成立初期我们之所以相信计划经济，实际上就是相信专家经济——我们相信专家们可以研究出来每一个社会成员到底需要什么，需要多少，或者我们应该生产什么，生产多少。我们把许多公共权利交给这些专家——包括各级领导以及他们背后的智囊团。历史事实已经证明，专家经济是低效率的。于是，我们选择了改革开放，选择了市场经济。不过，许多人似乎并没有真正意识到市场经济与专家经济是相抵触的。发展市场经济意味着限制专家经济，维护专家经济意味着限制市场经济。

专家经济的一个常见表现形式是行政审批制。审批制是指公民或法人要从事某一领域的活动，必须向行政主管部门提出申请，得到批准后才能从事这些活动。行政主管当然会根据市场状况以及社会需要，对相关申请是否对社会有利做出判断，予以批复。主管部门的领导显然扮演了专家的角色。这与计划经济时期主管部门批准企业的生产计划的性质没有什么区别。

行政领导和专家之所以能够占据相应的工作岗位，说明他们平时做事的能力的确比普通人强一些。但是如果扩大决策范围，市场具体需要什么，生产者具体适合生产什么，专家们永远不可能准确地知晓，因为他们不可能知晓全部市场信息。只有市场中的生产者才能得到更直接、更准确的信息，因为准确的信息需要在不断的"试错"过程中获取。专家和行政审批者只能间接地得到信息，并且不能快速、频繁地"试错"。审批制的这种特点决定了它的低效率，决定了它必须控制在尽可能小的范围内。相比之下，登记制或核准制①才是高效的，才是真正的市场经济。对于需要管理的市场，以立法的形式设定准入标准，只要公民或企业满足相关准入条件并且愿意从事相关领域的生产活动，就应该允许。法律在制定时已经对相关活动是否对社会有利做出了判断，并且已经反映了公众的意志，没有必要再让相关管理部门做进一步的判断，把额外的专家意志加在公众意志之上。

许多人都知道老子的一句话，叫做"无为而治"。一般理解为君主不要管事，要让民众自己管事。在现代社会，虽然参与者多了一些，"专家"决策与君主决策还是有很多相似之处。过多的专家审核与专家决策，会影响公众做事的效率。

3. 经济政策的公共性和公平性

经济政策可以分为宏观经济政策和微观经济政策，这种划分的基本依据是宏观经济学和微观经济学。对个体产生者或生产部门产生差

---

① 我国的核准制，比如证监会对沪深上市公司 IPO 的核准，常常带有审批制的痕迹，不过毕竟比审批制有了一些进步。

异性影响的是微观经济政策，对个体没有差异性影响的是宏观经济政策。比如货币发行政策，并不针对任何个人或行业，属于宏观经济政策①。

政府是公众的，是人民的，是市场的。但从事政府工作的公务员与其他劳动者一样，也是一个一个的普通人，他们并不是天生为人民服务的。因此，政府行为或公务员行为需要有一系列的制度法规来指导和约束。显然，从逻辑上讲，制度法规才能代表人民，政府或公务员只是制度法规的一部分维护者，与其他生产者的基本性质是一样的。这也是为什么世界上文明进步较快的国家都有让人民群众广泛参与的立法制度，包括议会制度，听证制度，对行政决策层的约束制度。民主的立法程序是使制度能够较好地反映公众意志的重要保障。

不过，制度法规不可能事无巨细，凡事都去问一问公众。许多日常公共事务需要由行政管理层或公务员在法律（也就是公众）的授权下来决策。我们通常所指的政策或经济政策就是这一部分公共事务。宏观政策对公众一视同仁，在利益分配上似乎没有倾向性问题。微观政策虽然可能对个体生产者的产权分配产生直接影响，但也是反映了公众意志的政策。比如，是否对高收入者按照较高的税率征税以及制定多高的税率，总体上反映的是公众的意志，只要税则的制定走了法律程序。

当然，每一个社会成员的意志是不可能完全一样的，因此，任何具体的公共政策最终只能代表一部分人的意志，具体政策的最终形成是各方面利益抗衡和协调的结果。它只能在"总体上"反映公众的意志，而不是代表每一个人的意志。在这个意义上，公共政策一般都是"倾斜性"的政策，是照顾大多数人意志的政策，或者是照顾当权者意志的政策。但有了民主立法程序总比没有这个程序要好得多。如果政策是由行政领导开会

---

① 一些不太注重经济学分析方法的人或一些外行，通常是根据经济政策的影响面来区分宏观经济政策与微观经济政策。比如把对房地产市场的调控称为宏观经济政策，因为相关政策的影响面很大。其实房地产调控直接影响的只是房地产市场，在方法论的层面属于微观经济政策。

决定，很难保证政策的公众性或市场性。

我们说政策的民主性优于专家性，并不是完全拒绝专家性决策。在一定范围内，公众是信任专家和行政领导的，并且给了他们授权。比如，政府为了支持某些高技术产业或具有战略意义的产业的发展，对相关企业予以税收优惠甚至补贴，或者对一些特别的行业实行准入限制。即使这些政策有倾斜性，有不公平性，但公众一般都会接受这些政策，不会表现出强烈的反对。但没有强烈的反对声，并不表明专家们的决策真的很公平。

其实，无论是不是我们平时所理解的"经济政策"，所有的公共政策都会影响私人的经济产权分配，因而都是影响人们的"经济产权"的政策，可以纳入经济政策的范畴。并且无论是宏观政策还是微观政策，由于对个人产权的直接或间接影响，都具有"微观性"。于是，问题的关键就是识别这些政策的公共性或民主性的程度。识别的角度可以有许多种，从"规则公平"的角度看，我们可以把相关政策划分为"对事不对人"的政策和"对人不对事"的政策。一般认为，前者是比较公平的政策，后者是不够公平的政策。比如，封建时期的世袭制度就是对人不对事的政策，只有君主的后代才能得到掌管国家的权利，其他人不能。财产继承制度可以认为是一种现代的"世袭制度"，一些人可以不用劳动就获得大量的经济产权。不过，财产税可以在一定程度上削弱世袭的程度。知识产权制度也很相似，有"一劳永逸"的嫌疑，但是在时间上有一定的限制。像国籍歧视政策（比如外国人不能享受本国国民的福利待遇），户籍歧视政策（外地户籍不能在本地购房），市场准入制度（某些企业可以经营某种产品而其他企业不能），等等，都是在一定程度上"对人不对事"，存在一定的不公平性。当然，任何时代的任何制度都有一定的合理性。我们这里主要想说明的是制度的公共性特征以及在整体的公共性中存在局部的不公平成分，但只要不限制每个公民表达自己意志的权利，就可以认为公共性政策就是公平性政策。如果公民的权利受到限制，公共政策就难免出现不公平、不合理的问题。

4. 微观政策效果的零和原理

一般而言，任何一项经济调节政策的制定，决策者的动机都是好的[①]，是为了推动社会进步，为了让市场更有效率。从长期的实践经验来看，社会制度也总是在进步的，适应了人类发展的需要。但是在短期水平上，在相对的意义上，任何一项政策变动在给一部分人带来利益的同时，即可能对其他人的利益带来损失。我们很难判断它到底能是否能够在长期水平上提高市场效率。

运用一元二分法很容易理解政策变动的这种特性。在一定时期内，经济产权的总量是一定的。政策的变动无非是调整每个生产者获得产权的规则。我们把经济整体分为两部分，一部分是政策调整的目标受益人，另一部分是所有其他人（见图 9 - 1）。如果前者的产权增加，则后者的经济产权必然要减少。这一事实可以称为产权的零和性或产权的竞争性。

如果考虑经济的长期增长，经济产权的总量总是在增加的，或者说不是零和。但是在相对水平上，产权的竞争性总是成立的。即如果一部分人的经济产权比重相对增加，则另一部分人的经济产权比重相对减少。人类社会发展的历史事实也一再证明，相对的贫富差距一直是存在的，无论在哪个时代。尽管几乎每个时代的领导者都倡导更公平的社会分配，并因此获取了大众的支持。

当然，指出政策的零和性并不是说政策不可以具有倾斜性，而是强调政策倾斜是有代价的，在制定具体政策时应该充分认识到这一点，才能更为准确地评估一项政策的预期效果。另一方面，在长期水平上，市场的自组织调整可以消除政策倾斜的产权分配作用。在科斯的案例中，如果给了牧牛人较多的权利，则农场主的权利就相应减少。在"社会主义国家"，如果给了国有企业较多的市场准入权利，则民营企业的市场权利就相应减少。在对房价进行调控时，如果让房价降低，则已经买房的业主就会遭受

[①]　他们之所以能够占据相应的岗位，一般是有民意支撑的。

利益损失，在政策实施之后买房的业主就会获得利益。政府可能原本不打算以损害一部分公民的利益为代价去维护另一部分公民的利益，但它实际上总是在做这样的事情。

所谓"羊毛出在羊身上"，对受惠成员的任何经济支持，必然来源于社会本身，也就是来源于对所有其他社会成员的剥夺。政策倾斜本身具有"不公平"的性质，当我们认为某项政策是公平的，只是因为大多数人主张这项政策是合理的。有时，当一项政策的受惠社会成员数量较小，而被剥夺成员的数量很大时，后者每个人的平均负担的损失相对较小，他们很可能不会有特别激烈的反对，使政策得以通过。或者当受剥夺的社会成员数量较小，他们的反对起不到阻止作用时，相关政策也可能得以实施。

谁能代表人民

人民的事情需要人们来做主。在经济学意义上，市场经济是民主经济。但是在政治上，关于"民主"的表现形式则是政治家们长期争论不休的一个问题。有人认为大选制度最民主，选出来的领导人最能代表人民的意志。也有人认为议会选举也是足够民主的。实际上，人们选出来的政府官员，当然是经过人民观察的知识和道德水平较高的人。但他们也是人，不是神。他们也有私利，他们不一定总能代表人民。轮流执政或许有助于避免执政者建立自己集团利益的垄断体系，但并不能从根本上保证民主。执政领导人的产生，他们做事的规则都需要有一定的制度来约束。这些制度或法律是公开透明的，是公众认可的，基本上代表了公众的意志。因此，从逻辑上讲，法律才是真正的民主代表者，政府官员或人民代表并不总是能够代表人民。这不一定是个人品德问题，而是个人与整体的关系问题。一个人无论如何聪明，如何爱国，他的知识水平和信息处理能力都是有限的，他一个人不能代表全体社会成员。毛主席领导中国人民推翻了腐败的蒋介石政府，但他发动的"文化大革命"又毁掉了中国人民的许多发展机会。封建时代的国王们在主观上也大都是爱民的，但由于缺乏法律制约，他们所做的事情常常不利于国家的发展。

根据以上分析不难看到，最终只有法律才能代表人民。民主的最基本要素是法制。如果法律制度是完善的，不能随意修改的，无论是谁被选为国家领导，他的政府都可能成为一个比较好的人民代表——也就是市场意志的代表。

5. 政策的稳定性与市场效率

经济政策或经济制度具有倾斜性，为什么没有引起严重的分配问题呢？这是因为市场具有自我调节的能力。根据自组织原理或根据"科斯定理"，即使一项政策不合理，只要维持这种政策不变，只要有足够的时间，市场是可以通过自我调节来达到效率状态的。比如，如果产权政策对农场主"倾斜"，牧牛人要负责损坏庄稼的风险，那么牛肉的价格就要提高。农场主虽然由于政策而获利，但是他在买牛肉时就要把政策倾斜中得到的利益拿出一部分"还给"牧牛人。如果对高收入者制定较高的税率，他们就会提高自己的劳动产品的售价，弥补政策倾斜带来的产权损失。最终，市场仍然会达到"按劳分配"的状态，因为按劳分配是效率法则的要求。传统的经济学思想反对政府干预经济，一个基本的思想依据是市场具有自我调节的功能。那么，面对政府的干预，市场也是可以通过调节来实现效率的，或者说对政府干预是有适应能力的。

显然，"政策倾斜"并不是一个准确的说法，因为"倾斜"本身是一个相对的概念。根据市场的自组织原理我们知道，即使一项政策具有"倾斜性"，比如对于某一行业征收13%的增值税，对另一行业征收17%的增值税，市场可以通过交换进行再分配，前一个行业生产者的利润并不会比后一个行业的生产者多4%。显然，所谓的"倾斜性"政策，仅在实行这种政策后很短时间内起作用，或者说在市场不能对政策变动做出预期，来不及调节时起作用。

不过，市场调节总是需要成本的，这种成本有时候会很高。比如在计划经济时期，专家治国（审批治国）的成本就是经济停滞，并且长期调节不到位。因此，政策变动是市场经济效率的一大忌讳。根据前面的分析，市场并不是害怕政府调节，而是害怕政府频繁地调节。一会儿剥夺张三支持李四，一会儿剥夺李四支持张三。科斯定理主张产权明晰，其本质意义是产权稳定。产权不稳定就等于产权不明晰。人为的产权再分配活动破坏了市场按劳分配产权的正常调节机制，过多的专家决策机制破坏了市场的民主决策机制。过于频繁的政策变动本身就说明了政府决策不具有战略眼光，是政府失灵的一个重要表现。

我们常常说要"依法治国"，从字面上看，严格与公平是其主要含义。从政治经济学的角度看，稳定与民主才是其实质。以稳定的经济政策治国，才利于维护市场效率[①]。

可怜的中国股民

2008 年金融危机之后，在经过了 2009 年一轮较强的反弹后，中国股市进入了长期的"下降通道"。关于股民损失和抱怨的报道时常见诸报端。大家都期望证监会做点什么，以改变股指"跌跌不休"的状况。

了解股市历史的人大都知道关于中国股市是"政策市"的说法，意思是股指涨跌受政策的影响很大。决策层最近几年终于要下决心解决股票发行没有真正市场化的问题，但是在解决问题的过程中又总是不断地动摇。一会儿要把新股发行交给市场，一会儿又要停止新股发行。如果政策不变，市场的本能决定了它总是能够适应政策的。但政策如果不断变化，任何人都无法适应——除了那些能够事先从决策层那里得到信息的人。相关领导的愿望是好的，但做法太随意——尽管他们自己决定很慎重。

房地产市场调控也是这样。房价下降时鼓励人们购房，房价上涨时又限购限贷，还要征收房产税。以后房价如果再下跌呢？难道政策又要变？计划经济时期好像也没有这样随意地改变政策。与买房相关的经济活动最终能够获得多少利益不是由市场决定的，而是领导决定的。

---

① 关于政策变动的机会成本的理论分析，参见邓宏（2005）的著作《经济学：量子观和系统观》，这里不再赘述。

第四节　财政政策

1. 税收的一般意义

一般认为，税收是政府"无偿地"从社会总产出中取得的一项财政收入。税收主要用于支付国防和军队的建设、公务员工资、公共交通和社会基础设施建设、医疗卫生、文化教育、环境保护、对低收入群体的救济等。这些都是社会化大生产中的必要内容和必要环节，是社会分工的一个特殊领域。

在名义上，税收是从生产者的销售收入或盈利中提取的。但实际上，所有政府得到的财政收入都是税收，尽管一些收入并没有冠以"税收"之名。比如，收入税、增值税是税收，土地出让金、各种行政收费、罚没款等也是税收。税收可以视为为保证政府生产公共产品而必须提供的资源，也可以视为政府的报酬。

我们习惯于把政府看做一个负责公共事务的组织机构，这是传统意义上的政府。实际上，政府是公众意志的一个表达渠道，是公共权利的代表。因此，我们应该把所有涉及维护公共利益的活动视为广义的政府活动。在这个意义上，并非政府直接使用的资源才代表政府的活动，所有公共支出都可以代表"政府"活动。

在一元论水平上，我们可以把整个经济系统分为市场和政府两个部分，所有主体以及它们的行为都被囊括在"市场"和"政府"中。市场活动指私人活动，包括企业的生产活动以及它们之间的交易活动。而所有其他活动就都是政府活动——严格的定义应该是非私人活动或者公共性活动。比如我们所说的"转移支付"，即把税收的一部分支付给需要帮助的人，政府机构并没有直接使用，但这实际上也是一种公共支出，是公众意志、公共权利的体现。在广义的水平上，所有公共性事务的活动都可以视为政府活动。不过，我们仅把具有法律地位的政府称为政府，是对现实情况的一个简化。

在这个模型中，只有市场活动所创造的价值被计量，从而可以得到GDP。政府活动当然对 GDP 也有贡献，只是没有被直接计量。具体而言，我们通常认为 GDP 只是市场活动的贡献，是纳税人养活了政府，实际上市场的贡献只是 GDP 中的一部分。在会计水平上，市场的贡献被扩大了，而政府的贡献被统计为零。这样的统计只具有会计意义，并不具有真实意义。事实上，政府与市场的关系可以表达为

$$Y = M + G \qquad\qquad (9-1)$$

式中 Y 是一定时期内的 GDP，M 是市场（私人部门）同期得到的实际回报或实际支出，G 是政府的支出。政府的全部支出告诉了我们它对经济的贡献，尽管这个贡献在市场交易中不能直接观察到。

2. 政府税收与政府债券的同一性

前面提到，不仅名义上的税收是税收，政府以任何方式获得的收入都是税收。其中一个非常重要的方式就是发行债券。根据第八章的分析，政府财政来源的一部分来自法定的税收，不足部分则来源于从市场的借款——这是一种特殊形式的税收。即：

$$G_t = T_t + D_t \qquad\qquad (9-2)$$

在一元二分模型的意义上，该式中右边的两项包括了政府的全部收入（见图 9-2）。T 应该包括政府以各种方式获得的收入，也就是广义的税收；D 包括了全部借贷收入，也就是在法律意义上需要偿还的收入。不过，尽管政府在法律意义上需要偿还借款，在现实当中，政府必然是通过借新账来还旧账；或者通过增加税收来还账。因此，在宏观水平上，政府事实上并不需要，也并没有偿还债务。当政府真的无力偿还债务时，它们可以提高借款利率吸引投资者，结果是印发更多的钞票，通过货币贬值来减少债务负担，或者说"偿还"债务。第八章我们已经对此进行了探讨。政府发行债券过多，可能带来通货膨胀，这也产生了事实上的税收。

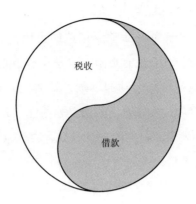

图 9 – 2   政府财政的二元结构

政府除了收税，还有可能退税。比如对某些高技术产业的产品，出口产品有退税政策。此外，从经济产权的角度看，政府的转移支付也可以视为"退税"，国债利息（央票利息）也是退税。不过，转移支付是把税收退还给了低收入者，增加了低收入者的产权；利息支付是把税收退还给了高收入者，增加了高收入者的产权。二者对经济效率的影响是不同的。

3. 单一税制的启示

19 世纪，George 提出所谓单一税制的设想，主张只对不动产收税。基本思想是，对不动产收税基本上不影响经济效率。现实当中并没有哪个国家采取单一税制，不过，George 的思想还是具有一定的学术意义。

我们知道，税收的基本作用大致有两个方面，一是维持政府的运转，二是对社会收入分配进行一定的调节。但是对谁收税，在哪个生产环节收税，收多少税，却需要大量具体的设计和操作。如果采取单一税制，至少可以降低税收的征收和管理成本。

比如，假如消费税、销售税、增值税、收入税等等都被取消，人们在做账、申报、审查等方面的许多工作就可以省去。企业也没有必要为了逃税而做假账，相关的社会监督成本也可以节约。工薪阶层严格照章纳税，而许多企业老板大量逃税避税的不公平现象也可以避免。

　　从自组织的角度看，市场对任何政策都具有适应能力。在任何环节的税收，最终并不是这个环节的纳税人来承担，纳税人必然要把税收成本转嫁给他的产品的购买者。对房东征税，房东就会通过提高租金把税收负担转嫁到租户身上；对企业征收销售税，企业就会通过涨价把税收负担转嫁到消费者身上；对一般公民征收收入税，人们就会通过减少支出迫使企业的利润水平降低。显然，无论政府从哪里收税，只要税收制度保持稳定，最终效果是一样的。我们一般认为税收有助于改善社会公平，其实不过是一种直觉，税收制度本身是不可能改变社会公平状态的。决定社会公平状态的是社会自身对效率的要求。社会都会通过自组织过程维持原有的收入分配状态，即适当的不平均分配①。

　　既然如此，政府完全可以选择一种社会成本最低的收税方式。不动产税是一个最好的选择。一个人的收入达到一定水平后，一般都会购买不动产，这是人类的心理需要决定的。人们赚钱最终是要花出去的，要么购买消费品，要么购买资本品。通过这种购买，任何人的钱都支付给了其他劳动者。而比较富有的人最终会购买大量的资本品，包括不动产，因为他们不可能把钱埋在地窖里。因此，政府对不动产征税，肯定是对富人征税。

　　一个可能的问题是，如果一些高收入者不去购买不动产，岂不就可以逃避了税收责任吗？然而，如果他们不购买不动产，他们能购买什么呢？如果是购买动产或消费品，则他们的财富就又支付给了社会。这是经济活动的无限循环的特性决定的，是社会产品的公有特性决定的。可以肯定的是，他们不会把钱放在保险箱里或埋在地下，直到自己老去。果真那样的话，这些财富仍然是归还给了社会，只不过时间迟了一点。

　　相比之下，对流通环节收税或者对收入收税，只是看起来"及时"了一点。考虑到经济活动的无限循环特性，对不动产收税其实也并不迟。

　　现实世界非常复杂，单一税未必行得通。不过，它在理论上提示我

---

　　①　过于强势的政府，比如计划经济的政府，的确能够对分配状况产生相当大的影响作用，但结果必然是以社会效率的降低为代价，并且这种状况是不可持续的。中国和前苏联等国的历史经验就是很好的注解。

们税收成本是有可能降低的，税收制度的效率是有可能提高的。事实上，税收与其他经济活动一样讲究效率。比如，从缩小贫富差距的角度考虑，对黄金的持有者征收财产税也是合理的。但这种税收在操作的层面上非常困难，实施成本显然太高。相比而言，征收利息税的操作则简单得多。

4. 利率政策的产权意义[①]

利率调整是中央银行常用的一种货币政策手段。不过，从更深的层面看，它不仅是一项货币政策，更是一项产权再分配政策，对不同的社会群体有不同的影响。不过，许多人没有认真去考虑这个问题。大家常常都在想，如何提高利率，保护"广大储户"的利益，尤其是在负利率出现的时候。

我们知道，贫富差距的存在是经济学的一个基本事实或基本原理。为了简单起见，我们把全部社会财富分为两部分，一部分属于低收入者所有，数量为 x；另一部分属于高收入者所有，数量为 y。显然

$$x + y = 1 \qquad\qquad (9-3)$$

假设这些财富都是存款，则当央行把利率水平提高 1%，低收入者的利息收入就会增加 $x\%$，高收入者的利息收入就会增加 $y\%$。根据流行的"二八律"说法[②]，20% 的高收入者占有 80% 的财富（$y=80\%$），80% 的低收入者占有 20% 的财富（$x=20\%$）。于是，利率的增加将把新增利息收入中的 80% 给予 20% 的人，把其中的 20% 给予 80% 的"广大储户"。

---

① 传统的认识是把利率政策视为中央银行的政策手段，这是一种直观的观察。但我们在货币观察中发现利率实际上是在政府发行债券时决定的，或者说是由债权发行状况决定的，中央银行的调整不过是局部把戏，只能调整不同产权人的利益分配，不能真正调整整体债权利率。

② 据一些学者观察，2002 年底，占全国总人口 39.11% 的城镇居民拥有 82.13% 的储蓄存款（参见本章参考文献［2］）。不过，这显然没有考虑这些存款的实际产权以及那些未进入银行的货币，比如私募或公募基金，民间借贷，等等。而城市的存款分配也是非常不平均的。由于缺乏准确的数据，本节的分析可以作为一个定性分析。

这个计算非常简单，它告诉我们，利率政策变动必然导致经济产权的重新分配。

不知道"广大储户"懂得了这个道理之后，是否还赞成高利率。

"不识庐山真面目，只缘身在此山中"。如果利率水平只为某一个人提高，则这个人当然会得利；但实际情况是所有投资者的利率都提高了，简单地认为大家都会受益，显然就导致了"合成谬误"。反过来也是一样。传统的经济学理论认为，降息可以降低企业的生产成本（借贷成本），从而有助于刺激投资，推动经济增长。如果一个企业的贷款利率降低了，它当然就在竞争中获得了一定的优势，但如果每个企业都可以低利率获得贷款，则没有一个企业可以获得竞争优势。企业投资是否有积极性，成本只是一个因素，另一个不可或缺的因素是销售，二者缺一不可。降低利率之所以有助于自己投资，不是因为生产成本降低了，而是因为"食利"产权被压缩了，劳动的产权比重相对上升。"投资"活动不是单纯靠资本赚钱，而是靠与它相关的劳动赚钱。

利率政策之所以不是"中性"的，最主要的意义是财富分配的不平等。如果财富分配是绝对平均的，利率调整的产权再分配作用就不存在了。

从20世纪80年代后期，一直到金融危机之前，美国经济运行总体上是不错的。许多人不知道其中最根本的道理。这个时期美国一直采取低利率政策，食利阶层的待遇受到了控制。生产是社会性的，如果80%的群体受到了比较恰当的待遇，这个经济当然会运转得好一些。于是，当时的美联储主席格林斯潘稀里糊涂地成了美国经济繁荣的功臣之一。中国2011年以来采取了加息政策，无论出于什么原因，结果我们看到，经济下滑非常明显。为什么？因为我们给拥有80%财富的那20%的人提高待遇，无形中打了80%的人——这种打击当然是不能直接看到的。这到底是看得见的手，还是看不见的手呢？当然，现实当中有办法征收其他税。

利率政策或者其他什么政策，本质都是产权政策。一些学者比较关注资本与劳动的分配关系，社会主义者不希望资本获取过多的分配权。但资本最终能够获得多少经济产权，不是哪些人能够决定的，是生产关系总和决定的。当资本产权与劳动产权分配不合理时，可能出现经济危机或制度变革，重新调整二者的分配关系。人们平时能做的，大概只是采取征收财产税、降低资本的利息等措施，降低资本的产权比重，使劳动产权比重相对得到提高。

5. "流动性陷阱"与全球政策日本化

凯恩斯主义经济学认为，当利率降到很低水平时，货币政策调控的空间将大大缩小，因而对经济的影响作用也会变小，这种情况被称为"流动性陷阱"。比如，日本的利率在最近几十年都在 1% 以下，有学者认为日本经济进入了流动性陷阱。为了使货币政策有一定的调整空间，决策者一般不希望利率水平太低。比如美国在 20 世纪 90 年代和 21 世纪初的几年陆续降息后，利率一度低至 1%，美联储在 2004 年以及随后的几年提高利率，就有这方面的考虑。然而在金融危机发生后，美联储不得不又立即大幅降息，返回流动性陷阱。其他一些发达国家的情况也大致如此，在金融危机发生前的许多年，利率也降到了相当低的水平。于是有人把这种情况称为"全球经济日本化"，实际上是指全球许多国家的利率政策日本化。

其实，"流动性陷阱"概念的产生是基于对利率绝对值的观察，认为这个绝对值如果太小，利率调整的作用就会缩小。现在我们已经知道，利率政策调整作用的大小不是看绝对值，而是看相对值，也就是急动导。因此，流动性陷阱的说法本身就是不全面的。

从宏观水平看，经济是全体社会成员组成的整体，全部问题可以简化为产权的生产与分配的问题。社会创造了财富，每个人都应该得到其中的一部分。我们可以看到的是，一部分产权分配给了劳动，表现为工资、薪金和社会保障支出等形式。另一部分产权分配给了资本，表现为利息、租金、红利等形式。至于每个人得到多少产权才合理，只有市场才知道。不过，市场是在不断的"试错"过程中寻找平衡点的，而我们现在已经知道市场在"试"什么。是把更多的产权分给少数富人，激励他们继续为创造财富作出贡献，还是把更多的产权分给大多数普通劳动者，以维持他们的生产力，也使得富人有钱可赚。

富人得到产权有两个途径，一是直接参与生产活动的组织，二是单纯依靠原有的产权资本。显然，后者对经济增长有一定的消极作用。我们的利率政策直接对第二种获得产权的途径产生影响。高利率政策具有提高非劳动产权的分配比例的作用，而低利率政策则可以降低非劳动产权的比例。当经济发展到较高水平时，财富分配的差距就可能变得非常巨大，经济自然不允许高水平的非劳动产权比重，降低利率就成了一个必然选择。

日本的利率水平非常低，与日本经济的发展水平非常高是密切相关的。日本经济经过二战后的高速发展，其生产力水平在 20 世纪 80 年代进入世界最高水平的行列，弱再分配过程难以为继。日本只是选择了通过降低利率来进行"强再分配"，从而避免了其他更为激烈的过程。经济发展到了无法给予资本产权更高回报的水平，是日本进入流动性陷阱的一个最基本的原因。其他国家虽然国情不尽相同，但相继进入流动性陷阱也是不奇怪的。事实证明，日本的选择是相对正确的。其他一些国家选择了强行提高利率，结果违背了市场运动规律。2008 年前后发生的全球性经济危机，是对高利率政策的一个最好的否定。

经济增长越快，经济发展水平越高，贫富差距有可能越大。采取超低利率政策就成为一个重要的选择。当然，其他政策的配合也非常重要。如果其他政策较多地剥夺了资本所有者的产权，比如一些发达国家采取的高税收政策和高福利政策，则可以在一定程度上减轻对超低利率政策的依赖。总之，劳动产权与资本产权的分配比例是问题的关键。如果只看局部，利率政策似乎是专家的选择。如果是看整体，它实际上是社会的选择，或者说是社会主义的选择。可以认为，低利率政策是一种社会主义的利率政策，因为它有减少私人资本权利的作用。

第五节　应用案例

1. 中国的开发区为什么比较成功

总结中国 30 多年高速发展的经验，特区和开发区建设成为成功的"中国模式"的一部分，在国际上也产生了较大影响。用原国务院特区办柳孝华的话说，"无论是发达国家还是发展中国家，尤其是很多发展中国家，都表示要学习中国发展开发区加快工业化和城市化的经验"①。说起开发区或经济特区，其实许多国家也都有，但是在总体规模和发展速度上都难以和中国相比。

中国的开发区建设为什么这样高效？我们当然可以列举许多原因，地理位置、劳动力等资源条件、优惠政策等。而政府重视显然是最重要的。任何生产活动都有私人产权和公共产权的参与，政府代表了公共产权。一般而言，没有哪个国家的政府拥有像中国政府那样大的公共权力。比如，世界大多数国家，有大量条件较好的土地和矿产属于私人所有。在中国，土地和矿产资源基本上都归国家所有。在农村，土地在名义上归村民集体所有，但各种规章制度把决定土地用途和交换的权力纳入政府手中。建设开发区，必然要为潜在的投资者提供低成本的土地、能源以及交通条件，否则这些投资者没有理由到开发区来——这是市场规律决定的。如果土地是私有的，私人业主一般是没有能力提供这些条件的。即使政府有意出面牵头，也很难与业主谈判，因为特区的开发前景毕竟具有很大的不确定性。在中国则不存在这个问题，只要政府决定了，土地的使用权人就必须交出土地——他们当然可以从政府那里得到一些补偿，但这些补偿的数量不是由双方讨价还价决定的。

我们看到，在特殊的历史条件下，强大的公共权力可能有利于社会整

① 中国政府创新网，http：//www. chinainnovations. org/Item. aspx? id = 36881 2012. 6. 13。

体效率的提高。"大政府"也并非一无是处。不过,降低投资者进入开发区的成本,必然要有其他人埋单。这些人就是纳税人、失地农民。纳税人数量巨大,每个人承担的成本较小,所以没有感觉受到什么损失。而农民也得到了一定的补偿,虽然不能令人满意,但他们也没有其他更好的选择。

不过,开发区对投资者的"利益输送"大多可能是一次性的①,开发区建设若干年后,公共权力对开发区企业的利益倾斜基本上不再起作用,开发区也将失去其特殊性,将与其他地区一样按照市场规律发展。

另一方面,特区的开放政策本身也说明:更大范围的非特区经济不够开放,更多的市场没有得到应有的权利。特区企业享受倾斜政策,非特区企业没有政策,至今私营企业不能办银行。

2. 为什么要求公务员的收入和财产应当公开

近年来,国内关于公务员财产公开的讨论比较引人注目。财产公开成为热点问题的一个重要背景是腐败现象频发,并且比较严重,这引起了社会公众的不满以及一些高层领导的重视。不过,反对的一方还是有相当的力量,一个主要理由是公务员的收入和财产属于私人信息。

前面已经提到,公务员或官员具有特殊的产权地位,他们代表公众行使公共权力。公众选择什么样的人给予这种权力,一个基本前提是公众必须了解这些人。一些公共权力极大的位置,比如国家元首、议员,许多国家采取了大选的方式。大选的一个重要意义是让尽可能多的公众了解要代表他们行使公共权力的人。但大选是有成本的,信息交流尽管需要时间,仍不能保证得到最准确的结果。另一方面,行使公共权力的官员数量众多,人们也不可能对所有官员都要求以选举的方式产生。"民主"的真正意义是保证公共权力的行使者尽可能准确地代表人民的利益。除了选举,

---

① 在开发区建设的初期,许多地方政府给予投资企业长期的税收优惠,但这种优惠现在基本上没有了。

更多的工作应当是对官员的日常监督。

但问题是任何监督工作都是有成本的。我们要不要设一个监督局，像香港的廉政公署那样？那么，监督局要多少工作人员？他们能监督多少人？多大范围？如何监督？查当权者所在单位的每一笔账吗？查阅当权者参加的所有会议记录吗？发现问题后如何处理？近些年通过记者曝光官员的问题不少，最后的处理情况怎样？记者或老百姓有时间去督察每一事件的后续处理情况吗？这些从事监督工作的官员（比如检察院）又由谁来监督？显然，现代社会要求政府信息公开，就是解决这些问题的一个有效途径。

换一个角度考虑问题，腐败官员为什么要腐败？当然是为自己。他们以权谋私所获得的利益最终是要落在实处的。因此，他们的财产信息可以很好地反映他们有没有取得非正常收益，尽管这些信息并不是绝对准确的。显然，与其他监督方法相比，公务员财产信息公开是成本比较低而效果比较好的手段。这不是一个道德问题或认识问题，是社会效率原则的必然要求。发达国家已经在做，其他国家也必然会做。这不仅是一个社会发展规律，也是一个自然规律。

存在抵触情绪的一个理由是私人信息的隐蔽权。但是与一般私人经济活动不同，公务员职业的特殊地位决定了他们与私人企业的劳动者不同，他们的收入已经不完全属于私人信息。这与人们要求政府信息公开的道理是一样的。当然，到底哪些私人信息可以成为隐私，哪些私人信息应当在多大程度上公开，是社会整体决定的——通过制定有关信息公开的制度，一切都遵循社会效率法则。

3. 房产税的影响预期

为了控制房价，近些年我国政府已经采取了多种措施，但对房价的控制效果似乎还不太满意，房产税的征收也被提到议事日程。重庆和上海等城市已经开始尝试。不过，征收房产税仅仅是为了控制房价吗？房产税对房价可能产生的影响是我们期望的吗？如果推广开来，市场到底会有什反应呢？

第四章从产权角度分析了房价，全部产权划分为交易产权与税收产权两部分。在总产权一定的情况下，中国不征收房产税，房产的交易价就表现得高一些；美国征收房产税，房产的交易价就表现得低一些。但故事不仅仅是这些。

从形式上看，中国政府没有征收房产税，似乎政府的收入比征收房产税的国家要少一些。不过我们知道，不是叫做"税"才是税，政府的收入都具有"税"的性质。在中国，土地归国家所有，人们在买房时，已经向政府支付了"土地出让金"。土地出让金是对开发商征收的，但最终必然由购房人负担。因此，中国政府并没有比美国政府少收税，或者说中国房产中的私有产权和公有产权与美国相比没有太大的差异。中国政府是在土地出让时收税，美国政府是在购房后收税。无论是先收的税还是后收的税，都代表了公共产权。我们由式（4－9）重新写出这种产权关系：

$$P_P = P - P_G \qquad\qquad (9-4)$$

这里 P_P 是生产者期望的价格，P 是总价，P_G 是税收，它们也分别代表私有产权、总产权和公共产权。如果政府把公共产权卖给购房者，比如让购买者一次性缴纳土地出让金，则这部分私有产权在市场上交易，于是房价就显得比较高。

私有产权主要是靠劳动获得的。在销售价格中，一部分是土地出让金和各种其他税收，另一部分是开发商的建设成本和正常利润。后者可以认为是私有产权①，市场的竞争使得这部分产权具有稳定性。而土地出让金和房产税一起构成了公有产权的重要组成部分。在近似的水平上有：

$$P_G = P_L + P_\tau \qquad\qquad (9-5)$$

这里 P_L 代表土地出让金，P_τ 代表房产税。

---

① 我们不能因为开发商在某一特殊时期获得了暴利，就否定了私有产权的基本性质，就忽视了按劳分配的一般规律。

公有产权与私有产权在总产权中的比重应该是一定的——这个比重不是人们的主观意志决定的，而是生产在复杂的自组织过程中自己寻找到的，这个比例可以使市场最具效率。

由于缴纳房产税与缴纳土地出让金的时间差异很大，我们在具体计算经济产权时较难把握他们之间的确切关系。不过，式（9-5）告诉我们，他们之间的基本关系很简单；增加 P_τ 就必须减少 P_L，房产税改革意味着相当一部分公共产权由立即履行变为推后履行。于是，我们立即看到的房价就比较低，但是在若干年之后看到的实际房价并不会降低，因为房产税本身就是房价的组成部分。

无论采取什么政策，市场规律是无法改变的，经济有自己运动的自然规律。私有产权的比例不变，征收房产税，即增加购房后的公共产权，只能减少购房前的公共产权。所谓"羊毛出在羊身上"，房产税的来源只能是土地出让金，征收房产税意味着财政收入中土地出让金比重将减少；房产税比重将增加。

房产税改革虽然已经开始在重庆和上海试点，但由于征收的总量目前还很小，对市场的影响还没有特别地显现，但苗头已经有了。如果大面积推广，我国的房价必然会降低。但降低的只是交易价，建设成本、开发商的正常利润是必须要保证的。对于政府而言，征收房产税，不过是选择增加后收的税，同时减少先收的税，即减少土地出让金收入。不过，如本章提到的单一税制，如果能够同时减少其他各种税收，房产税改革在总体上还是利大于弊。

4. 中国台湾的公民消费券与美国对银行的救助

2008 年的金融危机使全球经济表现出不景气，中国台湾当局为刺激经济，2009 年 1 月 18 日开始派发消费券，每个公民可以领到 3600 元新台币。台湾最高领导人马英九也回到户籍所在地，以户长的身份代领全家四人的消费券，然后到市场办年货。马英九说："金融风暴下，台湾是全球第一个采取发放消费券政策的地区……虽然金额不多，但在过年前发，时机是好的"。

台湾的这种做法，当然不是全球唯一。在政治上，一般会认为这是一种慰藉民心的措施；在经济上，一般会认为这是一种刺激消费的措施。这里想说明的是这种经济政策的效率意义。

经济衰退的根本原因是贫富差距过大。少数富人的钱是从多数低收入者手中赚来的。如果占大多数的社会群体手中缺钱，富人就无钱可赚，经济就不再增长，"强"、"弱"再分配机制讲的就是这个道理。经济不景气，说明市场需要一个强再分配机制。

要进行强再分配，要么劫富，要么济贫，没有其他选择。劫富政策很容易引起不必要的争议，而济贫政策则易于被社会接受。发放消费券从表面上看是平均补贴，而在相对水平上是补贴了低收入者。比如，一个年收入100万元的高收入者与一个年收入1万元的低收入者，同样补贴5000元，前者产权仅增加0.5%，后者产权增加50%。单从公平的角度看，给低收入者发放补贴，不给高收入者发放补贴似乎更合理。但是从效率角度看，制定识别高收入与低收入的标准，监督是否有人瞒报实际收入等工作，需要支付大量的管理成本，而平均补贴的做法显然可以省去这些成本，提高工作效率，而所达到的强再分配效果是一样的。

相比而言，美国及欧洲一些国家在经济危机期间采取了一些对大公司的救助政策，主要是担心这些大公司的倒闭可能对经济活动产生太大的冲击。不过，这类政策其实是因小失大。因为对大公司的救助和保护，虽然这些公司的普通职员也受益，实际上受益更多的是大股东，是高收入者。在经济衰退期间，在市场需要强再分配机制的时候强行采取弱再分配措施，不可能让经济恢复。事实上我们也看到，这么多年过去了，欧美大多数国家的经济仍然没有从不景气中走出来。

其实，危机期间一些大公司的倒闭并没有想象的那么可怕。一家公司倒闭了，市场还会选择其他公司。只要市场有需要，倒闭的公司，尤其是大公司，通常都会被其他公司收购或兼并，而不是从国土上消失。一切原有的资源基本上都还在，只是账面上的价值可能大幅减少了。只要市场有需要，这些资源仍然可以发挥它的生产作用。另一方面，政府也不可能救助所有的企业。危机当然会使许多人遭受损失，但富人的损失相对更大一些。保护大公司实际上是保护富人，这对大多数人是不公平的，或者说对低收入群体是不公平的。

5. 改革开放改什么

从 1978 年底或 1979 年初开始算，改革开放已经走过了 32 年，中国在经济上取得的成绩相信绝大多数人都是肯定的。然而，如果我们要问改革开放到底要改什么，人们的意见大概就很难统一了。需要改变的东西很多，如果只用一条来概括，它是什么？

要说开放，现在世界上极少有哪个国家不愿意开放，或者认为自己不开放。因此，"改革开放"的关键应该是"改革"。那么，改革要改什么呢？党的十八大仍然在讲改革。每一时期的改革与过去的改革相比都会有所不同，而重要的是我们要从中找到相同的、不变的东西，这就是一元论的观察问题的方式。

改革当然是指制度的改变。设想任何时期、任何朝代的制度改革都具有同一性，我们会发现，这个共同之处就是让制度和公共政策更具有民主性或市场性。

即使是在十年动乱时期，中国的政策从来也没有明文规定不许对外开放。不是中国人不想出国，不是外国人不愿意与中国人打交道，而是政府的审批太严格，或者说政府管得太多。改革开放的实质其实非常简单，就是需要由政府审批的事项减少了许多，审批也不像之前那么严格了。改革开放的一个永恒的道理，也是社会发展的一个永恒的道理，就是让每一个生产者拥有更多的自主权。相应地，政府的权力要受到更多的约束。一个生产者想生产什么，你不要担心人家搞资本主义还是搞社会主义，担心人家是否会经营不善，生产力过剩或投资过热。张维迎以及其他许多专家学者所讲的政府要废除审批制[①]，实际上就是把劳动的权利"归还"给每一

---

① 《经济观察报》：《专访张维迎：价格双轨制改革并没有失败》2008 年 12 月 11 日。

个生产者。计划经济或审批经济是封建主义经济，市场经济才是社会主义经济，是民主经济，是民权经济。民主、民权问题解决了，民生问题就解决了。

本章参考文献

［1］　Coase R. ，"The Problem of Social Cost"，*Journal of Law and Economics*3（October）1960：1 – 44.

［2］　马学林：《我国居民储蓄存款快速增长的实证分析》，《边疆经济与文化》2006 年第 3 期。

［3］　布瓦索·马克斯：《信息空间》，王寅通译，上海译文出版社，2000。

第十章　一元论原理的补充诠释

经济学与我们的生活关系太密切，自然也就与其他科学研究的关系非常密切。研究一门科学，需要与其他科学联系起来，才能最大限度地避免观察上的局限性。我们在第二章介绍了一元二分法，在其他章节介绍了一元二分法的应用，但一元论原理并不是研究经济现象的专门理论，它具有普遍的哲学意义和科学基础。本章做一些补充性的诠释，试图使读者能够更好地理解一元论的科学地位。

1. 哲学与科学的一元性

由于人类知识的极大丰富，科学的探索需要分工，哲学与一般科学的确拉开了距离，不过，在最基本的研究方法上，它们永远都是一致的。所谓最基本的研究方法，一是体现在思维的逻辑性方面，二是体现在与客观事实的一致性方面。违背了这两个原则中的任何一个，科学就不是科学，哲学也不是哲学。

另一方面，哲学与一般科学的确有一定的界限，不过这个界限不可能非常清晰。一般而言，我们把具有最广泛普适性的知识称为哲学，把普适性受到一定限制的知识称为科学或其他什么东西（如技术、艺术、文化等等）。比如，"事物都是一分为二的"，适用于我们对任何事物的观察，我们就把这种认识称为哲学思想。"物质之间具有万有引力"，其实也有广泛的普适性，但我们今天不把它称为哲学，一个重要原因是这个知识的应用并不是那么广泛。

哲学需要事实来支撑，科学也需要同样的事实作为支撑。因此，哲学与科学一直都是一个同一体，它们从来没有分开过，也不可能分开。随着文明的进步，哲学观察的内容越来越多，从事传统哲学研究与从事具体科学研究的人进行了越来越细致的分工，这使我们以为哲学与科学分开了。在具体科学水平上的哲学距离实践更近，更实用。由于人们天然的实用主义的考虑，从事具体科学研究的人大多不太注重自己对哲学整体的贡献，更关心自己的研究是否实用。研究方面的分工给人们一个错觉，误以为哲学与科学不是一回事。然而，研究领域的分工并不能改变哲学的本质。每一门科学都是哲学的一个组成部分，是一个领域的哲学。

换一个角度来理解，我们心目中的哲学应该是指总体意义上的知识，一般的科学是指具体研究领域的知识。图 10 - 1 大致描述了哲学与一般科学之间的关系，哲学与科学的同一性在于它们都是试图表达事实。

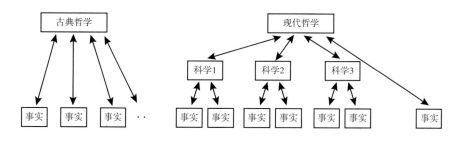

图 10 - 1　哲学与科学的同一性关系

哲学要把观察到的事实表达出来，需要遵循一定的逻辑，所有的科学都是如此。例如，我们一般认为数学不是科学，因为它的研究对象不是真实的客观实在物。但数学显然属于哲学，是表达事物之间关系的一类方法，是哲学逻辑性的一种具体体现。作为一种通用工具，数学方法在具体学科中应当如何应用，是哲学问题，当然也是科学问题。如果是为了使用数学而使用数学，或者为了显示自己的数学水平而使用数学，忽视了其中的哲学逻辑，则数学只能起到粉饰错误的作用。

图 10-1 还有助于我们理解科学与哲学的同一性。哲学与一般科学的基础都是事实，因此它们之间不应该存在矛盾。如果一个科学理论与哲学理论存在矛盾，要么是这个科学理论存在错误，要么是哲学理论存在错误。不可能是两者都正确，因为每一个具体的事实都是"唯一的"。

比如，一些物理学家认为存在"平行宇宙"，或认为时空可以穿越，这与哲学的决定论逻辑是矛盾的。而决定论是所有科学的基础，因此我们只能认为物理学家一定是哪里搞错了，尽管发现错误也不是一件容易的事。

本书的研究虽然主要是针对经济现象，但所提出的观察方法和观察结果都没有脱离哲学的逻辑。一些研究也具有比较普遍的哲学意义。比如哲学与科学的同一性，宇宙运动的效率法则，一元论与二元论的同一性，存在的相对性，一元论的普适性，信息表达的模型性，科学理论的层次性，等等。这些研究成果显然也适用于其他领域的科学研究。

所谓信息表达的模型性，就是第二章提到的，任何概念的定义、任何学说的表述都是依据一个已经把所有事实做了简化的模型。模型的最基本形式就是一元二分模型，它实际上是把我们熟知的"一分为二"方法加以"完备"。

科学理论的层次性与存在的相对性相联系。描述一个事物需要用另一个事物作参照。现实当中有无穷多的参照可供选择，但一个模型只能选择一个参照系。物理学中的伽利略变换，两个坐标系实际上是一个，因而不存在逻辑错误。洛伦茨变换中的两个参照系不能同一，因而在逻辑上是错误的，据此得出的平行宇宙、时空穿越等推理当然也是错误的。

2. 总体的一元论与个体的一元论

哲学历史上的一元论，一般是在总体的水平上讨论世界的一元性，是一种总体的或"宏观"的一元论。本书则把一元论思想拓展到一些具体事物的观察，是一种个体的或"微观"的一元论。世界是一元的，但我们对世界的观察是局部的，我们是一个一个事物地进行观察。每一个事物也具有一元性，这就是一元论的普适性。

当然，具体事物中的一元性需要我们去探索，去发现，它自己通常不会现成地展示给我们。由于事物本身的存在方式不同以及我们的观察视角不同，有时候我们很容易看到一元的事物。比如，太阳系可以被视为一个整体，一个分子也可以被视为一个整体。于是，我们的相关研究也很容易一元化，很容易得出比较正确的科学理论。更多的时候我们不能一下子看到事物的一元性。比如，消费可以被视为一元的存在吗？政府可以被视为一元的存在？光到底是粒子还是波？

在构建科学模型时，一定要找到所观察事物的一元关系。在许多情况下，不能直接把经验性的观察元素或变量作为理论水平上的变量。这要求我们注意自己的观察角度和所观察事物的全部背景。比如，如果物理学家没有提出抽象的"质量"概念，而是使用现成的"重量"概念，物理学的发展就不会像现在这么快。

现实生活中我们要处理的问题千差万别，要选择不同的观察视角，不同的观察要运用不同的概念、不同的方法。在不同的时空中观察具体问题的立足点看起来也是不一样的。但是根据一元原理，所有观察视角的立足点在总体上应该是一样的，这也是我们为什么说所有科学都是相通的。

莱布尼茨的一元论与刘绍光的一元论

传统的一元论，英文的用词是"monism"。刘绍光的"一元论"使用的"unichor"似乎是德语。我不清楚"unichor"与"monism"有没有什么文化上的关系，但考虑到"uni"不仅有"单一"的含义，还有整体的含义，能够更好地体现一元论的意义，所以我选择了"unichor"。

根据我有限的知识，感觉莱布尼茨的一元论在传统的一元论思想中是最为完善的，也最具代表性。当然，他对"单子"（monad）是最基本的存在单元的定义与他关于宇宙存在的无穷性思想是存在矛盾的。如果把单子定义为人们观察特定事物时使用的最小表述单元，而不是宇宙存在的最小单元，莱布尼茨的思想就非常完善了。比如，莱布尼茨强调任一事物与宇宙中所有其他事物之间存在着联系。这意味着我们构建科学模型不能只考虑部分存在而忽视了其他所有存在。他认为，在宇宙存在的诸多可能性中"上帝"只选择了一种，这种关于存在（真理）的唯一性思想，与科学的决定论思想是一致的。他甚至还看到了精神与实体存在的同一性，认为实体是属于单子的精神（soul）。

传统的一元论指出了任一事物与所有其他事物相联系这一事实，但并没有提出如何处理这么复杂的联系。刘绍光对一元论的主要贡献是提出了根据一元论原理描述具体事物之间联系的有效方法。一元二分法是一种具有普适性的处理复杂事物之间联系的基本方法。当然，刘绍光的一元论还是整体上的一元论，不是"单子"决定论。

3．物质与精神的关系

在哲学教科书中，物质（存在）和精神谁是第一性的问题被认为是哲学的一个基本问题。认为物质是第一性的就被称为唯物主义，认为精神是第一性的就被称为唯心主义。不过，根据一元论的思维逻辑，我们很容易看到物质与精神其实是一体的或同一的，不存在谁是第一性的问题。

在我们现有的意识中，思维或精神是一种最复杂的运动，但它其实是由许许多多的简单的运动构成的。比如，我们想吃东西，直观地讲是我们的大脑产生了这种需求。其原因是组成我们身体的器官需要营养和能量；器官的需要又是因为组成器官的细胞的需要；细胞的需要是因为组成细胞的蛋白质的需要；蛋白质的需要是因为组成蛋白质的分子的需要；分子的需要是因为原子的需要；如此等等。我们当然不能说是原子想要吃东西，但我们知道原子需要运动。从上述这些关系不难理解，人有精神是因为组成人体的器官有精神，器官有精神是因为细胞有精神，细胞有精神是因为分子、原子有精神。以此类推，最终的答案必然是，人类有精神是因为所有最基本的物质存在都有精神。正如我们不能因为蚂蚁的精神与人类的精神不一样就认为蚂蚁没有精神，我们也不能因为微观粒子的精神与人类的精神不一样就认为微观粒子没有精神。显然，物质的运动就是物质存在的精神表现，或者说是物质的精神，而物质存在本身又是精神的载体和基本表现形式。我们想象中的精神其实不过是运动的一种特殊方式，也是存在的一种特殊方式。我们描述世界的任何模型，都是关于事物存在与运动的模型，或者说是关于物质存在与精神存在的模型。物质与精神是同时存在的，精神不过是我们从有形存在中分离出来的一种特殊的、无形的存在。

根据真理不能相互矛盾的原理，我们也可以利用之前已经发现的"真理"来相互印证。比如，第一章我们提到效率法则是一个在宇宙中普遍存在的规律。显然必须有精神存在，物质或事物才可能追求效率。一个人如果没有任何想法和目的，就不存在"效率"的概念。一个物质存在如果没有"想法和目的"，也不会去追求效率。物质与精神的同一性与效率法则是可以相互印证的。我们需要理解的是，与物质存在形式具有极大的多样性一样，精神的表现形式也具有极大的多样性。

能够用来解释哲学的基本问题，可见一元论其实是一个更为基本的哲学原理。

4. 模型中的参照系

说起参照系，有理工科知识背景的人马上会想到二维或三维数轴构成的空间。实际上，这不过是人们对某些模型的一种简化。在科学的观察和研究中，参照系无处不在。任何一个模型都是一个有许多变量构成的体系，描述这些变量之间的任何一种关系都需要有一个参照系。比如，我们可以把学生的学习成绩分为优、良、中、差 4 个等级，其中任何一个等级都是以其他等级为参照。关于参照系的运用，至少有以下 3 个方面的问题值得特别注意。

首先，参照系是一个体系，是由许许多多的元素构成的，不是数学上的由纵坐标、横坐标构成的框架——那不过是一种极其特殊的简化。比如，成绩等级"优、良、中、差"是一个整体，它们互为参照。又如，单说"小麦的价格是每公斤 2 元"是没有任何意义的。当我们知道玉米的价格是每公斤 1.9 元、钢材的价格是每公斤 3.5 元、自己的工资收入是每月 3000 元等等，谈论小麦的价格才有意义。我们对任何事物的表述都是相对的，只不过由于效率的原因，我们平时没有把所有这些参照物一一罗列出来。

其次，利用参照系来描述任何一个事物，都必然要运用二分方法，尽管我们平时并没有意识到这一点。比如，当我们说一个学生的成绩是"良"时，当然是相对于"优、中、差"的一个表述，并且不是相对于其中的某一个成绩的表述。是"优、中、差"整体构成了"良"的参照系，同时也构成了二元模型的另一部分。许多人以为拿"良"与"优"比，或者与"差"比就行了，这样做很可能得出错误的结论。类似地，当我们说小麦的价格是每公斤 2 元时，所有其他产品的价格就是二分模型的另一部分，尽管某个生产者可能会以自己的工资为参照，另一个生产者可能会以大豆的价格为参照。这种一元二分的相互参照关系就像第二章图 2 - 2 描述的那样。

最后，在决定论的水平上，一个模型只能有一个参照系，只有这样，观察者们得到的观察结果才有可能是确定的，或者说是公认的，科学理论才可能是"一元的"。如果观察者们有多个参照系，模型所描述出的现象就不是唯一确定的，理论之间就可能出现矛盾。就会出现黑的也可以是白的，高的也可以是低的，或者瞎子摸象之类的问题。

在很大程度上，可以认为一元论建模方法之所以有效的一个重要原因是它比较好地解决了参照系的选择问题。被观察的事物与衬托它的参照系是一个整体，本书在构建模型时基本上都遵循了这种"一元性"法则，使模型的构成足够完备。当然，具体模型的表现形式可以是多种多样的。比如，在观察货币现象时使用的政府 - 市场模型，在解释供求关系相对性时采用的两个生产者的模型，在解释贸易引力模型时采用的生产者平面分布模型，在解释生产分工时采用的拉丝 - 切断 - 磨尖关系模型，在解释消费者均衡时使用的商品篮子模型等，其实都是一元模型，这些模型都必须解决参照系的统一问题。

我们再来解释一下二元模型与多元模型之间的逻辑关系——这可能有点重复，但有助于读者理解。我们把图 4 - 1 的生产分工模型重新画出来，如图 10 - 2 所示，每个生产者都要与"市场"建立联系。同时，市场本身就是由这些生产者之间的交换构成的，因此，图 10 - 2 （a）也可以用图 10 - 2 （b）的形式来表述。在推导引力模型时，我们是把所有生产者按照生产区域划分，并且假设生产者的数量 $n = \infty$ 。在提出相对供求模型时，我们把生产者按照他们的产品种类划分，并且假设 $n = 2$ 。

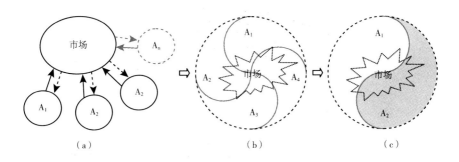

图 10 - 2　模型的形式与参照系

实际上，每一对发生交换关系的生产者之间都存在一个参照系。不过，每一个生产者在与另一个生产者发生交换关系时，或者说当我们要观察"一个"生产者的行为时，都会考虑那些没有直接关系的生产者的参照系，也就是把市场总体视为一个参照系，而不只是把与自己发生交换的生产者作为参照。这就是"一个"模型只能用"一个"参照系的意义。在观察"一个生产者"的行为时，我们实际上是把整个市场作为"另一个生产者"，这个模型实际上就是图 10 - 2 （c）的形式，是一元二分的。如果我们忽视了这种关系，就很有可能出现"合成谬误"。

类似地，对于刚才提到的学生成绩的划分，如果我们用图 10 - 2 （b）中的 A_1 、 A_2 、 A_3 、 A_4 分别代表优、良、中、差，这在形式上就是一个多分模型或多元模型。当我们单说一个成绩（比如"良"）时，我们实际上是在使用图 10-2（c）。比如用 A_1 代表"良"，用 A_2 代表"优、中、差"的集合，这显然是一个二分模型。

为什么没有提到数轴？

现实当中的参照系当然没有模型所刻画的那么简单，任何两个事物之间都可以相互参照，所有事物之间并不存在一个统一的参照系，模型所定义的统一参照系不过是我们所选择的最能够贴近事实的一个。比如，生产者 A_1 与 A_2 交换时是相互以对方为参照，其他方面的市场信息虽然也可能产生影响，但都不是直接的参照物。假设持有产品 A_1 与持有产品 A_2 的两个生产者交易时，两种产品之间的交换比例是：

$$A_2 = aA_1 \tag{10-1}$$

同时，还有其他产品也在市场上相互交换，比如 A_2 与 A_3 交换，A_3 与 A_n 交换，也有一定的比例关系：

$$A_3 = bA_2 \tag{10-2}$$

$$A_n = cA_3 \tag{10-3}$$

根据式（10-1）、式（10-2）和式（10-3）我们很容易想到，应该有

$$A_n = abcA_1 \tag{10-4}$$

但现实当中，当持有 A_1 与持有 A_n 的两个生产者直接交换时，可能并不是按照 $a \cdot b \cdot c$ 的比例，或许是因为他们之间的交换省去了几个中间环节。即

$$A_n \neq abcA_1 \tag{10-5}$$

不过，交换比例很可能与 abc 的差距不大，于是很少有人认真去考虑这个问题。A_1 与 A_2 的交换存在一个参照系，A_2 与 A_3 交换又是一个参照系，如此等等，每一个劳动者都有自己的参照系。如果我们要把所有的生产者放在一起来观察，就必须构建了一个统一的参照系，即假设所有劳动

者之间的交换都用这个参照系来表述。这样，不同生产者之间的交换关系就遵从了数学上的变量"传递关系"。因此，式（10 - 4）成立的前提条件是我们用一个统一的参照系描述所有生产者之间的交换。我们许多模型采用二分的，实际上不过是把图 10 - 2（b）进一步简化，让 A_1 代表一个生产者，而所有其他的生产者 A_2，…，A_n 用另一个生产者来代表，模型的形式就表现为图 10 - 2（c）。

在二分模型中，两个元素必须代表全部生产者，模型才是完整的或完备的。如果所观察的两个生产者不是生产者全体，则模型是非常粗略的，如同瞎子摸象，分析结论只具有相当有限的启示作用。我们知道，经济系统的确太大了，我们平时所看到的部分常常和瞎子摸象摸到的部分差不多。然而大象就是大象，用"大象"二字来描述大象非常简单明了，而用"扇子"，"柱子"，"管子"等变量来描述大象，不仅使模型复杂化，还难以清楚地表述大象。比如，现在许多学者喜欢使用统计回归之类的模型，任意找几个自己关心的变量来测试它们之间的关系，却并不严格澄清其中的经济意义，实际上这是非常低效率的工作。这如同测试大象的毛发、腿、耳朵、体重、脚印等之间的关系。这些变量之间当然有关系，但这种关系对我们准确解决实际问题的意义并不大。

5. 托勒密体系与牛顿体系的哲学距离

《信息空间》是 20 世纪末影响很大的一本书，作者布瓦索在书中提到，与物理学相比，经济学已经进入了牛顿时代。但是他又说，选择的经济学越来越像托勒密体系。托勒密体系就是地心说体系，牛顿体系当然是日心说体系。人们一般认为从地心说到日心说是科学史上的一个重大进步。但是，布瓦索并没有说明经济学理论为什么像"托勒密体系"。

如果只是关于天体模型的一个改变，这个进步虽然很大，但它的意义也是非常有限的。牛顿体系最有意义的科学价值是它使物理学家构建一元二分模型成为可能。任何力学问题只要能够抽象成为一个"二体问题"，两个元素互为参照，所有的"二体问题"从此有了解决的依据，这显然是一个具有哲学意义的进步，因为它用一个原理解释所有相关问题。牛顿的科学贡献之所以显得非常重大，关键是它的哲学水平。关于这一点，牛顿自己并没有看到。他的著作取名《物理哲学的数学原理》，显示出他特别欣赏在数学方法上的进步。但数学的背后是哲学，是物理哲学的进步决定了物理学中数学模型的进步。

现代经济学理论到底哪里像托勒密体系？一个具有共性的问题是观察者站在哪里就以那里为参照。托勒密体系只观察地球及其周围的情况，没有考虑其他可能的观测点。它从表面上看也是"一个"参照系，但实际上是多参照系，是多元论体系，因为对于任何一个自然现象或社会现象，可供观察的角度太多了。如果火星人观察到太阳围绕火星转，地球人观察到太阳围绕地球转，我们就可能做出太阳围绕所有行星转的判断，并且以为这是科学的进步。这样的比喻似乎很可笑，但不知道读者能不能看出来，供求模型就是这样的一个典型案例。最优决策理论以及受其影响的管理学理论也存在同样的问题——只观察一个决策者而忽视了其他决策者①。经济学理论的实质性进步有赖于经济哲学的进步——我们能不能找到经济学"二体问题"的建模方法。

"节约悖论"错在哪？

"节约悖论"是著名经济学家凯恩斯提出的对经济学家们很有启发的一个问题。凯恩斯认为，节约会导致经济不景气，甚至不发展。但节约明明是几千年来人们普遍赞赏的一种美德。出现这种悖论，到底是人们都做错了，还是经济学的研究方法存在问题？

一切科学观察都是相对的，都需要有一个明确的参照系。节约相对于什么？凯恩斯显然没有说清楚。节约概念产生的前提是人们要做事。比如，生存就要吃饭，少吃点才谈得上节约。如果没有"吃饭"这个前提，

---

① 可以认为，博弈论或博弈均衡方法是对传统的决策理论的一个重大改进，它注意到了一个人的决策需要以其他人的决策为参照。遗憾的是它没有发现传统决策理论的本质缺陷是没有以所有其他人的决策为参照。

"少吃饭"或节约吃饭就没有意义，"不吃饭"就成了最大的"节约"。显然，关于"节约"的完备性定义应该是：为了实现某种特定的目标，试图减少劳动支出的行为。如果没有"劳动目标"做参照，"节约"就没有立足点。

经济学中的许多悖论或矛盾其实都是参照系的选择问题。里昂惕夫悖论，水与钻石的价值悖论，等等。如果解决了参照系问题，解决了模型的完备性问题，这些悖论以及以后还可能出现的悖论就不是问题了。

6. 经济产权概念的学科地位

经济学意义上的产权与物理学中的质量是两个毫不相干的概念，不过我们这里要说的是两者在学科理论中的地位。经济学中价值与产权的关系与物理学中的重量与质量的关系非常相似。一个人在地球上的重量如果是120公斤，在月球上的质量大概是20公斤；一套洋房在中国的价格大约是家庭年收入的20倍，在美国的价格大约是家庭年收入的5倍。

现有的物理学知识告诉我们，一个人的质量无论在地球上还是在月球上都是一样的，而重量则可能不同。忽略一些不确定因素的影响，一套洋房的经济产权无论在美国还是在中国也都是不变的，而价格可能不同。当然，经济现象的确更为复杂一些，这里所说的"不变"是近似的。

一些经济学家注意到，经济学理论的一个重要缺陷是没有找到不变规律。首先要找到不变概念，才能找到不变规律，经济产权是一个相当稳定的概念。

我们知道，经济产权的大小是相对的。一幢房屋对我们的价值与一辆汽车或一次旅游对我们的价值进行对比才有意义。其实，物理质量的大小也是相对的。人们曾经规定在4℃时1立方分米纯水的质量为1千克，又用一个铂铱合金制成一个圆柱体，作为1千克的标准存放在巴黎的国际计量局总部。这个1千克的物体不过是一个参照物，如同市场中我们用黄金或货币作参照物。物理学认为，这个1千克物体的质量与地球质量的比值是不变的，或者与月亮质量的比值是不变的。如果宇宙中只有这个 1 千克的物体，我们说它的质量是 1 千克或 100 千克就没有任何意义。这就是"不变"的相对性。

任何事物的表现都与它所处的环境有关。宇宙天体大环境的变化是非常缓慢的，比如，太阳系几亿年内都不会有太大的变化。因此，我们观察到物体的（相对）质量是不变的。但是我们的经济环境要小很多，其变化要快很多，因此，与质量的不变性相比，产权的不变性明显要差一些。不过，在一定的历史阶段，我们可以近似认为（相对）产权是近似不变的，正如我们在观察中国住房的相对产权与美国住房的相对产权时所看到的那样。

前一节指出了托勒密体系与牛顿体系的哲学差距，牛顿体系看到了更为稳定的参照物，而托勒密体系只看到了观察者自己。从技术层面看，牛顿体系有了找到"太阳"的手段——以"质量"作为立足点。宇宙最基本的运动是围绕质量中心的运动。经济学要跨进牛顿时代，也要有找到"太阳"的手段。从本书的研究进展来看，"经济产权"可以作为刻画经济运动的一个中心。从精确度上看，经济产权虽然不比物理质量那样稳定，但相对于复杂多变的诸多经济变量，它是一个相当稳定的立足点。如同质量概念对构建牛顿体系的意义，经济产权概念对于经济学的日心说具有同样重要的意义。

7. 热寂说的合成谬误

参照系是一个体系，我们先选择或构建具体的参照系时必然会考虑所观察对象的系统层次。这里以热寂说为例，再理解一下选择参照系对科学理论的意义。

根据热量从高温物体流向低温物体的规律，宇宙中所有物体的温度最终可能相同，这时热运动将停止，这种推论被称为"热寂说"。物理学家解释热寂说使用了一个叫做"熵"的概念。这个概念是由德国物理学家克劳修斯于 1865 年提出的，在数学形式上它是热量除以温度得到的商，胡刚复教授据此构造了"熵"这个字。人们当然都不大相信宇宙最终会走到"热寂",但似乎又缺乏比较简单明了的科学解释。

根据经验观察,热力学过程具有不可逆性,在一定温度下发生的过程要消耗一定的热量△Q,从而引起熵的变化△S,一般有:

$$\triangle S \geqslant 0 \qquad\qquad (10-5)$$

对于可逆过程,等式成立;对于不可逆过程,不等式成立。由于热量的传递一般是从高温物体流向低温物体,热力学不可逆过程最终会导致所有物体的温度相同,并且无法继续进行。这种状态就是所谓的"热寂"。克劳修斯不是提出热寂说的第一人,但他应该是从理论上或逻辑上得出热寂说的第一人。

热寂说在物理学历史上引起不小的争论。从理论上看,或者从大量的观察经验看,它是合理的、正确的。但是从宇宙的运动似乎具有永恒性来看,它应该是错误的。问题是我们应该如何理解其中的错误。

在熵的概念提出10多年之后,玻尔兹曼发现单一系统中的熵跟构成热力学性质的微观状态数量相关。考察一个容器内的理想气体,其中包含了大量的气体分子,我们可以用一些变量来表达它们的状态(比如位置和动量)。对于一个孤立的系统,可以假设①所有粒子的位置总是处于系统内;②所有粒子的动能总和等于该气体的总能量值。玻尔兹曼假设:

$$S = k(\ln\Omega) \qquad\qquad (10-6)$$

公式中的 k 是玻尔兹曼常数,Ω 则为该宏观状态中所包含微观状态的数量。上述关系式被称为玻尔兹曼原理,它指出了系统中的微观特性 Ω 与其热力学特性 S 的关系。

他在统计学的水平上解释熵,从而使熵的概念具有了更普遍的意义。在其他一些学科中,比如信息学、生态学中,也有学者使用熵的概念。

借助统计学的解释我们或许可以把问题看得更清楚一些。统计学模型所定义的空间通常是一定的,它需要假设一定的微观状态数,这种方法对应的一定是一个事物数量有限的宇宙。我们知道,宇宙是无穷的,信息是无穷的，这意味着现实世界的状态数是无穷的。我们还知道，任何一个科学理论所观察的都不过是整个宇宙中的一小部分，或者说是某个系统的一个层次。热力学把分子视为系统最基本的元素，统计学把微观粒子视为系统最基本的元素，隐含的假设是没有比这些元素更小的物质存在。同时，外部也没有更多的事物会对这个系统产生影响。在许多情况下，更微小的物质对我们所观察的系统几乎没有什么影响，外部事物对我们的观察也几乎没有影响。于是，我们会发现我们所得到的理论是"正确的"。而实际上，我们没有观察到的信息还很多，这些因素可能会在我们不经意时影响我们所观察的系统。

热寂说（或熵恒增理论）的错误之处与我们所说的经济学中"合成谬误"非常相似，是把在一个层次、一个局部得到的正确理论推广到了更大的范围，或者推广到了整个宇宙时空。这显然是空间参照系的选择问题。一个理论只观察宇宙的一个部分，它所采用的参照系也只能描述这一部分"事实"，不能描述全部事实。热传导现象只是所有物理现象中的一个层面，只是物质的众多运动形式中的一种，分子的热运动更只是一个层次的物质运动。热寂说甚至都不去解释宇宙系统中为什么会出现高温物体和低温物体。把对热运动的一部分观察结果推广到整个宇宙系统显然是错误的。

在时间方面，热寂说假设系统中有高温物体和低温物体，然后系统随着熵的增加走向热寂。显然，所构建模型的时间参照系是不完整的，观察对象之前的和之后的历史都被切断了，我们只观察了高温物体热量传到低温物体这一段过程，就以为这是热运动的全部过程，显然忽视了高温和低温物体出现的历史。这类问题在科学研究中还不少，比如，宇宙大爆炸理论无法解释大爆炸之前与之后的宇宙如何运动。我们这里并不评价现在的宇宙是否处于大爆炸过程中，但如果不同时解释宇宙在 $t = -\infty$ 和 $t = +\infty$ 时的情况，这个理论至少在哲学的逻辑上是不完整的。一个具体事物——比如一个生命或一个星系——的历史可能是有限的。但"宇宙"——也就是所有事物——的历史应该是无限的。哲学的逻辑拒绝"无中生有"——一个科学的学说可以说不知道历史，但不能说没有历史。

8. 暗物质的刘绍光解

根据牛顿万有引力定律，星系中特定位置的物体在旋转的时候具有一定的速度。科学家们发现，宇宙星系的旋转速度比计算的速度要大得多，据此判断宇宙的质量应该比我们观察到的质量大得多。于是就提出了暗物质的概念，认为有更多质量的物质是我们看不到的。把牛顿引力定律的应用范围无限扩大，这些科学家很可能犯了"合成谬误"的错误。

其实科学家们都知道，牛顿引力模型在分子或原子尺度是无效的。但是他们却没有反过来想一下，在光年尺度内有效的牛顿引力模型，在百万光年的尺度上是不是还仍然有效。如果把在特定时空中有效的模型应用于整个宇宙，当然可能出现合成谬误。刘绍光（1984）认为真实的空间是不连续的螺旋结构，引力模型的一般表达式应该为：

$$F = G \frac{n^2 M_1 M_2}{s_0^2} \tag{10-7}$$

式中 M_1、M_2 是两个物体的质量，s_0 是两个物体之间的距离，刘绍光称之为"序元直线距离"，这个模型比牛顿模型多了一个参数 n。即牛顿平方反比律仅在有限的时空中（当 $n=1$ 时）有效，而不是在整个宇宙中有效（略显不足的是，刘绍光的"单元"与"序元"概念似乎只是根据经验得到的，缺乏理论解释——当然，我们可以把它作为科学的一个边界）。

如果刘绍光的模型反映了事实，则我们不需要"暗物质"假设就可以解释宇宙的旋转速度比牛顿引力模型的计算结果要快很多的现象。因此，暗物质假设就显得没有必要，或者说暗物质是不存在的。随着空间距离的增加，n 逐渐变大。比如当 $n=3$ 时，宇宙的快速旋转大致上就可以得到解释[①]。

实际上，物理学家至今没有找到暗物质，在可以预见的未来我们似乎没法看到这种希望。而刘绍光的"参数可变"引力模型却有更多的佐证。

---

① 当然，更为可靠和精确的验证还有待有兴趣的物理学家们去做，这里仅提出一种设想。

比如，柯伊伯带（Kuiper belt）以及先驱者 10 号、11 号异常（Pioneer anomaly），都可以用引力关系突变来解释。在太阳系边缘，太阳与其他物体之间的引力突然增加，对先驱者产生了更大的引力，造成先驱者运动"突然减速"。由于引力遽然增大，许多附近的天体物质就会在此处集中，形成"柯伊伯带"，而不是沿着太阳系的射线方向均匀地散布。其他恒星也有类似的性质，都有自己的"柯伊伯带"或潜在的"柯伊伯带"。于是，在恒星之间存在的天体物质就相对非常稀少——这正是我们所看到的真实宇宙。此外，如果刘绍光关于引力变化的假设是正确的，引力就不应该是以波的方式存在，它只是物质之间多种相互作用方式中的一种。事实上科学家们也一直探测不到引力波。

一个原理如果能够同时解释多种现象，才更像一个科学原理，因为它找到了更多事物的共同规律，从而让事情变得更简单了。

9. 洛伦兹－爱因斯坦风车

我们再通过一个最著名的物理学案例来理解一元论的科学意义。

"相对论"的提出在科学界产生了重大影响。但是许多人在赞赏相对论时却忽视了一个重要的哲学常识，即一切科学理论对世界的描述都是相对的。一元二分方法其实就是一种最基本、最彻底的相对论方法：对任何事物的任何描述都是以所有其他事物为参照，两个元素的存在是相对的。如果只看到运动的相对性，忽视了其他因素或其他变量的相对性，很可能导致一些非常低级的错误。

众所周知，相对论的数学基础是洛伦兹变换，或洛伦兹—爱因斯坦变换。这个变换认为对于以速度 V 相对运动的两个参照系，存在以下的时间－空间关系：

$$\Delta t = \Delta t' / \sqrt{1 - V^2/c^2} \qquad (10-8)$$

$$\Delta x = \Delta x' \sqrt{1 - V^2/c^2} \qquad (10-9)$$

分别是参照系 S 和参照系 S' 中的时间长度，分别是两个参照系中的距离长度，c 是光速。

简单地说，洛伦兹－爱因斯坦变换认为运动参照系中的时间会变长，尺度会缩短，这就是所谓"时延尺缩"效应。这种效应沿运动方向发生，在垂直的方向上不会发生。

现在让我们设想在静止的参照系中有一架风车在旋转，观察者会看到风车的风叶画出一个规则的圆，圆半径是不变的。然后让风车像飞船一样起飞，飞行速度为 V。"飞船"上的观察者再来观察风叶的运动，根据爱因斯坦的推论，观察者看到的风叶长度在垂直方向上不变，与静止时的长度一样；而在飞行方向上，风叶的长度缩短，为垂直方向长度的 $\sqrt{1 - V^2/c^2}$。于是，观察者将看到旋转的风叶忽长忽短，画出一个椭圆。如图 10－3 所示，风叶转到水平方向时变短，转到垂直方向时变长。这种会"自动"伸缩的风车可以称为"洛伦兹－爱因斯坦风车"。

如果我们把风车换成一个人，这个人站起来时就会立刻变得高而瘦，躺下时就会立刻变得矮而胖。相信没有人会同意爱因斯坦风车可能存在于现实当中。于是我们只能得出结论，洛伦兹－爱因斯坦变换是错误的。科学理论的基本逻辑是决定论，风叶在一个参照系中的长度只能有一个，不可能即是长的又是短的。

我们在前一节特别指出，构建一个模型或表达一个科学理论不能用两个参照系。如果"光"或"光速"是被观察对象，所有其他存在——不是某一存在——就构成了它的参照系。用来表达光速的参照系是一个整体，不是某一个体，并且它只能是一个参照系，不能是两个或多个参照系。多参照系无法体现决定论。如果一定要在模型中表述两个不同观察者的参照系（比如 S 和 S'），这两个参照系一定可以通过某种初等变换建立联系，一个参照系中的运动可以用另一个参照系来描述。即我们可以任选其中的一个参照系描述"两个"参照系中的运动。科学离不开数学，但它不是数学。科学理论中的参照系并不是一个数学上的坐标系，虽然它需要用一个数学参照系来表述。这个问题我们在三体运动问题中已经有所认识。从一些教科书对洛伦兹－爱因斯坦变换的介绍我们可以看到，参照系

S、S'和光源其实是三个相互独立的存在物。受到"科学边界"的限制，对于 n 变量问题我们只能找到 $n-1$ 个独立的方程。要得到确定解，我们只需增加一个约束方程。如果假设光源发生闪光时以某种方式存在，闪光之后又不存在，实际上就等于增加了多个约束方程，相关问题就可能有多个解，也就是无解。

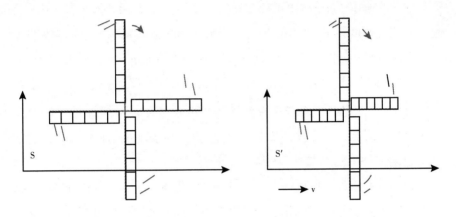

图 10-3　洛伦兹-爱因斯坦风车

其实，在所有的科学研究中，由于参照系是必不可少的，人们都自觉不自觉地运用了相对的表述方法。大小是相对的，强弱是相对的，"优、良、中、差"是相对的。传统的牛顿体系虽然没有明确提出"相对"的概念，但人们在使用它时所选择的环境和变量都是相对的。事实上，人们总是运用相对的方法来描述事物，这意味着所有的科学理论都是相对论。差别只是在于理论家们所选择的参照物（参照系）是否妥当，是否完备。洛伦茨-爱因斯坦变换的主要问题在于，它只注意到一个方向上运动的相对性，忽视了我们对一切存在的观察都是相对的，因而不是一个完备的相对论体系[①]。

[①] 笔者在 2008 年发表的一篇论文中，指出洛伦兹-爱因斯坦变换的一个基本错误是没有给时间一个定义，实际上就是忽视了时间的相对性。其实，速度、质量、距离等其他变量的相对性也都被忽视了。与其他许多人对相对论的批评一样，或许是因为这些批评还不够简单明了，一直都没有取得让人信服的效果。

顺便提一下，认为原子钟飞行实验支持"时延尺缩"效应的观点，其实也是忽视了时间的相对性，或者说错误地选择了时间参照系。原子在不同的运动环境下，或者在朝着不同方向飞行时，其振动频率可能会发生变化，进而导致原子钟所指示的时间发生变化。但原子的振动频率是一个被时间定义的变量，并不是时间本身。向东飞行的表走得快，向西飞行的表走得慢，只能说明相关运动影响了表的快慢，不能说明这些运动影响了时间的快慢。虽然不同观察者的参照系可以采用不同的时间尺度标准，一旦他们要相互对比时间，他们就必然要定义一个共同的参照系。

既然爱因斯坦－洛伦兹变换与事实不符，其他许多以相对时空为基础的研究也都失去了理论依据。比如平行宇宙说、虫洞说等等，这些理论都明显违背一元论或者决定论思想。

风车实验比较简明地证实了洛伦兹－爱因斯坦变换的错误，但这并不意味着相对论的两个基本假设也被否定。不同参照系中"物理规律相同"的假设是符合一元论思想的。比如，在每一个星球上，观察者看到的其他星球似乎都在围绕自己旋转。物理规律本身与物理规律的表达并不是一回事。地球人可以描述太阳围绕地球转，火星人可以描述太阳围绕火星转，靠数学方法是无法把这两个参照系联系起来的。类似地，物理学家完全可以设想外星人在他们的星球上测得的光速与我们在地球上测得的光速应当是一样的，但是靠洛伦兹－爱因斯坦数学变换是无法解决两个星球参照系之间的关系的。

一个重要问题是，我们到底应该如何理解"物理规律相同"的基本假设。任何一个具体的"规律"都不过是关于客观存在的一种表述，它只是特定的观察者所观察到的东西，必然受到观察环境的约束，因而不是可以无限推广的东西。比如，地球人观察到其所有他星球似乎都在远离我们而去，以为宇宙发生了大爆炸。然而我们没有理由否认，宇宙中任何其他地方的人，比如200万光年外仙女座中的观察者，也应该能够观察到这样的所谓的"大爆炸"。宇宙中任何一个地方的观察者都可能"观察到"自己处于大爆炸的中心，这种设想与"物理规律相同"的假设是一致的，至少是不矛盾的。显然,大爆炸只是我们在地球上"观察到"的一种现象,宇宙是否真的是大爆炸的产物,需要站在更宏观的视角才能认识到。类似地,我们可以设想不同星球(不同参照系)观察到的光速相同,但如何描述星球之间光的运动,需要更多的物理知识,需要重新设计参照系,而不是简单地用一个数学参照系无限延伸。

10. 我们的未来——资本主义还是社会主义?

二战之后的几十年里,选择资本主义制度还是选择社会主义制度,曾经在世界范围内产生了巨大的分歧,甚至造成了不少国家之间的长期对立。政治上的关切其实也是经济上的关切,不是国家之间故意要对立,而是每个国家都认为自己的选择才是有利于社会进步的正确选择。

一般认为,资本主义制度是以生产资料私有制为基础。自主交换,自由竞争,追逐利润等都是这种经济制度下的现象。而社会主义制度是以生产资料的社会所有(通常表现为国家或集体所有)为基础。政府对经济活动的大量指导和干预曾经被认为是社会主义的选择。不过,现在人们对社会主义的解释越来越多,具有很大的不确定性。然而,根据一元论的完备性思想,只考虑"所有制"显然是不够。即使要谈所有制,法律名义上的所有制与经济利益上的所有制也不是一回事。

第四章我们已经指出,任何财富和权利,都包含了私有产权和公有产权两部分,并且这两部分是统一的。公有产权常常是通过政府来主张,在这个意义上,无论是资本主义国家还是社会主义国家,政府的作用在本质上都是相同的。从操作层面看,政府官员们拥有选择公共政策的特殊权力,甚至有可能徇私舞弊。但是从总体上看,任何政府组织都是应市场(公众)的要求而产生和存在的,它们代表了公众的选择。无论某一届政府是主张资本主义的东西更多,还是主张社会主义的东西更多,在长期水平上,政府能够主张的制度只能是市场愿意接受的制度。因此,只要不是独裁,对于大多数国家而言,它们的经济制度最终必然是公众选择的制度。这一事实必然要求各国的经济制度具有同一性,无论它们自称自己是什么制度。

按照萨缪尔森（Samuelson，1998）的说法，现实当中的制度是资本主义与社会主义的"混合的制度"。不过，"混合"的说法回避了相关概念的准确定义问题。根据本书对产权的分析我们已经知道，所有的产权或产权制度首先是由社会整体决定的，私有产权与公有产权统一于公有产权。在法律名义上属于私人所有的生产资料中，有多少实际利益属于私人所有，有多少实际利益属于国家所有，是由社会全体成员决定的——尽管从形式上看它们似乎是由政府或法律决定的。因此，资本主义制度或社会主义制度两个概念的确切定义与我们选择观察视角的关系很大。社会主义者实际上是主张形式上的"公在先、私在后"，并没有也不可能完全拒绝私有制。资本主义者实际上是主张形式上的"私在先、公在后"，并没有也不可能完全拒绝公有制。而更为根本的问题应该是：谁来决定某一产品的产权归私人所有还是归国家所有，决定相关产权有多少归国家所有、有多少归个人所有。从目前的经验看，一般的"资本主义国家"主张应该由民主决定。政府不干预和少干预市场，其实就是民主经济。一般的"社会主义国家"也主张民主，但是在操作层面，许多事情还要由政府决定，市场还不够"民主"。

考虑到"私人"与"社会"的同一性，考虑到社会的意志是由每一个私人的意志构成的，现行的"资本主义制度"似乎更具有"社会主义"的特性。因为"政府"存在的意义是为了更好地代表"私人"，这是"私人"与"社会"的同一性所决定的。在市场上，让私人自己去代表自己，这样的制度才更具有"社会"性。中共十八大之后，中国提出政府要进一步放权，减少审批，实际上就是让制度具有更多的"社会主义"成分。而传统观念会认为，这样做是为了增加了资本主义成分。

无论是社会主义还是资本主义国家，政府总是少不了的，它们要为社会整体的选择做决策。如果政府的决策或制度真正反映了社会全体成员的"共同利益"，我们当然有理由说这样的决策制度是社会化的或"社会主义"的。但是这样做必然要给予每一个社会成员更多的个人权利，我们也有理由说这样的决策制度是私人化的或"资本主义"的。如果政府的政策不能代表全体社会成员的利益，则这个社会制度既不是社会主义的，也不是资本主义的——它很可能是被某些利益集团控制了。

我想说的是，从社会制度的形成机制和历史事实看，社会主义与资本主义应该是同一的，二者统一于民主，即由社会公众来选择具体制度。与行政审批制相比，法制显然更具有民主性。根据马克思的经济基础决定上层建筑的思想，经济发达国家的民主水平一般比较高，资本主义和社会主义水平也应该比较高。除了经济发展水平的作用，传统文化、宗教信仰等诸多因素都可能对一个国家的民主方式产生影响。但更多的民主和更多的法制是各国社会制度发展的共同趋势。

本章参考文献

［1］布瓦索·马克斯：《信息空间》，王寅通译，上海译文出版社，2000。

［2］刘绍光：《一元数理论初探》，中国展望出版社，1984。

［3］Paul A. Samuelson & William D. Nordhaus, Economics, Irwin Book Team/ McGraw Hill, 1998.

［4］Leibniz W. G., The Monadology, Translated by Robert Latta, http：// www. rbjones. com/ rbjpub/philos/classics/leibniz/monad. htm.

图书在版编目（CIP）数据

经济学的一元论原理/邓宏著. —北京：社会科学文献出版社，
2013.11
ISBN 978 - 7 - 5097 - 5004 - 9

Ⅰ.①经…　Ⅱ.①邓…　Ⅲ.①经济学 - 一元论　Ⅳ.①F0

中国版本图书馆 CIP 数据核字（2013）第 201411 号

经济学的一元论原理

著　　者 / 邓　宏

出 版 人 / 谢寿光
出 版 者 / 社会科学文献出版社
地　　址 / 北京市西城区北三环中路甲 29 号院 3 号楼华龙大厦
邮政编码 / 100029

责任部门 / 经济与管理出版中心 （010）59367226　　责任编辑 / 许秀江　刘宇轩
电子信箱 / caijingbu@ ssap. cn　　　　　　　　　　责任校对 / 刘宏桥
项目统筹 / 许秀江　　　　　　　　　　　　　　　　责任印制 / 岳　阳
经　　销 / 社会科学文献出版社市场营销中心 （010）59367081　59367089
读者服务 / 读者服务中心 （010）59367028

印　　装 / 北京季蜂印刷有限公司
开　　本 / 787mm×1092mm　1/16　　　　　　　　　印　　张 / 25.5
版　　次 / 2013 年 11 月第 1 版　　　　　　　　　　字　　数 / 378 千字
印　　次 / 2013 年 11 月第 1 次印刷
书　　号 / ISBN 978 - 7 - 5097 - 5004 - 9
定　　价 / 79.00 元